U0830560

应用型本科经济管理类专业基础课精品教材

宏观经济学

主　编　高志文　方　玲
副主编　杨艳艳　谷媛媛

北京理工大学出版社
BEIJING INSTITUTE OF TECHNOLOGY PRESS

内容简介

本书共九章，第一章介绍了国民收入核算的主要概念和理论，并对宏观经济学的研究对象和主要方法进行了说明；第二章分析了简单国民收入决定理论；第三章介绍了产品市场和货币市场一般均衡的 *IS-LM* 模型，集中说明凯恩斯以有效需求为中心的国民收入决定理论的主要内容；第四章用总需求-总供给模型进一步分析了在价格可变的基础上产量和价格水平的关系；第五章论述了政府干预宏观经济的财政政策和货币政策，并使用 *IS-LM* 模型分析了宏观经济政策的作用和效果；第六章分析了失业和通货膨胀这两个现代经济中严重的社会经济问题；第七章论述了国际经济方面的一些基本知识，介绍了开放经济中相互交易的基本宏观经济变量；第八章考察了宏观经济运行的长期趋势，分析了长期国民收入的决定问题；第九章介绍了 20 世纪以来与理论经济学较为密切的八个经济学学科发展情况。

本书可作为高等院校经济管理类专业的教材，也可作为相关专业从业人员的参考用书。

图书在版编目（CIP）数据

宏观经济学/高志文，方玲主编．—北京：北京理工大学出版社，2018.8（2020.8 重印）

ISBN 978-7-5682-6103-6

Ⅰ.①宏…　Ⅱ.①高…②方…　Ⅲ.①宏观经济学-高等学校-教材　Ⅳ.①F015

中国版本图书馆 CIP 数据核字（2018）第 188898 号

出版发行／北京理工大学出版社有限责任公司
社　　址／北京市海淀区中关村南大街 5 号
邮　　编／100081
电　　话／（010）68914775（总编室）
　　　　　（010）82562903（教材售后服务热线）
　　　　　（010）68948351（其他图书服务热线）
网　　址／http：//www.bitpress.com.cn
经　　销／全国各地新华书店
印　　刷／北京紫瑞利印刷有限公司
开　　本／787 毫米×1092 毫米　1/16
印　　张／17.5
字　　数／469 千字
版　　次／2018 年 8 月第 1 版　2020 年 8 月第 3 次印刷
定　　价／47.50 元

责任编辑／江　立
文案编辑／赵　轩
责任校对／黄拾三
责任印制／李志强

前言

宏观经济学与微观经济学构成了现代西方理论经济学的基础部分。宏观经济学通过研究社会经济问题来考察社会资源利用的结果及其变动，主要包括国民收入决定理论、就业理论、通货膨胀理论、经济增长及周期理论、宏观经济政策等。

西方宏观经济学是自凯恩斯的《就业、利息和货币通论》出版以来形成并发展起来的一个经济学分支，已成为当代经济学中一个独立的理论体系。学习宏观经济学有利于了解实际经济问题产生和变化的内在理论逻辑，增强从全局认识和分析经济问题的意识，提高观察经济现象和解决经济问题的实际能力。

作为经济与管理类专业的本科教材，本书形式上简明扼要、通俗易懂、图文并茂，读者易于学习；内容上不仅较全面地介绍了现代西方宏观经济学的基本理论，也涉及其最新发展；结构上每章设有拓展阅读及案例、本章小结、复习思考题等，内容丰富，引导思考，加强辅导；方法上主要以文字和图表形式，辅以简单的高等数学知识完成对理论的阐述，以适应初学者的需求，方便其把握宏观经济学的重要概念与理论。

本书的编写人员由具有丰富教学经验的高校教师组成，主要编写人员有高志文、方玲、杨艳艳、谷媛媛等。本书编写过程中，参阅并选用了一些相关教材和著作中的部分资料，在此向有关作者表示感谢！

限于编写人员的知识水平和教学经验，书中不可避免地存在疏漏，欢迎读者批评指正。

编　者

目　录

第一章

国民收入核算

学习宏观经济学，分析宏观经济运行，应该了解宏观经济学的产生和发展，掌握一些相关的重要概念和研究方法。本章首先对宏观经济学的产生、发展及研究方法、基本概念做了简单的概括，然后介绍收入-支出循环流程图，最后从资源利用（即投入）产生的最终经济价值（即产出）出发，考察一个经济社会在一定时期整体经济价值（通常称为国民收入）的概念内涵、内在关系和核算方法，从而为政府、企业、个人观察经济社会资源利用状况、经济运行状态，进行经济分析和经济决策提供支持，也为学习本课程后续内容打好基础。

第一节　宏观经济学简介

一、宏观经济学的界定

★拓展阅读 1-1

胡佛村

现在很多人很享受在纽约的中心公园散步、骑车和骑马。然而，早在 1932 年，就有很多人居住在那里：中心公园是诸多胡佛村棚户区中的一个。棚户区由于从 1929 年开始的灾难性的经济低迷而在全美国大量出现，这场经济低迷使得数以百万计的工人失业，他们靠救济面包或者街道的角落里卖苹果而生存。美国经济从 1933 年开始出现部分复苏，但是在整个 20 世纪 30 年代，美国的失业率都很高。这段时期被称为经济大萧条时期。

为什么被称为胡佛村呢？棚户区因为赫伯特·胡佛而得到了这个具有讽刺意味的名字。赫伯特·胡佛在 1928 年被选为美国总统，但他在再选中失败了，因为很多美国人因为大萧条责备他。胡佛最初是一名工程师，直到他成为美国总统，他一直被人们视为一位能干的经理。但是当大萧条爆发时，他和他的经济顾问们都不知道该采取何种措施。

胡佛的无知不是偶然的。在大萧条时期，微观经济学（关注个人生产者和消费者的生产和消费决策以及稀缺资源在产业间的配置）已经是经济学的一个发展成熟的分支，但是宏观经济学（关注经济的整体行为）还处于初始阶段。

1929—1933 年间发生的事情，以及其他许多事情，是对经济整体的一个打击。在任何时刻，都有工厂在解雇工人。例如，2003—2007 年，随着消费者转向在线购买，美国的独立唱片商店几乎减少了 30%。但是失去了唱片商店工作的工人都有很好的机会在其他地方找到新工作，因为尽管唱片公司关门了，其他产业在扩张。但是，在 20 世纪 30 年代初，没有产业在扩张，所有产业都在收缩。

宏观经济学在大萧条期间成为经济学的一个分支。经济学家意识到，为了让自己解脱，也为了避免将来再次发生这样的灾难，他们需要理解这场发生在美国和世界其他地方的灾难的本质。到现在，努力理解经济低迷以及寻找避免经济低迷的方法一直是宏观经济学探讨的核心问题。随着时间的推移，宏观经济学已经扩大到包含了一系列的其他主题，如长期经济增长、通货膨胀，以及开放经济的宏观经济学。

自亚当·斯密到 20 世纪初，经济学在历史上并未分为微观与宏观两大分支。在 20 世纪 30 年代之前，经济学家倾向于认为经济是可以自我管理的，他们认为，诸如失业之类的问题可以通过“看不见的手”来解决，政府试图改善经济表现的尝试是没有效率的，并且可能使得情况变得更糟。

20 世纪 30 年代的大萧条使得部分经济学家开始把主要精力花费在理解经济低迷和找到避免经济低迷的方法上。1936 年，英国经济学家约翰·梅纳德·凯恩斯（John Maynard Keynes）出版了《就业、利息和货币通论》，从而开创了现代宏观经济学。凯恩斯撰写的《就业、利息和货币通论》，使得人们对影响总体经济的力量的理解产生了巨大的变化，并对经济政策产生了经久不衰的影响。与研究个体家庭和企业如何做出决策及如何在市场上相互作用的微观经济学相比，宏观经济学以一个经济社会（通常为一个国家或地区）的整体经济为考察对象，研究经济萧条、通货膨胀、失业、经济周期波动、经济增长等与资源利用相关的经济问题，其目标在于解释同时影响许多家庭、企业和市场的经济变化。例如，为什么一些国家平均收入高，另一些则比较低？为什么物价有时上升快，有时比较稳定？为什么生产和就业在一些年份扩张，在另一些年份则收缩？政府是否能采取有效的措施促进经济长期稳定增长、提供更多的就业机会、降低通货膨胀率？表 1-1 列出了几个经济学中经常提到的问题，左列是微观经济学中的问题，右列是对应的宏观经济学中的问题。通过对比这些问题，可以对微观经济学与宏观经济学之间的区别有一个初步的认识。

表 1-1　微观经济学与宏观经济学涉及的问题

微观经济学	宏观经济学
我应该去读研究生，还是应该去找工作？	今年经济中总共有多少人被雇用？
中国银行向一名南京大学 MBA 应届毕业生提供的薪酬取决于什么因素？	一个特定年份，工人的总体工资水平取决于什么因素？
为使低收入的学生能够更容易上大学，政府应该采取什么样的政策？	为了促进就业和经济增长，政府应该采取什么样的政策？
花旗银行是否在上海设立一个新的办事处取决于什么因素？	中国与世界上其他国家之间的产品、服务和金融资产交易取决于什么因素？

正如以上这些问题所说明的，微观经济学研究个体（消费者、企业）如何进行决策的经济行为，以及这些决策会产生什么样的后果，而宏观经济学研究的是经济总量上的行为——经济

中所有个人和企业行为的相互影响如何决定整体经济的绩效。微观经济学家用的是显微镜，把所研究的问题掰开来，贴近看，只看树木不看森林；宏观经济学家用的是望远镜，站得高看得远，只看森林不看每一棵具体的树。宏观经济学与微观经济学不同，但是又有联系。近年来，经济学家越来越强调宏观经济学必须建立在坚实的微观经济学的基础上，如同对森林的研究必须以对树的理解为基础一样，宏观经济学的分析必须以微观经济学对个人和企业行为的理论研究为基础。但是宏观经济学并不是对经济中的每一种产品和服务都进行供求分析，不是对分析结果进行简单的加总，回答宏观经济学问题需要另外一套工具和分析参考框架。

二、宏观经济学的基本问题

宏观经济学主要研究国民经济的总量、结构、机制和绩效以及政府怎样运用经济政策来提高经济的绩效，涉及的主要是短期内宏观经济调控问题，因此失业和通货膨胀是宏观经济学研究的两个基本问题，宏观调控的短期目标、国内目标是实现无通货膨胀和充分就业。

失业是宏观经济学研究的第一大问题。宏观经济学本身就是因解决失业问题的需要才产生的。20 世纪 30 年代大萧条最大的特点就是失业。在大萧条中，美国的失业率由 1929 年的 5.5% 上升到 1934 年的 22%。也就是说，有将近 1/4 的工人失业，而且失业会波及其他主要的市场经济国家。凯恩斯面对严重的失业问题，苦思冥想，提出了解决失业问题的新思路，从需求方面把主要经济变量联系起来看，被称为凯恩斯革命。凯恩斯革命的一个副产品就是宏观经济学。20 世纪 70 年代后，失业问题也成了困扰中国的问题，国有企业改革释放出大量的下岗工人，必须解决这些人的再就业问题。

通货膨胀或物价的持续上涨，是宏观经济学研究的另一个问题。通货膨胀会给消费者、贷款者和整个社会带来巨大的成本压力。在短期内通货膨胀与经济衰退往往是交替出现的，使决策者面临两难选择。在过去的 100 年中，两次世界大战期间和 20 世纪 70 年代经历了两位数的通货膨胀。中国在 20 世纪 90 年代初面临严重的通货膨胀。到 90 年代末，亚洲金融危机引起的通货紧缩成为困扰中国宏观经济的主要问题。2007 年，中国宏观经济再次面临通货膨胀的威胁。

★拓展阅读 1-2

击败现任总统

在 1992 年的总统选举中，身为阿肯色州州长的民主党候选人比尔·克林顿，正与前总统乔治·布什一起竞争。克林顿需要为他的竞选确定一个主题——一个选民会不会支持现任总统的理由。这究竟是怎样的一个主题呢？就像在竞选总部的大幅标语中写的那样：“当前的经济是如此愚蠢。”

换句话说，克林顿在诱导公众对当时的美国经济状况产生不满情绪，以支持自己的总统选举。真正使选民不满的是 1992 年美国就业机会的短缺。在 1992 年，失业率从两年前的 5.2% 上升到 7.8%。由此可见，在当年的总统选举中，克林顿击败布什也就不足为奇了。

同样的情形也发生在 1980 年前，共和党候选人罗纳德·里根与当时的总统民主党人吉米·卡特进行总统竞选。在当时的竞选中，美国的经济状况无疑也是最核心的问题。“你现在比你四年前过得好吗？”里根这样问。大多数人的回答是没有，于是里根顺理成章地赢得了大选。同 1992 年一样，1980 年的高失业率助长了民众的不满情绪。然而在 1980 年，还有另外一种让民众更加苦不堪言的因素——高通货膨胀率，1980 年的物价水平相比前一年上涨了 14%。

失业和通货膨胀是宏观经济要解决的两大难题。因此，宏观经济政策的两个基本目标就是低失业率和物价的稳定。不幸的是，这两个目标间似乎存在某种冲突关系：经济学家常告诫，那些企图降低失业率的经济政策实际上冒着通货膨胀水平上升的风险；另一方面，那些旨在降低通货膨胀水平的政策也可能同时提高了失业率。

低失业率和低通货膨胀率之间的权衡取舍，以及与之相伴随的政策困境，会在后面的章节中讨论。

从较长的时间跨度来看，世界各国发展经济的主要目的是提高本国人民的生活水平和生活质量，增加国民的综合福利，而这要通过长期经济增长来实现。在这方面，美国的问题是，生产率增长速度低于后发国家。1950—1973 年，美国生产率每年增长 3% 左右；1973—1995 年下降到 1% 左右；20 世纪 90 年代末，随着新技术革命，美国的生产率增长速度再一次加快。中国自 20 世纪 70 年代末以来，随着改革开放，每年以平均 9% 左右的增长速度高速发展，极大地改善了全国人民的生活水平。但是在高速增长过程中，也产生了一系列问题，例如收入分配的差别增大，环境全面恶化（雾霾严重）等。因此，如何准确地衡量经济增长的速度和成本，什么是最优的增长速度，如何实现最优增长，是中国决策者和经济学界面临的重要问题。经济增长相关问题也是宏观经济学的基本问题之一。

★拓展阅读 1-3

双城记

许多国家都经历了长期经济增长，但是并不是所有国家的经济增长都是一样的。最典型的对比就是加拿大和阿根廷。在 20 世纪初，两个国家的经济条件一样好。

以现在的视角回顾过去，人们会对第一次世界大战前加拿大和阿根廷经济状况的相似程度感到吃惊。两国都是主要的农产品出口国；两国都吸引了大量的欧洲移民，特别是在那些打通了农业腹地的铁路旁边，移民格外多。经济史学家认为，在 1930 年，两国的人均收入水平几乎是一样的。

然而，在第二次世界大战之后，阿根廷的经济表现很糟糕，主要是因为政治不稳定和糟糕的宏观经济政策（阿根廷经历了几次通货膨胀极高的时期，那时的生活成本急速攀升）。与此同时，加拿大却有着稳定的发展。由于加拿大自 1930 年以来实现了持续的长期增长，阿根廷没有，所以加拿大现在的生活水平几乎与美国一样高，并且差不多是阿根廷的 3 倍。

任何国家的经济发展过程都不是一帆风顺的，都会在不同的时期发生或快或慢、时好时坏的情况，这种经济波动具有大致相同的时间间隔，被称为经济周期，它是宏观经济学研究的又一基本问题。从空间纬度来看，在世界经济一体化和全球化的今天，一国的经济状况会与其他国家的经济活动发生越来越密切的联系，会越来越多地受到其他国家经济状况的影响。因此，在一国经济发展过程中，国际收支的平衡问题是开放条件下宏观经济学研究的基本问题之一。

三、宏观经济学的研究方法

宏观经济学是一门内容极其复杂的学科，这是因为：一方面，该学科至今仍然处于不断变化之中，其理论内容充满了有争议的问题和观点；另一方面，由于新的分析方法和新的研究角度被不断地引入该学科，在宏观经济学中形成了不同的流派和表达方式。所以把握宏观经济学的研究方法十分必要。

根据目前各文献的使用情况，宏观经济学研究所使用的方法，除微观经济学教材中提到的均衡分析、实证分析和规范分析、经济模型分析、静态分析、比较静态和动态分析之外，还有以下两种宏观经济学经常使用的分析方法。

1. 总量分析法

个量分析是指以单个经济主体（单个消费者、单个生产者、单个市场）的经济行为作为考察对象的经济分析方法，又称为微观经济分析法。总量分析法则是指对宏观经济运行总量指标及其影响因素、变动规律等进行分析，如对国民生产总值、投资额、消费额、进出口额、物价总水平等问题进行分析。用总量分析法分析问题时，着重于大的经济趋势和动向、整体的经济反映和效果，而不过分关注具体的、个别的问题或经济变量。总量分析法的特点，是把制度因素及其变动的原因、后果和个量都看成是不变或已知的，以经济发展的总体或总量为研究主题，研究宏观经济总量及其相互关系。在宏观经济学中，总量分析法最典型的运用是在研究总体经济表现时所采用的总供给与总需求分析。如图 1-1 所示，总供给（AS）曲线向右上方倾斜，总需求（AD）曲线向右下方倾斜。它们的交点 E 决定了一个均衡产量水平（Y^*）和一个均衡物价水平（P^*）。总供给与总需求是宏观经济分析的主线。

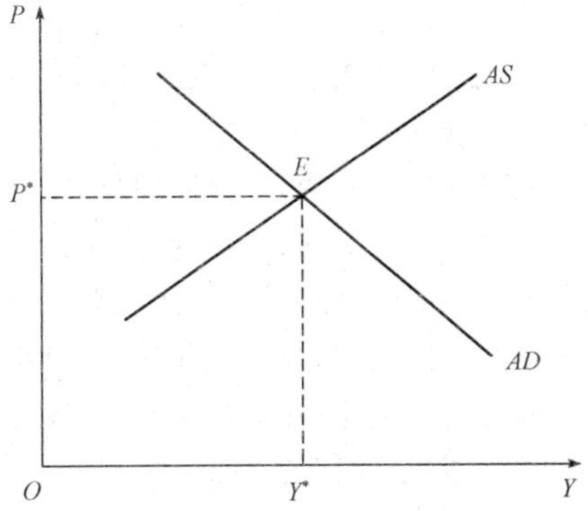

图 1-1　总供给与总需求曲线

Y：产量水平；P：物价水平；

AS：总供给曲线；AD：总需求曲线

2. 存量分析与流量分析

宏观经济学中的存量分析是指对一定时点上已存在的有关经济总量的数值及其对其他有关经济总量的影响进行分析；流量分析则是指对一定时期内有关的经济总量的产出、投入（或收入、支出）的变动及其对其他有关经济总量的影响进行分析。在宏观经济学研究中，存量分析和流量分析都是十分重要的研究方法，可以同时使用并相互支撑。在过去的宏观经济学研究中，比较侧重于流量分析，而当前宏观经济学越来越强调采用存量分析，使之与流量分析并重，并且着手用统计学来解决存量统计中的问题。

四、宏观经济学的基本范畴

为便于宏观经济学研究的顺利进行，需要了解和熟悉以下贯穿于整个宏观经济学理论体系的基本概念。

1. 三大市场

宏观经济学研究的是整个经济的运行状况，不是个体的经济行为和局部市场的运行情况。宏观经济运行相关的市场可在理论上抽象为三大市场，即产品市场、货币（或金融）市场和要素市场。

产品市场包括所有有形的商品和劳务（无形的服务）的交易。如汽车、房屋、服装等有形商品的交易；医疗、警务、美容美发、律师工作等无形的服务。在宏观经济分析中，商品和劳务的总供给和总需求是以国民收入和国民生产总值来衡量的。

货币市场包括全部金融资产的交易，如货币、债券、股票、期权等。所有的金融资产交易分为两部分：一是短期债券交易，发生在货币市场；二是长期债券交易，发生在资本市场。而对于短期和长期的界限，通常以一年为期限，一般债券和短期贷款一年到期要归还。由于货币市场交易大量发生在短期债券市场，所以对宏观经济具有重要影响的往往是短期债券交易市场。

要素市场包括用于生产商品和劳务的全部生产要素的交易，土地、劳动和资本为基本的生产要素，相对应的市场分别为土地市场、劳动市场和资本市场。

宏观经济学考察和研究这三大市场，建立这三大市场的宏观经济均衡模型，从而决定产品市场的一般价格和总产量、货币市场的一般利率、要素市场的要素成本和数量。三大市场运行中总量的不断变动，促使三大市场处于均衡状态，从而实现宏观经济的一般均衡。

2. 四大部门

从宏观角度来看，在封闭的经济体中，三大市场供求运行的参与者是企业、家庭和政府。随着经济全球化发展趋势的日益明显，开放经济体成为各个国家发展的主流，所以宏观经济活动存在国内经济活动和对外经济活动之分，进而形成与国内总量运行紧密相关的国外部门。宏观经济学通常把企业、家庭、政府和国外部门作为参与宏观总量运行的四大部门。企业和家庭同属于私人部门，企业部门指所有生产最终产品和劳务的企业的总和；家庭部门指生产要素占有者的总和，即所有消费者的总和。

3. 存量和流量

在西方经济学的微观经济学部分，在进行经济模型分析时最关键、最重要的一个步骤就是找到各经济变量，同时建立经济变量之间的联系。变量是指大小可以变化的量，即可取不同数值的量，如宏观经济分析中的国民收入、一般价格、储蓄、投资等宏观经济变量，微观经济分析中的需求量、需求价格、成本、收益等微观经济变量。经济模型中有外生变量和内生变量之分，除此区分标准之外，经济变量还可以区分为存量和流量，二者都是一定时间内可大可小的数量。存量是指一定的时点上测算出来的数量。例如，任一既定时刻机器、厂房的数量；任一既定时刻的总失业人数；任一既定时刻的货币数量。而流量是指能按一定时期测算的数量。例如，月工资，某年的国民收入，某一时段的消费、储蓄、投资、税收。

通常用浴盆来说明存量和流量的区别。打开水龙头向浴盆里注水，每分钟从水龙头流入浴盆的水量是流量，今天下午 2 时 40 分浴盆中的水量是存量。存量和流量是相关的，流量来自存量，又归入存量之中（浴盆中水的存量是水龙头流出的水的流量的积累，水的流量是存量的变动）。存量只能经过流量发生变化，而流量的大小又会受存量变动的影响。有些流量兼有直接对应的存量，如储蓄和储蓄额、投资和投资额、失业人数与就业人数。有些流量虽然没有对应的存量，但可以直接影响其他存量的大小，如进口可以影响国内的资本存量，进而影响购买住宅建筑的存量等。

初级宏观经济理论主要研究短期各个流量间的关系，即其中每一流量在任一时期内的大小，都只由其他流量的大小来决定。例如，消费函数中，消费支出流量是由收入流量决定的，而收入流量又等于消费支出加投资支出流量。在宏观经济分析的所有流量中，最重要的是国民收入，因为它是反映整个国民经济运行状况的最重要的总量指标。国民收入的大小是由什么决定的？国民收入的上下波动是由什么决定的？若干年内的国民收入增长速度是由什么决定的？这些问题构成了宏观经济理论的主要内容。因此，宏观经济学从国民收入循环与核算分析开始。

第二节　收入-支出循环流程

为了便于理解国民收入核算账户体系背后的理论基础，理解市场经济中主要变动量的流动，经济学使用了收入-支出循环流程图。最简单的循环流量模型是由企业和家庭两个部门构成。两部门模型虽然简单，但它是全部循环流量模型分析的基础。为便于理解，假定国民经济中只有企业和家庭两大经济主体，这就构成了最基本的两部门经济流量循环模型，然后加入政府，导出三部门经济流量循环模型，最后再引入国外部门，得到一个比较接近现实的开放经济体下的四部门经济流量循环模型。

一、两部门收入-支出循环流程模型

假设有一个经济社会，只存在两个经济实体——家庭和企业，而且部门内部不发生交换活动。现在进一步假定家庭拥有全部要素资源（劳动），而企业生产全部产品和劳务，于是便产生了两大市场：要素市场和产品市场。现在用一种投入“劳动”生产一种产品“面包”（图 1-2）。首先，家庭把劳动力卖给企业，企业以货币形式付给家庭工资。然后，企业利用劳动力生产面包，再把面包卖给家庭，家庭以货币形式付给企业货款。这样，在循环流程图的里圈，要素（劳动力）从家庭流向企业，产品（面包）从企业流向家庭；在循环流程图的外圈，货币作为工资从企业流向家庭，再作为货款从家庭流向企业。

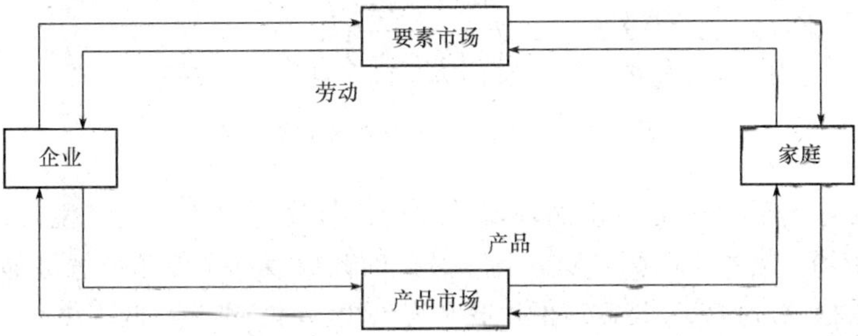

图 1-2　两部门收入-支出循环流程图（a）

从图 1-2 中可以看出，对整个经济来说，总收入必然等于总支出。这是因为在一个公平的交易市场上，如果不能赊账，对于每一笔交易来说，买主支出的货币必定等于卖主收入的货币，否则交易不会出现。在流程图上方，家庭和企业通过生产要素市场发生联系，家庭向企业提供劳动力、土地、资本等生产要素，企业向家庭支付使用生产要素的报酬（货币）；在图的下方，家庭和企业通过产品市场发生联系，企业把生产的商品（面包）拿到产品市场上，家庭在产品市场上进行消费支出，家庭将其全部的收入（因提供生产要素所获取的报酬）都用于消费支出（购买企业生产的面包）。

但在现实经济中，情况并非如此。在图 1-2 所示的循环流程图中，增加两个经济活动——储蓄和投资，那么两部门收入-支出循环模型变为如图 1-3 所示的情况。

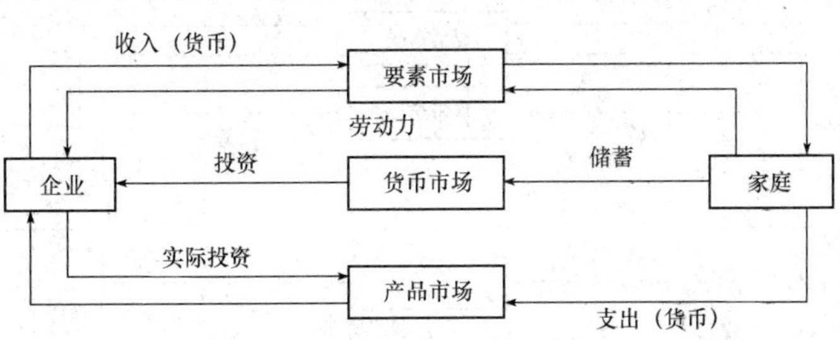

图 1-3　两部门收入-支出循环流程图（b）

图 1-3 所示模型中，储蓄是漏出量，即循环流量中减少的量；投资是注入量，即增加到循环流量中的量。只有漏出量等于注入量，才能使循环流量维持平衡或稳定，否则将出现失衡。

二、三部门收入-支出循环流程模型

两部门循环流程模型是假设没有政府干预的完全自由的市场经济情况下得出的结果，但是在现实的经济体中，完全的两部门经济循环是不可能成立的。考虑市场失灵情况下的宏观经济活动及其循环模型，必须加入政府的干预，这种考察政府干预下的市场经济活动及其循环模型，宏观经济学里就称为三部门经济模型。在三部门经济模型中，政府向家庭和企业征税，并向家庭和企业提供公共服务，如图1-4所示。

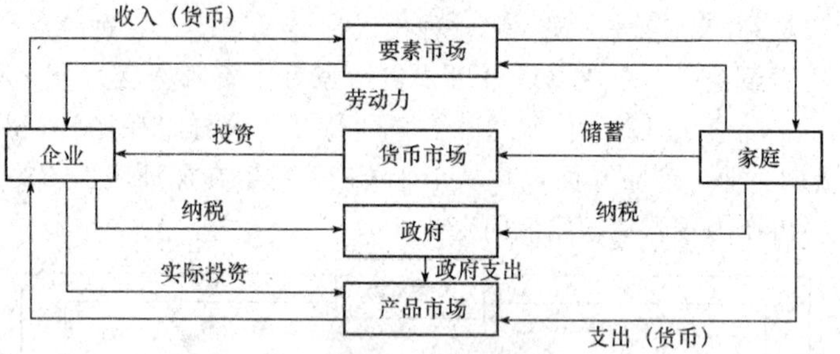

图1-4　三部门收入-支出循环流程图

在图1-4所示的三部门收入-支出循环流程图中，若政府的开支大于税收，则为财政赤字，政府必须在信用市场上借款用以弥补财政赤字，此时政府将同企业争夺家庭储蓄；若政府的税收大于支出，则形成财政盈余；当政府的税收和支出相等时，则为财政平衡。

三、四部门收入-支出循环流程模型

当一个经济体发展到一定程度后，则会寻求更大的发展空间，尤其是当代世界经济全球化、一体化趋势日益明显，各国经济往来越来越密切，那么封闭的宏观经济理论必定也转向开放的宏观经济分析，即把所有与本国发生的经济联系归结在一起，以形成相应的"国外部门"，从而构成更为完整的四部门经济循环流量模型。

在四部门经济循环流量模型中，国外部门通常起到两方面的作用：一是向国内各部门提供其所需的商品和劳务，对国内来说，即进口；二是向国外商品和劳务的需求者提供国内的商品和劳务，对国内来说，是出口。进口需要支付货币，对整个循环过程来说，和储蓄、政府税收相同，是经济漏出量；出口为国内带来收入，对整个循环过程来说，与投资、政府支出相同，是经济注入量。四部门收入-支出循环模型如图1-5所示。

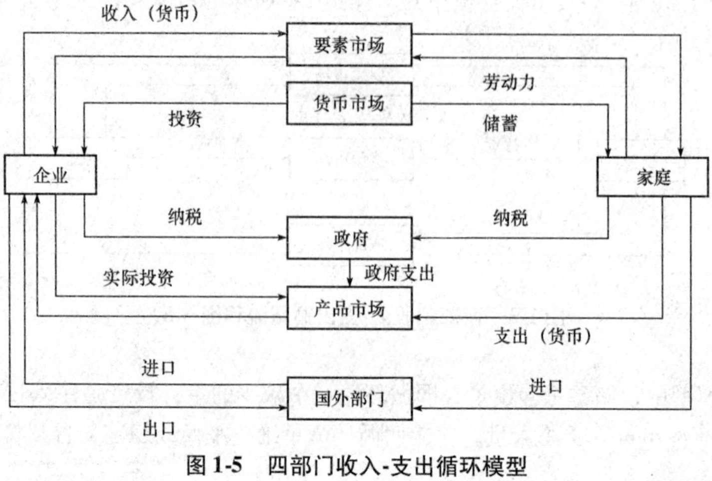

图1-5　四部门收入-支出循环模型

在四部门经济运行中，要保持经济的正常运行，除了储蓄与投资相等，政府税收与政府支出保持平衡之外，还需要考虑总出口与总进口之间的平衡，即保持国际收支平衡。同时，要求四个部门的收入总额等于支出总额。

第三节　国民收入核算指标

宏观经济学的研究对象是国民经济中的总量经济关系，而在国民经济的许多总量中，国民收入是最具有代表性的经济总量。国民收入是经济社会生产、服务等各部门在一定时期利用经济资源创造的经济价值的通称。均衡的国民收入的决定是宏观经济学的核心，核算国民经济活动的核心指标是国内生产总值（GDP）。

一、主要核算指标

1. 国内生产总值

搞清楚 GDP 这个的词汇的内涵，对于理解和掌握宏观经济学的理论和实践意义非常重要。总结相关资料对 GDP 的定义，本书对 GDP 的定义是：国内生产总值（Gross Domestic Product，GDP）是指在一定时期内（一个月、一个季度或一个年度，通常为一年），一个国家或地区（省、市、县、区等）运用生产要素（可能是本国的，也可能是外国的）所生产的全部最终产品（含提供的劳务，下同）按市场价格计算的价值总额。

GDP 被公认为是衡量一个国家经济状况的最佳指标，它不但可以反映一个国家的经济地位，还可以反映一个国家的国力与财富。2012 年，中国国内生产总值（GDP）为 51.68 万亿元，按照 2012 年人民币兑美元汇率中间价约 6.28，约合 8.26 万亿美元，达到美国 GDP 的 52.80%，首次超过一半，接近欧洲德、法、英三国的总和。自 2010 年超过日本后，中国与日本的 GDP 差距不断扩大，2012 年高出日本 2.28 万亿美元。中国已稳居世界第二大经济体，未来地位还将不断巩固和提升。

GDP 是一个宏观指标，在理论和实践中均应正确理解和使用。

（1）国内生产总值衡量的是最终产品的价值。一般根据产品的实际用途，可以把产品分为中间产品和最终产品。最终产品，是指在一定时期内生产的，在期末（核算时点）可供人们直接消费或者使用（后期消费和再生产）的物品和服务。中间产品则是指在一定时期内（期中）为生产期末产品而消耗的生产资源，如原材料（棉花、纱、布等）、燃料（煤炭、石油等）等，其价值已转移到最终产品中。因此，中间产品不能计入 GDP，否则会造成重复计算。需要特别注意的是，资本品是最终产品还是中间产品？资本品又称投资品，主要指生产过程中使用的各种生产设备和厂房，虽然其也像中间产品一样是用来生产别的产品，但资本品在生产中只是部分消耗，经过一次生产过程后，虽然有一些磨损，整体形态却完好地保存下来；而中间产品在生产中全部被消耗掉，所以，资本品被视为最终产品。实践中，为降低中间产品对 GDP 核算的影响，一般采用新增价值法进行核算。例如，农民把 1 斤面粉卖给饭馆，得到 2 元，饭馆把面粉做成馒头，用 5 元卖给顾客（赚了 3 元），在计算国内生产总值时，为了避免重复计算，只计算农民和饭馆增加的价值 2 元和 3 元，也就是最终馒头的价值 5 元，而不包括中间产品面粉的 2 元。

（2）国内生产总值衡量的是市场价值。GDP 是一个建立在市场价格基础上的概念。因此，一方面，计入 GDP 的各种最终产品必须经过市场交换形成市场价格，才能核算 GDP；另一方面，交换形成的市场价格必须是公开的、可得的，否则将缺乏核算的可操作性。可见，自给自足、不经过市场交换的产品不可计入 GDP，如农民自家种的菜、饲养的主要用于自家消费的鸡、鸭，没有统计到 GDP 中；不公开的、未实现社会化市场化的、非法的黑市交易产品不可计入 GDP，如我国很多家庭都是自己做家务，或者有的即使是雇用家政服务人员，也是非正规的，没有在政府部门登记备案，因此也没有完全计入 GDP。而在西方发达国家，家政劳动的社会化程度较高，凡是家政服务人员，都必须先去政府机关登记，填一张税卡，然后才可以去做工，那么这块劳务将会全部计入 GDP。

虽然 GDP 的估算包罗万象，但仍然存在很多遗漏。如在家做饭和在餐馆做饭相似，但在家做饭和其他家务劳动没有计入 GDP；地下经济（例如盗版光盘的生产和出售、毒品交易、不交税的小摊贩）的产值也没有计入 GDP。在一般的 GDP 中，也没有剔除环境污染所造成的损失。因此，一些经济学家赞成估算绿色 GDP。

★拓展阅读1-4

绿色 GDP

绿色 GDP（EDP）是指从 GDP 中扣除经济增长导致的灾害、环境污染和资源浪费之后的净产值。

一般而言，经济增长和发展必须付出一定的环境代价，这些代价包括自然灾害的增加、环境污染以及各种没有进入市场交易的自然资源尤其是不可再生资源的消耗。

绿色 GDP 的理论公式如下：

EDP = GDP -（环境恶化带来的价值损失 + 自然资源的消耗）

在实践中，EDP 的计算存在统计标准难以统一、会计口径难以确定的问题，影响了绿色 GDP 指标的推广。目前，世界上有一套为大家所公认的、能够适合所有国家尤其是广大发展中国家社会和经济发展需要的绿色 GDP 核算标准。挪威、芬兰、法国、美国、墨西哥等率先实行了绿色 GDP。这一指标在我国的试行则面临着许多技术、观念和制度方面的障碍。

（3）国内生产总值衡量的是当期生产的产品的价值。国内生产总值是当期运用生产要素新创造的价值。因此，凡是不是当期生产的，但在当期出售的产品，其价值不可计入 GDP（因为在此前某个时期已经核算过）。应特别注意：①二手商品的市场交易价值不可计入 GDP，但与之相关的交易费用（属当期劳务支付）应计算在内；②金融资产的交易价值不可计入 GDP，但与之相关的交易费用同样属于当期劳务支付，应计算在内。

（4）国内生产总值是一个流量的概念。GDP 是与“一定的时期”相联系，例如，某一年内一国的国内生产总值，某一个季度内一个地区的国内生产总值。

（5）国内生产总值衡量的是地域范围要素创造的价值。国内生产总值是一个地域的概念，既包括运用本国生产要素创造的价值，也包括运用外国生产要素创造的价值。如中国境内的日资企业生产的产品，计入中国的 GDP，不计入日本的 GDP。与 GDP 相对应的一个概念是 GNP，即国民生产总值。

2. 国民生产总值

国民生产总值（Gross National Product，GNP）是指在一定时期内一个国家或地区的居民运用其所拥有的生产要素（可能在国内的，也可能在国外时）生产的最终产品的市场价值，它是一个国民的概念。国内生产总值与国民生产总值的区别只在界定生产要素的关键词上，一个是“一国（或地区）境内”；一个是“一国（或地区）所有的”。

与 GDP 一样，GNP 也是当期生产的产品的价值、最终产品的价值、市场价值、流量的概念，但二者的核算原则不同。GDP 与一个国家或地区的“领土”联系在一起，凡是在本国（或本地区）领土上创造的收入，不管是不是本国（或本地区）居民所创造的，都被计入本国（或本地区）的 GDP。例如，美国公司在中国的子公司的利润都应计入中国的 GDP；中国居民在美国投资获得的利润都应计入中国的 GNP。

据此，GNP 与 GDP 存在如下关系：

GNP ＝GDP＋本国国民在外国创造的价值－外国国民在本国创造的价值

＝GDP＋本国国外要素净收入

GNP 和 GDP 的差额反映了一个国家在国际分工中“走出去”和“引进来”不对等的程度。自 1993 年以来，我国吸引外资已连续数年居发展中国家首位，GDP 数值连续多年大于 GNP。而日本经济发展的特点是，以对外直接投资为主，日本境内引进的外国直接投资很少，日本的 GNP 远远大于 GDP。

★拓展阅读 1-5

GDP 和 GNP

20 世纪 90 年代以前，中国与广大发展中国家以及计划经济转型国家一样，倾向于使用 GNP 指标。这是因为，这些国家的对外经贸交往在当时都比较少，GNP 计算所需的数据（即本国公民在他国创造的市场价值的数据）并不多，而且这些数据反映了对当时国家建设极端重要的创汇来源和创汇能力，对这些国家而言，当时政府的宏观调控主要立足于创汇和增加国民储蓄，因此更多时候使用 GNP 指标。

近年来，一方面，随着国际投资的增加和跨国人员流动的加剧，国外收入数据的获得越来越复杂；另一方面，由于国内市场化的发展，各国政府纷纷转变了传统的片面强调储蓄和资本增长的发展思路，越来越关注就业增长和国内经济的供需平衡，CDP 指标在指导政府宏观调控等方面的优势得以显现。

简而言之，GNP 立足于一国公民的经济福利，而 CDP 便于指导一国国内市场的宏观调控。正是由于数据获得上的方便和指导政府宏观调控上的优势，GDP 逐步取代 GNP 成为国民经济核算的核心指标。

二、其他核算指标

在国民经济核算体系中，国内生产总值 GDP 从总体上衡量一个国家或地区的产出水平，包含了所有要素的贡献和所有经济主体的收入。为反映一个国家或地区总产出的构成和分配，需进一步梳理国民收入各指标间的关系。

1. 国内生产净值（NDP）

国内生产总值是所有生产要素在一定时期创造的价值总额，包含着在生产过程中作为固定要素（资本）的贡献。而固定资本在生产中的长期使用，价值和功能会随着生产的进行逐渐被消耗，为保证再生产的正常进行，必须在产品销售以后，将生产中的资本消耗以货币形式提取并积累起来（通常称为资本折旧），以便在必要时用于更新固定资本。

可见，如果从国内生产总值中扣除相应的资本消耗（折旧），剩余部分更能代表一个国家或地区在一定时期要素的净贡献。国内生产净值反映的正是这个意义上的要素创造的净值，即一个国家或地区在一定时期内所生产的最终产品按市场价格计算的净值，有

NDP＝GDP－资本折旧

2. 国民收入（NI）

对于要素的所有者而言，一个国家或地区的国内生产总值固然重要，但与其切身利益联系更为紧密的则是这部分产出中他们的要素分配的应该有多少。国民收入正是这层意义上的概念，它是在国内生产净值基础上扣除企业的间接税、企业的转移支付再加上政府给企业的补贴形成的，代表一个国家或地区的生产要素在一定时期内提供生产性服务所应得的全部报酬，表现为工资、利息、租金和利润。

企业的间接税是指在流通型企业的税收（商品流通环节征收的税种），纳税义务人能够用提高价格或提高收费标准等方法把税收负担转嫁给其他人（一般为买方）。因此，经济社会中的部分商品的市场价格中包含了转嫁的间接税。这部分税收权力归属政府，不构成使用要素的支付，因此不属于国民收入。

企业的转移支付是指企业对非营利组织的赠款或捐款，以及非企业雇员的人身伤害赔偿等，需要从企业的经营成果中支付。其不构成对要素使用的支付，因此不属于国民收入。

政府给企业的补贴一般是指政府向某些企业提供的财政捐助以及对价格或收入的支持等。这些措施都直接或间接增强了企业对要素的使用能力，企业会因此增加要素的雇用数量，扩大规模，从而构成对要素的支付，形成国民收入，即

NI = NDP - 企业的间接税 - 企业的转移支付 + 政府给企业的补贴

3. 个人收入（PI）

生产要素报酬意义上的国民收入并不全部成为个人收入，同时也不构成个人收入来源的全部。

一方面，国民收入中有一部分收入并不是个人可以拿到手的收入，即应当支付而没有支付的部分。例如，利润中有一部分要以直接税——所得税的形式上缴政府，同时也有一部分未分配的利润留存。再如，要素收入中有一部分以社会保险（养老、医疗等）的形式存在。

另一方面，个人可以拿到手的收入除提供生产要素外，还有其他收入来源。例如，政府的转移支付，包括政府支付给个人的退休金、养老金、退伍津贴、失业救济金以及政府债券利息等。

此外，要素的利息性收入比较特殊。首先，在金融活动中，资金的往来是双向的，个人与企业间的债权债务关系是相互的，个人可以是企业的债权人，企业也可以是个人的债权人。因此，国民收入里包含了“企业的利息收入（个人支付给企业的利息） - 企业的利息支出（企业支付给个人的利息） = 净利息”的部分，这一差额可正可负，净利息为正表明个人支付给企业的利息高于企业支付给个人的利息，则应在国民收入的基础上将其扣除才是个人可以拿到手的个人收入。其次，在借贷活动中，有时候利息是会变动和调整的，一旦触发利息调整，个人也可能因此获得利息收入，即不包含于净利息中的个人利息收入。则：

PI = NI - 企业未分配利润 - 企业所得税 - 社会保险金 - 净利息 + 政府的转移支付 + 红利 + 个人利息收入

4. 个人可支配收入（DPI）

个人收入是个人可以拿到手的收入，但并不意味着能够全部拿到手。因为，一个国家或地区的税收制度中，企业是纳税人要交间接税和企业所得税（直接税），个人也是纳税人，主要交的是个人所得税（直接税）。一般认为，个人收入扣除个人所得税后的收入即是个人实际拿到手的收入，是个人实际可以支配，用于消费、储蓄的收入，是消费开支最重要的决定性因素，即

DPI = PI - 个人所得税 = 消费支出 + 个人储蓄

5. 人均 GDP

人均国内生产总值也称作“人均 GDP”，是一个国家或地区在一定时期的国内生产总值

（GDP）与常住人口的比值。其基本计算方式如下：

人均国内生产总值＝总产出（GDP 总额）/总人口（常住人口）

GDP 代表了一个国家或地区经济总量和规模的大小，而人均 GDP 则代表一个国家或地区的富裕程度和人民生活水平的高低。2012 年中国 GDP 总量达到并超过了美国的一半，排名全球（国家和地区）第二，但人均 GDP 约为 0.69 万美元，与同期最高的卢森堡的人均 10.38 万美元、排名第 11 的美国的人均 5.18 万美元、排名第 13 的日本的人均 4.67 万美元，以及世界平均的 1.03 万美元相比，存在很大差距。

6. 实际 GDP 与名义 GDP

国内生产总值 GDP 是一个价值概念，其大小及变化既取决于经济社会的产量水平，又受市场价格水平的影响。因此，不同时期的国内生产总值的差异可能是由于商品和劳务数量的区别，也可能是由于价格水平的变化。为了对各个时期的国内生产总值进行有效的比较，可以选择某一年的价格水平作为标准，各年的国内生产总值都按照这一价格水平计算。这个特定的年份称为"基年"，这一年的价格水平就是"不变价格"。我国自开始核算国内生产总值以来，共有 1952 年、1957 年、1970 年、1980 年、1990 年、2000 年、2005 年、2010 年 8 个不变价格基期，目前的基期是 2010 年。也就是说，2012 年、2011 年的不变国内生产总值是按照 2010 年价格计算的。用不变价格计算的国内生产总值称为实际国内生产总值，用当年价格计算的国内生产总值称为名义国内生产总值。

名义 GDP 也称货币 GDP，是指以现行市场价格（即当期/当年价格）计算的既定时期的国内生产总值。名义 GDP 的变动，既包含产量的变化，也包含价格的变化，是两者的共同结果。

与名义 GDP 的变动相比，实际 GDP 的变动仅仅是由于实际产量的变动所引起的，从而更真实地反映了一个国家或地区的经济总量水平。因此，实际 GDP 是国际上公认的反映一个国家或地区一定时期（年）经济总量的最好的综合指标。一个实际 GDP 较高的国家能够负担起更好的卫生和教育服务，改善民众的生活质量。但是在 GDP 和生活质量之间并不存在一一对应的关系，因为它没有表明一个国家会如何使用这些产量来提高社会生活水平。现行统计的国内生产总值都是按照当年价格计算的，要使其折合成实际国内生产总值，必须了解 GDP 平减指数。

名义 GDP 比上实际 GDP 即为 GDP 平减指数。假设某一经济中只生产三种商品：衣服、大米和住宅，2011 年和 2012 年各种产品的产量和价格如表 1-2 所示。

表 1-2　某一经济 2011—2012 年产品的产量和价格

产品	2011 年		2012 年	
	数量	价格/元	数量	价格/元
衣服/件	2 000	200	2 100	220
大米/斤	100 000	1.5	80 000	2.0
住宅/平方米	200	5 000	200	6 000

由表 1-2 可求得：

2011 年名义 GDP＝2 000×200＋100 000×1.5＋200×5 000＝1 550 000（元）

2012 年名义 GDP＝2 100×220＋80 000×2.0＋200×6 000＝1 822 000（元）

假定 2011 年为基期，则 2012 年的实际 GDP 为：

2 100×200＋80 000×1.5＋200×5 000＝1 540 000（元）

则

2012 年 GDP 平减指数 = 名义 GDP/实际 GDP × 100% = 1 822 000/1 540 000 × 100% = 118.3%

这表明2011 年 GDP 平减指数为 100%，2012 年 GDP 平减指数为 118.3%。2012 年价格水平比 2011 年上涨了 11.8%。因此，GDP 平减指数还能够反映较长时期一个国家或地区总体物价水平的变化，监测通货膨胀水平。一般来说，GDP 平减指数的大幅度上升意味着通货膨胀，大幅度下降意味着通货紧缩。

需要特别说明的是，在统计年鉴里会看到 GDP 平减指数和消费价格指数都有计算，GDP 平减指数与消费价格指数的差别是：

第一，消费价格指数只衡量消费者购买的产品与服务，而 GDP 平减指数包括国内生产的所有产品与服务。企业或政府购买的产品与服务包括在 GDP 平减指数中，但不包括在消费价格指数中。

第二，消费价格指数使用固定的权数计算，而 GDP 平减指数使用可变的权数计算。消费价格指数是用基期固定的一篮子产品和服务来计算的，而 GDP 平减指数使用的是一篮子产品和服务随时间的推移不停变动来计算的。

第三，GDP 平减指数不包括进口品，而消费价格指数包括消费者购买的进口产品。

关于第二点需要说明的是，用固定一篮子产品和服务计算的价格指数称为拉斯派尔指数（Laspeyres index）；按可变的一篮子产品和服务计算的价格指数称为帕氏指数（Paasche index）。这两种价格指数并不能明显分出高下。由于拉斯派尔指数没有考虑到消费者用便宜物品代替较昂贵物品的可能性，以至于当不同物品的价格变动不一样时，该指数可能会高估生活费用的增加。帕氏指数则可能会低估生活费用的增加。

★拓展阅读1-6

中国的价格指数

除了居民消费价格指数，国家统计局还计算和发布商品零售价格指数（general retail price index）、农产品收购价格指数（general purchasing price index of farm products）、农村工业品零售价格指数（general rural retail price index of industrial products）、工农业商品综合比价指数（general price parity index of industrial and farm products）、农产品集贸生产价格指数（price index of agricultural products on the rural market fairs）、原材料购进价格指数（purchasing price index of major raw materials）、工业品出厂价格指数（ex – factory price index of industrial products）、固定资产投资价格指数（price index of investment in fixed assets）等。主要价格指数的年度资料可以在《中国统计年鉴》上找到，一些价格指数的月度资料可以在国家统计局编辑出版的《中国经济景气月报》上找到。

中国的价格指数统计由国家统计局城市社会经济调查队组织实施，各省、自治区、直辖市及抽选的市、县城市社会经济调查队根据国家统计局制定的价格统计调查制度向基层采集原始数据，汇总后上报国家统计局。

编制居民消费价格指数和商品零售价格指数的资料是采用分层抽样调查方法取得的，把全国不同地区和代表性商品作为样本，对价格进行经常性调查，以样本推断总体。商品零售价格指数的计算权数是根据全社会商品零售额统计资料确定的；居民消费价格指数的计算权数是根据 11 万户城乡居民家庭消费支出构成确定的。

工业品价格指数采用重点调查方法；固定资产价格指数采用重点调查与典型调查相结合的方法。

7. 实际 GDP 与潜在 GDP

资源充分利用（也称充分就业）实现最大产出是宏观经济运行的重要目标之一。然而，由于种种因素的限制，资源的实际利用水平与充分利用之间往往存在着距离，从而造成实际产出与最大产出之间存在偏差。建立在此意之上的 GDP 即实际 GDP 与潜在 GDP。

实际 GDP 是指一个国家或地区在一定时期实际利用资源生产出来的最终产品的市场价值。潜在 GDP 则指一个国家或地区，在正常强度条件下，调动所有经济资源，在一定时期内能够生产的最终产品的市场价值。一个国家或地区的潜在 GDP 并不是一成不变的，它会随人口、资本、技术、开放程度等因素的变化而变化。

潜在 GDP 是一个国家或地区资源得到充分利用时能实现的 GDP，一方面体现着一个国家或地区的经济增长潜力；另一方面，它与实际 GDP 的偏差反映着一个国家或地区经济运行和资源利用的状态。如果潜在 GDP 与实际 GDP 相等，表明一个国家或地区的经济潜力得到了充分发挥，经济处于理想的充分就业状态。如果潜在 GDP 大于实际 GDP，表明经济潜力没有发挥出来，资源没有得到充分利用，经济有萎缩的风险。如果潜在 GDP 小于实际 GDP，表明经济的增长超出了潜力，资源超常规利用，经济有过热和通货膨胀的风险。

★拓展阅读 1-7

潜在 GDP 与 GDP 缺口

在市场经济体制完善的条件下，潜在 GDP 就是一国在宏观经济总供给和总需求平衡，实现充分就业时所实现的 GDP。所以，对经济体制完善的发达国家，潜在 GDP 也可以称作充分就业 GDP。而 GDP 缺口，是指潜在 GDP 与实际所生产 GDP 的缺口。GDP 缺口能够反映由于供需失衡造成的损失。这一缺口越大，说明经济发展效率越低。

对于市场经济体制并不完善的发展中国家来说，潜在 GDP 和 GDP 缺口常常无法有效统计。其原因在于，这些国家各种经济资源的闲置主要是由于各种结构性问题和市场缺失造成的。尤其对于许多和中国一样存在明显的二元经济特征的国家，农村和传统产业中存在着大量的隐形失业。这些国家的 GDP 缺口也主要不是由于宏观供需失衡造成的，要消除缺口无法依赖需求管理，应寄希望于经济结构调整和各种供给管理。

另外，潜在 GDP 是一个时点数据，它假设当期的技术和生产函数既定不变。这样一来，潜在 GDP 的增长就是由要素投入的增加和技术水平的进步这两个相互独立的原因造成的。也就是说，资源配置的变动不会影响技术水平和生产函数。而对于许多发展中国家，将发达国家的先进技术引入生产、推动产业升级常常就伴随着资源配置的重大变化。

第四节　国民收入核算方法

实践中，国民收入尤其是国内生产总值 GDP 的核算方法一般有三种：支出法、收入法和新增价值法。

★拓展阅读 1-8

创建国民收入核算账户

与现代宏观经济学类似，国民收入核算账户的诞生同样源于大萧条。在经济陷入大萧条的时候，政府官员发现，他们的反应能力不足不仅是由于缺乏足够的经济理论，还缺乏足够的信息。他们所拥有的只是散乱的统计数据：铁路货运数据、股票价格，以及工业生产的不完全指数，据此只能猜测整体经济的大致情况。

美国商务部对这种状况的反应是任命西蒙·库兹涅茨，一名年轻的俄裔经济学家，来开发一套国民收入账户体系（库兹涅茨后来因为这项工作获得了诺贝尔经济学奖）。该账户体系的第一版见于名为《国民收入（1929—1935）》的研究报告，它于1937年提交国会。

开始的时候，有部分人士对此类账户体系的有用性表示怀疑。1936年，英国经济学家约翰·梅纳德·凯恩斯出版了《就业、利息和货币通论》一书，标志着现代宏观经济学的诞生。

库兹涅茨最初的测算针对收入而不是产量，因而还不能构成现代账户体系的全部。对国民收入核算账户的扩充工作完成于第二次世界大战期间，当时的政策制定者掌握整体经济状况的愿望比以前更为急迫。联邦政府从1942年开始发布国内生产总值和国民生产总值的测算数据。

2000年1月，美国商务部出版的《现代商业概览》中刊登了一篇题为《GDP：20世纪的伟大发明之一》的文章。这似乎有些言过其实，但是美国发明的国民收入账户核算体系确实已经成为一个世界通用的经济分析和政策制定的工具。

一、支出法

支出法又称最终产品法（final product approach），是从产品最终购买的角度核算一个国家或地区一定时期内生产活动最终成果价值的一种方法。

支出法的关键在于弄清产品的最终购买的经济主体。一般来说，一个国家或地区作为产品最终购买者的经济主体有消费者、企业（厂商）、政府和国外部门。消费者对产品的购买形成个人消费，企业对产品的购买形成投资，政府对产品的购买形成政府购买（消费），国外部门对产品的购买则构成出口。因此，支出法核算GDP就在于核算一定时期一个国家或地区私人消费支出C、私人投资支出I、政府购买支出G、以及进口M、出口X几方面的总和关系。

1. 私人消费支出（C）

私人消费支出是指个人消费者在一定时期内对于货物和服务的全部最终消费支出，用字母C表示。消费者对于货物的最终消费支出在货物的所有权发生变化时记录，对于服务的最终消费支出在服务提供时记录。

应特别注意的是：

（1）私人消费支出包括购买耐用消费品（如小汽车、电视机、洗衣机等）、非耐用消费品（如食物、衣服等）和劳务（如医疗、旅游、理发等）的支出；不包括购买或建造新房的支出，个人购买或建造新房一般被视为投资支出。

（2）在开放经济条件下，私人消费对最终产品的购买，既包含对本国生产的产品的购买，又包含对外国生产的产品的购买，而国内生产总值GDP是一个地域概念，因此核算GDP时应将其中私人对进口产品的购买扣除。

2. 私人投资支出（I）

私人投资支出是指增加或更换资本资产（厂房、住宅、设备或存货）的支出。需要特别注意的是，这里的投资（也称实际投资）指的是耐用资本品的生产，不同于日常生活中所说的投资（如购买股票等）。只有生产出有形的资本品时，才有经济学中所谓的投资行为的发生。私人投资支出包括企业固定资产投资、居民购买和建造新房的投资、存货投资三大部分。开放经济条件下，私人投资支出购买的产品同样包括了外国生产的产品部分，即进口产品部分，在GDP的核算中应将其扣除。

企业部门的资本形成总额是指企业在一定时期内获得的固定资产的价值总额，包括有形固定资本形成总额和无形固定资本形成总额。有形固定资本形成总额包括一定时期内完成的建筑工程、安装工程和设备工器具购置（减处置）价值以及土地改良等。无形固定资本形成总额包括矿藏的勘探、计算机软件等。由于折旧的存在，投资还可以分为净投资和重置投资。假定某国在2012年总投资为900亿元，由于机器、厂房的磨损，该年消耗掉的折旧为300亿元，这其中用来补偿资本消耗的300亿元是重置投资，净增加的投资只有600亿元。GDP统计中的投资指的是总投资。总投资是一定时期内的全部投资，即建设的全部厂房、设备和住宅等。而净投资是总投资中扣除资本消耗或者说重置投资部分。例如，某企业某年购置10台机器，价值200万元，其中两台用来更换报废的旧机器，则总投资为200万元，净投资为150万元。

存货投资是企业在一定时期内存货实物量变动的市场价值，即期末价值减期初价值的差额。存货投资可以是正值，也可以是负值，正值表示存货投资上升，负值表示存货投资下降。例如，年初全国企业存货为100亿元，而年末为70亿元，则存货投资为－30亿元。存货包括生产单位购进的原材料、燃料和储备物资等存货，以及生产单位生产的产成品、在制品和半成品等的存货。

3. 政府购买支出（G）

政府购买支出是指政府购买物品和劳务方面的支出，用字母G表示。这种公共支出包括工作人员和武装人员的薪资支付与购买各种公用物资的开支，如政府花钱设立法院、提供国防、建筑道路、开办学校等方面的支出是政府支出的一部分。

政府支出的另一部分如转移支付、公债等都不计入GDP。其原因在于，政府购买是通过雇请公务人员、教师，建立公共设施，建造舰队等为社会提供了服务，存在商品交换，而转移支付只是简单地把收入从一些人或一些组织转移到另一些人或另一些组织，没有相应的物品或劳务的交换发生。如政府给残疾人发放的救济金，不是因为这些人提供了服务，创造了价值，而是因为他们丧失了劳动能力，要靠救济生活。因此，除政府购买外，其他的政府支出一般不能计入GDP。

与私人消费和私人投资一样，开放经济条件下，政府购买中也含有对外国产品（即进口）的购买，需要在GDP核算中加以扣除。

4. 国外部门的净购买（$X-M$）

开放经济条件下，本国产品会走出国门被国外部门（个人、企业、政府、国际组织）所购买，即出口，用字母X表示，同时本国的个人、企业和政府也会购买国外部门提供的产品，用字母M表示。国内生产总值核算中应将本国经济主体购买的进口产品扣除，则计入本国GDP的即为$X-M$，也称为进出口净额（净出口）NX，表示国外部门对本国产品的购买净额（净购买）。

综合以上构成项目，支出法核算一个国家或地区的国内生产总值GDP结果为：

$$\text{GDP}=C+I+G+X-M$$

支出法核算GDP的例子见表1-3。

表1-3　按支出法计算的我国2009—2012年GDP　　亿元

指标＼年份	2009年	2010年	2011年	2012年
国内生产总值	348 775.07	402 816.47	472 619.17	529 238.43
最终消费	169 274.8	194 114.96	232 111.55	261 832.82

续表

年份 指标	2009 年	2010 年	2011 年	2012 年
居民消费	123 584. 62	140 758. 65	168 956. 63	190 423. 77
农村居民消费	29 005. 33	31 974. 6	38 969. 59	42 310. 38
城镇居民消费	94 579. 29	108 784. 05	129 987. 04	148 113. 39
政府消费	45 690. 18	53 356. 31	63 154. 92	71 409. 05
资本形成总额	164 463. 22	193 603. 91	228 344. 28	252 773. 24
固定资本形成总额	156 679. 79	183 615. 16	215 682	241 756. 84
存货增加	7 783. 43	9 988. 75	12 662. 28	11 016. 4
货物和服务净出口	15 037. 04	15 097. 6	12 163. 34	14 632. 38
数据来源：国家统计局。				

二、收入法

收入法也称要素分配法，是从生产过程创造收入的角度，根据生产要素在生产过程中应得的收入份额以及因从事生产活动向政府支付的份额来反映最终成果的一种计算方法。

收入法核算国内生产总值 GDP 时，可将生产要素分为受雇于企业的要素和不受雇于企业的要素两大类型，将要素的收入分解为个人、企业和政府三大部分。从而，国内生产总值 GDP 构成为生产要素报酬性收入、企业收入、政府收入、非公司性业主收入、国外要素收入净值。

1. 生产要素报酬性收入

生产要素报酬性收入是指受雇于企业的生产要素因提供服务而取得的收入，包括：

（1）工资：所有对工作的酬金、津贴和福利费，包括个人所得税和社会保险税。

（2）利息：给企业提供的货币资金所得利息，如银行存款利息、企业债券利息等，不包括政府公债利息和消费信贷利息。

（3）租金：出租土地、房屋等租赁收入；专利、版权等收入。

2. 非公司性业主收入

非受雇于企业的生产要素创造的价值（产生的收入）统称为非公司性业主收入。其主要包括自办业务的医生、律师、农民和小商贩的收入以及个体户收入等。他们一般利用自己的资金或技术，自我雇用，工资、利息、利润和租金常混在一起，无法区分。

3. 企业收入和政府收入

企业收入来自受雇于企业的生产要素创造的价值，政府收入则主要表现为各类税收。两者主要包括：

（1）公司税前利润，包括公司所得税、社会保险税、股东红利和未分配利润等间接税。

（2）资本折旧。它不是要素收入，但包括在总投资里面（属于重置投资），这是因为企业在核算利润时，都是把折旧算进成本的。也就是说，当用收入法计算 GDP 时，计算利润这项收入的时候，是算了折旧之后的利润。而 GDP 是“毛”的，不是“净”的，也就是包含折旧，所以要把折旧再加回来。

（3）企业转移支付。如对非营利组织的社会慈善捐款、消费者呆账等；

(4) 企业间接税。如货物税、销售税、周转税等。

不是生产要素创造的收入，通过市场价格调整转嫁给消费者。为什么要加上间接税？举个例子，假如一瓶矿泉水在超市里卖2元，这2元钱包含了在生产的各个环节生产的工资、租金、利息和利润等。如果政府加收5分钱间接税（消费税），消费者需要付2元零5分才能把这瓶水买走。用支出法计算GDP，就是2元零5分；用收入法计算，这5分钱没有包括在前面的工资、租金、利息和利润收入里，所以要加上。

4. 国外要素收入净值

国外要素收入净值等于外国要素在本国的产出的价值减去本国要素在国外的产出的价值。前面的工资、租金、利息和利润收入，是本国国民的收入，不管是在国内得到的还是在国外得到的，不包括外国人在本国的收入。如果不加这一项，算出来对的是GNP，而不是GDP。所以，国外要素收入净值一项，是把人的概念调整成地域的概念。

收入法核算GDP，结果为：

GDP = 工资 + 利息 + 租金 + 企业税前利润 + 企业间接税 + 企业的转移支付 + 资本折旧 + 非公司性业主收入 + 国外要素收入净值。

三、新增价值法

新增价值法又称生产法或部门法，是从生产过程中创造的货物和服务价值入手，剔除生产过程中投入的中间货物和服务价值，得到增加价值的一种方法。

在核算中，一般先将一个国家或地区的国民经济划分成不同的生产部门也称产业部门，然后根据各个产业部门的产值即新增价值（简称增加值）来计算GDP。凡是可核算增加值的部门，如提供物质产品的农业和工业部门，提供劳务产品的交通、邮电、房地产等产业部门，用各部门的总产值扣除中间产品价值后的余额核算各部门的增加值；凡是无法核算增加值的部门，如教育、行政等，按其工资收入核算总产出。

我国现行统计制度把国民经济分为农业、采掘业、化学工业、金融保险业等17个产业部门进行增加值统计，见表1-4。

表1-4 2009—2012年我国按新增加值法计算的GDP 亿元

指标 \ 年份	2009年	2010年	2011年	2012年
国内生产总值	340 902. 81	401 512. 8	473 104. 05	519 470. 1
第一产业增加值	35 226. 00	40 533. 6	47 486. 21	52 373. 63
第二产业增加值	157 638. 78	187 383. 21	220 412. 81	235 161. 99
工业增加值	135 239. 95	160 722. 23	188 470. 15	199 670. 66
建筑业增加值	22 398. 83	26 660. 98	31 942. 66	35 491. 34
第三产业增加值	148 038. 04	173 595. 98	205 205. 02	231 934. 48
数据来源：国家统计局。				

如前所述，我国的国内生产总值按部门分别用生产法或支出法计算，没有公布按收入法计算的国内生产总值的构成，但是在国家统计局公布的资金流量表中，包括了工资、财产收入、税收等资料。

在我国的统计资料中，劳动者报酬包括货币形式和实物形式的工资、奖金和津贴、公费医疗和医疗卫生费、上下班交通补贴和单位支付的社会保险费。个体经济所有者的劳动报酬和经营利润不易区分，都作为劳动报酬处理。财产收入（income from property）包括利息、红利、土地租金和其他。生产税净额（net taxes on production）是生产税减去生产补贴后的余额。

★拓展阅读1-9

我国国民收入核算体系的演变

我国的国民经济核算资料包括四部分：国内生产总值的计算、投入产出表、资金流量表和国际收支概况。

投入产出表（input-output table）即根据国民经济各部门生产的投入来源和使用去向组成的棋盘式平衡表，用来表示各部门之间的经济技术关系。它详尽分析了各部门的产出量与完成产出量所需要的投入量之间的关系。我国的投入产出表由国家统计局国民经济核算司编制。

资金流量分析（flow-of-fund analysis）是一种着眼于资金的来源与使用的社会核算方法。与投入产出分析不同，它不仅涉及产品和服务，还涉及所有权凭证和债务凭证。通过对储蓄的利用和投资者资金来源的分析，可以描绘出国民经济各领域之间财务关系的全貌。我国现行的资金流量表分为两大部分，实物交易部分由国家统计局国民经济核算司编制；金融交易部分由中国人民银行调查统计司编制。

国际收支平衡表（balance of payments）反映了我国的国际收支平衡状况，由国家外汇管理局国际收支司编制。

国际上同时存在过两大国民经济核算体系，一个是产生于苏联、东欧的高度集中的计划经济国家的物质产品平衡表体系（Material Product System，MPS）；一个是产生于西方发达市场经济国家的国民账户体系（System of National Accounts，SNA，即本节前面所介绍的国民经济核算体系）。中国国民经济核算体系的演变过程实际上是一段从前者向后者过渡的历史。

无论是SNA体系还是MPS平衡体系，主要目的都是反映国民机构及活动水平，并且都可以通过生产角度、支出（使用）角度和收入角度进行分析和计算。但是它们之间的区别也明显。首先，这两种国民统计体系赖以建立的理论基础是不一样的。SNA体系的理论基础是西方主流经济学，尤其是以瓦尔拉斯的一般均衡理论、边际生产力理论和凯恩斯理论为基础。MPS平衡体系则主要以马克思劳动价值论和再生产理论为基础，是在计划体制中摸索出来的一套统计方法。其次，两者统计的范围不一样。SNA体系统计所有产品和服务，既统计工业、农业、建筑、运输、邮电和商业在内的物质生产部门，也统计金融保险、科技文教、信息咨询等非物质生产部门，因此它的统计范围要比单纯以物质生产领域为主要对象的MPS平衡体系广泛得多，而后者忽略了整个第三产业部门的经济活动。这对于第三产业比重日益上升的现代经济，显然是欠妥当的。最后，两者统计的口径不一样。SNA体系中的GDP或GNP指标，只统计一个国家或地区在一定时期内生产的最终产品和服务的价值。MPS平衡体系中的社会总产品（及社会总产值）以及分部门的总产值（例如工业总产值、农业总产值等）还把作为中间投入品的价值也计算在内，因此存在着重复计算的问题。

我国国民经济核算体系经历了三个阶段：MPS体系的建立和发展阶段；MPS体系与SNA体系并存阶段；SNA体系下的发展阶段。

（1）MPS体系的建立和发展阶段。1952年，国家统计局在全国范围内开展了工农业总产值调查，开始了我国工农业总产值核算。后来又从工农业总产值核算扩大到农业、工业、建筑业、交通运输业和商业饮食业五大物质生产部门总产值的核算，即社会总产值核算。从1954年开始，国家统计局在学习苏联国民收入统计理论和方法的基础上开展了我国国民收入的生产、分配、消费和积累核算。1956 年，国家统计局全面推行 MPS 平衡体系，核心指标是国民收入。

（2）MPS 体系与 SNA 体系并存阶段。随着改革开放的深入和国民经济的发展，由于本身固有的缺陷——遗漏整个第三产业的统计以及存在大量重复统计，MPS 核算已经不能满足国家宏观经济管理工作的需要。在这种情况下，我国在继续开展 MPS 核算的同时，逐步研究和开展 SNA 核算。1985 年，我国开始 SNA 体系的国内生产总值核算；1987 年，开始编制 SNA 体系的投入产出表；1992 年，开始编制 SNA 体系的资金流量表。1992 年 1 月，国务院通过了《中国国民经济核算体系（试行方案）》，同年 8 月又发出通知要求再在国范围内分步实施这一体系。该方案采纳了 SNA 的基本核算原则、内容和方法，保留了 MPS 体系的部分内容，是一个 MPS 与 SNA 相结合的混合性体系。

（3）SNA 体系下的发展阶段。从 1993 年起，以取消 MPS 平衡体系的国民收入核算为标志，中国国民经济核算从 MPS 体系和 SNA 体系并存阶段，进入了 SNA 体系下的发展阶段。在这一阶段，我国开始编制 SNA 体系的资产负债表和国民经济账户，并对整个国民经济核算制度、方法不断进行改革。从 1999 年开始，在总结 1992 年以来国民经济核算制度方法、改革成果和实践经验，深入研究最新国际标准——1993 年 SNA 的基础上，国家统计局对《中国国民经济核算体系（试行方案）》进行了系统的修订，取消了 MPS 的核算内容，清理了基本概念，修订了基本框架，调整了有关表式的指标设置。

四、产出、支出和收入的关系

从广义的角度看，宏观经济中的产出、收入与支出是完全等值的，一个国家或地区一定时期内的产出总量就是其收入总量也是其支出总量，即：

总产出 = 总收入 = 总支出

产出等于收入表明产出增值等于投入要素的收入；产出等于支出表明最终销售等于最终支出。

但由于统计等方面的问题，产出、支出和收入间会有一些误差。例如，用支出法与收入法统计的结果可能不同，在这种情况下，以支出法为准进行调整，所以用收入法核算 GDP 要额外有一个统计误差项。

★拓展阅读 1-10

中国如何统计 GDP

西方国家以支出法为基本核算方法，并以支出法的计算结果为准。我国目前采用收入法计算各个产业部门（按照 1985 年制定的我国国民经济行业分类标准，有 13 个部门，75 个大类，310 个中类，667 个小类）的增加值，最后加总各部门的增加值得到 GDP（国家统计局也提供支出法计算的国内生产总值数据）。

一般而言，我国的 GDP 数据需要经过以下几个过程：初步估计过程、初步核实过程和最终核实过程。

初步估计过程一般在每年年终和次年年初进行，得到的年度 GDP 数据只是一个初步数，有待于获得较充分的资料后进行核实。初步核实过程一般在次年的第二季度进行。初步核实所获得的 GDP 数据更准确些，但因仍缺少 GDP 核算所需要的许多重要资料，因此相应的数据尚需要进一步核实。最终核实过程一般在次年的第四季度进行。这时，GDP 核算所需要的和所能搜集到的各种统计资料、会计决算资料和行政管理资料基本齐备。与前一个步骤相比，它运用了更全面、更细致的资料，所以得到的 GDP 数据显得更准确些。

此外，GDP 数据还需要经过一个历史数据调整过程，即当发现或产生新的资料来源、新的分类法、更准确的核算方法或更合理的核算原则时，要进行历史数据调整，以使每年的 GDP 具有可比性。这是国际惯例。例如，美国在 1929—1999 年就进行过 11 次历史数据调整。

总之，每个时段公布的 GDP 都有其特定阶段的含义和特定的价值，不能因为在不同时间公布的数据不同，而怀疑统计数据存在问题。

事实上，我国 GDP 核算的疑问和纠纷主要来自相关核算数据的选择方法和可靠性。目前，用于我国 GDP 指标核算的主要统计资料包括三个部分。一是统计资料，包括国家统计局系统的统计资料，如农业、工业、建筑业、批发零售贸易餐饮业、固定资产投资、劳动报酬、价格、住户收支统计资料；国务院有关部门的统计资料，如交通运输、货物和服务进出口、国际收支统计资料。二是行政管理资料，包括财政决算资料、工商管理资料等。三是会计决算资料，包括银行、保险、航空运输、铁路运输、邮电通信系统的会计决算资料等。

在获取这些数据资料时，根据我国实际情况，通常采用抽样调查方法和为避免中间层次干扰的超级汇总法。因此，许多数据属于推断统计数据，无法回避抽样误差的存在。

得到这些数据资料之后，现阶段主要采用收入法计算各产业部门的增加值，最后加总以求得 GDP。这些增加值的构成项目包括劳动者收入、福利基金和公益金、利润和各种企业提留、税金、利息、固定资产折旧等。生产法和支出法由于数据收集等方面的原因，目前只能起到辅助验证的作用。

与国际标准相比，当前我国 GDP 核算工作的主要不足集中体现为缺乏有效的财政收入统计和第三产业统计。

第五节　国民收入恒等式

国民收入的核算分析，可以得到国民收入构成的基础公式和基本关系，进一步可以构建宏观经济的供求均衡关系，即由“总支出 = 总收入”引出的“总需求 = 总供给”的宏观均衡及其表现形式。

由于支出法核算 GDP 是基于产品的购买和支付角度，其结果“$GDP = C + I + G + X - M$”中 C、I、G、$X - M$ 四个组成部分是按国民经济各部门的经济主体个人、企业、政府和国外部门来划分的。而支出法从生产中对要素的支付角度核算 GDP，其结果“GDP = 工资 + 利息 + 租金 + 企业税前利润 + 企业间接税 + 企业转移支付 + 资本折旧 + 非公司性业主收入 + 国外要素净值”中的各个构成部分是按要素收入的性质进行划分。可见，两种方法对核算构成项目的划分原则不同，因此难以分析和比较“总收入 = 总支出”的恒等形式。

为便于分析和比较，寻找国民收入恒等关系的表现形式，我们保持支出法的划分原则和结构，将收入法核算的 GDP 从按国民经济各部门的经济主体个人、企业、政府和外国部门的角度进行分析。事实上，一定时期一个经济社会生产要素（受雇于企业与非受雇于企业）所产生的收入均在个人、企业和政府三者间进行分配。个人分配的无论是工资、利息、租金等，都形成个人可支配收入 DPI，最终表现为个人消费 C 和个人储蓄 S；企业分配的如资本折旧、未分配利润等，形成企业部门的储蓄 S；政府分配的主要是个人所得税、企业所得税和间接税等税收收入 T。

由此可见，收入法核算的 GDP，从它在国民经济各部门间的分配角度看，GDP = DPI + 企业储蓄 + 政府税收 = $C+S+T$。

综上所述，从支出的角度看，GDP = $C+I+G+X-M$；从收入的角度看，GDP = $C+S+T$。从价值量上看，支出体现了各经济主体对一个国家或地区产品总的购买和需求，即总需求（Aggregate Demand，AD）；收入则体现了全社会生产出来的“总产品”的配置方向，一部分供个人消费用，一部分供个人和企业储蓄用，一部分供政府税收用，因此 GDP = $C+S+T$ 反映了一个经济社会的产品总供给（Aggregate Supply，AS）。

根据国民收入核算关系，总支出 = 总收入，从而总需求 AD = 总供给 AS，则有：

$$AD = \text{GDP} = C + I + G + X - M = C + S + T = AS$$

这就是国民收入恒等式的基本形式。它会随着考察的经济主体（部门）数量的不同而有不同的具体表现形式，是进行宏观经济分析的重要恒等和均衡关系。

一、两部门经济国民收入恒等式

两部门经济是宏观经济理论的重点考察对象由于不存在政府和国外部门，因此国内生产总值 GDP 从支出（或总需求 AD）角度看，$AD = \text{GDP} = C + I$；从收入（或总供给 AS）角度看，$AS = \text{GDP} = C + S$。总收入 = 总支出或总需求 = 总供给，则 $C+I=C+S$，于是有 $I=S$，即投资等于储蓄（个人储蓄与企业储蓄），这就是两部门经济国民收入恒等式的具体表现形式。

需要指出的是，此处投资和储蓄的恒等关系，是国民经济运行最终成果核算意义上的恒等关系，是“事后”的恒等，并不意味着人们意愿的或者说事前计划的储蓄总会等于企业想要有的或者说事前计划的投资。经济运行过程中，一个经济社会的储蓄和投资不一定会相等，可能投资大于储蓄，可能投资小于储蓄，也可能投资等于储蓄，投资和储蓄间的大小关系会引起一个国家或地区的经济波动。

二、三部门经济国民收入恒等式

三部门经济是存在个人、企业和政府的封闭经济社会形态，不存在国外部门。存在政府，因此存在税收。因此，国内生产总值 GDP 从支出（或总需求 AD）角度看，$AD = \text{GDP} = C + I + G$；从收入（或总供给 AS）角度看，$AS = \text{GDP} = C + S + T$。总收入 = 总支出或总需求 = 总供给，则 $C+I+G=C+S+T$，于是有 $I=S+(T-G)$，其中 $T-G$ 代表“政府储蓄”，国民收入恒等式仍为“投资 = 储蓄”。

三、四部门经济国民收入恒等式

四部门经济是存在个人、企业、政府和国外部门的开放经济社会形态。其存在政府税收，也存在进口与出口。此时，国内生产总值 GDP 从支出（或总需求 AD）角度看，$AD = \text{GDP} = C + I + G + X - M$；从收入（或总供给 AS）角度看，$AS = \text{GDP} = C + S + T$。总收入 = 总支出或总需求 = 总供给，则 $C+I+G+X-M=C+S+T$，于是有 $I=S+(T-G)+(M-X)$，其中 $M-X$ 代表“外国储蓄”，国民收入恒等式也为“投资 = 储蓄”。

综上，不管是两部门、三部门，还是四部门经济，国民收入恒等关系均表现为“投资 = 储蓄”。

本章小结

宏观经济学以一个经济社会（通常为一个国家或地区）的整体经济为考察对象，研究经济萧条、通货膨胀、失业、经济周期波动、经济增长等与资源利用相关的经济问题。其所使用的方法，除微观经济学的均衡分析、实证分析和规范分析、经济模型分析、静态分析、比较静态和动态分析之外，还有宏观经济学经常使用的总量分析法、存量分析和流量分析。

国民收入是经济社会生产、服务等各部门在一定时期利用经济资源创造的经济价值的通称。均衡的国民收入的决定是宏观经济学的核心，核算国民经济活动的核心指标是国内生产总值（GDP）。国内生产总值是指在一定时期内（一个月、一个季度或一个年度，通常为一年），一个国家或地区（省、市、县、区等）运用生产要素（可能是本国的，也可能是外国的要素）所生产的全部最终产品按市场价格计算的价值总额。因此，不同时期的国内生产总值的差异可能是由于商品和劳务数量的区别，也可能是由于价格水平的变化。为了对各个时期的国内生产总值进行有效的比较，可以选择某一年的价格水平作为标准，各年的国内生产总值都按照这一价格水平计算。把用不变价格计算的国内生产总值称为实际 GDP，用当年价格计算的国内生产总值称为名义 GDP，名义 GDP 比上实际 GDP 即为 GDP 平减指数。人均 GDP 是一个国家或地区在一定时期的国内生产总值与常住人口的比值。GDP 代表了一个国家或地区经济总量和规模的大小，而人均 GDP 则代表一个国家或地区的富裕程度和人民生活水平的高低。

除 GDP 这一核心指标外，国民经济核算和国内生产净值、国民收入、个人收入、个人可支配收入等指标，各指标之间的关系见表 1-5、表 1-6。

表 1-5　GDP 与国民收入之间的关系

国内生产总值（GDP）
加：国外净要素收入
= 国民生产总值（GNP）
减：折旧
减：间接税
减：企业的转移支付
加：政府对企业的净补贴
减：统计误差
= 国民收入（NI）

表 1-6　国民收入、个人收入与个人可支配收入的关系

国民收入（NI）
减：净社会保险金支付
减：企业保留收益和企业所得税
加：个人非商业利息
加：政府和企业对个人的转移支付
= 个人收入（PI）
减：个人所得税
= 个人可支配收入（DPI）

国民收入尤其是国内生产总值 GDP 的核算方法一般有三种：支出法、收入法和新增价值法。支出法又称最终产品法，是从产品最终购买的角度核算一个国家或地区一定时期内生产活动最终成果价值的一种方法。这种核算方法的关键在于弄清产品的最终购买的经济主体。支出法核算 GDP 就在于核算一定时期一个国家或地区私人消费支出 C、私人投资支出 I、政府购买支出 G，

以及进口 M、出口 X 几方面的总和关系。收入法也称要素分配法，是从生产过程创造收入的角度，根据生产要素在生产过程中应得的收入份额以及因从事生产活动向政府支付的份额来反映最终成果的一种计算方法。因此国内生产总值 GDP 的构成为生产要素报酬性收入、企业收入、政府收入、非公司性业主收入、国外要素收入净值等。新增价值法又称生产法或部门法，是从生产过程中创造的货物和服务价值入手，剔除生产过程中投入的中间货物和服务价值，得到增加价值的一种方法。在核算中，一般先将一个国家或地区的国民经济划分成不同的生产部门也称产业部门，然后根据各个产业部门的产值即新增价值（简称增加值）来计算 GDP。

从支出的角度看，$\text{GDP}=C+I+G+X-M$；从收入的角度看，$\text{GDP}=C+S+T$。从价值量上看，支出体现了各个经济主体对一个国家或地区产品总的购买和需求，即总需求，收入则体现了全社会生产出来的“总产品”的配置方向，一部分供个人消费用，一部分供个人和企业储蓄用，另一部分供政府税收用；因此，$\text{GDP}=C+S+T$ 反映了一个经济社会的产品总供给。

根据国民收入核算关系，总支出 = 总收入，从而总需求 AD = 总供给 AS，则有：

$$AD=\text{GDP}=C+I+G+X-M=C+S+T=AS$$

这就是国民收入恒等式的基本形式。

复习思考题

一、名词解释

流量　存量　国内生产总值　国民生产总值　总量分析　个量分析　人均 GDP　实际 GDP　名义 GDP　GDP 平减指数　国内生产净值　国民收入　个人收入　个人可支配收入　支出法　收入法　生产法　重置投资　存货投资

二、简答题

1. 下列购买活动中哪些应该列入 GDP，哪些现行统计没有列入但应该列入，为什么？

(1) 北京现代汽车公司自制发动机并安装在现代轿车上；

(2) 北京现代向北京内燃机厂购买发动机准备安装在现代轿车上；

(3) 你购买海尔的股票；

(4) 你在旧货市场上买了一件瓷器；

(5) 警察加班得到加班费；

(6) 你父母去年买了一套住房，今年仍然居住其中；

(7) 你太累了，没有上班，在家睡觉，感觉很好；

(8) 很多人随地吐痰；

(9) 去年积压的服装今年售出；

(10) 失业者领取的救济金；

(11) 今年生产但未卖出的饮料；

(12) 顾客在饭店支付餐费。

2. 某男与其家中的保姆结婚了，结婚对 GDP 有何影响？结婚前后某男都一样养活她，区别仅仅是她的身份由保姆变为妻子，这种情况说明现行的 GDP 的计算存在什么问题？你认为应当如何改进？

三、判断下面说法是否正确，并说明原因

1. 运用收入法计算 GDP 时，公债利息不计入利息收入中。（　）

2. 总投资增加，资本存量就增加。（　）

3. 2011 年某国的名义 GDP 大于实际 GDP，这意味着在 2011 年该国的一般价格水平与基期

相比上升了。 (　　)

4. “储蓄 = 投资”恒等式意味着人们事前计划的储蓄等于企业事前计划的投资。 (　　)

5. 一国的 GDP 高于另一国的 GDP，并不意味着前者的福利水平高于后者。 (　　)

6. 如果 GNP > GDP，说明本国公民在国外生产的最终产品的市场价值大于外国公民在本国生产的最终产品的市场价值。 (　　)

四、计算题

1. 假定某国某年发生了以下活动。一玉石公司支付 7.5 万元给矿工开采了 50 千克玉石卖给一玉器制造商，售价 10 万元。玉器制造商支付 5 万元工资给工人制造了一批项链卖给消费者，售价 40 万元。回答下列问题：

(1) 用最终产品生产法计算 GDP。

(2) 每个生产阶段生产多少价值？用新增加值法计算 GDP。

(3) 在生产活动中赚得的工资和利润各为多少？用收入法计算。

2. (1) 根据下表的数据，计算国民生产净值、净出口、净税收。

亿元

国民生产总值	4 800	消费	3 000
总投资	800	政府购买	960
净投资	300	政府预算盈余	30

(2) 根据下表的统计资料，计算国内生产总值（GDP）、国内生产净值（NDP）、国民收入（NI）、个人收入（PI）及个人可支配收入（DPI）。

亿元

净投资	125	政府转移支付	120	个人消费支出	500
净出口	15	企业间接税	75	公司未分配利润	100
储蓄	25	政府购买	200	公司所得税	50
资本折旧	50	社会保险金	130	个人所得税	80

3. 一经济社会生产三种产品：书本、面包和菜豆，它们在 2011 年和 2012 年的产量和价格见下表，试求：

产品	2011 年		2012 年	
	数量	价格/元	数量	价格/元
书本/本	100	10	110	10
面包/条	200	1.0	200	1.5
菜豆/千克	500	0.5	450	1.0

(1) 2011 年的名义 GDP。

(2) 2012 年的名义 GDP。

(3) 以 2011 年为基期，2011 年和 2012 年的实际 GDP 是多少？这两年实际 GDP 变化多少？

(4) 以 2012 年为基期，2011 年和 2012 年的实际 GDP 是多少？这两年实际 GDP 变化多少？

(5) “GDP 的变化取决于用哪一年的价格作为衡量实际 GDP 的基期的价格”，这句话对吗？

(6) 将 2011 年作为基期，计算 2011 年和 2012 年的 GDP 平减指数。

第二章

简单国民收入决定理论

第一章介绍了核算一个经济社会国民经济活动运行结果的主要宏观经济指标、方法，建立了总支出 = 总收入、总需求 = 总供给的国民经济恒等式，为宏观经济分析奠定了基础。从本章开始，本书将在这一基础上考察一个国家或地区国民经济运行规律，从两部门经济、三部门经济到四部门经济，从一个经济变量到多个经济变量，由简入繁，逐步介绍宏观经济学的中心理论——国民收入决定理论。

国民收入决定理论由宏观经济学之父——英国著名经济学家约翰·梅纳德·凯恩斯（John Maynard Keynes，1883—1946）在1936年发表的代表著作《就业、利息和货币通论》一书中首次提出。它从总需求的角度构建一个国家或地区国民收入决定模型，为分析经济萧条、失业、通货膨胀、经济周期等各种宏观经济问题提供了一种重要的分析工具。

一个国家或地区的总需求由个人消费 C、私人投资 I、政府购买 G 和进出口净额 $X-M$ 构成，涉及个人、企业、政府和外国部门四大经济主体。本章着重考察由个人和企业构成的两部门经济条件下，个人消费 C 这一总需求因素对国民收入 Y（一般指 GDP）的决定作用。

★拓展阅读 2-1

约翰·梅纳德·凯恩斯

约翰·梅纳德·凯恩斯是活跃于20世纪上半叶西方学术、思想和政治舞台的著名经济学家、哲学家和政治家，也是20世纪西方资本主义世界应付内外危机、实现国家和社会治理的政策和思想传统的根本转换的枢纽型人物。在20世纪30年代，凯恩斯发起了一场导致经济学研究范式和研究领域产生根本转变的革命（即著名的“凯恩斯革命”）。在20世纪40年代的第二次世界大战后期及战后初期，凯恩斯参与了国际货币基金组织、国际复兴开发银行（即世界银行）和关贸总协定（世贸组织前身）等机构（它们构成了所谓的“华盛顿体系”）的组建工作，是当今世界经济秩序的主要奠基人之一。1998年的美国经济学会年会上，在150名经济学家的投票中，凯恩斯被评为20世纪最有影响力的经济学家（弗里德曼排名第二）。

1936年2月4日，凯恩斯的代表作《就业、利息和货币通论》（这是“凯恩斯革命”的核心文献）的出版，立即在大危机后惊魂未定的西方世界引起轰动。这部作品对人们对经济学和政权在社会生活中作用的看法产生了深远的影响，发展了关于生产和就业水平的一般理论。西方学者对此评论道："凯恩斯在致命危机威胁资本主义世界时挽救和巩固了这个社会。"有的学者把凯恩斯的理论比作"与哥白尼在天文学上、达尔文在生物学上、爱因斯坦在物理学上一样的革命"。

第一节 均衡国民收入与有效需求原理

一、均衡国民收入

西方经济理论认为，需求和供给是决定国民收入的基本方面。均衡国民收入是指一个国家或地区总需求 *AD* 和总供给 *AS* 均衡时的国民收入水平，或者说经济社会的收入正好等于全体居民和企业想要有的支出。这里所强调的均衡是一种不再变动的经济情况。当国民收入（产出）水平等于总需求水平时，企业的生产就会稳定，经济就达到了均衡。如果生产（供给）超过需求，企业的非意愿存货量就会增加，企业就会减少生产；反之，如果生产低于需求，企业的非意愿存货量就会减少，企业就会增加生产。

均衡经济可在凯恩斯交叉图（Keynesian cross）上得到体现，这个模型是对凯恩斯国民收入理论的最简单解释。现在从讨论实际支出和计划支出的不同开始，来推导凯恩斯交叉图。实际支出（actual expenditure）是家庭、企业和政府花在产品和服务上的数额，等于整个经济的国内生产总值（GDP）。计划支出（planned expenditure）是家庭、企业和政府愿意花在产品和服务上的数额，仅仅是一种购买意愿。

实际支出往往与计划支出不同，因为企业的销售与预期是不同的，企业会被迫进行非计划的存货投资。当企业出售得比计划少时，存货存量自动上升；反之，当企业出售得比计划多时，存货存量下降。由于这些非计划的存货变化被当作企业投资支出，由此可能造成实际支出与计划支出不同的情况。

由第一章可知，总支出包括用于消费、投资、政府购买和净出口的支出。为了简化分析，假定经济是封闭的，即净出口为零。假设计划支出为 E，消费为 C，计划投资为 I。用公式表示为

$$E = C + I + G$$

当实际支出 = 计划支出时，经济处于均衡状态，即 $Y = E$，如图 2-1 所示，可以把总支出表示为以支出为纵轴、产出为横轴的坐标系中的一条向右上方倾斜的直线。45°线上的各点都表示支出和收入相等。

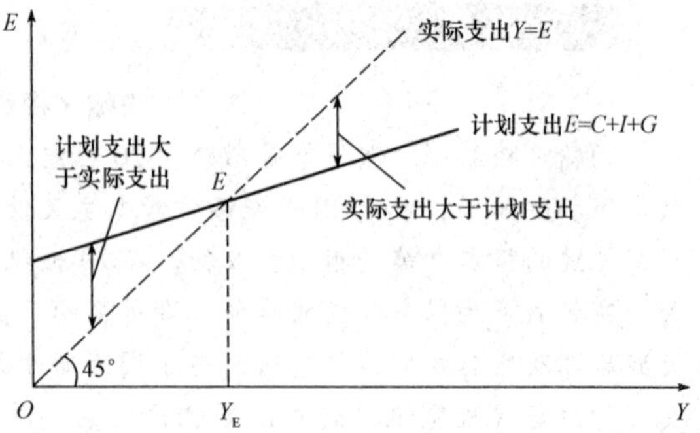

图 2-1　凯恩斯交叉图

经济如何实现均衡？在这个模型中，存货在调整过程中起着重要的作用。只要经济不处于均衡状态，企业就会有存货的非计划变动，使企业改变生产水平，生产的变动又影响总收入和总支出，使经济向均衡方向运动。

总之，当总需求大于总供给，非意愿存货投资小于零，企业就要扩大生产；当总需求小于总供给，非意愿存货投资大于零，企业就要削减生产；只有当总需求等于总供给时，非意愿存货投资等于零，国民收入既不增加，也不减少，才处于均衡状态。这时国民收入就是均衡国民收入。

产出取决于支出，而支出等于收入。在不考虑其他因素的情况下，产出或收入取决于支出，这就是国民收入决定的收入-支出模型。

需要指出的是，均衡国民收入并不一定能够实现充分就业，即均衡国民收入（实际 GDP）不一定等于潜在国民收入（潜在 GDP）。在经济运行过程中，均衡国民收入不等于潜在国民收入（一般前者小）是一种常态。

二、萨伊定律与凯恩斯有效需求原理

萨伊定律（Say's law）也称作萨伊市场定律（Say's law of market），是一种 19 世纪初至 20 世纪 30 年代西方流行的经济思想。萨伊定律主要说明在资本主义经济社会一般不会发生任何生产过剩的危机，更不可能出现就业不足。定律得名自 19 世纪的法国经济学家——让·巴蒂斯特·萨伊（Jean Baptiste Say）。萨伊定律的核心思想是“供给创造其自身的需求”。这一结论隐含的假定是，循环流程可以自动处于充分就业的均衡状态。它包含三个要点：①产品生产本身能创造自己的需求；②由于市场经济的自我调节作用，不可能产生遍及国民经济所有部门的普遍性生产过剩，而只能在国民经济的个别部门出现供求失衡的现象，而且即使这样也是暂时的；③货币仅仅是流通的媒介，商品的买和卖不会脱节。

根据萨伊定律，在一个完全自由的市场经济中，由于供给会创造自己的需求，因而社会的总需求始终等于总供给，经济运行能够自动实现充分就业。

20 世纪 30 年代以来，以凯恩斯为代表的西方经济学者建立了与萨伊定律截然不同的现代宏观经济理论体系。它以解决就业问题为中心，以有效需求原理为逻辑起点。其基本观点是：社会的就业量取决于有效需求。有效需求是指社会总需求、总供给相等从而处于均衡状态的社会总需求，它由个人消费 C、私人投资 I、政府购买 G 和进出口净额 $X-M$ 构成，决定着一个经济社会的就业量和国民收入水平。当总需求价格大于总供给价格时，社会对商品的需求超过商品的供给，资本家就会增雇工人，扩大生产；反之，当总需求价格小于总供给价格时，就会出现供过于求的状况，资本家或者被迫降价出售商品，或者让一部分商品滞销，因无法实现其最低利润而裁减雇员，收缩生产。因此，就业量取决于总供给与总需求的均衡点。由于在短期内生产成本和正常利润波动不大，因而资本家愿意供给的产量不会有很大变动，总供给基本是稳定的。这样，就业量实际上取决于总需求，这个与总供给相均衡的总需求就是有效需求。

凯恩斯进一步认为，由消费需求和投资需求构成的有效需求（两部门经济条件下），其大小主要取决于消费倾向、资本边际效率、流动偏好三大基本心理因素以及货币数量。消费倾向是指消费在收入中所占的比例，它决定消费需求。一般来说，随着收入的增加，消费的增加往往赶不上收入的增加，呈现出“边际消费倾向递减”的规律，于是引起消费需求不足。

投资需求是由资本边际效率（即利润率）和利率两个因素的对比关系所决定。资本边际效率是指增加一笔投资所预期可得到的利润率，它会随着投资的增加而降低，从长期看，呈现“资本边际效率递减”的规律，从而减少投资的诱惑力。由于人们投资的前提条件是资本边际效率大于利率（此时才有利可图），当资本边际效率递减时，若利率能同比下降，才能保证投资不减，因此利率就成为决定投资需求的关键因素。

凯恩斯认为，利率取决于流动偏好和货币数量。流动偏好是指人们愿意用货币形式保持自己的收入或财富的一种心理因素，它决定了货币需求。在一定的货币供应量下，人们对货币的流动偏好越强，利率就越高，而高利率将阻碍投资。这样在资本边际效率递减和存在流动偏好两个因素的作用下，使得投资需求不足。消费需求不足和投资需求不足将产生大量的失业，形成生产过剩的经济危机。因此解决失业和复兴经济的最好办法是政府干预经济，采取赤字财政政策和膨胀性的货币政策来扩大政府开支，降低利率，从而刺激消费，增加投资，以提高有效需求，实现充分就业。

总之，凯恩斯认为，由于存在“三大基本心理规律”，从而既引起消费需求不足，又引起投资需求不足，使得总需求小于总供给，形成有效需求不足，导致了生产过剩的经济危机和失业，这是无法通过市场价格机制调节的。他进一步否定了通过利率的自动调节必然使储蓄全部转化为投资的理论，认为利率并不取决于储蓄与投资，而取决于流动偏好（货币的需求）和货币数量（货币的供给），储蓄与投资只能通过总收入的变化来达到平衡。不仅如此，他还否定了传统经济学认为可以保证充分就业的工资理论，认为传统理论忽视了实际工资与货币工资的区别，货币工资具有刚性，仅靠伸缩性的工资政策是不可能维持充分就业的。

需要强调的是，以凯恩斯为代表的现代宏观经济理论认为，有效需求变动所引起的国民经济波动是一种短期现象，造成这种波动的根源在于市场机制本身存在的缺陷，如工资、价格的刚性等。长期中，在市场机制的有效作用下，国民经济运行能够恢复正常，并实现资源的充分利用。但这个过程将非常漫长，经济波动，尤其是经济危机，对经济社会所带来的不利影响是经济社会难以承受的。因此，政府需要对经济运行施行必要的调控，弥补市场机制的缺陷，维持经济的健康运行。

由于以凯恩斯为代表的现代宏观经济学着重从需求角度研究短期的宏观经济问题，因此又称为需求管理经济学或短期经济学。

第二节　凯恩斯消费原理

一、消费与消费函数

个人消费 C 是构成决定一个国家或地区国民收入水平的有效需求因素之一。宏观经济理论中的消费是指一个国家或地区，在一定时期内，居民个人或家庭部门为满足消费欲望，而用于购买消费品和劳务的所有支出。

现实生活中，影响个人或家庭消费需求的因素有很多，包括商品价格水平、消费者的收入水平、利率水平、收入分配状况、政府相关政策、个人资产状况、消费信贷状况、消费者的年龄结构以及风俗习惯等。

通常情况下，凯恩斯消费函数是论述消费理论的逻辑起点，是最简单、最直观的消费函数。1936 年，约翰·梅纳德·凯恩斯的《就业、利息和货币通论》的出版，标志着现代宏观经济学消费理论研究的开端。其中，消费函数是其短期经济波动理论的核心。凯恩斯认为，众多影响因素中最重要的是消费者的收入（可支配收入）水平。并且一般而言，当消费者收入增加时，消费支出会增加，但增加量不会像收入增加的那么多。换句话说，增加的收入没有全部花掉，有一部分被储存起来了。所以凯恩斯的第一个猜想是，边际消费倾向（新增加 1 元收入中用于消费的数额）在 0 ~ 1 之间。

为更形象地描述消费者的消费支出与其收入水平的变化规律，可构建凯恩斯消费函数，即用函数的形式表达在其他条件既定的前提下，居民消费支出与收入之间的函数关系。凯恩斯消费函数可抽象表达为

$$C = f(Y) = a + bY$$

其中 C 表示消费支出。Y 表示收入水平，两部门经济条件下，可看作经济社会的总收入或总产出（如 GDP）；三部门或四部门经济中，应视为可支配收入 Y_d。a 代表不受收入水平影响的消费支出，称为自发性消费支出。所谓自发性消费支出是指即使当期收入为零也会发生的消费，换句话说，无论当期是否有正的收入，有些消费总是必需的。b 代表随着收入水平变化而变化的消费支出，称为诱发性（或诱导性、诱致性）消费支出，即增加 1 单位收入时增加的消费。通常情况下，$0<b<1$，也就是说，收入增加时消费会相应增加，但是消费增加的幅度不会超过收入增加的幅度。所以，消费者的消费支出等于自发性消费支出与诱发性消费支出之和。例如，已知自发性消费支出 $a=800$，$b=0.75$，则 $C=800+0.75Y$，这就意味着，如果收入增加 1 单位，其中就有 75% 用于增加消费，只要知道收入 Y，就可以计算出全部的消费支出 C。此例中，若 $Y=2\,000$，则 $C=2\,300$。

因此，消费者消费支出与收入水平呈同方向变化关系，但是消费者的消费支出并不随其收入水平同比例变化，消费支出的增加量一般小于其收入的增加量，即边际消费倾向是递减的。在边际消费倾向递减规律的作用下，随着收入的增加，消费者消费支出在收入中所占的比重会越来越小。

边际消费倾向 MPC 是描述消费支出与收入（可支配收入）数量关系和规律的重要指标之一。边际消费倾向，就是消费者每增加 1 单位收入（可支配收入）ΔY 而增加的消费支出 ΔC，即单位收入（可支配收入）中用于消费的比率，用公式表示为

$$MPC=\frac{\Delta C}{\Delta Y}=\frac{\mathrm{d}C}{\mathrm{d}Y}\ (\Delta Y\to 0\text{ 时})\ =f'(Y)\ (\text{消费函数可导时})$$

凯恩斯认为，边际消费倾向随收入（可支配收入）的增加有递减的趋势，消费函数曲线为凹向原点的曲线，如图 2-2 所示。

在宏观经济理论中，消费函数一般抽象表达为 $C=f(Y)=a+bY$ 线性形式，因此有边际消费倾向 $MPC=b$，此时边际消费倾向并不递减。消费函数曲线如图 2-3 所示。

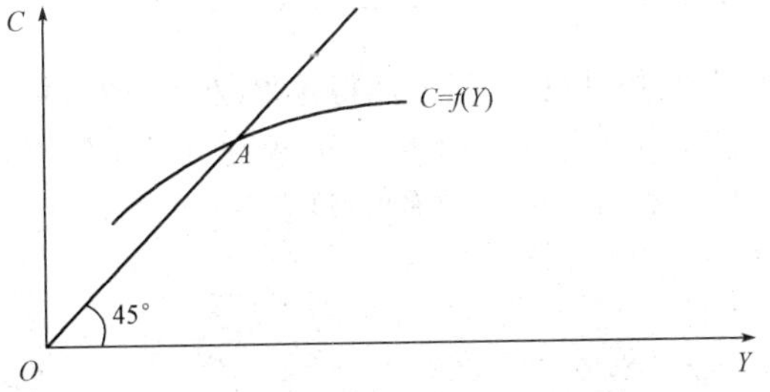

图 2-2　凯恩斯消费函数曲线（一般形式）

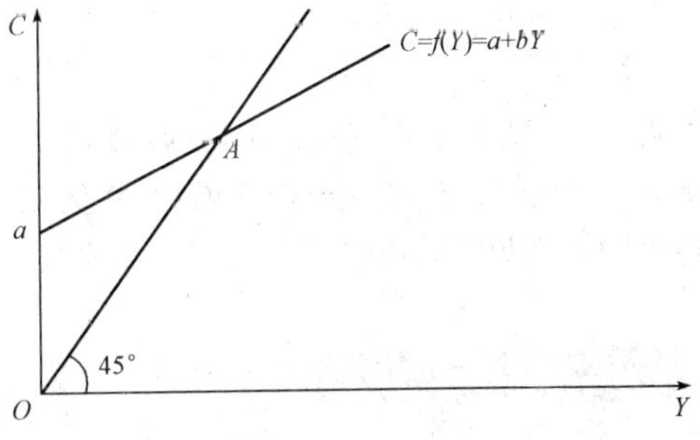

图 2-3　凯恩斯消费函数曲线（线性函数形式）

图 2-2 与图 2-3 中 A 点位于 45°线上，有 $C=Y$，表明消费者的全部收入都用于消费，收支平衡。A 点左侧，消费曲线上的点位于 45°线左上方区域，有 $C>Y$，消费者的收入不能满足消费支出，入不敷出，需要负债消费。A 点右侧，消费曲线上的点位于 45°线右下方区域，有 $C<Y$，消费者的收入除满足消费外，仍有部分盈余。

平均消费倾向（Average Propensity to Consume，APC）是描述消费支出与收入（可支配收入）间数量关系的又一重要指标，它是指任一收入水平上消费支出在收入（可支配收入）中所占的比率。其用公式表示为

$$APC=\frac{C}{Y}$$

一般而言，平均消费倾向 > 边际消费倾向。例如，线性消费函数 $C=f(Y)=a+bY$ 中，$APC=\frac{C}{Y}=\frac{a+bY}{Y}=b+\frac{a}{Y}>MPC=b$。

由 $APC=\frac{C}{Y}$ 可知：

$$APC'=\left(\frac{C}{Y}\right)=\left(\frac{(C=f(Y))'\cdot Y-Y'\cdot C}{Y^2}\right)=\frac{MPC\cdot Y-C}{Y^2}=\frac{MPC-APC}{Y}$$

而 $MPC<APC$，故 $APC'<0$。可见，平均消费倾向也是递减的。这表明消费在收入中所占的比重会随收入的增加而降低。收入越多的人，储蓄越多。因此，富人收入中用于消费的比例低于穷人。

假定某国消费支出和收入（可支配收入）关系，见表2-1。收入为900亿元时，消费支出为911亿元，入不敷出。收入为1 000亿元，消费支出为1 000亿元，收支平衡。收入为1 100亿元、1 200亿元、1 300亿元、1 400亿元时，消费支出分别为1 085亿元、1 160亿元、1 224亿元和1 283亿元。

表2-1　某国消费函数

收入（可支配收入）/亿元	消费支出/亿元	边际消费倾向 MPC	平均消费倾向 APC
900	911	—	1.01
1 000	1 000	0.89	1.00
1 100	1 085	0.85	0.99
1 200	1 160	0.75	0.97
1 300	1 224	0.64	0.94
1 400	1 283	0.59	0.92

从表2-1数据不难看出，随着收入增加，消费支出也在增加，但增加得越来越少，收入依次增加100亿元时，消费支出依次增加89亿元、85亿元、75亿元、64亿元和59亿元，边际消费倾向和平均消费倾向都随收入的增加而递减，且边际消费倾向 < 平均消费倾向。

★拓展阅读2-2

中美边际消费倾向之比较

据估算，美国的边际消费倾向现在约为0.68，中国的边际消费倾向约为0.48。这一估算不一定十分准确，但是一个不争的事实是，中国的边际消费倾向低于美国。为什么中美边际消费倾向有这种差别呢？一些人认为，这种差别在于中、美两国的消费观念不同，美国人崇尚享受，今天敢花明天的钱，中国人有节俭的传统，一分钱要掰成两半花。但在经济学家看来，这并不是最重要的。消费观念属于伦理道德范畴，由经济基础决定，不同的消费观念来自不同的经济基础。

还可用经济与制度因素来解释中美边际消费倾向的这种差别。美国是一个成熟的市场经济国家，经济总体上是稳定的；美国的社会保障体系较为完善，覆盖面广而且水平较高。而中国正从计划经济转向市场经济，社会保障体系还没有完全建立起来。

二、储蓄与储蓄函数

储蓄是与消费相对的经济概念，是消费者收入中未用于消费的部分，即 $S=Y-C$。影响储蓄的因素也是多样的，如利率水平、消费者收入水平、消费者的偏好等。以收入 Y 为自变量，储蓄 S 为因变量，建立的储蓄函数称为凯恩斯储蓄函数。它是用函数的形式描述消费者的储蓄与其收入之间的函数关系。其一般可表示为

$$S=f(Y)$$

并且，当消费函数为 $C=f(Y)=a+bY$ 时，储蓄函数 $S=Y-C=Y-(a+bY)=-a+(1-b)Y$。

为更精确地研究储蓄规律，引入边际储蓄倾向（Marginal Propensity to Saving）和平均储蓄倾向（Average Propensity to Saving）。边际储蓄倾向 MPS 表示消费者每增加 1 单位收入（可支配收入）ΔY 而增加的储蓄 ΔS，即单位收入（可支配收入）中用于储蓄的比率。其用公式表示为

$$MPS=\frac{\Delta S}{\Delta Y}=\frac{dS}{dY}\ (\Delta Y\to 0\ \text{时})=f'(Y)\ (\text{储蓄函数可导时})$$

由于 $S=Y-C$，于是

$$MPS=\frac{\Delta S}{\Delta Y}=\frac{\Delta Y-\Delta C}{\Delta Y}=1-\frac{\Delta C}{\Delta Y}=1-MPC$$

从而：

$$MPS+MPC=1$$

由凯恩斯消费理论可知，其他条件不变时，边际消费倾向是递减的，故边际储蓄倾向随收入 Y 的增加而递增。凯恩斯的储蓄函数曲线一般形式如图 2-4 所示。

如果储蓄函数为线性形式：$S=Y-C=Y-(a+bY)=-a+(1-b)Y$，则相应的函数曲线形式如图 2-5 所示。

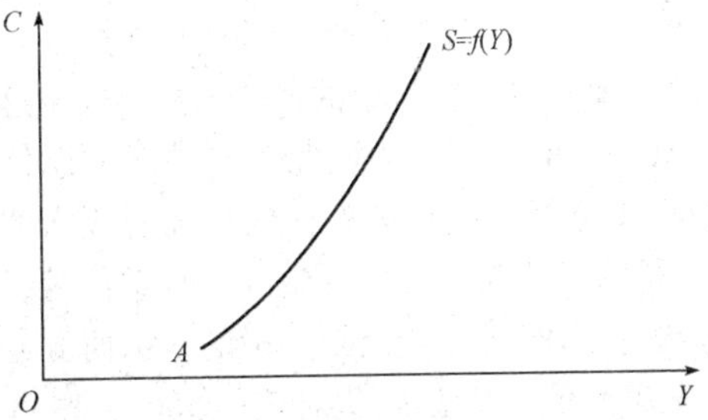

图 2-4　凯恩斯储蓄函数曲线（一般形式）

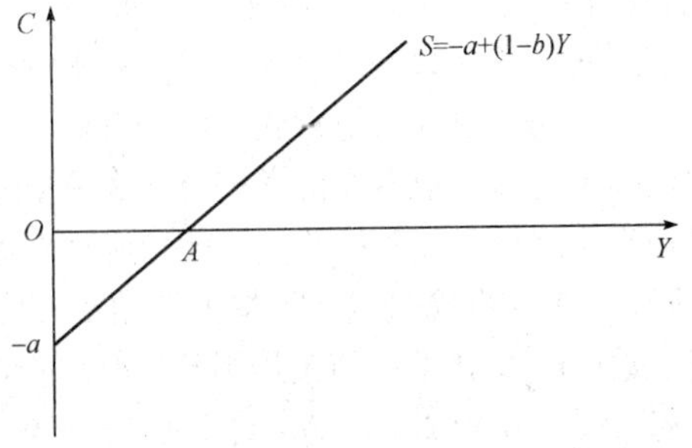

图 2-5　凯恩斯储蓄函数曲线（线性函数形式）

图 2-4、图 2-5 中 A 点为储蓄曲线与横轴的交点，储蓄等于零，消费和收入相等，消费者的收入全部用于消费。A 点左侧，储蓄为负，表明消费大于收入，消费者处于入不敷出状态，需要负债消费。A 点右侧，储蓄为正，消费小于收入，随着收入水平的提高，消费者的储蓄呈加速增长的趋势。

平均储蓄倾向是指任一收入水平上储蓄在收入（可支配收入）中所占的比率。其用公式表示为

$$APS=\frac{S}{Y}$$

由 $S=Y-C$ 可知

$$APS=\frac{S}{Y}=\frac{Y-C}{Y}=1-\frac{C}{Y}=1-APC$$

则

$$APS+APC=1$$

因其他条件既定时消费者的平均消费倾向是递减的，故平均储蓄倾向是递增的。

与消费倾向不同，边际储蓄倾向 > 平均储蓄倾向。例如，线性储蓄函数 $S=Y-C=Y-(a+bY)=-a+(1-b)Y$，$APS=\frac{S}{Y}=\frac{-a+(1-b)Y}{Y}=(1-b)-\frac{a}{Y}<MPS=1-b$。

上述储蓄规律亦可举例说明，由表 2-1 的消费函数可以得出该国的储蓄函数，见表 2-2。

表 2-2　某国储蓄函数

收入/亿元	消费支出/亿元	储蓄/亿元	边际储蓄倾向 *MPS*	平均储蓄倾向 *APS*
900	911	-11	—	-0.01
1 000	1 000	0	0.11	0.00
1 100	1 085	15	0.15	0.01
1 200	1 160	40	0.25	0.03
1 300	1 224	76	0.36	0.06
1 400	1 283	117	0.41	0.08

表 2-2 的数据表明，随着收入增加，储蓄也在增加，且增加得越来越多，收入依次增加 100 亿元时，储蓄依次增加 11 亿元、15 亿元、25 亿元、36 亿元和 41 亿元，边际储蓄倾向和平均储蓄倾向都随收入增加而递增，且 $MPS>APS$。

以上所述消费函数是凯恩斯提出的一种消费函数形式，是建立在消费者当期的绝对收入水平基础上的，因此也称为绝对收入消费理论，是西方经济理论中相对简单的消费函数形式。这一消费理论提出之后，很多经济学家使用家庭调查资料和两次世界大战之间收入与消费的总体资料对这种理论进行了经验检验，证明边际消费倾向在 0 ~ 1 之间，平均消费倾向会随着收入的增加而下降，(在进行检验时，习惯上使用统计资料中的居民消费和居民可支配收入数据作为凯恩斯消费函数中的 C 和 Y 的衡量指标)。早期的经验检验证明凯恩斯的理论是正确的，被西方经济学家普遍接受。直到 20 世纪 40 年代，美国著名经济学家西蒙·库兹涅茨对美国 1869—1938 年的资料进行实证分析发现，在每一个 10 年之间，消费与收入的比例是稳定的，长期中消费函数的形式应为 $C=bY$，与凯恩斯绝对收入水平基础上的短期消费函数形式 $C=a+bY$ 存在差异。凯恩斯的短期消费函数中边际消费倾向小于平均消费倾向，而库兹涅茨实证研究的长期消费函数中边际消费倾向等于平均消费倾向。短期消费函数与长期消费函数的这种差异，经济学上称为消费函数之谜。

消费函数之谜发现之后，经济学家争相提出对其的解释，西方经济学界对凯恩斯的消费函数进行补充和完善，产生了一些其他的消费理论或假说，如杜森贝里的相对收入假说、弗里德曼的持久收入假说以及莫迪利安尼的生命周期假说等。

★拓展阅读2-3

老百姓为什么喜爱储蓄

高储蓄率往往是高GDP增长的后果。道理很简单，普通老百姓收入增长后，会小心地“奖励”一下自己，但不愿大量花钱。日本在20世纪70年代GDP增长很快，在那个时期储蓄存款率也很高。到了20世纪90年代，日本经济增长变缓，储蓄存款率也随着下降了。

人们储蓄多是对养老风险和医疗风险没有信心。美国的经历证明了这一点。20世纪70年代，美国经济不景气，美国人储蓄较多。随着经济改善和各种社会保险机制的建立，大多数美国人对未来的担忧没有了。2005年，美国人的储蓄率是负数，说明他们不光不存钱，而且开始花过去的存款。不过美国人并没有过度担心。储蓄是个复杂的现象，需要把居民存款余额放到更大的图像里去看。美国的老百姓只想花费，不愿储蓄，而中国的情况稍有不同，中国的老百姓感到银行里有储蓄心里才能获得一些安全感。

目前我国80%以上的劳动者没有基本养老保险，85%以上的城乡居民没有医疗保险，而培养一个孩子上到大学需要十几万元。在这种情况下，人们有钱不敢花就不难解释了，消费低并不是“节约的习惯”，而是未来要花钱的地方实在太多。

★拓展阅读2-4

中国的高储蓄率之谜

最近几十年来，中国的储蓄率一直很高。据王弟海、龚六堂根据国家统计局公布的数字的计算，从1978年到2005年，中国的储蓄率最低时为1981年的32.5%，最高时为2005年的51%。不管怎样，即使是32.5%的储蓄率，在全世界范围内来看都是很高的。这一现象的反面是中国的消费率过低，这就导致了我国长期以来依靠外需拉动经济的现象。中国的储蓄率为什么如此之高？导致这一结果的原因可能有很多。

首先，中国人的传统消费习惯。中国自古以来就有“勤俭持家”的传统，这一传统的结果就是鼓励储蓄，限制消费。

其次，预防性储蓄。我国改革开放以来，经历了许多剧烈的制度变迁，这些制度变迁为我国经济带来了勃勃生机，但同时也增强了居民对未来的不确定性，面对这种不确定性，居民的应对措施就是增加储蓄，预防未来各种意外事件的发生。

最后，其他原因。例如，王弟海、龚六堂认为，导致中国目前高储蓄率的主要原因在于中国高经济增长率、高资本产出弹性、高主观贴现率、高资本回报率以及短视性预期存在；李扬、殷剑峰认为，中国高储蓄率的原因是企业储蓄率和政府储蓄率大幅度提高。

第三节　凯恩斯消费理论的发展

消费函数之谜推动了对凯恩斯消费函数进一步的研究，凯恩斯的消费是把现期消费作为现期收入的函数，这是符合人们直觉的最简单明了的假设。但是他只考虑了现在的情况，实际上还可以从时间的先后来考察消费，因为现实中人们在考虑消费和储蓄时，会既考虑现在又考虑未来。下面据此介绍其他几个比较典型的消费理论。

一、相对收入假说

相对收入假说是1949年美国经济学家詹姆斯·杜森贝里在《收入、储蓄和消费者行为理论》中提出来的。这一假说认为消费者的消费既受自己过去的消费习惯又受周围人的消费水平的影响，消费者当期消费是相对地被决定的，即由相对收入决定的。其基本观点是：长期中，消费与收入保持较为固定的比率，故而长期消费曲线是从原点出发的直线；短期内，消费随相对收入的增加而增加，但难以随相对收入的减少而减少，故短期消费曲线是具有正截距的曲线。

相对收入对消费的影响体现在两个方面，即相对于自己过去的最高收入而产生的消费"棘轮效应"和相对于周围人的收入而产生的消费"攀比效应"或"示范效应"。

1. 棘轮效应

棘轮效应是指人们在时间上将其消费与自己过去的消费进行对比，消费支出只能上升，而难以在现期收入下降时随之下降的现象。

杜森贝里认为消费支出在时间上是不可逆的，消费者的消费支出不仅受现期收入的影响，也受过去收入和消费水平的影响，特别是过去"高峰"时期收入和消费的影响。对保持高水平收入的人来说，消费水平会随着自己收入的增加而增加，增加消费是容易的；当收入减少时，因较高的消费水平所形成的消费习惯使得消费具有惯性，降低消费水平就有一定的难度，不太容易把消费水平降下来，消费者几乎会继续在原有的消费水平上进行消费。这就是说，消费容易随着收入的增加而增加，但难以随收入的减少而减少。仅就短期而言，在经济波动的过程中，低收入者收入水平提高时，其消费会增加至高收入者的消费水平，但收入减少时，消费的减少相当有限。因而，短期消费曲线与长期消费曲线是不同的。消费的棘轮效应可以用图2-6来说明。

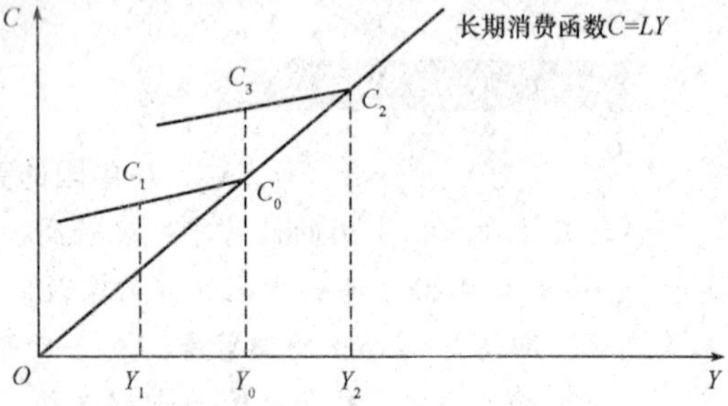

图2-6 消费的棘轮效应

当收入沿着长期趋势增长时，长期消费和收入沿着长期消费函数曲线 $C=LY$ 变动，APC 保持不变。假定现在的消费为 C_0，Y_0 点是历史上的高峰收入。若经济衰退、收入下降，Y_0 降低至 Y_1，消费支出将不会沿着 $C=LY$ 减少，而是沿着短期消费曲线减少至 C_1；当经济增长、收入上升，Y_0 提高到 Y_2，消费支出迅速增加到 C_2；若经济波动，收入由 Y_2 再次减少到 Y_0，消费支出也只会降到 C_3，而不是 C_0。如此反复，短期消费曲线就像棘轮一样，对消费下降起着阻滞的作用。

2. 攀比效应

攀比效应又称示范效应，是指消费者的消费支出和收入的高低变化对其他消费者和家庭消费支出的影响作用，消费者的消费支出不仅受自身收入的影响，也受他人消费支出和收入的影响，消费者总是试图在消费水平上超过别人或保持与同一阶层其他人消费水平相当的现象。消费的攀比效应可用图2-7进行说明。

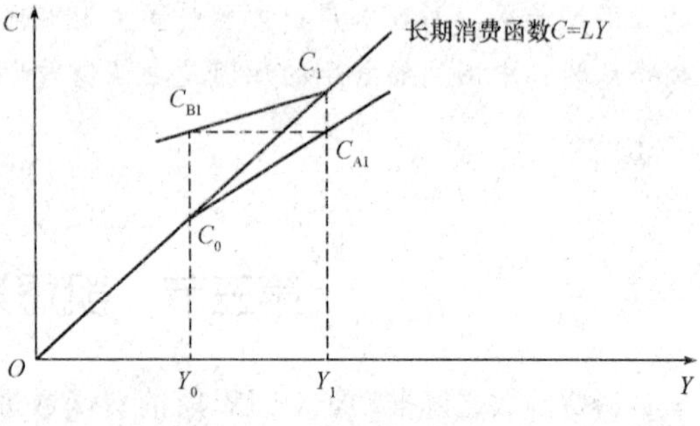

图2-7 消费的攀比效应

当收入沿着长期趋势增长时，长期消费和收入沿着长期消费函数曲线 $C=LY$ 变动，APC 保持不变。假定现在 A、B 两消费者的收入水平一样，均为消费 Y_0，相应的消费支出均为 $C_0=LY_0$。随着经济的增长，A 消费者的收入水平提高到

Y_1，长期中 A 的消费支出提高到了 $C_1 = LY_1$ 水平。然而 B 消费者的收入水平没有变化仍为 Y_0，为使自己的消费水平与 A 保持相当，短期内，B 的消费支出将提高到 C_{B1} 水平。对于 A 而言，短期内，B 的消费支出 C_{B1} 给他起了示范作用，为使自己的消费水平与 B 保持相当，A 的消费支出将为 C_{A1}，与 B 的消费支出相等。

★拓展阅读 2-5

穷国的富人爱打高尔夫球——相对收入与示范效应

当富国的富人常去打高尔夫球时，穷国的富人也以打高尔夫球为时尚。当一国的富人率先穿上西装时，该国的穷人也以穿西装为荣。为什么穷国模仿富国的消费方式，穷人模仿富人的消费方式呢？当这种模仿成为消费中的一个规律时，它对整个消费有什么影响呢？美国经济学家杜森贝里的“相对收入假说”回答了这些问题。

经济学家在分析宏观消费问题时是从微观经济学中的消费者行为理论出发的。这种理论认为，消费者消费的目的是实现效用最大化；效用取决于个人偏好。微观经济学在研究消费者行为时假设消费者的个人偏好是既定的；不同消费者的偏好之间没有什么关系。杜森贝里认为，把消费者的偏好作为个人的事情，认为不同消费者的偏好互不影响是错误的。他正是从这一点出发提出了消费函数理论中的“相对收入假说”。

杜森贝里认为，消费者不是孤立的人，而是社会的人，他的效用不仅来自个人消费中物质与精神欲望的满足，还来自与别人消费的比较。效用是一种主观感受，效用的大小要受到其他人消费的影响。这样，消费者的偏好就不是孤立、既定的，而是相互影响的。

从偏好的相互依赖出发，杜森贝里证明了消费不是取决于消费者收入的绝对水平，而是取决于收入的相对水平，即在社会收入分配格局中的相对地位。例如，一个中产阶级的人的偏好要受与自己收入相当的其他人影响。当这个阶级的其他人都购买汽车时，尽管他上下班很近无须汽车，也会受其他人偏好的影响而购买汽车，因为这象征着他的身份。使他决定购买汽车的主要因素不是他个人的偏好和收入的绝对水平，而是他在收入分配中的相对地位，即相对收入。

消费的“相对收入假说”得出了一些重要的结论，有助于理解许多宏观经济现象。

根据对长期消费统计资料的研究，消费是稳定的，即平均消费倾向与边际消费倾向都是稳定的。“相对收入假说”对此做出了解释：在长期中，国民收入增加，消费者收入也增加，但除非发生重大社会变革，收入分配格局变动很小，各个收入集团的相对地位不变，这样长期消费函数就是稳定的。

“相对收入假说”得出了两个推论：示范效应和棘轮效应。人要在社会上维护自己的自尊，自尊通过人的社会地位表现出来。在市场经济社会中，人的社会地位取决于收入，并通过消费表现出来。高收入集团的收入和消费方式被作为高社会地位的象征，成为成功的标志。他们的消费方式成为其他人模仿的目标。这种高收入水平者的消费方式对其他人所起的示范作用就是示范效应。在消费中榜样的力量也是无穷的。穷国的富人学习富国的富人打高尔夫球，一国的穷人模仿富人穿西装，都是示范效应的结果。在现实中，示范效应引起某种消费时尚。在国际上，富国的消费方式为其他国家模仿，成为消费时尚。在一个国家内，富人的消费方式被其他人模仿，成为消费时尚。了解消费时尚对预测需求变动是重要的。

二、生命周期假说

美国经济学家弗朗科·莫迪利安尼（Franco Modigliani）及其合作者艾伯特·安多（Albert

Ando）和理查德·布伦伯格（Richard Brumberg）于20世纪50年代建立了消费的生命周期理论。该理论假说的基本观点是：人们会在更长的时间（消费者的一生）范围来计划自己的生活消费开支，以达到他们在整个生命周期内消费的最佳配置，长期中，消费者的消费倾向具有不变的特征。即消费者根据一生的收入安排一生的消费，在就业时储蓄、在退休时动用储蓄，各年的消费水平保持一致，以便在一生中达到消费的最优配置。

从个人一生的时间发展顺序看，一个人年轻时收入较少，但具有消费的冲动、消费的精力等消费条件，此时消费会超过收入；进入中年后，收入会逐步增加，收入大于消费，其收入实力既可以偿还年轻时的债务，又可以为今后的老年时代进行积累；退休之后步入老年，收入减少，消费又会超过收入，形成负储蓄。

生命周期假说可用下面的例子加以说明。

假定一个人20岁开始工作，60岁退休，预期寿命80岁。这样，这个人的工作时期 $TW=60-20=40$ 年，生活年数 $NL=80-20=60$ 年，工作前的20年受父母抚养时期不算入生活年数中；如果每年工作收入 $Y_W=24\ 000$ 元，则终生收入 $Y_H=24\ 000\times40=960\ 000$ 元。一生安稳生活的心理与追求，使得人们在60年的生活年数中有计划地、均匀地消费终生收入960 000元，则每年的消费额为

$$C=960\ 000/60=16\ 000=(WL/NL)\ Y_W=40/60\times24\ 000=2/3\times24\ 000\text{（元）}$$

此人在生活年数（60年）内每年消费年工作收入 Y_W（24 000元）的2/3，2/3正好也是其工作时期 TW（40年）占生活年数 NL（60年）的比例；另外1/3的年工作收入 Y_W 用于储蓄，年储蓄额等于 $1/3\times Y_W=1/3\times24\ 000=8\ 000$ 元，40年的工作时期累计的储蓄额达到 $8\ 000\times40=320\ 000$ 元，320 000元储蓄用于退休后的20年的消费，按照工作时期年消费16 000元计，320 000元储蓄可以使用20年，在预期生命结束时正好花完。

生命周期理论与凯恩斯的消费理论有一定相同点，但也有一定差异。生命周期理论强调或注重长时期甚至是一生的生活消费，人们对自己一生的消费做出计划，以达到整个生命周期的最大满足；凯恩斯的消费理论则把一定时期的消费与该时期的可支配收入联系起来，是短期分析。生命周期理论可以解释库兹涅茨提出的平均消费倾向长期不变的消费函数之谜。

三、持久收入假说

生命周期理论认为，一个人一生的消费取决于其一生的收入。但个人的收入在短期并不是固定的，而是不断变化的，个人不可能知道其终生收入是多少。因此，终生收入取决于人们对一生中持久收入的预期。

持久收入假说是由美国著名经济学家弗里德曼提出的。这一假说认为居民收入分为持久收入和暂时收入。持久收入是指在相当长时间里可以得到的收入，是一种长期平均的预期内得到的收入，一般用过去几年的平均收入来表示。暂时收入是指在短期内得到的收入，是一种暂时性偶然的收入，可能是正值（如意外获得的奖金），也可能是负值（如被盗等）。所以，消费决策是根据相当长时期内的收入状况，而不是根据当前暂时性或偶然性的收入做出的。一个极端的例子是：人们在一周的某一天领到工资，但不可能在这一天把工资花完而在一周的其余时间里分文不花。这个例子说明人们不是根据一天的收入决定一天的消费，而是根据在一个更长时期内（如此例中的一周）的收入决定每一天的消费。把这个认识推广到年消费支出和年收入之间的关系上，就可以得到如下结论：长期而言，理性的消费者为了实现效益最大化，不是根据现期的暂时性收入，而是根据长期中能保持的收入水平即持久收入水平来做出消费决策。也就是说，当期收入水平变化，对当期消费支出只有较小的影响；只有当预期长时期内收入水平有所变化，

当期消费支出才会受到显著的影响。

由以上讨论，可以得到持久收入假说的消费函数（消费是持久收入的稳定的函数），用公式表示为

$$C_t = cY_P$$

式中，C_t 为现期消费支出，c 为消费倾向，Y_P 为现期持久收入。

弗里德曼认为，所谓持久收入 Y_P 是指消费者可以预期到的长期收入，即预期在较长时期中（3 年以上）可以维持的稳定的收入流量。持久收入大致可以根据所观察到的若干年收入的数值的加权平均数来计算：

$$\begin{cases} Y_P = \alpha_t Y_t + \alpha_{t-1} Y_{t-1} + \cdots + \alpha_1 Y_1 \\ 1 > \alpha_i > 0, i = 1,2,\cdots,t \\ \sum_{i=1}^{t} \alpha_i = 1 \end{cases}$$

根据持久收入的估算公式，持久收入假说的消费函数可以写为

$$C_t = cY_P = c\alpha_t Y_t + c\alpha_{t-1} Y_{t-1} + \cdots + c\alpha_1 Y_1$$

可见，持久收入变化对消费的影响是 c（即长期消费倾向），而当期收入变化对消费的影响是 $c\alpha_t$（即短期消费倾向），长期边际消费倾向 c 大于短期边际消费倾向 $c\alpha_t$。

生命周期理论和持久收入理论还存在一些问题，如果要更进一步描述现实世界，还需要做很多拓展工作。生命周期理论和持久收入理论有两个重要的假设条件：第一，不存在不确定性，消费者的未来收入是可以预见的；第二，不存在流动性约束。但事实往往与假设不一样，未来收入多数情况下是不确定的。在理论上，理性预期的假设可以处理不确定性的问题，也就是说，如果预期是理性的，对收入的预期与未来实现的收入是一致的。运用理性预期的方法研究消费问题是近年来的重要研究方向。

四、影响消费的其他因素

前面的分析都只强调了收入对消费的影响，而没有考虑其他因素对收入的影响。实际上，除收入外，还有其他一些因素的变化也会对消费者的消费支出从而对边际消费倾向产生影响。西方经济学认为，下述一些因素也会对消费支出从而对边际消费倾向产生重要影响。

1. 利率

利率也被西方经济学者看成是影响消费的一个重要因素。传统经济学认为，利率的提会导致储蓄增加，从而减少当前的消费。但现代经济学家则认为，利率变化会同时对储蓄产生替代效应和收入效应，利率提高是否会增加储蓄、减少消费，要视利率变动对储蓄的替代效应和收入效应而定。

利率变动对储蓄的替代效应是指，当利率提高时，人们会认为减少目前的消费，增加将来的消费是有利的，从而导致消费者改变消费计划，减少目前的消费，增加储蓄，从而导致储蓄增加。利率变动对储蓄的收入效应是指，利率提高会使消费者将来的利息收入增加，使消费者感觉自己变得较为富有，从而增加目前的消费，导致储蓄减少。利率变化对储蓄变化的这种双重效应，使得利率变化对储蓄的影响必须视利率变化对储蓄的替代效应和收入效应的总和来决定。

西方经济学者认为，对于处于不同收入层次的消费者来说，利率变化对储蓄的替代效应和收入效应是不同的。对低收入者来说，替代效应大于收入效应，利率变化产生的主要是替代效应。因为低收入者并没有多少储蓄来获得利息收入，利率提高对其将来收入的提高不会产生大

的影响，因此利率提高对低收入者主要产生替代效应，使低收入者减少目前的消费，增加储蓄。但对于高收入者来说，情况则正好相反，利率提高的收入效应大于替代效应，利率变化产生的主要是收入效应，因此在利率提高的情况下，高收入者会增加目前的消费，减少储蓄。就整个社会来说，利率提高究竟是增加储蓄还是减少储蓄，则必须由这些人的储蓄增加额和储蓄减少额的总和来决定。

★拓展阅读2-6

利率与美国的房地产繁荣

在2003年、2004年以及2005年的大部分时期，佛罗里达州的迈尔斯是一座繁荣的小镇。这里有充足的工作机会，直到2005年，迈尔斯都市区的失业率都低于3%，购物商场生意兴隆，随处都是新开的店铺。

但是随后繁荣开始走向萧条。工作机会变得不足，2008年10月失业率上升到9.5%。商店几乎没有顾客，许多商店都关门了。然而一个新的商机正在蓬勃发展：随着当地经济跳水，房地产经纪人 Marc Joseph 开始以便宜的价格提供“赎之旅”：参观那些由于住户无法偿还住房抵押贷款而被银行收回的房子。

这一期间发生了什么呢？2003—2005年，由于住房建造量的快速上升，迈尔斯的经济很繁荣。房地产的繁荣有部分原因是投资者的存在，他们买房不是用来居住的，而是相信他们可以在将来以更高的价格卖出房子。住房建造为建筑工人、电工、屋顶工、房地产经纪人以及其他人提供了就业机会。这些人又会在当地产生货币支出，从而导致了进一步的经济扩张，如此循环往复。迈尔斯都市区的房地产繁荣是美国房地产整体繁荣的一部分。这次房地产的繁荣一开始是由低利率导致的，这一点基本没有异议。低利率导致了住房投资支出的大量增加，这反映在新住房开工数量的飙升上。投资支出的上升通过直接效应和乘数效应导致了整个经济的扩张。

不幸的是，房地产的繁荣最终变成一件好过头的事情。到了2006年，美国的房地产市场很明显地存在泡沫：人们基于未来价格会上涨的非理性预期去买房。当泡沫破灭时，房地产市场和美国经济开始下滑。

2. 价格水平

价格水平也被认为是影响消费的一个重要因素。价格水平的变化对消费支出的影响，主要是通过价格水平的变化对实际收入的影响来实现的。一般来说，在货币收入（名义收入）不变的情况下，实际收入的变化与价格水平的变化成反比，在价格水平提高时，如果货币收入不同比例提高，则消费者的实际收入水平会降低，消费者为了维持原有生活水平不下降，则必须增加消费支出，导致消费倾向提高。相反，如果价格水平下降，则消费者维持原有消费水平的消费支出可以减少，会导致消费倾向下降。

西方经济学家还提出了“货币幻觉”理论，这一理论认为，在货币收入与价格水平保持同比例提高的情况下，虽然消费者的实际收入并没有发生变化，但消费者往往只注意到了货币收入的增加，而忽视了物价水平的上涨，从而误以为自己的实际收入增加了，导致消费增加，使消费倾向提高。

3. 收入分配

西方经济学认为，不同收入水平的消费者的边际消费倾向是不相同的，低收入者边际消费倾向高，高收入者边际消费倾向低，因此国民收入分配的均等状况对边际消费倾向有较大的影响。一般来说，一国国民收入的分配状况越平均，则国家平均的边际消费倾向就越高；一国国民收入的分配状况越不平均，则国家平均的边际消费倾向就越低。因此，改善收入分配状况有利于提高边际消费倾向。

★拓展阅读 2-7

假日经济有多大作用

在五一、十一、春节长假期间，外出旅游的人数增加，商店也人头攒动。于是，人们把拉动经济的希望寄托在假日带动消费上，并称之为“假日经济”。其实假日经济尽管很火，也不过几十亿元而已，更别说假日之后还会冷落。假日经济这匹小马怎么能拉动经济这辆大车呢？只要对消费函数理论有所了解，就能知道把经济振兴的希望寄托于假日经济不过是一厢情愿的“南柯一梦”。

经济学家认为，影响消费的因素很多，但最重要的还是收入水平。人们消费支出与收入水平之间的关系就是消费函数。还可以用两个概念来说明消费函数。一个是平均消费倾向，即消费支出与收入之比。例如，社会收入为 2 万亿元，消费支出为 1.5 万亿元，平均消费倾向就是 0.75。另一个是边际消费倾向，即增加的消费支出与增加的收入之比。例如，收入增加到 3 万亿元（增加了 1 万亿元），消费增加到 2 万亿元（增加了 0.5 万亿元），边际消费倾向就是 0.5.

消费函数理论有助于深化对假日经济的认识。既然消费取决于收入而不是有没有时间消费——假日多长，那么如果收入水平不提高，就很难增加消费。或者说，刺激消费的方法是增加收入，而不是放假。现在经济中的消费不足不在于高收入者没有时间消费，而在于低收入者没钱去消费。当城市中失业人口和低收入者居高不下时，放假有什么用呢？应该特别强调的是，农村人口占我国人口的绝大部分，是消费的主力军。自从改革开放以来，农民解决了温饱问题，这是一个巨大的历史进步。但由于各种原因，农民收入增加缓慢，有些地区甚至出现了农民实际收入水平下降的情况。许多人强调启动农村消费市场，但总是启而不动，其原因就在于农民收入增长缓慢。不从根本上解决低收入者，尤其是农民的收入增加问题，刺激消费就无从谈起。

4. 预期

莫迪利安尼的生命周期假说和弗里德曼的持久收入假说实际上已强调了预期对消费的影响，因为它们不仅强调消费取决于收入，同时也强调消费取决于财产。

产生于 20 世纪 60 年代的理性预期学派进一步提出和强调了预期对消费的重要影响。这一学派的著名经济学家霍尔提出的理性预期的消费函数理论受到了越来越广泛的关注。

理性预期的消费函数理论认为，消费取决于收入和财产，财产取决于所有的未来收入，未来收入越多的人也就越富有。人们并不知道他未来可以获得多少收入，但他必须做出现期消费决策，为此他就必须形成有关未来收入的预期。理性预期学派认为，人们通过利用所有可以得到的信息，可以对未来的收入和财产做出合乎理性的预期，即使其预期值与未来的实际值相一致。人们根据这种对未来收入的预期来做出消费计划和消费决策，由于对未来收入的预期是理性的，因此根据这种预期所做出的消费计划可以达到在未来时期他们认为最好的消费配置。这种根据理性预期而做出的消费计划就是长期消费函数稳定的原因。

理性预期的消费函数理论，预期也会发生变化，但预期的变化只与信息的变化相关，这种引起预期变化的信息就是以前所没有掌握的新信息。信息的获得是随机的，因此人们对未来收入和财产的估计也会发生随机性变化，由于消费计划是根据对未来收入和财产的预期做出的，所以消费计划也会发生随机性变动，这就是短期消费函数波动的原因。

第四节 均衡国民收入的决定

宏观经济分析中存在两部门经济、三部门经济与四部门经济三种情形，不同经济部门条件下均衡国民收入的决定有不同的条件，以凯恩斯为代表的现代宏观经济理论，均衡国民收入由总需求 *AD*（有效需求）决定的思想是共同的。因此，在以总需求为中心的国民收入决定理论研究中，一般将总供给 *AS* 看成是既定和已知，对于宏观经济学而言，总供给就应该等于 GDP，也就是说，厂商愿意出售其生产出来的所有产品和劳务。本节将在此前提下，逐步分析各种经济部门情形下均衡国民收入的决定问题。

在后续章节的学习过程中，应注意区分经济变量的计划值（意愿值）与实际值，如实际总需求、总支出，计划（意愿）总需求、总支出等。从本节开始，本书后续章节中的经济变量，总需求、消费、投资、政府购买等一般均指计划值。

一、两部门经济均衡国民收入的决定

两部门经济，总需求由个人消费 C 和私人投资 I 构成，即 $AD = C + I$。消费由收入决定，即 $C = f(Y)$，而投资取决于收益率、利率等，为简化分析，在这里假定投资为常数，即 $I = e$。当国民经济处于均衡运行时，决定消费的收入与均衡国民收入一致。所以，均衡国民收入可由下列模型，即总需求 AD = 总供给 AS 决定：

$$Y = AD = C + I = f(Y) + e = AS \text{（总供给既定）}$$

消费函数为 $C = f(Y) = a + bY$ 时，有：

$$Y = AD = C + I = f(Y) + e = a + bY + e$$

于是，均衡国民收入 Y_E 为

$$Y_E = \frac{a + e}{1 - b}$$

由 $Y_E = \frac{a + e}{1 - b}$ 可见，两部门经济条件下，一个国家或地区国民收入由消费和投资决定，并且与自发性消费支出 a、投资支出 e 和边际消费倾向 $MPC = b$ 同方向变化。即自发性消费支出增加；均衡国民收入增加；投资支出增加，均衡国民收入增加；边际消费倾向变大，均衡国民收入变大。反之则反是。

两部门经济，总需求 AD = 总供给 AS 的均衡国民收入可用图 2-8 进行说明。

图 2-8 中，横轴代表收入水平，总供给既定时，亦可代表总供给 AS，纵轴代表总需求或总支出。则坐标平面内，45°线上有 $AD = AS$，经济处于均衡状态，从而决定均衡国民收入，因此 E 点代表均衡，对应的国民收入即为均衡国民收入 Y_E。

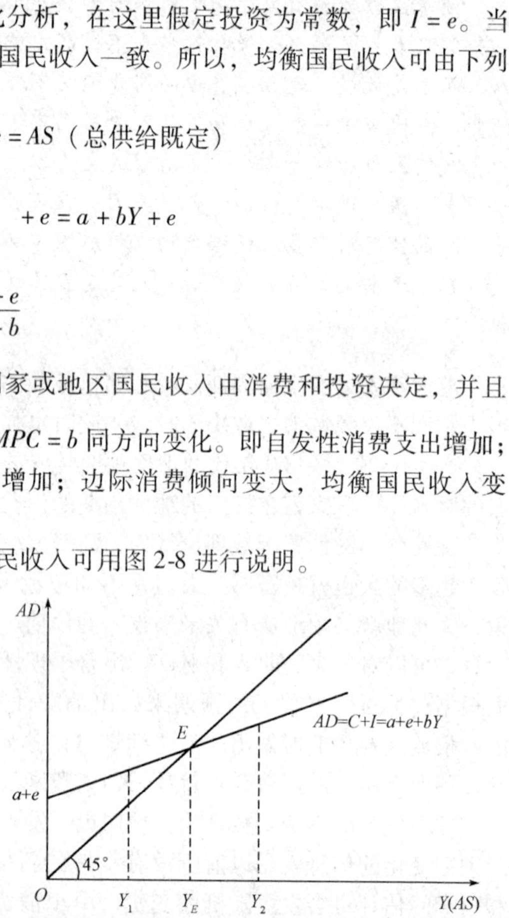

图 2-8 两部门经济均衡国民收入决定模型（a）

如果经济运行的国民收入为 Y_1，小于均衡国民收入 Y_E，相应的点位于 45°线左上方，它所决定的消费与投资总需求 AD > 总供给 AS。此时，经济中对消费品和投资品的需求大于经济中可以提供的商品数量，从而导致消费品和投资品价格上升，促使厂商增加生产，国民收入增加，不断向 E 点的产出水平接近，最终恢复均衡。

如果经济运行的国民收入为 Y_2，大于均衡国民收入 Y_E，相应的点位于45°线右下方，它所决定的消费与投资总需求 $AD <$ 总供给 AS。由于对消费品和投资品的需求小于当前的总产品数量，导致厂商的产品出现积压。这样，厂商就会在下期减少生产，使得国民收入减少，不断向 E 点的产出水平接近，最终恢复均衡。

如果消费和（或）投资增加，经济的总支出增加，从而均衡国民收入增加；反之，消费和（或）投资减少，均衡国民收入下降。

两部门经济均衡国民收入还可以根据两部门经济国民均衡条件：$AD = C + I = AS = C + S$，从而 $I = e = S = -a + (1-b)Y$，即投资 $I =$ 储蓄 S 求得。

如图2-9所示，以横轴表示总收入，纵轴表示投资和储蓄。储蓄随着收入的增加而增加，而投资为常数 e，是一条平行于横轴的直线。当投资与储蓄曲线相交时，经济处于均衡状态。对应于两者的交点 E 决定均衡国民收入 Y_E。

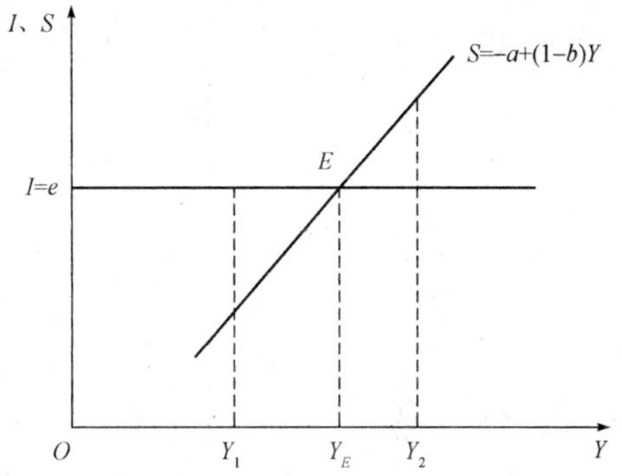

图2-9　两部门经济均衡国民收入决定模型（b）

若国民收入为 Y_1，小于均衡国民收入 Y_E，这一收入决定的储蓄小于投资，经济中对投资品的需求大于经济中储蓄的投资品，从而导致投资品价格上升，促使厂商增加生产，国民收入增加，促使 Y_1 逐渐增加并趋向于 Y_E。

如果国民收入为 Y_2，大于均衡国民收入 Y_E，那么此时投资小于储蓄，经济中对投资品的需求小于投资品的供给，从而导致厂商的库存增加，并最终使得厂商减少生产，国民收入减少，促使 Y_2 逐渐增加并趋向于 Y_E。

显见，如果投资增加或者储蓄减少，均衡国民收入增加；反之，投资减少或者储蓄增加，均衡国民收入下降。

★拓展阅读2-8

刺激经济：消费还是投资

短期总需求分析尽管有其不现实的假设条件（总供给不变等），但对认识宏观经济问题，实现经济稳定仍然是有意义的。

应该承认，总需求在短期中对宏观经济状况的确有重要的影响。我国政府近年来一直重视增加内需已说明需求成为经济稳定的一个重要因素。但如何增加内需呢？就内需而言，如果不考虑政府支出，重要的是消费和投资。消费函数理论说明了消费的稳定性，这就说明要刺激消费是困难的。前些年我国八次降息，但对内需的拉动有限，居民储蓄一直增加，这说明拉动消费不易。拉动内需的重点在于拉动投资。第一，要区分投资与消费的差别。例如，过去一直把居民购买住房作为消费就是一个误区。应该把居民购买住房作为一种投资，并用刺激投资的方法拉动这项投资。应该说，在我国人口多，而居住条件仍然较差的情况下，在未来几十年中，住房仍是投资的热点，只要政策得当，住房可以增加内需，带动经济。第二，在我国经济中，私人经济已有长足的发展，成为经济的半壁江山。投资中的企业固定投资应该是以私人企业投资为主。这就要为私人企业投资创造更为宽松的环境。

现在几乎每个人都认识到了内需的重要性。学习宏观经济学可以为寻找增加内需的方法提供一个思路。

二、两部门经济均衡国民收入的变动

由凯恩斯有效需求决定国民收入的原理可知，两部门经济条件下，均衡的国民收入变动是由总需求变化引起的，包括总需求曲线平移和旋转两种情形。

由总需求曲线方程可知，总需求曲线的平移是由 a、e 的变化引起的，当消费和投资变化导致 $a+e$ 增加时，则总需求曲线向上移动，均衡的国民收入将增加，如图 2-10 所示，当消费和投资导致 $(a+e)_1$ 增加到 $(a+e)_2$ 时，总需求曲线由 AD_1 上移到 AD_2 的位置，均衡国民收入由 Y_1 增加到 Y_2。

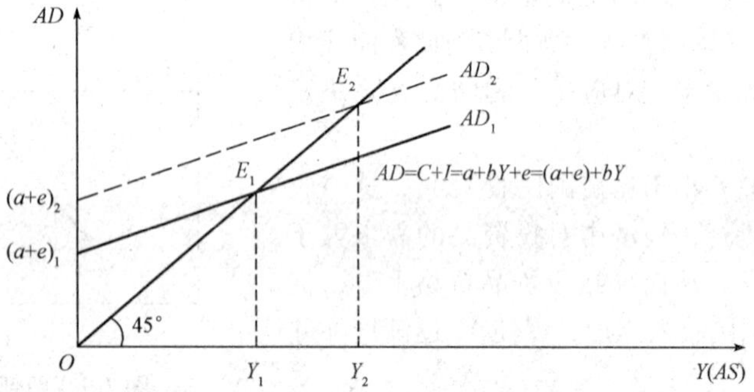

图 2-10　总需求曲线平移与均衡国民收入的变化

总需求曲线的旋转则是由边际消费倾向 $MPC=b$ 的变化引起的，如果边际消费倾向 $MPC=b$ 变大，则总需求曲线逆时针旋转，均衡国民收入增加；边际消费倾向减小，则总需求曲线顺时针旋转，均衡国民收入下降。利用这一规律可以解释凯恩斯 1936 年在《就业、利息和货币通论》中提出的著名的“节俭悖论”现象，即节约对于个人来说是好事，是一种值得称赞的美德，但对于整个国家来讲则是一件坏事，会导致国家经济的萧条衰败。如图 2-11 所示，对于整个国家而言，全社会节俭将导致边际消费倾向由 $MPC_1=b_1$ 下降到 $MPC_2=b_2$，在其他条件不变并且社会处于非充分就业的状态下，总需求曲线由 AD_2 顺时针旋转到 AD_1，全社会的产出（国民收入）由 Y_1 下降到 Y_2。

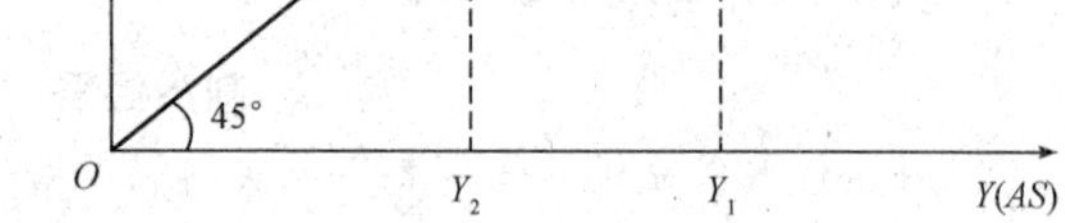

图 2-11　总需求曲线的旋转与节俭悖论

必须补充说明的是，节俭悖论是根据凯恩斯主义的国民收入决定理论推导出来的结论，只适用于衰退和萧条时期，此时总需求严重不足，生产能力过剩，降低储蓄有利于社会。但若经济处于充分就业状态，那么降低储蓄只会使得总需求过大，经济过热，刺激价格上涨，引发通货膨胀。这时降低消费有利于抑制通货膨胀，故这时节俭的个人美德与社会利益是一致的。因此，节俭悖论在资源没有得到充分利用的情况下是存在的，是短期的；长期中或当资源得到充分利用时，节俭悖论是不存在的。

★拓展阅读2-9

古老美德何以成为现代罪恶

——谈"节俭悖论"

18世纪，荷兰的曼德维尔博士在《蜂蜜的语言》一书中讲过一个有趣的故事。一群蜜蜂为了追求奢华的生活，大肆挥霍，结果这个蜂群很快兴旺发达起来。后来这群蜜蜂改变了习惯，放弃了奢侈的生活，崇尚节俭，结果却导致整个蜜蜂社会的衰败。

蜂蜜的故事说的是"节俭的逻辑"，在经济学上称为"节俭悖论"。在西方经济学说史上，节俭悖论曾经使许多经济学家备感困惑，但凯恩斯从故事中却看到了刺激消费和增加总需求对经济发展的积极作用。受此启发，他进一步论证了节俭悖论。

如何解读这个悖论？众所周知，节俭是一种美德。从理论上讲，节俭是个人积累财富最常用的方式。从微观上分析，某个家庭勤俭持家，减少浪费，增加储蓄，往往可以致富。然而，熟悉西方经济学的人都知道，根据凯恩斯的总需求决定国民收入的理论，节俭对于经济增长并没有什么好处。实际上，这里蕴含着一个矛盾：公众越节俭，降低消费，增加储蓄，往往会导致社会收入的减少。因为在既定的收入中，消费与储蓄呈反方向变动，即消费增加，储蓄就会减少；消费减少，储蓄就会增加。所以，储蓄与国民收入呈反方向变动，储蓄增加，国民收入就减少；储蓄减少，国民收入就增加。根据这种看法，增加消费、减少储蓄会通过增加总需求而引起国民收入增加，就会促进经济繁荣；反之，就会导致经济萧条。由此可以得出一个蕴含逻辑矛盾的推论：节制消费、增加储蓄会增加个人财富，对个人来说是件好事，但是由于会减少国民收入，引起萧条，对国民经济来说却是件坏事。

节俭悖论告诉人们：节俭减少了支出，迫使厂家削减产量，解雇工人，从而减少了收入，最终减少了储蓄。储蓄为个人致富铺平了道路，但如果整个国家加大储蓄，将使整个社会陷入萧条和贫困。凯恩斯曾经形象地说，如果"你们储蓄五先令，将会使一个人失业一天"。按照他的观点，在资源没有得到充分运用、经济没有达到潜在产出的情况下，只有每个人都尽可能多地消费，整个经济才能走出低谷，迈向充分就业、经济繁荣的阶段。因此，凯恩斯的理论后来被一些人解释为需求决定论。

在深受读者欢迎的《经济学》教科书中，萨缪尔森指出："本杰明·富兰克林的《穷人理查德年鉴》告诉我们：'节俭一分钱就是挣一分钱。'但是，正当我们学习穷人理查德的智慧时，出现了一代新的理财奇才，他们声称在萧条时期，古老的美德可以是现代的罪恶。"

三、三部门经济均衡国民收入的决定

三部门经济系统中，经济活动的主体包括家庭、厂商和政府三方。此时，构成总支出或总需求 AD 的项目不仅包括私人消费 C 和投资 I（为简便分析，继续假设为常数 e），还包括政府购买 G；总收入或总供给 AS 的项目中，除了私人用于消费 C 和储蓄 S 的用途外，还包括用于缴纳给政府的税收 T。

政府购买 G 主要用于政府部门的行政、军费和公共福利等方面的开支。它通常由政府的政策目的以及政策指导思想所决定。西方经济学中通常假定政府购买是政府的一个外生的政策变量，一般不随国民收入的变动而变动，通常假定为常数。

税收 T 泛指政府部门向消费者和企业部门征收的税收的总和。就税收量与收入的关系而言，税收主要有两大类：一类是定量税，它不随收入的变动而变动；另一类是比例税，如所得税，它按收入的一定比例征收，一般随着收入的增加而增加。在只限于分析税收对均衡国民收入所产生的影响时，为了简化分析，也假定为常数。

在存在政府部门的三部门经济中，除上述政府购买和政府税收外，还需考察政府对私人部门的影响。政府对私人部门所产生的最重要的影响是通过税收 T 和转移支付 TR 对消费者的收入水平产生影响。当存在政府税收 T 和转移支付 TR 时，消费者决定消费和储蓄的收入不再是总收入 Y，而是其可支配收入 Y_d，且 $Y_d = Y - T + TR$。此时，消费者的消费函数变为：$C = f(Y_d) = a + bY_d = a + b(Y - T + TR)$。

则由总需求 AD = 总供给 AS 决定的三部门经济均衡国民收入模型为

$$AD = C + I + G = f(Y_d) + e + G = a + bY_d + e + G$$
$$= a + e + G + b(Y - T + TR) = Y = AS \text{（总供给既定）}$$

由此求得均衡国民收入：

$$Y_E = \frac{a + e + g + G - bT + bTR}{1 - b}$$

可见，三部门经济条件下，消费（自发性消费支出 a 与边际消费倾向 b）、投资、政府购买、政府转移支付增加均促使均衡国民收入增加，而税收增加则使得均衡国民收入减少。

三部门经济总需求 AD = 总供给 AS 的均衡国民收入可用图 2-12 进行说明。

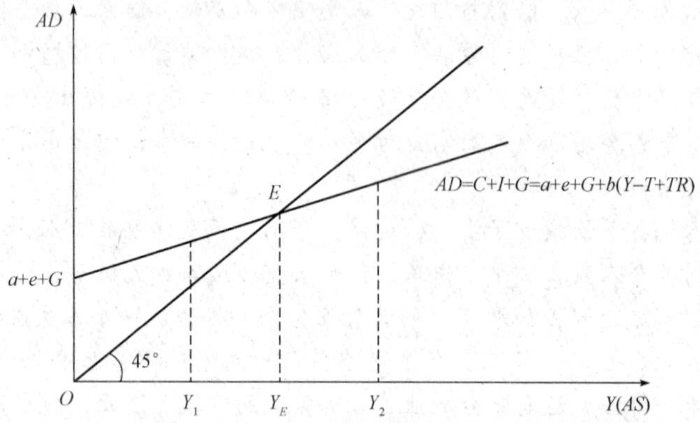

图 2-12　三部门经济均衡国民收入决定模型

图 2-12 中，横轴代表收入水平，总供给既定时，也可代表总供给 AS，纵轴代表总需求或总支出。坐标平面内，45°线上有 $AD = AS$，经济处于均衡状态，从而决定均衡的国民收入 Y_E。

由图 2-12 显见，如果消费 C、投资 e、政府购买 G 或政府转移支付 TR 增加，经济的总需求增加，从而均衡国民收入增加；反之，消费 C、投资 e、政府购买 G 或政府转移支付 TR 减少，经济的总需求减少，均衡国民收入将下降。特别地，政府的税收增加，将会导致家庭部门的消费减少，从而使得均衡国民收入下降；反之，政府减少税收，将使得均衡国民收入增加。

三部门经济中的均衡国民收入决定也可以投资 = 储蓄（包括私人储蓄 S 和政府储蓄 $T - G$ 两部分），即 $I = e = S + (T - G) = -a + (1 - b)(Y - T + TR) + T - G$ 的均衡条件加以说明，这里不再赘述。

四、四部门经济均衡国民收入的决定

现代经济是开放经济，各个国家或地区或多或少都有对外经济活动，因此，参与一个国家或地区经济活动的经济主体有个人、企业、政府和国外部门，总支出或总需求不仅包括（国内）消费 C、投资 I 和政府购买 G，还包括进出口净额 $X - M$，即 $AD = C + I + G + X - M$，它决定了开放经济系统的国民收入水平。

四部门经济条件下，政府对经济活动的影响仍表现为政府购买 G、政府税收 T 和政府转移支付 TR 等方面，只是此时的税收、政府购买等既影响本国经济主体也影响外国经济主体。与三部门经济一样，为考察政府相关经济变量对均衡国民收入的影响，为简化分析，仍假定政府购买 G、转移支付 TR 和政府税收 T 为常数。消费者的可支配收入和消费函数仍分别为：$Y_d = Y - T + TR$ 和 $C = f(Y_d) = a + bY_d = a + b(Y - T + TR)$。

对于进口 M 和出口 X，一般而言，会随一个国家或地区的经济发展、国民收入水平等因素的变化而变化。如进口 M，一个国家或地区的收入水平 Y 提高，相应的对外国产品的需求和购买也会增强，进口 M 就会增加。与政府经济变量一样，这里考察总需求的各个构成要素对均衡国民收入的影响，因此也假定进口和出口与国民收入水平 Y 无关，为常数。

因此，由总需求 AD = 总供给 AS 决定的四部门经济均衡国民收入模型为

$$
\begin{aligned}
AD &= C + I + G + X - M = f(Y_d) + e + G + X - M \\
&= a + bY_d + e + G + X - M \\
&= a + e + G + X - M + b(Y - T + TR) = Y = AS \text{（总供给既定）}
\end{aligned}
$$

由此求得均衡国民收入：

$$Y_E = \frac{a + e + g + G - bT + bTR + X - M}{1 - b}$$

可见，四部门经济条件下，消费（自发性消费支出 a 与边际消费倾向 b）、投资、政府购买、政府转移支出、出口的增加均促使均衡国民收入增加，而税收和进口增加则使得均衡国民收入减少。

四部门经济，总需求 AD = 总供给 AS 的均衡国民收入可用图 2-13 进行说明。

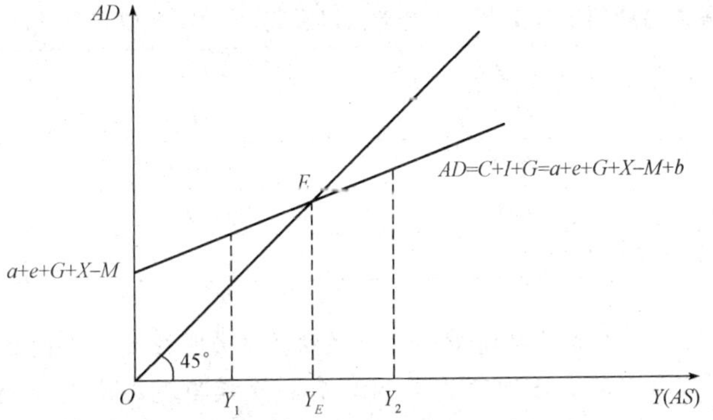

图 2-13　四部门经济均衡国民收入决定模型

图 2-13 中，横轴代表收入水平，总供给既定时，亦可代表总供给 AS，纵轴代表总需求或总支出。坐标平面内，45°线上有 $AD = AS$，经济处于均衡状态，从而决定均衡的国民收入 Y_E。

由图 2-13 显见，如果消费 C、投资 e、政府购买 G、政府转移支付 TR 以及出口 X 增加，经济的总需求增加，从而均衡国民收入增加；反之，消费 C、投资 e、政府购买 G、政府转移支付 TR 以及出口 X 减少，均衡国民收入将下降。而政府税收 T 和进口 M 增加，将会导致均衡国民收入下降。

与两部门和三部门经济一样，四部门经济中，均衡国民收入决定也可以投资 = 储蓄（包括私人储蓄 S、政府储蓄 $T - G$ 和外国储蓄 $M - X$ 三部分），即 $I = e = S + (T - G) + (M - X) = -a + (1 - b)(Y - T + TR) + T - G + M - X$ 的均衡条件加以说明，这里不再赘述。

第五节　乘数原理

乘数的概念最早是由英国经济学家卡恩在1931年提出的，后来被凯恩斯加以应用和推广，形成著名的乘数原理，成为凯恩斯主义和其他宏观经济学派分析宏观经济的一个重要工具。

乘数原理又称倍数原理，是指由于连锁反应，某一经济变量的变化引起另一相关变量成倍变化的经济理论。与乘数原理相关的是乘数效应，一般是指经济活动中某一变量的增减所引起的经济总量变化的连锁反应程度。

★拓展阅读2-10

乘数与大萧条

乘数的概念最初是被经济学家提出用来理解历史上最大的经济灾难——“大萧条”，即1929—1933年的产出和就业的崩溃。大多数经济学家认为，1929—1933年的经济低迷是由投资支出的崩溃造成的。但是随着经济萎缩，消费支出也出现了剧烈的下降，使其对实际GDP的影响乘数化了。

表2-3给出了这四年中投资支出、消费支出和实际GDP的变化。所有的数据都以2000年的美元计算。可以看到，投资支出出现了崩盘，下降程度超过80%。但是消费支出也下降得很厉害，并且实际上占据了实际GDP下降的大部分（实际GDP总的下降额度要大于消费支出和投资支出下降额度的和，主要是因为技术性的会计问题）。

表2-3　大萧条时期的投资支出、消费支出以及实际GDP（以2000年十亿美元计算）

	1929年	1933年	变化
投资支出	91.3	17.0	−74.3
消费支出	661.4	541.0	−120.4
实际GDP	865.2	635.5	−229.7
资料来源：美国经济分析局。			

表2-3中的数据显示，在大萧条时期，乘数大约为3。现在大多数的估计将乘数的大小定得低得多，这种变化是有原因的。1929年，美国政府的规模与现在比起来小得多：税收很少，主要的政府项目如社会保障和社会医疗都还没有。现在的美国经济中，税收要高得多，政府支出也高得多。这很重要，因为税收和一些政府项目有着自动稳定器的作用，它们减小了乘数的大小。

不同领域对乘数原理的应用有不同的乘数概念，如消费支出乘数、投资乘数、政府购买乘数、对外贸易乘数等。本节重点介绍与两部门经济、三部门经济和四部门经济国民收入决定相关的乘数，以考察这些因素的变动对均衡国民收入的影响程度。

一、投资乘数

投资乘数是凯恩斯宏观经济理论最重要的乘数概念之一，是指由投资变动引起的国民收入改变量与投资变动量之间的比率，是反映投资变动引起的国民收入变动的连锁反应程度的指标，表明投资的变动将会引起国民收入若干倍的变动。

投资之所以具有乘数作用，是因为国民经济各部门，如农业、工业、建筑业等，是相互关联的，某一部门的一笔投资不仅会增加本部门的收入，而且会在国民经济各部门引起连锁反应，从而增加其他部门的投资与收入，最终使国民收入成倍增长。

例如，在两部门经济中，假定其他条件不变，投资增加 100 亿美元，即 $\Delta I=100$。增加的 100 亿美元投资增加了经济对投资品的需求。经济中增加的 100 亿美元用来购买投资品，则参与生产投资品的各种生产要素获得 100 亿美元的收入，即国民收入（两部门经济即为消费者的收入）增加 100 亿美元，即 $\Delta Y_1=100$。

但增加的 100 亿美元投资对经济的影响并没有就此终结。当消费者的收入增加 100 亿美元之后，会把其中的一部分作为储蓄，而同时增加消费。假定消费者的边际消费倾向是 0.8，则消费者在增加的 100 亿美元收入中会有 80 亿美元用于购买消费品。结果，经济中消费品的需求增加 80 亿美元。消费需求增加导致消费品生产增加 80 亿美元。这 80 亿美元又以消费品生产过程中的工资、利息、利润和租金等形式流入到作为要素所有者的家庭手中，从而国民收入又增加了 80 亿美元，即 $\Delta Y_2=80$。

同样，生产消费品的要素所有者会把这 80 亿美元收入中的 80%，即 64 亿美元用于消费，使社会总需求增加 64 亿美元，并由此导致经济中的国民收入再增加 64 亿美元，即 $\Delta Y_3=64$。如此不断地继续下去，通过增加 100 亿美元投资，社会最终增加的国民收入为

$$\begin{aligned}\Delta Y &= \Delta Y_1+\Delta Y_2+\Delta Y_3+\cdots\\ &=100+100\times 0.8+100\times 0.8^2\\ &\quad +\cdots+100\times 0.8^{\infty}\text{（此为首项为 100，公比为 0.8 的等比数列）}\\ &=\frac{100\times(1-0.8^{\infty})}{1-0.8}=500\end{aligned}$$

一般假设投资变动 ΔI，国民收入将随之变动 ΔY，如果经济中家庭部门的边际消费倾向为 $MPC=b$，那么投资增加引起的一系列国民收入增加为

$$\begin{cases}\Delta Y=\Delta Y_1+\Delta Y_2+\Delta Y_3+\cdots+\Delta I+\Delta I\cdot b+\Delta I\cdot b^2+\cdots+\Delta I\cdot b^{\infty}\\ \text{（此为首项为 }\Delta I\text{，公比为 }b\text{ 的等比数列）}\\ \quad=\dfrac{\Delta I(1-b^{\infty})}{1-b}=\dfrac{\Delta I}{1-b}=\dfrac{\Delta I}{1-MPC}\\ 0<MPC=b<1\end{cases}$$

于是有投资乘数 $K_I=\dfrac{\Delta Y}{\Delta I}=\dfrac{1}{1-b}=\dfrac{1}{1-MPC}$。

投资乘数还可由均衡国民收入 $Y_E=Y=\dfrac{a+e}{1-b}=\dfrac{a+I}{1-b}=f(I)$ 求得，即

$$K_I=f'(I)=\left(\frac{a+I}{1-b}\right)'=\frac{1}{1-b}$$

可见，投资乘数 K_I 的大小取决于边际消费倾向 MPC（或 b）的大小。边际消费倾向越接近于 1，投资乘数就越大；反之，边际消费倾向越接近于零，投资乘数就越小。

投资乘数可以用图 2-14 进行说明。图 2-14 中 AD_1 代表初始总需求，AD_2 代表新的总需求，初始的均衡国民收入为 Y_1，新的均衡国民收入为 Y_2，则 $\Delta Y=Y_2-Y_1$。新的总需求曲线 AD_2 与初始总需求曲线 AD_1 在竖直方向的距离，即截距间的距离代表投资的变化量 ΔI。投资乘数即为 $K_I=\dfrac{\Delta Y}{\Delta I}$。

需要特别说明的是，投资乘数原理不仅说明投资增加会导致国民收入成倍增加，而且也说明当投资减少时，国民收入将会成倍下降，即投资乘数的作用是双向的。

此外，乘数原理有特定的成立条件，这些条件主要有：

（1）投资乘数效应是长期作用的结果，不是在短期中，如一年、两年就能实现的，如上面的例子，投资增加100亿美元到国民收入最终增加500亿美元，期间经历了无穷多个时期（年）。

（2）在投资增加引起国民收入变动的过程中，需要有足够的资本品和劳动力可以利用，即资源没有充分利用。如果投资需求和消费需求受到资源的约束，那么国民收入的增加就会受到资本品、劳动力等要素价格上涨的影响，使得国民收入增加量达不到投资的$\frac{1}{1-b}$倍。

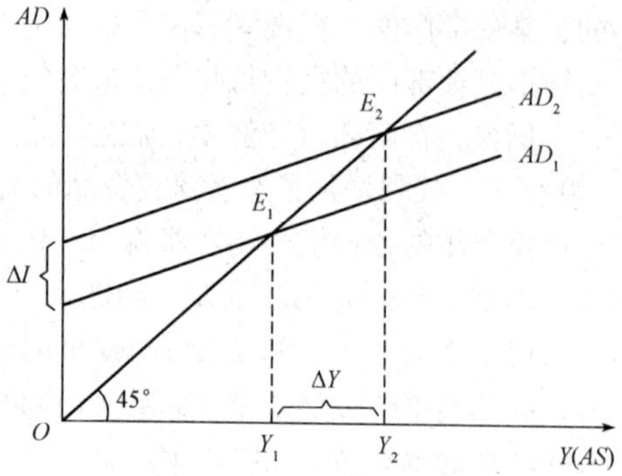

图 2-14　投资乘数几何表达

★拓展阅读2-11

乘数——“双刃的剑”

乘数反映了国民经济各部门之间存在着密切的联系。例如，建筑业增加投资100万元，不仅会使本部门收入增加，而且会在其他部门引起连锁反应，从而使这些部门的支出与收入也增加，在边际消费倾向为80%时，在乘数的作用下最终使国民收入增加5倍，即增加500万元。为什么会有这种倍数关系？举一例来说明。例如，某人花了50元去买了10斤苹果，这样卖水果的小贩收到50元后，留下20%即50×20%＝10元去储蓄，拿其余的80%即50×80%＝40元去购买其他商品，这40元又会成为其他人的收益。假如这个小贩把40元用于购买蔬菜，这又使菜农收益增加了40元。菜农再拿20%即40×20%＝8元去储蓄，其余40×80%＝32元去买大米，卖大米的农户又会增加32元的收益。如此连续循环下去，社会最后的收益上升到250元，其计算方法是：50＋50×80%＋50×80%×80%＋50×80%×80%×80%＝50×（1＋80%＋80%×80%＋80%×80%×80%）＝50×［1/（1－80%）］＝250（元）。

250元是最初需求增加量50元的5倍，这就是乘数效应的结果。但乘数的作用是双向的，如果上述例子相反，会使国民收入减少250元。即当自发总需求增加时，所引起的国民收入的增加要大于最初自发总需求的增加；当自发总需求减少时，所引起的国民收入的减少也要大于最初自发总需求的减少。所以，经济学家形象地把乘数称为一把“双刃的剑”。

二、政府相关乘数

政府相关乘数是宏观经济理论中相对重要的乘数概念，包括政府购买乘数K_G、政府税收乘数K_T、政府转移支付乘数K_{TR}和平衡预算乘数。

1. 政府购买乘数

政府购买乘数是政府支出乘数之一，是指政府购买变动引起的国民收入变动量与政府购买支出的变动量之间的比率。

与投资变动的效果一样，如果政府购买的变动量为ΔG，国民收入将随之变动ΔY。政府购买增加导致经济的总需求增加，并使得国民收入增加。

如果经济中家庭部门的边际消费倾向为$MPC=b$，那么政府购买增加引起的一系列国民收入增加量的总和等于：

$$\begin{cases}\Delta Y=\Delta Y_1+\Delta Y_2+\Delta Y_3+\cdots+\Delta G+\Delta G\cdot b+\Delta G\times b^2+\cdots+\Delta G\cdot b^{\infty}\\ \text{（此为首项为 }\Delta G\text{，公比为 }b\text{ 的等比数列）}\\ =\dfrac{\Delta G\ (1-b^{\infty})}{1-b}=\dfrac{\Delta G}{1-b}=\dfrac{\Delta G}{1-MPC}\\ 0<MPC=b<1\end{cases}$$

由此可得政府购买乘数 $K_G=\dfrac{\Delta Y}{\Delta G}=\dfrac{1}{1-b}=\dfrac{1}{1-MPC}$。

与投资乘数一样，政府购买乘数也可由三部门均衡国民收入决定模型 $Y_E=Y=\dfrac{a+e+G+bTR-bT}{1-b}=f\ (G)$ 求得，即 $K_G=f'\ (G)=\dfrac{1}{1-b}=\dfrac{1}{1-MPC}$。表明当政府购买增加时，国民收入会以其 $\dfrac{1}{1-MPC}$ 的倍数增加。

★拓展阅读 2-12

国防支出与美国经济

20 世纪 80 年代前期，里根执政时，美国国防开支急剧扩张，国防预算从 1979 年的 2 710 亿美元飞速增长到 1987 年的 4 090 亿美元，相当于 GDP 的 7.5%，国防建设对经济增长起了很强的刺激作用，通过乘数的倍增效应帮助美国经济走出了 1981—1982 年的衰退，并且推动了 80 年代中期经济景气的形成。

从 1990 年开始，美国政府加快了对国防开支的削减。到 20 世纪 90 年代中期，国防开支被削减到低于 GDP 的 5% 的水平。这时乘数的作用就相反了，削减国防开支导致 20 世纪 90 年代初产出增长缓慢，从飞机制造业来说，从 1990 年到 1993 年，至少损失掉 170 000 个工作机会。

2. 政府转移支付乘数

政府转移支付乘数是政府的又一支出乘数，是指政府转移支付变动引起的国民收入变动量与政府购买支出的变动量之间的比率。

政府转移支付进入消费者的可支配收入，因此，假设经济中消费者的边际消费倾向为 $MPC=b$，政府转移支付增加 ΔTR，其中只有一部分，即边际消费倾向与政府转移支付变动量的乘积部分，转变为消费，导致国民收入增加 $b\Delta TR$，其余部分转变为消费者的储蓄。国民收入增加 $b\Delta TR$，又使消费支出和国民收入增加 $b^2\Delta TR$，如此反复，不断持续。政府转移支付增加 ΔTR 引起一系列国民收入增加量的总和等于：

$$\begin{cases}\Delta Y=\Delta Y_1+\Delta Y_2+\Delta Y_3+\cdots+b\Delta TR+\Delta TR\times b^2+\Delta TR\cdot b^3+\cdots+\Delta TR\cdot b^{\infty}\\ \text{（此为首项为 }b\Delta TR\text{，公比为 }b\text{ 的等比数列）}\\ =\dfrac{b\Delta TR\ (1-b^{\infty})}{1-b}=\dfrac{b\Delta TR}{1-b}=\dfrac{MPC\Delta TR}{1-MPC}\\ 0<MPC=b<1\end{cases}$$

由此可得政府转移支付乘数 $K_{TR}=\dfrac{\Delta Y}{\Delta TR}=\dfrac{b}{1-b}=\dfrac{MPC}{1-MPC}$。

政府转移支付乘数也可由 $Y_E=Y=\dfrac{a+e+G+bTR-bT}{1-b}=f\ (TR)$ 求得，即 $K_{TR}=f'\ (TR)=\dfrac{b}{1-b}=\dfrac{MPC}{1-MPC}$。表明当政府转移支付增加时，国民收入会以其 $\dfrac{MPC}{1-MPC}$ 的倍数增加。

3. 政府税收乘数

政府税收乘数是指国民收入变动量与引起这种变动的税收变动量之间的比率关系，或者说国民收入变化量与促成这种量变的税收变动量之间的比例。

以政府税收增加为例。假设经济中消费者的边际消费倾向为 $MPC=b$，政府税收增加 ΔT，将导致消费者可支配收入减少 ΔT，消费支出减少 $b\Delta T$，国民收入减少 $b\Delta T$。国民收入减少 $b\Delta T$，又使消费减少 $b^2\Delta T$，从而使国民收入减少 $b^2\Delta T$，如此反复影响，直至最终。政府税收增加 ΔT 引起的一系列国民收入增加量的总和等于：

$$\begin{cases}\Delta Y=\Delta Y_1+\Delta Y_2+\Delta Y_3+\cdots-b\Delta T-\Delta T\cdot b^2-\Delta T\cdot b^3-\cdots-\Delta T\cdot b^{\infty}\\ \text{（此为首项为 } b\Delta T\text{，公比为 } b \text{ 的等比数列）}\\ \quad=\dfrac{-b\Delta TR\ (1-b^{\infty})}{1-b}=\dfrac{-b\Delta TR}{1-b}=\dfrac{-MPC\Delta TR}{1-MPC}\\ 0<MPC=b<1\end{cases}$$

由此可得政府税收乘数 $K_T=\dfrac{\Delta Y}{\Delta T}=-\dfrac{b}{1-b}=-\dfrac{MPC}{1-MPC}$。

政府税收乘数也可由 $Y_E=Y=\dfrac{a+e+G+bTR-bT}{1-b}=f(T)$ 求得，即 $K_T=f'(T)=-\dfrac{b}{1-b}=-\dfrac{MPC}{1-MPC}$。表明当政府税收增加时，国民收入会以其$\dfrac{MPC}{1-MPC}$的倍数减少。

4. 平衡预算乘数

平衡预算乘数是指在政府保持财政预算平衡，即财政收入和财政支出相等的条件下，政府购买和税收量变动引起的收入变动与政府购买（或者税收）变动量之间的比率，其数值等于1。

假设政府增加购买 ΔG（增加支出），同时增加税收 ΔT（增加收入），并且 $\Delta G=\Delta T$，以保持政府财政收支的平衡。根据政府购买乘数，增加政府购买 ΔG 将引起国民收入增加 $\Delta Y_G=\dfrac{\Delta G}{1-b}$；根据政府税收乘数，增加税收 ΔT 将引起国民收入变动 $\Delta Y_T=-\dfrac{b\Delta T}{1-b}$。于是，等量增加政府购买和税收（$\Delta G=\Delta T$），国民收入的总变动为

$$\Delta Y=\Delta Y_G+\Delta Y_T=\frac{\Delta G}{1-b}-b\,\frac{\Delta T}{1-b}=\Delta G=\Delta T$$

可见，平衡预算乘数 $K_B=\dfrac{\Delta Y}{\Delta G}=\dfrac{\Delta Y}{\Delta T}=\dfrac{\Delta Y_G}{\Delta G}+\dfrac{\Delta Y_T}{\Delta T}=K_G+K_T=1$。表明政府等量变动政府购买和税收，国民收入的变动量与政府购买或政府税收的变动量是相等的。

三、进口乘数和出口乘数

开放经济条件下，还存在进口乘数和出口乘数。

1. 进口乘数

进口乘数是指由进口的变动引起的国民收入变动量与进口变动量之间的比率。

假设经济中消费者的边际消费倾向为 $MPC=b$，进口增加 ΔM，则用于购买本国产品的消费支出将减少 ΔM，导致国民收入（指 GDP）减少 ΔM。国民收入减少 ΔM，又使消费支出和国民收入增加 $b^2\Delta M$，如此反复，不断持续。进口增加 ΔM 引起的一系列国民收入增加量的总和等于：

$$\begin{cases}\Delta Y=\Delta Y_1+\Delta Y_2+\Delta Y_3+\cdots-\Delta M-\Delta M\times b-\Delta M\cdot b^2-\cdots-\Delta M\cdot b^{\infty}\\ \text{（此为首项为 }\Delta M\text{，公比为 }b\text{ 的等比数列）}\\ \quad=\dfrac{-\Delta M\ (1-b^{\infty})}{1-b}=-\dfrac{\Delta M}{1-b}=-\dfrac{\Delta M}{1-MPC}\\ 0<MPC=b<1\end{cases}$$

由此可得进口乘数 $K_M=\dfrac{\Delta Y}{\Delta M}=-\dfrac{1}{1-b}=-\dfrac{1}{1-MPC}$。

进口乘数也可由 $Y_E=Y=\dfrac{a+e+G+bTR-bT+X-M}{1-b}=f\ (M)$ 求得，即 $K_M=f'\ (M)\ =-\dfrac{1}{1-b}=-\dfrac{1}{1-MPC}$。表明当进口增加时，国民收入会以其$\dfrac{1}{1-MPC}$的倍数减少。

2. 出口乘数

出口乘数是指由出口的变动引起的国民收入变动量与出口变动量之间的比率。

假设经济中消费者的边际消费倾向为 $MPC=b$，出口增加 ΔX，则用于购买本国产品的消费支出将增加 ΔX，导致国民收入（指 GDP）增加 ΔX。国民收入增加 ΔX，又使消费支出和国民收入增加 $b^2\Delta X$，如此反复，不断持续。出口增加 ΔX 引起的一系列国民收入增加量的总和等于：

$$\begin{cases}\Delta Y=\Delta Y_1+\Delta Y_2+\Delta Y_3+\cdots+\Delta X+\Delta X\times b+\Delta X\cdot b^2+\cdots+\Delta X\cdot b^{\infty}\\ \text{（此为首项为 }\Delta X\text{，公比为 }b\text{ 的等比数列）}\\ \quad=\dfrac{\Delta X\ (1-b^{\infty})}{1-b}=\dfrac{\Delta X}{1-b}=\dfrac{\Delta X}{1-MPC}\\ 0<MPC=b<1\end{cases}$$

由此可得出口乘数 $K_X=\dfrac{\Delta Y}{\Delta X}=\dfrac{1}{1-b}=\dfrac{1}{1-MPC}$。

出口乘数可由 $Y_E=Y=\dfrac{a+e+G+bTR-bT+X-M}{1-b}=f\ (X)$ 求得，即 $K_X=f'\ (X)\ =\dfrac{1}{1-b}=\dfrac{1}{1-MPC}$。表明当出口增加时，国民收入会以其$\dfrac{1}{1-MPC}$的倍数增加。

四、自发性消费支出乘数

自发性消费支出乘数是指由自发性消费支出的变动引起的国民收入变动量与自发性消费支出变动量之间的比率。

假设经济中消费者的边际消费倾向为 $MPC=b$，自发性消费增加 Δa，则用于购买本国产品的消费支出将增加 Δa，导致国民收入增加 Δa。国民收入增加 Δa，又使消费支出和国民收入增加 $b^2\Delta a$，如此反复，不断持续。自发性消费增加 Δa 引起的一系列国民收入增加量的总和等于：

$$\begin{cases}\Delta Y=\Delta Y_1+\Delta Y_2+\Delta Y_3+\cdots+\Delta a+\Delta a\cdot b+\Delta a\cdot b^2+\cdots+\Delta a\cdot b^{\infty}\\ \text{（此为首项为 }\Delta a\text{，公比为 }b\text{ 的等比数列）}\\ \quad=\dfrac{\Delta a\ (1-b^{\infty})}{1-b}=\dfrac{\Delta a}{1-b}=\dfrac{\Delta a}{1-MPC}\\ 0<MPC=b<1\end{cases}$$

由此可得自发性消费支出乘数 $K_a=\dfrac{\Delta Y}{\Delta a}=\dfrac{1}{1-b}=\dfrac{1}{1-MPC}$。

自发性消费支出乘数可由 $Y_E=Y=\dfrac{a+e}{1-b}=f\ (a)$ 求得，即 $K_a=f'\ (a)\ =\dfrac{1}{1-b}=\dfrac{1}{1-MPC}$。表

明当自发性消费支出增加时，国民收入会以其$\frac{1}{1-MPC}$的倍数增加。

与投资乘数一样，政府购买乘数、政府税收乘数、平衡预算乘数、出口乘数、进口乘数以及自发性消费支出乘数都是双向作用的，同时，这些乘数都只在一定的条件下（如长期和资源未充分利用）才能发挥作用。

需要补充说明的是，上述各个乘数的大小或表达式，都是建立在政府税收与进口均为常数的假设基础上的，如果政府税收和进口会随国民收入变动而变动，即税收和进口是收入的函数时，则上述各个乘数的大小和表达式将发生变化。

最一般地，当税收 $T=T_0+tY$，进口 $M=M_0+mY$ 时，四部门经济均衡国民收入将为

$$Y_E=\frac{a+e+G+bTR-bT_0+X-M_0}{1-b(1-t)+m}$$

显见，各乘数的表达式的分母均比税收与进口为常数的情形大，乘数数值均变小。其中投资乘数 $K_I=\frac{1}{1-b(1-t)+m}$、政府购买乘数 $K_G=\frac{1}{1-b(1-t)+m}$、政府税收乘数 $K_T=-\frac{b}{1-b(1-t)+m}$、平衡预算乘数 $K_B=K_G+K_T=\frac{1}{1-b(1-t)+m}-\frac{b}{1-b(1-t)+m}=\frac{1-b}{1-b(1-t)+m}<1$。

五、乘数效应发挥的条件

乘数理论在凯恩斯就业理论中具有重要地位，凯恩斯认为，由于消费需求不足而造成总需求不足，主要靠投资来弥补；在私人投资不足的情况下，尤其要靠政府增加公共投资支出来解决。通常所讲的增加投资或政府支出会使收入和就业成倍增加的理论就是乘数理论。在社会化大生产中，投资、政府支出、消费、收入和就业等变量之间确实有一定的连锁反应，但是这种连锁反应的效果在现实经济中会受到一些条件的限制，使得乘数效应大打折扣。一是社会中过剩生产能力的大小。由于提出乘数理论的经济背景是大萧条时期，经济存在大量闲置资源，如果这种条件不满足，社会没有过剩的生产能力，则投资增加及由此造成的消费支出增加，并不会引起生产增加，而只会刺激物价水平上升。二是利率水平的变动情况。乘数理论是在只包括产品市场的前提下提出的，没有考虑货币市场的影响，如果将利率变动的因素考虑进来，乘数效应将会减弱。例如，增加投资所引起的对货币资金需求的增加如果得不到货币供给相应增加的趋势；投资和消费支出增加时，货币需求的增加如果得不到货币供给相应增加的支持，则利率会上升，不但会抑制消费，还会抑制投资，使总需求降低。此外，凯恩斯的乘数效应强调的是自主性消费、投资、政府购买、出口等自发支出增加对产出和就业的刺激作用，但实际上，乘数效应也会在反方向发挥作用，如果税收、进口等增加，其乘数效应将导致国民收入的加倍减少。例如，使收入增加的正向乘数效应在收入增加时，如果增加的收入用于购买进口产品和劳务，那么进口的负向效应将抵消正向乘数效应；如果政府为增加公共工程方面的支出而提高税收，则在公共工程方面安置就业者增加的开支就将由于纳税人在不同程度上减少支出而被抵消；假如政府的支出是靠借钱而不是靠提高税收，一方面会使私人部门的货币减少，另一方面支出增加使收入增加，消费者和工商企业通常都要增加货币储备，从而增加货币需求，这会提高利率，进而排挤私人投资。

本章小结

简单国民收入决定论是仅涉及产品市场的理论，从总需求（有效需求）的构成和变动说明

国民收入决定和变动的原理（总供给视为既定和已知），并且重点考察消费作为一个函数（其他需求构成因素为常数）的条件下国民收入决定的原理。

其内容要点主要包括：

(1) 总需求和总供给共同决定一个国家或地区的国民收入，即均衡的国民收入，在均衡的条件下，全社会的计划投资等于全社会的计划储蓄。

(2) 全社会的消费主要受收入（可支配收入）的影响，是收入的函数，一般而言，两者同方向变化。消费与收入的依存关系称为消费倾向，包括平均消费倾向 *APC* 和边际消费倾向 *MPC*。边际消费倾向 *MPC* 有随着收入的增加而递减的规律。储蓄是与消费互补的经济变量，与收入间也存储蓄倾向的依存关系，也有平均储蓄倾向 *APS* 和边际储蓄倾向 *MPS*，且边际储蓄倾向 *MPS* 具有递增的趋势。消费和储蓄倾向间存在以下关系、$APC + APS = MPC + MPS = 1$。

(3) 凯恩斯的消费函数主要适用于短期的情形，它与实证研究的长期消费函数间存在所谓“消费函数之谜”的现象，对此现象的解释形成了凯恩斯消费理论的发展，代表理论主要有相对收入理论、生命周期理论和持久收入理论，这些理论发展之后，凯恩斯的消费函数也称绝对收入消费理论。

(4) 两部门经济中，均衡的国民收入为 $Y_E = \dfrac{a + e}{1 - b}$，表明国民收入取决于自发性消费支出 a、计划投资 e 和边际消费倾向 $MPC = b$。其变化由 $(a + e)$ 导致 *AD* 曲线平移引起或边际消费倾向 $MPC = b$ 引起。

(5) 乘数效应是凯恩斯国民收入决定理论的重要概念，是总支出的变动引起的国民收入数倍变动的效应。根据国民收入决定模型，可以计算得出总需求各个构成要素的相应乘数，包括投资乘数、政府购买乘数、进口乘数、出口乘数，此外还有政府税收乘数、政府转移支付乘数和平衡预算乘数。

复习思考题

一、名词解释

消费函数　边际消费倾向　递减规律　边际储蓄倾向　节俭悖论　乘数　平衡预算乘数　政府转移支付乘数　消费函数之谜　相对收入假说　棘轮效应

二、单项选择题

1. 简单国民收入决定理论涉及的市场是(　　)。

A. 产品市场　　B. 货币市场　　C. 劳动市场　　D. 国际市场

2. 边际消费倾向的值越大，则(　　)。

A. 总支出曲线就越平坦　　B. 边际储蓄倾向的值就越大

C. 乘数的值就越小　　D. 总支出曲线就越陡峭

3. 根据平均消费倾向、平均储蓄倾向、边际消费倾向、边际储蓄倾向之间的关系，下面说法正确的为(　　)。

A. 如果 *MPC* 增加，则 *MPS* 也增加　　B. $MPC + APC = 1$

C. $MPC + MPS = APC + APS$　　D. $MPC + MPS > APC + APS$

4. 线性消费曲线与 45°线之间的垂直距离为(　　)。

A. 自发性消费　　B. 储蓄　　C. 收入　　D. 总消费

5. 在收入的均衡水平上，(　　)。

A. GDP 没有变动的趋势　　B. 计划支出等于实际支出

C. 非自愿的存货累积为 0　　D. 以上说法都正确

6. 政府购买乘数 K_G、政府税收乘数 K_T，政府转移支付乘数 K_{TR} 的关系是(　　)。

A. $K_G > K_{TR} > K_T$　　B. $K_{TR} > K_G > K_T$

C. $K_G > K_T > K_{TR}$　　D. $K_T > K_{TR} > K_G$

7. 根据生命周期理论，退休期生活水平(　　)。

A. 提高　　B. 下降　　C. 不变　　D. 不确定

8. 下面的情况使国民收入增加最多的是(　　)。

A. 政府对高速公路的护养开支增加200亿美元

B. 政府转移支付增加200亿美元

C. 个人所得税减少200亿美元

D. 企业储蓄减少200亿美元

9. 如果边际储蓄倾向为0.3，投资支出增加60亿元，这将导致均衡收入GDP增加(　　)。

A. 20亿元　　B. 60亿元　　C. 180亿元　　D. 200亿元

三、简答题

1. 什么是凯恩斯定律，凯恩斯定律提出的社会经济背景是什么？
2. 凯恩斯提出的基本心理规律有哪些？
3. 能否说边际消费倾向和平均消费倾向总是大于零而小于1？
4. 凯恩斯理论的简单国民收入决定理论在何时达到均衡？如何调整以实现均衡？
5. 乘数理论的限制条件是什么？
6. “增加储蓄将减少国民收入，引起经济萧条；增加消费会增加国民收入，引起经济繁荣。因此，节俭对经济不利。”用凯恩斯理论分析以上说法是否正确，为什么？
7. 为什么一些西方经济学家认为，将一部分国民收入从富者转给贫者将提高总收入水平？
8. 为什么有了对外贸易之后，封闭经济中的一些乘数会变小一些？
9. 税收、政府购买和转移支付这三者对总需求的影响方式有何区别？

四、计算题

1. 假设某经济的消费函数为 $c=1\,000+0.8\,Y_d$，投资 $e=500$，政府购买性支出 $G=2\,000$，政府转移支付 $TR=625$，税收 $T=2\,500$。

(1) 求均衡的国民收入。

(2) 试求投资乘数、政府支出乘数、政府税收乘数、政府转移支付乘数、平衡预算乘数。

2. 在上题中，假定该社会达到充分就业所需要的国民收入为1 200，试问：

(1) 增加政府购买；

(2) 减少税收；

(3) 以同一数额增加政府购买和税收（以便预算平衡）实现充分就业。

各需多少数额？

3. 假定某经济社会的消费函数 $C=30+0.8\,Y_d$，净税收即总税收减去政府转移支付后的金额 $Tn=50$，投资 $e=60$，政府购买性支出 $G=50$，净出口即出口减进口以后的余额为 $NX=50-0.05Y$，求：

(1) 均衡国民收入；

(2) 在均衡收入水平上净出口余额；

(3) 投资乘数；

(4) 投资从60增至70时的均衡国民收入和净出口余额。

第三章

产品市场和货币市场的一般均衡

第二章讨论了消费、投资、政府支出和净出口四方面的总支出水平如何决定经济社会的总需求，从而决定了均衡国民收入或产量。这种分析只是讲了产品市场的均衡，可是市场经济不但是产品经济，还是货币经济，不但有产品市场，还有货币市场，而且这两个市场是相互影响、相互依存的：产品市场上总产出或总收入增加了，需要使用货币的交易量增加了，在利率不变时，货币需求会增加，如果货币供给量不变，利率会上升，而利率上升，会影响投资支出，从而对整个产品市场产生影响。产品市场上的国民收入和货币市场上的利率水平正是在这两个市场的相互影响过程中被共同决定的。凯恩斯经济学的一个重要特点是说明产品市场和货币市场并非相互独立，货币对经济并非中性。本章主要说明产品市场和货币市场一般均衡的 *IS-LM* 模型。这一模型是由英国学者希克斯根据凯恩斯的《就业、利息和货币通论》发展出来的。其中，*IS* 曲线归纳了凯恩斯主义对产品市场的基本看法；*LM* 曲线则总结了凯恩斯主义关于货币市场的基本观点。

第一节　投资的决定

在凯恩斯主义收入-支出分析框架中，投资支出构成总支出的一个很大而且很容易波动的部分，投资支出的变动可能是总支出曲线移动的基本原因。鉴于投资支出在总支出中的重要性，本节对投资做进一步的考察。

在西方国家，人们购买证券、土地和其他财产，都被说成投资，但在经济学中，这些都不能算是投资，而只是资产权的转移。经济学中所讲的投资，是指资本的形成，即社会实际资本的增加，包括厂房、设备和存货的增加，新住宅的建造等。

★拓展阅读 3-1

投资

投资是一种为增加未来产出而放弃当前消费的经济活动。投资包括有形投资和无形投资。

净投资是总投资扣除折旧后的价值，总投资是没有扣除折旧的投资。在金融术语中，投资的含义则完全不同，它指的是对于股票或债券等证券的购买。

经济学上的投资与平时所讲的投资在概念上是不同的，私人用自己的收入去购买各种有价证券，从而能够赚钱，从个人的角度讲是一种投资，但从社会的角度来看，并不是一种投资。证券可分为已发行的和新发行的两种，对于个人购买已发行的证券，显然不是投资，它使证券从一个人的手中转移到另一个人的手中，只不过是财产所有权的转移。即使个人购买厂房、生产设备等实物，其性质也是财产所有权的转移。对于个人购买新发行的证券，也不能成为社会投资，因为无论是政府还是私人、厂商，他们从发行证券所获得的资金并不能确定已用于对资本的购买。在国内生产总值的统计中，厂商的购买才是投资，因此如果把私人对证券的购买算成投资，则会形成重复计算，所有私人对证券的购买不计入 GDP。为了加以区别，可以把购买证券的投资称为“金融投资”；而把能够增加资本量的投资称为“实际投资”。经济学中所讲的投资一般是指社会实际投资的增加，资本存量的变动。

宏观经济学中，投资起两个作用。第一，它是支出的一个很大而且很容易变动的部分，投资的大幅度变动会对总需求产生重大影响，又会在短期内进一步影响产出和就业水平。第二，投资导致资本积累，建筑物和设备存量的增加能提高一个国家或地区的潜在生产能力，从而促进长期的经济增长。因此投资发挥着双重作用，通过对总需求的作用影响短期产出水平，又通过对资本的作用影响潜在生产能力和总供给，从而左右长期产出水平的增长趋势。

构成总支出的投资支出主要包括三大类：固定资产投资、存货投资和居民住宅投资。固定资产投资包括企业对新的生产设备（如机器、各种投入品）及厂房等建筑物的购买。存货投资指企业持有的作为储备的各种物品，包括企业根据对未来销售状况的预期而储备的最终产品，或企业为下期生产所储备的各种投入品（如中间产品和原材料）。居民住宅投资包括家庭对新住房的购买。以下主要考察固定资产投资与存货投资，而居民住宅投资类似于家庭对耐用消费品的需求，暂时忽略对它的考察。

决定投资的因素有很多，主要的实际利率水平、预期收益率和投资风险等。

一、实际利率与投资

凯恩斯认为，是否要对新的实物资本如机器、设备、厂房、仓库等进行投资，取决于这些新投资的预期利润率与为购买这些资产而必须借进的款项（借款筹资的方式多种多样）所要求的利率的比较。前者大于后者时，投资是值得的；前者小于后者时，投资就不值得。因此，在决定投资的诸因素中，利率是首要因素。这里的利率，是指实际利率。

在投资的预期利润率既定时，企业是否进行投资，首先就取决于实际利率的高低。利率上升时，投资需求量就会减少；利率下降时，投资需求量就会增加。总之，投资是利率的减函数。这是因为，利率的大小衡量了固定资产投资的成本，企业的投资资金可能是借来的，在这种情况下，利率越高，企业为融资所需支付的利息就越高。如果企业用于投资的资金不是借来的，而是自有资金，则利率衡量了投资的机会成本，此时利率仍然是对投资成本的衡量。

由于以上原因，利率上升时，投资者自然就会减少对机器设备等投资品的购买，利率下降时则会增加购买。投资与利率之间的这种反方向变动关系称为投资函数，可写作：

$$I = I(r) \tag{3-1}$$

例如，假定 $I = I(r) = 1\,000 - 50r$（亿元）。这里，1 000 表示即使利率为零也有的投资量，称为自主投资。50 是系数，表示利率每上升或下降一个百分点，投资会减少或增加的数量，称为利率对投资需求的影响系数。如果把投资函数写成 $I=I(r)=I_0-dr$ 的形式，则式中 I_0 即自主投资，$-dr$ 即投资需求中与利率有关的部分。投资与利率之间的这种函数关系可用图 3-1 表示。

图 3-1 中的投资需求曲线又称投资的边际效率曲线。投资的边际效率是从资本边际效率这一概念引申而来的。

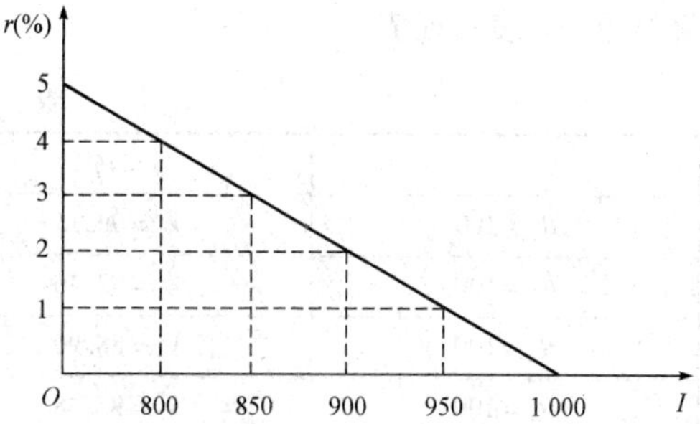

图 3-1　投资函数

二、资本边际效率与投资

1. 贴现原理

为了说明资本边际效率，先要对贴现率问题做一简单的解释。

贴现是将某一金额的将来值（终值）折算成现值的过程。由于利息的存在，货币具有时间价值。当期的货币价值必然大于未来等额的货币价值；反过来说，未来的货币价值必然小于当期等额的货币价值。货币时间价值的大小可以用利息率的大小来表示。利息率有单利和复利两种形式，在对企业的资金使用进行讨论时，适用复利形式。

假定本金为 100 元，年利率为 5%，则：

第 1 年本利和为：$100\times(1+5\%)=105$（元）

第 2 年本利和为：$105\times(1+5\%)=100\times(1+5\%)^2=110.25$（元）

第 3 年本利和为：$110.25\times(1+5\%)=100\times(1+5\%)^3=115.76$（元）

依此类推，现在以 r 表示利率，R_0 表示本金即现值，R_1、R_2、R_3 分别表示第 1 年、第 2 年、第 3 年的本利和即终值，则各年本利和表示为：

$$R_1=R_0(1+r)$$
$$R_2=R_1(1+r)=R_0(1+r)^2$$
$$R_3=R_2(1+r)=R_0(1+r)^3$$
$$\vdots$$
$$R_n=R_0(1+r)^n$$

现在把问题倒过来，设利率和本利和为已知，利用公式求本金，这正好是求本利和公式的逆运算。假定利率为 5%，1 年后本利和为 105 美元，则利用公式 $R_n=R_0(1+r)^n$ 可求得本金：

$$R_0=\frac{R_1}{1+r}=\frac{105}{1+5\%}=100\text{（元）}$$

这就是说，在利率为 5% 时，1 年后 105 元的现值是 100 元，2 年后 110.25 元以及 3 年后 115.76 元的现值也是 100 元。式中，R_0 为现值，R_1 为终值，r 是贴现率，这里使用的是利率。一般说来，n 年后 R_n 的现值是：

$$R_0=\frac{R_n}{(1+r)^n}$$

假设投资一项目，投资年利润率为 4%，每年获得 100 万元投资利润，项目周期为 5 年（终值 500 万元），不计残值。问：现期（现值）应投资多少？

投资 5 年后终值的现值计算公式为

$$R_0=\frac{R_1}{1+r}+\frac{R_2}{(1+r)^2}+\frac{R_3}{(1+r)^3}+\frac{R_4}{(1+r)^4}+\frac{R_5}{(1+r)^5}$$

这里贴现率使用的是投资年利润率。表 3-1 给出了贴现率分别为 4%、5% 和 6% 时的现值计算结果，V 表示现值。

表 3-1　现值计算表　　元

	$r=4\%$	$r=5\%$	$r=6\%$
$R_1=100$	$V_1=96.15$	$V_1=95.25$	$V_1=94.34$
$R_2=100$	$V_2=92.46$	$V_2=90.70$	$V_2=89.00$
$R_3=100$	$V_3=88.90$	$V_3=86.38$	$V_3=83.96$
$R_4=100$	$V_4=85.48$	$V_4=82.27$	$V_4=79.21$
$R_5=100$	$V_5=82.19$	$V_5=78.35$	$V_5=74.73$
$R=500$	$V=445.18$	$V=432.94$	$V=421.24$

如果贴现率是4%，那么5年内全部预期收益500万元的现值是445.18万元，即当前需投入445.18万元；如果贴现率分别是5%和6%，为了获得未来的500万元，当前分别需投入432.94万元和421.24万元。

显然，企业对项目的投资额与贴现率有着反向变动的对应关系。在项目收益既定的情况下，贴现率越低，需投入的资金就越多；贴现率越高，需投入的资金就越少。反过来考虑，在项目收益既定的情况下，贴现率越高，说明投资资金使用的效率就越高，或者说资金的盈利能力就越强；贴现率越低，说明投资资金的使用效率越低，或者说资金的盈利能力越低。这里的贴现率，就是经济学上所说的资本边际效率。

2. 资本边际效率的概念

资本边际效率（Marginal Efficiency of Capital，MEC）是凯恩斯提出的一个概念，按照他的定义，资本边际效率是一种贴现率，这种贴现率正好使一项资本品的使用期内各预期收益的现值之和等于这项资本品的供给价格或者重置成本。

假设资本品能使用 n 年，并且在使用终了时还有残值，则资本边际效率的公式是：

$$R=\frac{R_1}{1+r}+\frac{R_2}{(1+r)^2}+\frac{R_3}{(1+r)^3}+\cdots+\frac{R_n}{(1+r)^n}+\frac{J_n}{(1+r)^n} \tag{3-2}$$

式中，R 为资本品的供给价格；价格 R_1，R_2，R_3，…，R_n 为不同年份（或时期）的预期收益；J 代表该资本品在 n 年年末时的报废价值；r 代表资本边际效率。资本边际效率高，说明相同的投资额所带来的未来收益额大。

当把一定的资金投入到某个投资项目中时，投资的资本边际效率实际上就是投资的预期收益率。为什么不直接使用投资的预期收益率呢？第一，投资预期收益不一定就是实际投资的未来收益，这要由未来事项决定，而资本边际效率是形成投资决策的依据，是在投资进行前确定的；第二，使用资本边际效率可以反映新增投资的增值过程和增值效果，而预期收益率仅仅是对结果的反映；第三，预期收益率或预期利润率指向的是项目的预期收益，资本边际效率指向的是资本的使用收益，当考虑投资资本的使用效率时，更准确的是使用资本边际效率。

★拓展阅读3-2

资本边际效率

资本边际效率是凯恩斯提出的概念，其定义是正好使投资预期净收益的现值等于投资的供给价格的一种贴现率（折现率），即企业对投资的利润率。凯恩斯认为，资本边际效率会随着社会投资的不断增加呈现出递减趋势，这是凯恩斯理论体系中三大基本心理规律之一。这一规律在凯恩斯经济理论中有着特殊的意义：资本边际效率递减，削弱了投资的吸引力和私人投资的信心，会引起资本品的需求不足，即投资不足。私人投资不足则必须由国家承担起投资的责任，维持一定的有效需求，以解决经济危机与失业。同时，凯恩斯对经济危机的论述认为，经济危机的主要原因就在于资本边际效率突然大幅度下降，引起社会投资需求的急剧减少。

三、资本边际效率曲线

如果 R、J 和各年预期收益都能估算出来，就能算出资本边际效率。如果资本边际效率大于市场利率，则此投资就值得；否则，就不值得。

从式（3-2）可知，r 的数值取决于资本品供给价格和预期收益：预期收益既定时，供给价格越大，r 越小；而供给价格既定时，预期收益越大，r 越大。在实际经济活动中，每一个投资项目的资本边际效率是不一样的，当企业可以选择若干投资项目时，不同的投资额下也会面临不同的资本边际效率，企业要根据不同投资额的资本边际效率与利率的对比做出投资选择。假定企业面临的投资项目及资本边际效率见表 3-2。

表 3-2　企业投资的资本边际效率

	A 项目	B 项目	C 项目	D 项目
投资增量/万元	50	75	25	50
预期利润率/%	10	8	6	5
资本总量/万元	50	125	150	200
MEC/%	10	8. 8	8. 3	7. 5

表 3-2 表示某企业有可供选择的 4 个投资项目，分别对应不同的投资量，并且按照预期收益率递减的顺序排列。企业在决定投资时，首先应选择预期收益率高的项目，并且按项目预期收益率递减的顺序增加项目选择。当只选择一个投资项目时，投资的预期收益率和资本边际效率相同；当选择的项目超过一个时，资本的边际效率将比项目的预期收益率递减得更快。

选择 A 项目，投资量为 50 万元，资本边际效率为 10%；选择 A 项目和 B 项目，投资量为 125 万元，资本边际效率下降为 8. 8%；选择 A、B 和 C 三个项目，投资量为 150 万元，资本边际效率为 8. 3%；四个项目都选，投资总量 200 万元，资本边际效率为 7. 5%。从而，投资量与资本边际效率的关系是：投资量越大，资本边际效率越低，两者存在反向变动的对应关系。

由表 3-2 得出企业投资的资本边际效率与投资量之间的关系，如图 3-2 所示。

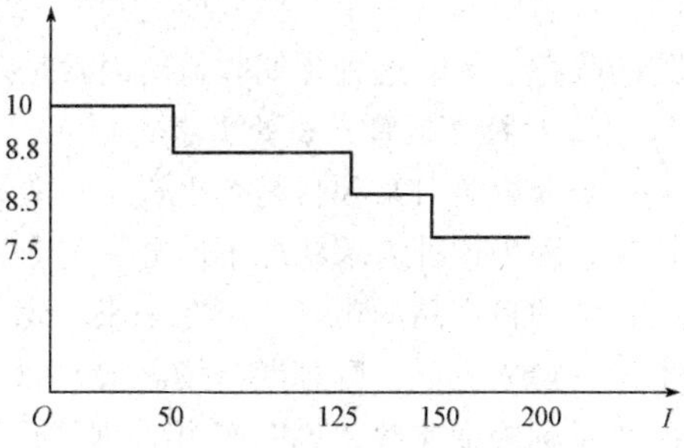

图 3-2　资本边际效率与投资量

在图 3-2 中，投资量 50 万元、125 万元、150 万元和 200 万元对应的资本边际效率分别是 10%、8. 8%、8. 3% 和 7. 5%。如果利率为 10% 或稍低些，只有 A 项目值得投资，投资量为 50 万元；如果市场利率为 8. 8% 或稍低些，则 A 和 B 项目都值得投资，投资总量可达 125 万元；如果市场利率降到 7. 5% 或 7. 5% 以下，则 C 和 D 项目也值得投资，投资总量可达 200 万元。可见，对这家企业来说，利率越低，投资需求量会越大。图 3-2 中各个长方形顶端所形成的折线就是该企业的资本边际效率曲线。

一家企业的资本边际效率曲线是阶梯形的，但经济社会中如果所有企业的资本边际效率曲线加总在一起，分阶梯的折线就会逐渐变成一条连续的曲线。这是因为总合过程中所有起伏不平会彼此抵消而转为平滑。这条曲线就是凯恩斯所讲的资本边际效率曲线，如图3-3所示。

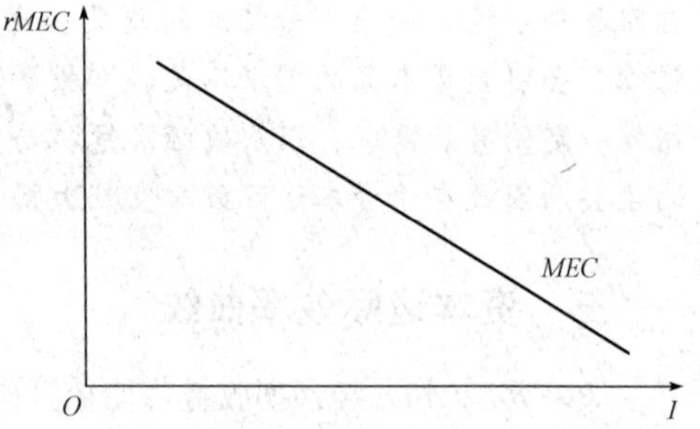

图3-3 资本边际效率曲线

这条资本边际效率曲线表明，投资量（I）和利息率（r）之间存在反方向变动关系：利率越高，投资量越小；利率越低，投资量越大。

资本边际效率曲线实际上就是投资的需求曲线。但一些西方经济学家认为，*MEC* 曲线还不能准确代表企业的投资需求曲线，因为当利率下降时，如果每家企业都增加投资，资本品的价格会上涨，就是说式（3-2）中的 R（资本品供给价格）要增加，在相同的预期收益情况下，r 必然缩小，否则公式两边无法相等，即这一贴现率（资本边际效率）无法使未来收益折合成等于资本供给价格的现值。

这样，由于 R 上升而被缩小了的 r 的数值被称为投资的边际效率（Marginal Efficiency of Investment，MEI）。因此，在相同的预期收益下，投资的边际效率小于资本边际效率。

由于投资的边际效率小于资本边际效率，因此投资边际效率曲线较资本边际效率曲线更为陡峭，如图3-4所示。尽管如此，*MEI* 曲线和 *MEC* 曲线一样也能表示利率和投资量之间存在的反方向变动关系，只是在使用投资边际效率曲线情况下，利率变动对投资量变动的影响较小一些而已。西方学者认为，更精确地表示投资和利率之间关系的曲线，是投资边际效率曲线。因此，西方经济学著作一般都用 *MEI* 曲线来表示利率与投资量的关系，投资需求曲线指的是 *MEI* 曲线，即式（3-1）所说的投资需求函数。

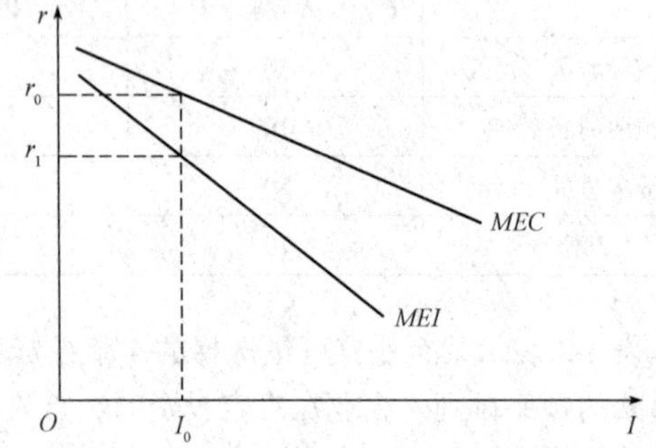

图3-4 资本边际效率曲线与投资边际效率曲线

四、预期收益与投资

上述实际利率水平会影响投资需求，其实是从投资使用的资金成本角度探讨投资需求。影响投资需求的另一个重要方面是式（3-2）中的预期收益，即一项投资在未来各个时期估计可得到的收益。影响这种预期收益的因素是多方面的，这里指出如下三点。

1. 对投资项目产出的需求预期

企业决定对某项目是否投资及投资多少时，首先会考虑市场对该项目的产品在未来的需求情况，因为这种需求状况不但会决定产品能否销售出去，还会影响产品价格的走势。如果企业认为投资项目产品的市场需求在未来会增加，就会增加投资。假设一定的产出量要求有一定的资本设备量来提供，则预期市场需求增加多少，就会相应要求增加多少投资。产出增量与投资之间的关系称为加速数，说明产出变动和投资之间关系的理论就称为加速原理。

2. 产品成本

投资的预期收益在很大程度上取决于投资项目产品的生产成本，尤其是劳动者的工资成本。因为工资成本是产品成本中最重要的构成部分，在其他条件不变时，工资成本上升会降低企业利润，减少投资预期收益。尤其是对那些劳动密集型产品的投资项目而言，工资成本上升必然会降低投资需求。而对那些可以用机器设备代替劳动力的投资项目，工资上升又意味着多用设备比多用劳动力更有利可图，因而实际工资的上升又等于投资的预期收益增加，从而会增加投资需求。可见工资成本的变动对投资需求的影响具有不确定性。但就多数情况来说，随着劳动成本的上升，企业会越来越多地考虑采用新的机器设备，从而使投资需求增加，新古典经济学之所以认为投资需求会随工资的上升而上升，理由就在这里。

3. 投资税抵免

影响投资预期收益的还有政府的税收政策，因为税收直接影响收益。在一些国家，政府为鼓励企业投资，会采用投资税抵免的政策，即政府规定，投资的厂商可从其所得税单中扣除其投资总值的一定百分比。例如，假定某企业在某一年投资 1 亿元，若规定投资抵免率是 10%，则该企业就可少缴所得税 1 000 万元，这 1 000 万元等于是政府为企业支付的投资项目的成本。如果该企业在这一年的所得税不足 1 000 万元，只有 600 万元，则所余 400 万元还可到来年甚至第 3 年再抵扣。这种投资抵免政策对投资的影响在很大程度上取决于这种政策是临时的，还是长期的。如果是临时的，则此政策的效果也是临时的，过了政策期限，投资需求可能反而下降。比如，政府为刺激经济，宣布在某一年实行投资抵免，则该年的投资可能大幅度增加，甚至本来准备来年投资的项目也可能提前到该年进行投资，但来年投资需求会明显下降，或政策实行的前一年，企业会把一些项目推迟到有政策鼓励时进行投资。

五、存货投资

存货投资是企业投资的一个部分，企业会根据非计划存货（又称为非意愿性存货）的变化调节生产规模。非计划存货是企业没有预料到的存货变动。在正常情况下，企业为了应对市场的变化，会保留一定的存货，即企业的计划存货（又称为意愿性存货）。在宏观经济学中，计划存货被视为一种支出，它构成了投资支出的一个部分。因此，如果企业的计划存货增加（而非计划存货为零），并不表明总支出小于总产出。

以下讨论企业的计划存货，即存货投资。

1. 企业持有存货的原因

企业为什么会持有存货呢？

一种原因可能在于平稳生产。由于经济中存在着许多不确定性，企业在销售过程中往往会面临需求的波动，销售量因而会发生波动。如果企业根据销售量的波动而调整产量，其代价是高昂的，每个月甚至每天都会有许多变动，工人和机器可能有时被闲置，有时又被迫要加班。因比，企业喜欢稳定的产出水平，而不必根据需求的波动频繁调整生产。这种稳定的生产水平与不稳定的产品需求结合在一起，就产生了存货。

持有存货的第二个原因是便利生产。原材料存货是一种生产要素：企业持有的存货量越多，可以生产的产出也越多。同时，企业还可以大量订购原材料以减少订货次数，这比少量频繁订货成本要低。

持有存货的第三个原因是便利销售。顾客总是希望生产者能在他们需要的时候向他们提供物品。为了做到这一点，生产者必须维持足够的产成品存货以满足预期的销售。否则，因为产品有生产周期，不可能立即制造，顾客就会转向其他生产者。同时，企业持有一定量的产成品存货还可以避免脱销。企业通常必须在了解顾客需求水平之前做出生产决策。如果需求大于生产，而且没有存货，该物品将会在一个时期内脱销，企业将失去销售和利润。存货可以防止这种情况的发生。

持有存货的第四个原因则是不可避免的。因为在生产过程中有许多工序，因此生产需要时间。当一种产品仅仅是部分完成时，其部件也被作为企业存货的一部分。这种存货称为在制品或中间产品。

2. 影响存货投资的因素

与企业固定资产投资类似，存货投资首先取决于利率。将物品作为存货储备起来，过程中会产生机会成本，如果企业将存货卖出，那这部分存货就能够转化为现金。如果企业将这部分现金放入银行，则能够给企业带来利息收入，其大小以利率衡量。而企业将物品储存起来，就会失去这部分利息收入。由此可以看出，利率衡量了企业持有存货的机会成本。利率上升，持有存货的成本就会增加，因而企业会减少对存货的持有。与固定资产投资一样，存货投资也是利率的减函数。

第二个影响存货的主要因素是预期。一般来说，当经济陷入衰退时，企业可能与以往相比更不愿意持有存货，而是急于将其变为现金。而当经济处于繁荣时，企业可能多持有存货，以备下期生产的扩大或满足下期销售的增加。

3. 存货投资的易变性

与固定资产投资相比，存货投资具有更大的波动性。一般来说，固定资产是企业的长期非流动性资产，其数量调整的成本较高，而存货则是企业的一种主要的短期流动性资产，数量调整的成本较低。这种区别决定了两者在短期的相对波动程度有所不同。在分析经济波动现象时，存货投资的波动所起的作用比较关键。

★拓展阅读3-3

加里·贝克尔

加里·贝克尔（Becker Cary）是现代经济学方面最具有独创思想的人之一，于1992年获得诺贝尔经济学奖。他把普遍观察到的，但明显不相关的现象同某些一般原理的作用相联系，从而开拓了经济分析的新视野。

第一次是在其博士论文《歧视经济学》中，他在对歧视的嗜好所进行的研究中，既引进了雇主的效用函数，他试图也引进了雇员的效用函数，用这一简单的方法使竞争性的劳动市场模型同所观察的事实——白种工人与黑种工人之间的工资差别——吻合起来。这本书最初未引起人们的重视，但最终却由它引出了种种说明劳动市场上因种族歧视和性别的差异而导致收入差距的持续性解释。

第二次是他把别人的一些早期思想发展成由教育和劳动培训而形成的人力资本的一般理论。他的《人力资本》一书成为名副其实的“经济思想上的人力投资革命”的起点，这场革命曾席卷20世纪60年代的经济学界。

第三次是在《犯罪与惩罚：经济上的探讨》这篇文章中，他提出了一个惊人的观点：给定犯罪的预期利益，并且给定由逮捕与惩罚的可能性来计算的犯罪的预期代价和犯罪人特殊的冒险偏好，那么犯罪就是某些人完全出于理性的原因而被接受的又一种职业。

第四次是在时间分配理论中，他探讨了家庭这个被经济学家完全忽视了的社会机构中的劳动分工问题。此后贝克尔就投身于这最后一篇文章，先是把带孩子的决策考虑进去，然后是给孩子以教育的决策，最后再考虑原来结婚的决策和经离婚使婚姻解体的最终决策，从而终于对家庭行为的各个方面做出了完整的解释。《家庭行为的经济探讨》是他对这一理论的首次表述，后来他又创作了更全面的《论家庭》。贝克尔的“家庭新经济学”，与那种由一人构成消费单位的传统家庭概念分道扬镳，而把家庭看作多人构成的生产单位，从而借助由家庭不同成员的时间、技能和知识组成的投入，产生出联合效用，这样生产理论就被运用到了家庭行为的分析上。

第二节 *IS* 曲线

一、*IS* 曲线及其推导

把投资当作利率的函数以后，西方学者进一步用 *IS* 曲线来说明产品市场均衡的条件。

所谓产品市场的均衡，是指产品市场上总供给与总需求相等。根据前面的学习可知，三部门经济中总需求等于总供给是指 $C+I+G=C+S+T$，经济均衡的条件是 $I+G=S+T$；而两部门经济中总需求等于总供给是指 $C+I=C+S$，均衡的条件是 $I=S$。假定消费函数为 $C=a+bY$，则无论从总需求等于总供给分析，还是从投资等于储蓄分析，两部门经济中均衡收入决定的公式都是 $Y=\frac{a+I}{1-b}$。在这里，投资 I 是作为外生变量参与均衡收入决定。现在把投资作为利率的函数，即 $I=I_0-dr$，则均衡收入的公式变为

$$Y=\frac{a+I_0-dr}{1-b} \tag{3-3}$$

式中，a、I_0、d、b 都是常数，其中 $d=\frac{\Delta I}{\Delta r}>0$。式（3-3）是从投资等于储蓄的均衡条件中得来的，它表明均衡的国民收入与利率之间存在着反方向变化的关系。

举例来说明这一点。假设投资函数为 $I=1\ 500-50r$，消费函数为 $C=700+0.5Y$，则储蓄函数为 $S=Y-C=-700+0.5Y$，这样均衡收入为：

$$Y=\frac{a+I_0-dr}{1-b}=\frac{700+1\ 500-50r}{1-0.5}=4\ 400-100r$$

当 $r=1$ 时，$Y=4\ 300$

当 $r-2$ 时，$Y=4\ 200$

当 $r=3$ 时，$Y=4\ 100$

当 $r=4$ 时，$Y=4\ 000$

⋮

如果画一个坐标图，如图 3-5 所示，以纵轴代表利率，以横轴代表收入，则可得到一条反映利率和收入间相互关系的曲线。这条曲线上任何一点都代表一定的利率和收入的组合，在这些组合下，投资和储蓄都是相等的，即 $I=S$，从而产品市场是均衡的。这条曲线称为 *IS* 曲线。

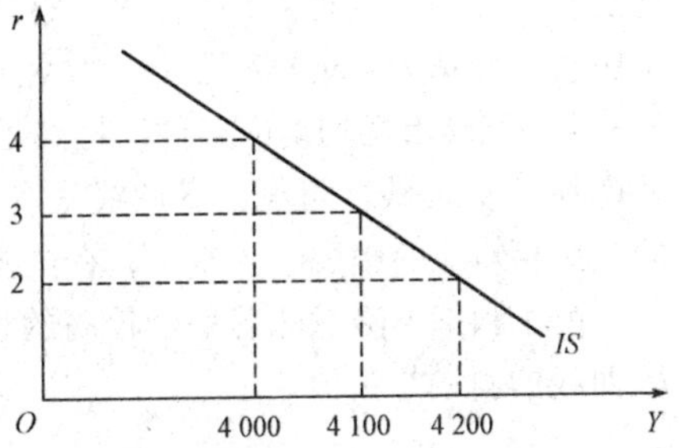

图 3-5 *IS* 曲线

IS 曲线可以从投资与利率的关系（投资函数）、储蓄与收入的关系（储蓄函数）以及储蓄与投资的关系（储蓄等于投资）中推导出来，如图 3-6 所示。

图 3-6 中象限（1）的曲线表示，投资需求是利率的减函数，纵轴表示利率 r，横轴表示投资量 I，该曲线就是根据上例中的投资需求函数 $I=1\ 500-50r$ 画出来的。

象限（2）表示投资和储蓄的均衡状态，纵轴表示储蓄 S，横轴仍表示投资 I，那条起自原点的 45°直线，表示当经济均衡时投资始终等于储蓄的组合点的集合。例如，当利率 $r=4\%$ 时，投

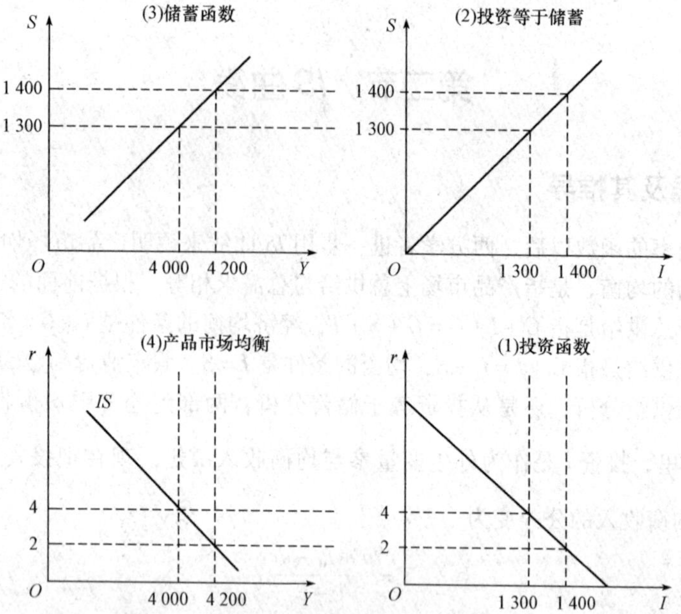

图 3-6　*IS* 曲线推导图

资 $I=1\ 300$ 亿元，储蓄 S 也等于 1 300 亿元。利率下降时，投资增加，储蓄也相应增加，如利率下降到 $r=2\%$，投资增加到 $I=1\ 400$ 亿元，储蓄也增加到 $S=1\ 400$ 亿元。

象限（3）的曲线表示储蓄是国民收入的增函数，这条曲线就是根据上例中 $S=-700+0.5Y$ 画出来的。例如象限（1）中，当 $r=4\%$ 时，$I=1\ 300$；在象限（2），由于 $I=S$，必然有 1 300 亿元储蓄；在象限（3），由储蓄函数算得，应有收入 4 000 亿元才能有 1 300 亿元储蓄（$1\ 300=-700+0.5Y$，所以 $Y=4\ 000$）。如果利率下降到 2%，投资上升到 1 400 亿元，则均衡的储蓄也是 1 400 亿元，从而均衡收入就是 4 200 亿元（$1\ 400=-700+0.5Y$，所以 $Y=4\ 200$）。

最后，由象限（4）得到产品市场的均衡点。就是说，当利率 $r=4\%$ 时，使储蓄与投资恰好相等的国民收入是 4 000 亿元；若利率降到 2% 时，投资和相应的储蓄将上升到 1 400 亿元，从而均衡收入水平一定是 4 200 亿元。总之，当利率分别为 1%，2%，3%，4%，5%，…时，只有国民收入分别为 4 300 亿元、4 200 亿元、4 100 亿元、4 000 亿元、3 900 亿元……时，才能满足 $I=S$ 这一产品市场均衡的条件。将满足产品市场均衡条件的利率和收入的各个组合点连接起来，就得到了 *IS* 曲线。可见，*IS* 曲线是产品市场均衡状态的一幅简单图像，表示的是：与任一给定的利率相对应的国民收入水平，在这样的水平上，投资恰好等于储蓄。

由于利率下降意味着一个较高的投资水平，从而意味着一个较高的储蓄和收入水平，因此 *IS* 曲线的斜率是负值。

二、*IS* 曲线的经济含义

IS 曲线是反映产品市场上均衡下的产出与货币市场上实际利率之间关系的曲线，曲线上任一点（即任一给定的利率相对应的收入）都符合产品市场均衡条件（即投资等于储蓄）。它说明，在产品市场上，均衡总产出与利率之间存在着反向变化的关系，即利率提高时均衡总产出水平趋于减少；利率降低时，均衡总产出水平趋于增加。处于 *IS* 曲线上的任何点位都表示 $I=S$，即产品市场实现了宏观均衡；反之，偏离 *IS* 曲线的任何点位都表示 $I\neq S$，即产品市场没有实现

宏观均衡。

IS 曲线是使产品市场均衡的利率和收入的各种组合，但并不是说经济社会每一时期的收入和利率组合都必然处于 *IS* 曲线上。在现实经济中，投资与储蓄并不是总能相等，产品市场有可能处于非均衡状态。例如，图 3-7 所示中的 *A* 点和 *B* 点。

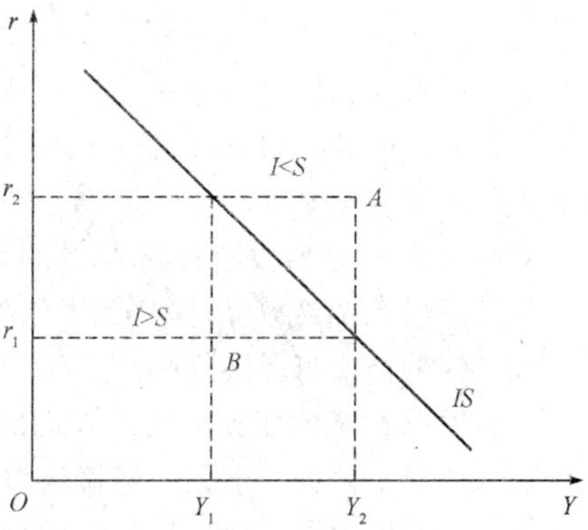

图 3-7　*IS* 的非均衡状态

A 点的情况是，实际收入为 Y_2，实际利率为 r_2，处于 *IS* 的非均衡状态。在收入为 Y_2 时，要保证产品市场的均衡，利率水平须为 r_1，由 r_1 所决定的投资与储蓄的水平是相等的。也就是说，当利率 $r = r_2$，收入 $Y = Y_2$ 时，Y_2 并不是经济的均衡产出水平。由于投资是利率的减函数，储蓄是利率的增函数，因此，当实际的利率水平为较高的 r_2 时，必然出现投资小于储蓄的情况。由于储蓄不能全部被投资吸收，导致产量和收入下降，*A* 点向左移动。

B 点的情况正好相反。*B* 点实际收入为 Y_1，实际利率为 r_1，也是 *IS* 的非均衡状态。在收入为 Y_1 时，为保证产品市场均衡，利率须为 r_2，而现行利率过低，必然导致投资大于储蓄。投资大于储蓄的结果是资本积累增加，从而产出和收入增加，*B* 点向右移动。

通过以上分析可以得出：*IS* 曲线上任何一点都表示投资等于储蓄的产品市场均衡状态下收入和利率的组合；位于 *IS* 曲线右方的任一点都表示投资小于储蓄的产品市场非均衡状态下收入和利率的组合；位于 *IS* 曲线左方的任一点都表示投资大于储蓄的产品市场非均衡状态下收入和利率的组合。如图 3-7 所示，*IS* 曲线的右边，$I < S$，现行的利率水平过高，从而导致投资规模小于储蓄规模，结果是收入下降，*A* 点向左移动；*IS* 曲线的左边，$I > S$，即现行的利率水平过低，从而导致投资规模大于储蓄规模，收入增加，*B* 点向右移动。

三、*IS* 曲线的移动

如果知道了一个经济体系的消费函数（从而知道储蓄函数）和投资函数，就不难求得 *IS* 曲线。由于 *IS* 曲线是由投资曲线和储蓄曲线推导出来的，所以当投资或储蓄发生变动时，*IS* 曲线会随之变动。

从投资变动来看，如果投资增加，即利率水平不变时投资量增加，表现为投资曲线向右移动，相应地，*IS* 曲线也向右移动；如果投资减少，投资曲线向左移动，*IS* 曲线也向左移动。

从储蓄变动来看，如果储蓄增加，即同一收入水平下储蓄量增加，表现为储蓄曲线向左移动，相应地，*IS* 曲线也向左移动；如果储蓄减少，储蓄曲线就会向右移动，*IS* 曲线也向右移动。

具体变动情况如图 3-8 和图 3-9 所示。

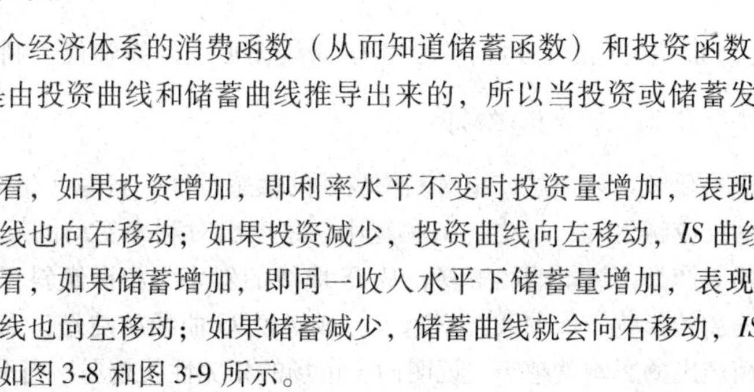

图 3-8　投资变动使 IS 曲线移动

先看投资需求变动。如果由于种种原因，例如投资边际效率提高，或出现了技术革新，或企业家对经济前景预期乐观等，导致在同样利率水平上投资需求增加了，即投资增加了，如上例中的 $I=1\ 500-50r$ 变成了 $I=2\ 000-50r$，即投资需求曲线向右上方移动，于是 *IS* 曲线就会向右上方移动，其向右的移动量等于投资需求曲线的移动量乘以乘数。图 3-8 中，投资需求曲线从 I_1 提高到 I_2，IS_1 则相应右移到 IS_2。*IS* 曲线左移的情况可以同样画出。

再看储蓄函数变动。假定人们的储蓄意愿增加了，即人们更节俭了，例如，上例中储蓄函数从 $S=-700+0.5Y$ 变成了 $S=-500+0.5Y$（即消费函数从 $C=700+0.5Y$ 变成 $C=500+0.5Y$），这样储蓄曲线就要向左移动，其移动量等于储蓄增量乘以乘数。图 3-9 中，当储蓄曲线由 S_1 左移到 S_2 时，IS_1 曲线相应左移到 IS_2。

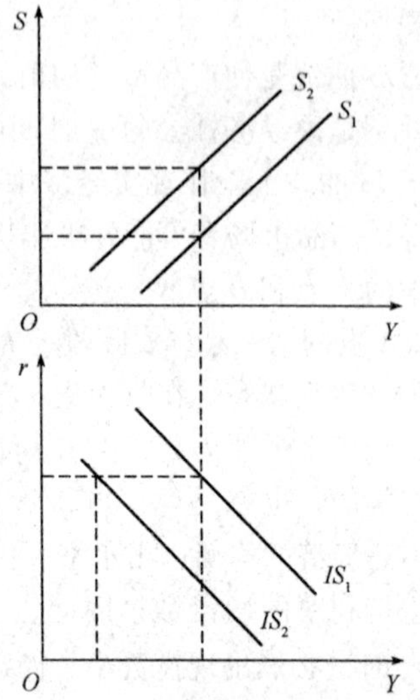

图 3-9　储蓄变动使 *IS* 曲线移动

四、*IS* 曲线的斜率

1. *IS* 曲线斜率的经济意义

IS 曲线斜率的大小，或者说倾斜的程度，取决于投资函数和储蓄函数的斜率，这从 IS 曲线的代数表达式可以看出。

在两部门经济中，均衡收入的代数表达式为

$$Y=\frac{a+I_0-dr}{1-b} \tag{3-4}$$

式（3-4）可变形为

$$r=\frac{a+I_0}{d}-\frac{1-b}{d}Y \tag{3-5}$$

式（3-4）就是 *IS* 曲线的代数表达式。因为 *IS* 曲线图形上的纵轴代表利率，而横轴代表收入，公式中的 $\frac{1-b}{d}$ 就是 *IS* 曲线斜率的绝对值。

IS 曲线的斜率大小反映了均衡总产出对利率变动的敏感程度。斜率（绝对值，下同）越大，总产出对利率变动的反应越迟钝；反之，斜率越小，总产出对利率变动的反应越敏感。由于 *IS* 曲线给出了货币市场对产品市场影响的解释，从 *IS* 曲线的斜率大小即倾斜程度可以了解货币市场变动对产品市场均衡的影响。*IS* 曲线斜率越大，或者说 *IS* 曲线越陡峭，当货币市场利率变动时，对产品市场均衡产出的影响就越小，说明两个市场的相关性就越弱，当采用货币政策改变利率时，最终能对产出改变的影响就越小，货币政策效果就差；反过来，*IS* 曲线斜率越小，或者说 *IS* 曲线越平缓，当货币市场利率变动时，对产品市场均衡产出的影响就越大，说明两个市场的相关性就越强，当实施货币政策改变利率时，对产品市场产出的影响就会比较大，从而货币政策效果就好。

2. 决定 *IS* 曲线斜率的因素

显然，*IS* 曲线斜率既取决于 b 的大小，也取决于 d 的大小，斜率大小与 b 反方向变动，与 d 也是反方向变动。

d 是投资需求对于利率变动的反应程度，表示利率变动一定幅度时投资变动的程度。如果 d

的值较大，即投资对于利率变化比较敏感，IS 曲线斜率就较小，即 IS 曲线较平缓。这是因为，投资对利率较敏感时，利率的较小变动就会引起投资较大的变化，进而引起收入较大的变化，反映在 IS 曲线上就是：利率较小变动就要求有收入较大变动与之相配合，才能使产品市场均衡。

b 是边际消费倾向，如果 b 较大，IS 曲线斜率会较小。b 较大，意味着支出乘数较大，从而当利率变动引起投资变动时，收入会以较大幅度变动，IS 曲线就会较平缓。

西方学者认为，影响 IS 曲线斜率大小的，主要是投资对利率的敏感度，原因是边际消费倾向比较稳定，税率也不会轻易变动。

第三节　利率的影响因素

一、利率取决于货币的需求和供给

根据本章第一节和第二节的说明可知，利率决定了投资，并进而影响国民收入。然而，利率本身又是由什么决定的呢？凯恩斯以前的古典经济学家认为，利率是由投资与储蓄决定的。根据他们的认识，投资与储蓄都是主要由利率决定的，投资是利率的减函数，储蓄是利率的增函数，当投资与储蓄相等时，利率就得以决定。这种关系与微观经济学所讲的需求、供给与价格之间的关系类似。

凯恩斯否定了这种观点。他认为，储蓄不仅取决于利率，更重要的是受收入水平的影响；收入是消费和储蓄的源泉，只有收入增加了，消费和储蓄才会增加；收入不增加，即使利率提高，储蓄也无从增加。若不知道收入水平高低，就无法建立储蓄与利率的函数关系，而如果不能确定储蓄函数，也就不能确定利率，从而也不能确定投资水平和国民收入水平。凯恩斯提出，如果利率不是由投资和储蓄的对比关系决定，而是由别的因素决定，则投资和收入的决定问题就有可能得以解决。他认为，利率不是由储蓄与投资决定的，而是由货币的供给量和对货币的需求量决定的。货币的实际供给量一般由国家加以控制，是一个外生变量，因此需要分析的主要是货币的需求。

二、货币的需求

1. 流动性偏好与货币需求动机

对货币的需求称作流动性偏好，或者称作灵活偏好。所谓流动性偏好，是指由于货币具有使用上的灵活性，人们宁肯以牺牲利息收入而储存不生息的货币来保持财富的心理倾向。

人们的财富如果不以货币形式持有，而以其他生息资产的形式持有，往往会给他们带来收益。例如，以债券形式持有，会有债息收入；以股票形式持有，会有股息及红利收入；以房产形式持有，会有租金收入。

那么为什么人们愿意持有不生利息或其他形式收入的货币呢？凯恩斯认为，这是因为货币具有这种使用上的灵活性，随时可满足以下三类不同的动机：

第一，交易动机。交易动机是个人、家庭或厂商为应付正常情况下的交易（即购买支出）而保留一部分货币。由于收入和支出在时间上不是同步的，因而人们必须有足够的货币资金来支付日常需要的开支，这就形成了出于交易动机的货币需求量。出于交易动机的货币需求量取决于诸多因素，如收入、购买习惯、商业制度、交易的商品品种和数量、商品价格等，主要的影响因素是收入。一般来讲，收入越高，人们对商品的交易就会越多，所需要的货币量也就越大；

收入越低，则出于交易动机的货币需求量越小，出于交易动机的货币需求量被看成是收入的增函数。

第二，预防动机或谨慎动机。预防动机或谨慎动机是指人们为应付意外情况下交易（即购买支出）而持有货币。这部分货币需求主要产生于由意外情况所导致的未来收入和支出的不确定性。意外情况经常发生，如生病、事故、失业等意外事件发生时，人们需要支出一定的收入形成对相关产品或服务的支出。一般来说，出于预防动机的货币需求量主要取决于人们对意外事件的态度及处理方式，但从整个社会来看，这一货币需求量大体上是和收入成正比的，因此也把它看成是收入的增函数。

由于出于交易动机和预防动机的货币需求量都是收入的增函数，把它们合并在一起，用 L_1 表示交易动机和预防动机所产生的实际货币需求量，用 Y 表示实际收入，则这种货币需求量和收入的关系可表示为

$$L_1 = L_1(Y) \tag{3-6}$$

或者写成

$$L_1 = kY \tag{3-7}$$

式中，k 为交易动机和预防动机的货币需求总和占总产出的比例，$k = L_1/Y$；Y 为具有不变购买力的实际收入。

第三，投机动机。它是指人们出于能及时利用市场可能出现的有利时机从事交易来获利而保留货币。假定人们一时不用的财富只能用货币形式或债券形式来保存，以货币形式保有财富是不能带来收益增加的，而以债券形式保有财富能带来可能的收益增加。那么人们为什么不全部购买债券而要持有货币，或者将财富的保有形式在二者间进行选择呢？原因是人们想利用利率水平或有价证券价格水平的变化进行投机以获得更大的收益。

债券的价格是处在不断变动中的，有时高有时低，要想通过购买债券获利，必须遵循低买高卖的原则。在实际生活中，债券价格的高低与利率的高低成反比。假定一张债券一年可获利息10 元，若利率为 10%，则这张债券的市价就为 100 元，因为 100 元在利率为 10% 时若存放到银行也可得利息 10 元；若市场利率为 5%，则这张债券的市价就为 200 元，因为 200 元在利率为5% 时也可得利息 10 元。可见，债券价格一般随利率变化而反向变化。

由于债券市场价格是经常波动的，凡预计债券价格将上涨（即预期利率将下降）的人，就会用货币买进债券以备日后以更高价格卖出；反之，凡预计债券价格将下跌的人，就会卖出债券保存货币以备日后债券价格下跌时再买进。这种预计债券价格将下跌（即利率上升）而需要把货币保留在手中的情况，就是对货币的投机性需求。可见，有价证券价格的未来不确定性是对货币投机需求的必要前提，这一需求与利率成反方向变化。利率越高，即有价证券价格越低，人们若认为这一价格已降低到正常水平以下，预计很快会回升，就会抓住机会及时买进有价证券，于是人们手中出于投机动机而持有的货币量就会减少；相反，利率越低，即有价证券价格越高，人们若认为这一价格已涨到正常水平以上，预计就要回跌，就会抓住时机卖出有价证券，这样人们手中出于投机动机而持有的货币量就会增加。

总之，对货币的投机性需求取决于利率，是利率的减函数。如果用 L_2 表示货币的投机需求量，用 r 表示利率，则这一货币需求量和利率的关系可表示为

$$L_2 = L_2(r) \tag{3-8}$$

或者写成

$$L_2 = -hr \tag{3-9}$$

式中，h 是货币投机需求的利率系数，表示货币需求对利率的敏感程度，$h = \Delta L_2/\Delta r$；负号表示

货币投机需求与利率变动是负相关关系。

2. 货币需求曲线

对货币的总需求是人们对货币的交易需求、预防需求和投机需求的总和。货币的交易需求和预防需求取决于收入，而投机需求取决于利率，因此对货币的总需求函数可描述为

$$L = L_1 + L_2 = L_1（Y）+ L_2（r）= kY - hr \tag{3-10}$$

式中，L、L_1、L_2 都代表对货币的实际需求，即具有不变购买力的实际货币需求量。货币需求函数可以用图 3-10 来表示。

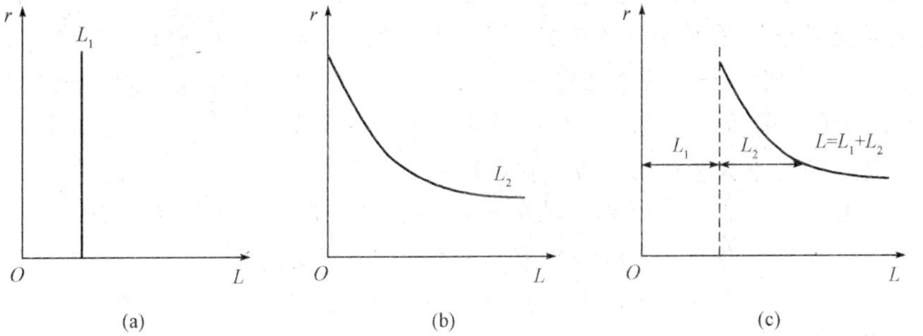

图 3-10　货币需求曲线

图 3-10（a）中，垂线 L_1 表示为满足交易动机和谨慎动机的货币需求曲线。由于 L_1 是收入的增函数，和利率无关，因而垂直于横轴。图 3-10（b）中，L_2 线表示满足投机动机的货币需求曲线。由于 L_2 是利率的减函数，因而曲线向右下方倾斜，表示货币的投机需求量随利率下降而增加。图 3-10（c）中的 L 线则是包括 L_1 和 L_2 在内的全部货币需求曲线，其纵轴表示利率，横轴表示货币需求量，这条货币需求曲线表示在一定收入水平上货币需求量和利率的关系，利率上升时，货币需求量减少；利率下降时，货币需求量增加。

至于货币需求量和收入水平的正向关系，则需要通过在同一坐标图上画若干条货币需求曲线来表示，实际上就表现为货币需求的变动。

3. 流动性陷阱

流动性偏好是指人们对持有货币的偏好。人们之所以对货币产生偏好，是因为货币是流动性或者说是灵活性最大的资产，随时可以做交易之用，随时可应付不测之需，随时可用作投机。

尽管货币具有最大的灵活性，但持币也是有成本的。当人们持有货币时，就牺牲了将这部分货币存于银行所获得的利息或购买生息资产所获得的收益，这构成了持币的机会成本。机会成本的高低影响人们持币的意愿。一般情况下，市场利率降低，持币的机会成本就降低，这会使货币的投机需求增大，从而货币 L_2 需求量扩大。

当利率降到某一极低的水平时，货币的投机需求将变得无限大，即使中央银行增加货币供给也不会导致利率继续降低。这种使中央银行货币政策失灵的现象就叫流动性陷阱或灵活偏好陷阱，又叫“凯恩斯陷阱”。

如图 3-11，货币需求曲线 L_2 先向右下倾斜，表示随着利率的下降，货币的投机需求不断增加。当利率降到一个极低水平时，货币投机需求量达到最大，货币需求曲线 L_2 变成一条水平线。

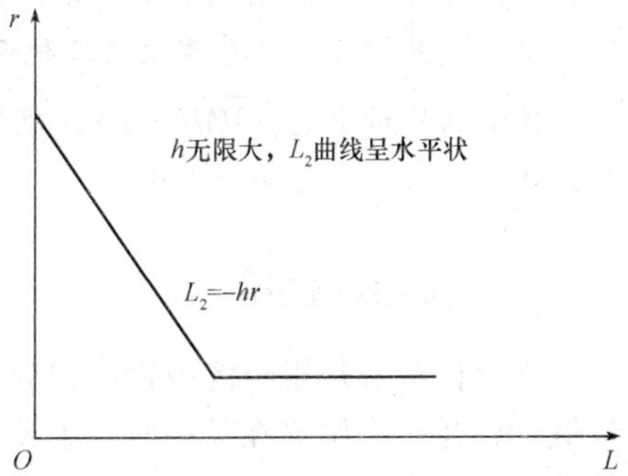

图 3-11　流动性陷阱

当利率极低时，人们之所以更愿意持币，是因为利

率太低，今后不会再降低；人们之所以愿意持币而又不购买有价证券，则是因为预期证券价格不会再升并有可能下降。

★拓展阅读3-4

货币数量理论

西方经济学中关于货币数量有不同的理论，具有代表性的有以下三种：传统的货币数量理论、货币学派的货币数量理论和后凯恩斯主义货币数量论。

传统的货币数量理论是美国经济学家费雪（I. Fisher）首先提出来的，他在1911年出版的《货币的购买力》一书中提出了著名的交易方程式，即“费雪方程式”。他提出的交易方程式是：$MV=PY$，式中M代表货币供给量，V代表一年里货币流通的速度，P代表价格水平，Y代表一年的总产出。传统的货币数量理论认为，货币的流通速度为一固定常数，同时Y也固定——根据萨伊定律。传统经济学家认为“供给能创造自身的需求”，即不论供给的价值如何，均能创造出同等价值的需求，整个社会的总供给必然等于总需求，又由于是在市场机制的完全作用下，价格和工资率均具有充分的伸缩性，故不可能出现失业。当充分就业时，产出量也必为一定的数量。这样，上述交易方程式便表现为价格P和货币供给量M之间的正比例函数关系。当M增加，价格也上涨，于是发生通货膨胀。因此，通货膨胀仅仅是一种货币现象，只需要政府控制货币供给量，就可以控制总支出，从而控制物价水平并抑制通货膨胀。

货币学派的货币数量理论即现代货币主义理论，是由美国芝加哥学派的著名代表人物米尔顿·弗里德曼（Milton Friedman）首先提出来的。它建立在传统的货币交易方程式上并做了一些修改，其基本原则与传统的货币主义学派相同，都认为货币数量的变动在整个经济生活中起支配作用。不同之处在于，传统的货币数量理论假定在充分就业条件下，货币流通速度和商品、劳务的总量在短期内都不会过分变动，因此物价水平必然取决于货币的数量，而现代货币数量理论则认为，货币供给量的变动既影响物价总水平的变动，也影响总产量或国民收入及就业水平的变动。具体而言，在交易方程式$MV=PY$中，V基本不变，这样变动M既能影响P也能影响Y，至于究竟影响哪一个则取决于当货币数量变动时所处的状态。如果经济处在严重衰退期，M量增加可以在一定程度上提高产量；如果经济处于充分就业状态，则当M量增加时，只能引起通货膨胀。总之，从短期看，变动M能影响Y，长期则影响P。弗里德曼还进行了具体计算，提出政府每年只需按4%～5%的幅度增加货币供给量，社会经济的发展便能顺利进行。

后凯恩斯主义关于货币数量的理论认为，在交易方程式中，所有因素都可以变动，包括V在内，因此变动M究竟有何影响，需视V、P、Y的变动及它们之间的关系而定。

总之，关于货币数量理论的三种观点可以用下述公式加以概括和区别：

传统的货币主义：$\overline{MMV}=\overline{PY}$；现代货币主义：$\overline{MV}=PY$；后凯恩斯主义：$MV=PY$。符号上加一横表示该变量倾向于不变。

三、货币的供给

货币供给量是指经济中货币的数量，或者说人们实际持有的货币量。货币供给是一个存量概念，是一个国家在某一时点上所保持的不属于政府和银行所有的硬币、纸币和银行存款的总和。货币供给量有名义货币量和实际货币量之分。名义货币量是不管货币购买力如何而仅计算其票面价值的货币量。把名义货币量折算成具有不变购买力的实际货币量，必须使用

价格指数进行调整。如用 M、m 和 P 分别代表名义货币量、实际货币量和价格指数，则实际货币量为

$$m=\frac{M}{P} \tag{3-11}$$

货币供给有狭义的货币供给和广义的货币供给之分。世界各国中央银行对货币量的估计口径不完全相同，但划分的基本依据是一致的，即流动性大小。一般来说，根据流动性大小，对货币供给量大概可以按以下不同的口径进行划分：

M_0：流通中的现金，包括纸币和铸币

M_1：M_0 + 活期存款

M_2：M_1 + 定期存款

M_3：M_2 + 货币近似物（如商业票据、政府债券等）

其中，M_1 是通常所说的狭义货币量，流动性较强，是国家中央银行重点调控对象；M_2 是广义货币量，M_2 与 M_1 的差额是准货币，流动性较弱；M_3 是最广义的货币量，往往是考虑到金融创新问题而设立的。通常所说的货币供给是指 M_1，且为名义货币量。

货币供给量是由国家用货币政策来调节的，因而是一个外生变量，其大小与利率高低无关，因此货币供给曲线是一条垂直于横轴的直线，如图 3-12 所示。

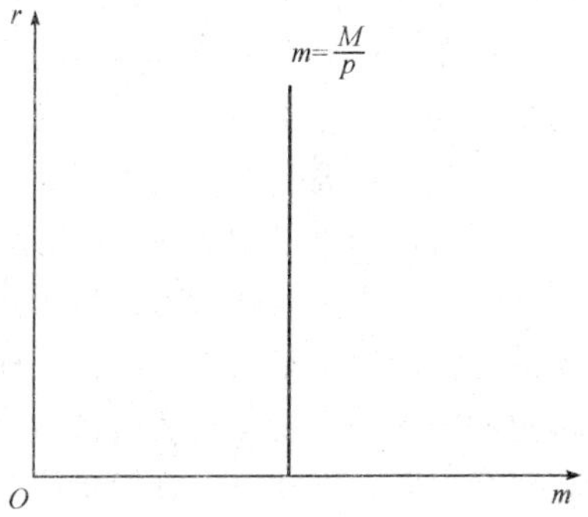

图 3-12　货币供给曲线

图 3-12 中，货币供给曲线 m 是一条垂直于横轴的直线，说明不论利率如何变动，货币供给量不变。

由于整个货币需求 L 被划分为 L_1 与 L_2 两个部分，为了实现实际的货币供给与货币需求的对应，实际货币供给量也被划分为两个部分 m_1 和 m_2，其中 m_1 用于满足交易动机和预防动机引起的货币需求量 L_1，m_2 用于满足投机动机引起的货币需求量 L_2，即 $m_1=L_1$，$m_2=L_2$，总的货币供给量 $m=m_1+m_2$。这样，m_1 与 m_2 就是互补关系，在 m 确定的情况下，若 m_1 的数值大，m_2 的数值就小；相反，m_1 的数值小，m_2 的数值就大。

★拓展阅读 3-5

为什么信用卡不是货币

把信用卡作为经济中货币存量的一部分似乎是很自然的，毕竟人们用信用卡可以购买许多东西。因此，信用卡难道不是一种交换媒介吗？

乍一看，这个推理似乎有些道理，但信用卡并不是一种货币量的衡量指标。理由是，信用卡实际上并不是一种支付方式，而是一种延期支付方式。当你用信用卡购买一份饭时，发行信用卡的银行向餐馆支付了应该支付的钱。过一段时间，你必须偿还银行的钱（也许还有利息）。到你支付信用卡账单时，你会从你的支票账户开一张支票来进行支付。这种支票账户上的余额是经济中货币存量的一部分。

要注意的是，信用卡完全不同于借记卡，借记卡自动地从银行账户提取资金为所买的东西付款。借记卡不允许使用者为购买而延期支付，只允许使用者立即从银行账户提取存款。在这个意义上，借记卡更类似于支票。借记卡上的账户余额包括在货币量的衡量中。

尽管信用卡不作为货币的一种形式，但它对分析货币制度是很重要的。信用卡的持有人可以在月底一次付清所有账单，而不是在购买时随时支付因此信用卡的持有人所持有的货币平均

而言可能少于没有信用卡的人。这样，使用信用卡并提高信用卡的普及程度可以减少人们持有的货币量。

四、货币市场均衡和利率的决定

如同商品的价格是由商品供给和需求所决定，利率作为货币的价格，是由货币供给和货币需求所决定的。当货币需求等于货币供给时，货币市场实现了均衡，均衡利率水平就出现了。

利率的变动会引起债券价格的变动，导致人们重新安排所持有的货币数量，从而导致货币总需求发生变动，利率调节着货币市场的需求。只有当货币需求等于货币供给时，货币市场才达到均衡状态。

如果市场利率低于均衡利率，说明货币需求超过货币供给，这时人们感到手中持有的货币太少，就会卖出有价证券，证券价格下降，亦即利率上升，对货币的需求减少，一直持续到货币供求相等时为止；相反，当市场利率高于均衡利率时，说明货币需求小于货币供给，这时人们感到手中持有的货币太多，就会把多余的货币买进有价证券，于是证券价格上升，即利率下降，这种情况要一直持续到货币供求相等时为止。货币市场均衡实现的过程可以用图 3-13 来说明。

在图 3-13 中，假定货币供给量由中央银行根据某种货币政策控制在 30 万亿元的水平上，根据既定的货币需求曲线，当利率为 10% 时，货币市场需求也为 30 万亿元，货币市场处于均衡状态。假定最初的利率不是 10% 而是 20%，在利息率为 20% 的情况下，货币的总需求为 24 万亿元，而货币的供给却为 30 万亿元，在总产量 Q 不变的情况下，货币的供给超过货币的需求。这意味着人们手中实际持有的货币量超过了其为交易和投机所需要持有的货币量，人们将试图减少其持有的货币量，将一部分不能带来利息的货币转换成各种生息资产。作为财产而持有的货币量的最佳替代物就是有价证券，人们会争相购买有价证券，于是证券的需求相比证券的供给相对会上升，推动有价证券价格上升，利率就会下降。这一方面增加货币的投机需求；另一方面增加投资，引起国民收入上升，使交易动机和谨慎动机的货币需求增加，直到货币需求增加到 30 万亿元，与货币供给相等时为止。

如果初始利率低于均衡利率水平，例如图 3-13 中是 5%，此时货币需求为 40 万亿元，超过货币供给，意味着人们手中实际持有的货币量不能完全满足其为交易和投机所需要持有的货币量，人们将设法增加其持有的货币量。这时人们手中持有的有价证券就会被不断地抛出，证券供过于求，推动有价证券价格下降，利率就会上升。利率的上升一方面使货币的投机需求减少；另一方面使投资减少，引起国民收入下降，使交易动机和谨慎动机的货币需求减少，直到货币需求减少到 30 万亿元时为止。

由于货币供给由政府决定，短期内可以看成是一个不变的数量，货币市场静态均衡实现的过程就是货币需求不断调整，以适应货币供给的过程。只有当货币供求相等时，利率才不再变动。

货币需求曲线和货币供给曲线的变动会导致货币市场均衡的改变。当人们对货币的交易需求或投机需求增加时，货币需求曲线就会向右上方移动；货币需求减少时，曲线向左下方移动。当政府增加货币供给量时，货币供给曲线会向右移动；政府减少货币供给量时，货币供给曲线向左移动。

如图 3-14 所示，货币需求曲线 L 与货币供给曲线 m 实现均衡的利率水平为 r_0，如果货币需求增加，需求曲线 L 向右移动到 L'，相应地，均衡利率水平由 r_0 上升到 r_1；相反，如果货币需求由 L' 减少为 L，均衡利率水平则由 r_1 下降到 r_0。货币供给的变动也会改变货币市场均衡，如果货币供给由 m 增加到 m'，均衡利率水平将由 r_0 下降到 r_2；相反，货币供给由 m' 减少到 m，均衡利

率水平将由 r_2 上升到 r_0。

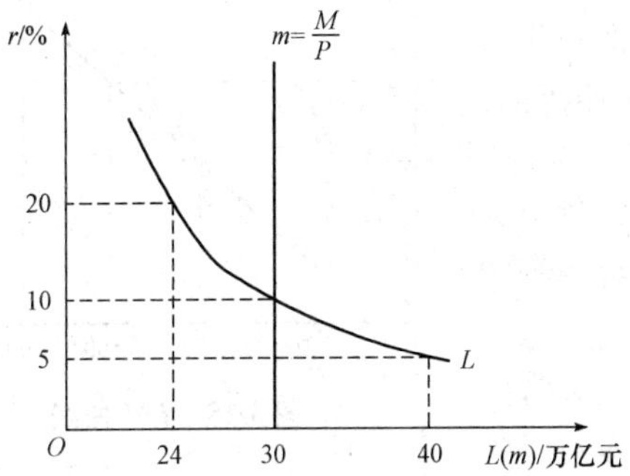

图 3-13　货币市场均衡

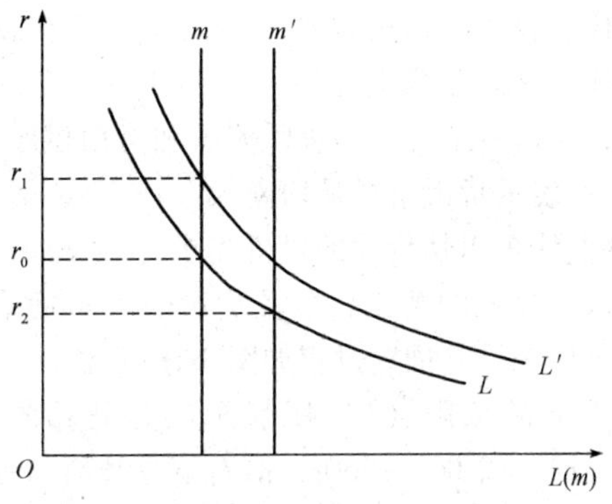

图 3-14　货币市场均衡的变动

第四节　*LM* 曲线

一、*LM* 曲线及其推导

在货币市场上，货币供给量是由货币当局所控制，即由代表政府的中央银行所控制，因而可以假定它是一个外生变量，至少在短期内不会随着货币需求的变动而变动。在货币供给量既定的情况下，为达到货币市场的均衡，只能通过调节对货币的需求来实现。

货币市场的均衡在货币需求和货币供给相等时实现，用公式表示就是：

$$m = L = L_1(Y) + L_2(r) = kY - hr \tag{3-12}$$

或

$$r = \frac{kY}{h} - \frac{m}{h} \tag{3-13}$$

从等式中可知，当 m 为一定量时，L_1 若增加，L_2 必然减少，否则不能保持货币市场的均衡。货币的交易需求 L_1 是收入的增函数，随收入增加而增加。货币的投机需求 L_2 是利率的减函数，随利率上升而减少。因此，当国民收入增加使货币交易需求增加时，利率必须相应提高，从而使货币投机需求减少，才能维持货币市场的均衡；反之，收入减少时，利率必须相应下降，否则货币市场就不能保持均衡。

总之，以上公式表明了在 m 一定时，表示为使货币市场均衡的收入和利率之间的函数关系，也是在满足货币市场均衡条件下的 Y 与 r 的各种不同组合的曲线称为 *LM* 曲线。

举例来说明 *LM* 曲线。假定对货币的交易需求函数为 $m_1 = L_1(Y) = 0.5Y$，对货币的投机需求函数为 $m_2 = L_2(r) = 2\,000 - 250r$，货币供给量 $m = 3\,000$ 亿元，为了便于计算，假定这一实际货币供给量就是名义货币供给量 M（即假设价格指数 $P = 1$）。根据货币市场均衡条件得：

$0.5Y + 2\,000 - 250r = 3\,000$，得 $y = 2\,000 + 500r$ 或 $r = 0.002Y - 4$。则：

当 $Y = 2\,500$ 时，$r = 1$（即利率 $r = 1\%$，下同）

当 $Y = 3\,000$ 时，$r = 2$

当 $Y = 3\,500$ 时，$r = 3$

当 $Y = 4\,000$ 时，$r = 4$

……

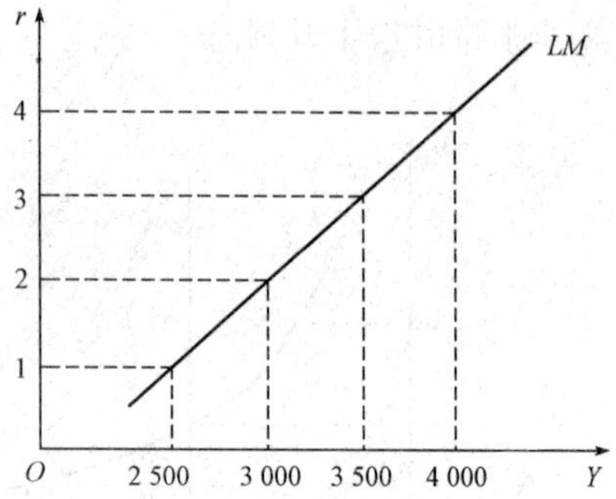

图 3-15　*LM* 曲线

如果画一个坐标图，如图 3-15 所示，以纵轴代表利率，以横轴代表收入，则可得到一条反映利率和收入间相互关系的曲线。这条曲线上任何一点都代表一定的利率和收入的组合，在这些组合下，货币需求和货币供给都是相等的，即 $L=m$，表示货币市场是均衡的。

LM 曲线可以从货币的投机需求与利率的关系，货币的交易需求与收入的关系，以及货币需求与货币供给相等的关系推导出来。其推导过程如图 3-16 所示。

图 3-16 的象限（1）所表示的是货币投机需求曲线 $m_2=L_2(r)=2\ 000-250r$，向右下方倾斜，利率为 $r=1\%$ 时，货币投机需求量为 $m_2=1\ 750$ 亿元；利率为 $r=3\%$ 时，货币投机需求量为 $m_2=1\ 250$ 亿元，相应的数据分别构成了货币投机需求曲线上的两个组合点。由于只需要两个组合点就可以完成直线的对应性推导，其他数据组合从略。

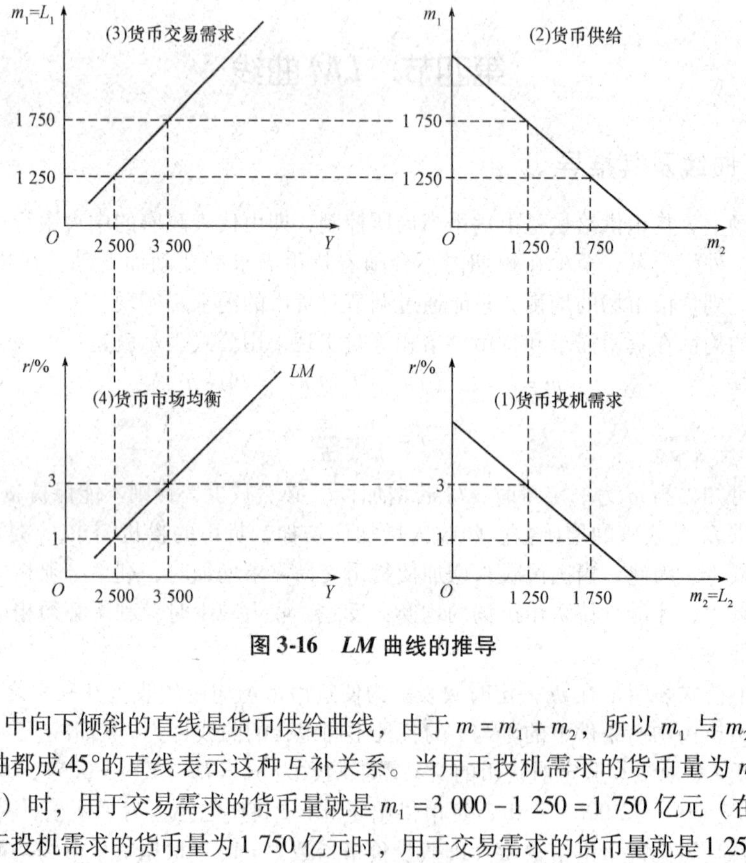

图 3-16　*LM* 曲线的推导

象限（2）中向下倾斜的直线是货币供给曲线，由于 $m=m_1+m_2$，所以 m_1 与 m_2 是互补的，用一条和纵、横轴都成 45°的直线表示这种互补关系。当用于投机需求的货币量为 $m_2=1\ 250$ 亿元（在横轴上表示）时，用于交易需求的货币量就是 $m_1=3\ 000-1\ 250=1\ 750$ 亿元（在纵轴上表示）；相应地，当用于投机需求的货币量为 1 750 亿元时，用于交易需求的货币量就是 1 250 亿元。

象限（3）表示货币交易需求曲线 $m_1=L_1(Y)=0.5Y$，横轴为收入，由于货币交易需求是收入的增函数，因此曲线向右上方倾斜。当 $Y=2\ 500$ 亿元时，$m_1=1\ 250$ 亿元；当 $Y=3\ 500$ 亿元时，$m_1=1\ 750$ 亿元。

象限（4）表示与货币市场均衡相一致的利率与收入的一系列组合。这些组合由从象限（1）到象限（2），再到象限（3）的相应变量间的对应关系形成。例如，当 $r=1\%$ 时，$m_2=1\ 750$ 亿元，相应地，$m_1=3\ 000-1\ 750=1\ 250$ 亿元，当 $m_1=1\ 250$ 亿元时，为保证货币市场的均衡，收入水平必须是对应的 2 500 亿元。这样，利率 $r=1\%$ 与收入 $Y=2\ 500$ 亿元就形成象限（4）中相应的一个组合点。再如，利率 $r=3\%$ 与收入 $Y=3\ 500$ 亿元的组合是象限（4）中另一个具有相同意义的点。按照同样的方法可以找到无数个这样的组合点，这些使货币市场均衡的利率和收入的组合点构成了一条向右上方倾斜的直线，就是 LM 曲线。

二、LM 曲线的经济含义

在货币市场上，总产出与均衡利率之间存在着正向变化的关系，即均衡利率水平提高时总产出水平趋于增加，均衡利率水平降低时总产出水平趋于减少。反映在图上，表现为 LM 曲线是一条向右上方倾斜的曲线。

处于 LM 曲线上的任何点位都表示 $L=m$，即货币市场实现了均衡；反之，偏离 LM 曲线的任何点位都表示 $L\neq m$，即货币市场没有实现均衡。非均衡的情况有两种，如图 3-17 中 LM 曲线左侧的任意点 A 点和 LM 曲线右侧的任意点 B 点。

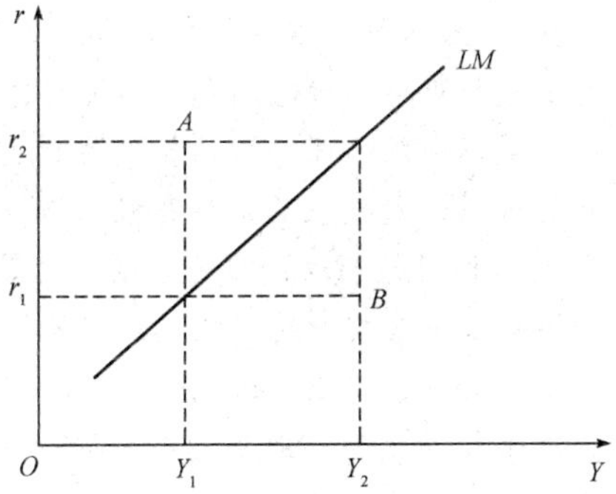

图 3-17　LM 曲线的非均衡状态

先来看位于 LM 曲线左侧的 A 点。A 点的实际收入水平为 Y_1，实际利率水平为 r_2，而根据图 3-17 中的 LM 曲线，当实际收入水平为 Y_1 时，为保证货币市场均衡，实际利率应为 r_1，即均衡利率水平为 r_1。对应于过高的利率水平，货币市场上必然存在的情况是货币需求小于货币供给，即 $L<m$，说明现行的利率水平过高，导致人们只愿意持有较少的货币。参照对图 3-13 的分析，当货币需求不足时，必然出现利率的下降，以调整实际货币需求水平，使货币市场趋于均衡。在图 3-17 中，就表示为 A 点向下移动，在实际收入水平不变的情况下，利率一直下降到 r_1，货币市场才能实现均衡。

B 点的情况正好相反，B 点位于 LM 曲线右侧，实际收入水平为 Y_2，实际利率水平为 r_1。对应于收入水平 Y_2，保证货币市场均衡的利率水平是 r_2。实际利率水平过低，说明货币市场上存在的是货币需求大于货币供给，即 $L>m$，人们愿意持有更多的货币，这必然导致利率的上升，以抑制人们愿意持有过多货币的倾向。反映在图 3-17 中，就是 B 点向上移动，利率一直上升到 r_2，货币市场才能实现均衡。

总之，如果收入和利率的组合不在 LM 曲线上，货币市场处于非均衡状态，在 LM 曲线左侧代表的是货币需求小于货币供给，在 LM 曲线右侧代表的是货币需求大于货币供给。当货币需求和货币供给不一致时，货币需求的改变将导致利率变动，货币需求小于货币供给时利率下降，货币需求大于货币供给时利率上升。

★拓展阅读 3-6

琼·罗宾逊

琼·罗宾逊（J. Robinson）是英国当代著名的女经济学家，也是有史以来唯一在经济理论方面取得杰出成就的妇女。她的《不完全竞争经济学》向整整一代经济学家讲授了在今天的基础教科书内占据重要地位的微观经济学。作为 20 世纪 30 年代凯恩斯主义的坚定捍卫者和凯恩斯经济学的主要传播者，她在战后着手把凯恩斯主义的短期分析引向凯恩斯类型的经济增长理论，从而奠定了当今声势浩大的后凯恩斯学派的基础。后来，她发表了一篇名为《生产函数与资本理论》的著名论文，驳斥新古典学派的资本理论和与之相关的边际生产力分配理论，从而引发了所谓的“两个剑桥之争”——英国剑桥对美国剑桥，即一场使现代经济学改头换面的理论激战。她确信自己已经发现了标准经济学理论的一个致命缺陷——资本的度量不能脱离利率，而利率并非唯一地与资本的边际生产率相关。她在所有的经济问题上都坚定地转向她自己与众不同的立场，她的学术生涯推翻了“人越老越保守”这句古老的格言。根据西方经济学家的评论，她的理论活动大致分为以下四个阶段：

第一阶段的理论活动是她对不完全竞争理论的开创性研究，代表作是《不完全竞争经济学》。但后来她对这部早期著作深感不满，认为它没有摆脱传统的均衡理论的影响，只着眼于不完全竞争市场的静态均衡，而没有对垄断的形成过程及其影响做动态分析。

第二阶段的理论活动与凯恩斯《就业、利息和货币通论》的出现和传播有关。《就业、利息和货币通论》发表后，她积极从事《通论》的解释和传播工作，她于1937年出版的《就业理论文集》和《就业理论导论》被认为是理解凯恩斯主义较好的专著。在这些著作中，她指出了当经济接近充分就业时，凯恩斯理论还有一个重大的未解决的问题，那就是出现通货膨胀的趋势问题。此外，她还指出，一旦凯恩斯的充分就业思想被接受，问题就从“政府是否能够影响就业水平”转变为“政府能够支持哪一种类型的生产”。

第三阶段的理论活动是她对经济增长理论的研究。罗宾逊经济增长理论的最主要特征，就是把经济增长同国民收入分配问题紧密地联系在一起，强调经济增长过程具有极不确定的性质。根据她的经济增长理论，经济要稳定地、均衡地发展，必须满足如下条件：技术进步稳定而没有偏向，竞争机制充分发挥作用，积累率与劳动人口以同样的比率稳定增长，利润率长期不变，实际工资水平随着每人产量的提高而提高，政治局势稳定，资本家对投资的未来收益有足够的信心，每年以相同比率增加投资。在这种情况下，总产量同资本拥有量以一种不变的适当的比率一同增长，这种经济状态被称为“黄金时代”。

罗宾逊第四阶段的理论活动涉及的面很广，其中心是对当代西方经济理论的一些根本性的问题提出质疑和进行探索。她的经济增长理论的形成和发展，使以她为中心的“新剑桥学派”同战后凯恩斯主义的另一个重要分支“新古典综合派”之间，发生了尖锐的理论观点冲突，即所谓的“两个剑桥之争”。新古典综合派的代表人物有萨缪尔森和索洛等人。两派以经济增长理论为背景，以资本理论为导线，围绕经济科学的理论方法和价值理论、分配理论等根本性的问题，进行了激烈的争论。这场争论又被称为“资本论争”，这是因为论争首先是从“资本”的定义引起的。

三、*LM* 曲线的斜率

从以上 *LM* 曲线的产生过程可以看出，*LM* 曲线的斜率取决于货币的投机需求曲线和交易需求曲线的斜率，实际上也就是取决于式（3-13）中的 k 和 h 的值。根据式（3-13），$\frac{k}{h}$是 *LM* 曲线的斜率，k 或 h 数值的变动将影响 *LM* 曲线斜率的大小。

当 k 不变时，h 越大，即货币需求对利率的敏感度越高，斜率就越小，*LM* 曲线也就越平缓。这是因为，货币需求的利率弹性 h 较大时，利率稍有下降或上升，货币的投机动机需求 m_2 就会有较大的增加或减少，由于货币供给不变，从而货币交易需求 m_1 就要有较大的减少或增加，于是均衡收入也要有较大幅度的下降或上升，所以 *LM* 曲线比较平缓。

当 h 不变时，k 越大，即货币需求对收入变动的敏感度越高，斜率就越大，则 *LM* 曲线就越陡峭。这是因为，如果货币的交易需求系数 k 较大，表示较低的收入水平就需要有较多的货币用来交易，出于交易动机的货币需求增长更快，曲线更陡峭，从而使 *LM* 曲线比较陡峭，如果没有货币的投机需求，货币全部做交易用，*LM* 曲线就是一条垂直线。

从图 3-16 来看，h 越大，就使象限（1）中货币投机需求曲线越平缓，因而 *LM* 曲线就越平缓；而 k 越大，就使象限（3）中货币交易需求曲线越陡峭，因而 *LM* 曲线就越陡峭。

西方学者认为，货币的交易需求函数一般比较稳定，因此 *LM* 曲线的斜率主要取决于货币的投机需求函数。投机动机的货币需求是利率的减函数，即利率越高，货币需求越小；利率越低，货币需求越大，这就决定了 *LM* 曲线是向右上方倾斜的形状，斜率为正。因此，在货币供给量不变的情况下，要保持货币市场的均衡，当利率下降时，m_2 增加，m_1 减少，相应的收入水平也下降；当利率上升时，收入水平也上升，二者同方向变化。

LM 曲线的斜率有三种情况，分别是斜率为零、斜率无穷大和斜率为正数。

先来看斜率为零的情况。货币的投机需求随利率的下降而增加，当利率降得很低时，货币的投机需求趋于无限大，这就是“凯恩斯陷阱”或“流动性陷阱”。由于在这一极低的利率水平（如2%）上货币投机需求量已趋于无限大，因此货币的投机需求曲线成为一条水平线，这会使 *LM* 也成为水平线。

在图 3-18 中，当利率降到 r_1 时，由于货币投机需求曲线成为水平线（参考图 3-13），因而 *LM* 曲线上也相应有一段水平状态的区域。理由是，利率一旦降到这样低的水平，政府实行扩张性货币政策，增加货币供给，不能降低利率，也不能增加收入，因而货币政策在这时无效。相反，扩张性财政政策使 *IS* 曲线向右移动，收入水平会在利率不发生变化的情况下提高，因而财政政策有很大效果。凯恩斯认为 20 世纪 30 年代大萧条时期西方国家的经济就是这种情况，因而这个区域被称为“凯恩斯区域”或“萧条区域”。

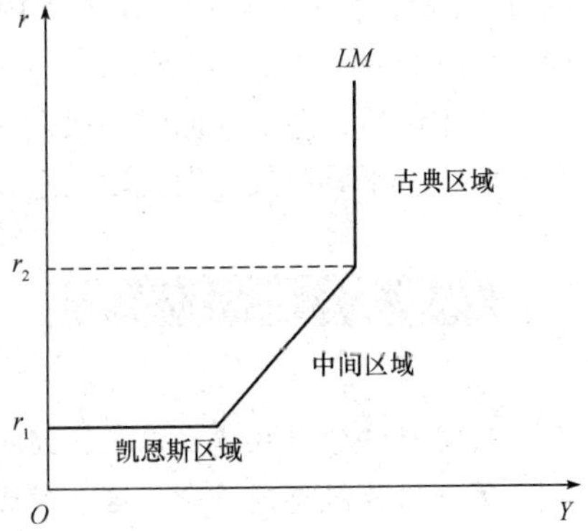

图 3-18　*LM* 曲线的三个区域

相反，如果利率上升到很高的水平，货币的投机需求量将等于零，这时候人们除了为完成交易还必须持有一部分货币（即交易需求）外，不会为投机而持有货币。由于货币的投机需求等于零，货币投机需求曲线是一条与纵轴相平行的垂直线，不管利率再上升到多高，货币投机需求量都是零，人们持有的货币量都是交易需求量。这样，图 3-18 中的 *LM* 曲线从利率为 r_2 开始，就成为一段垂直线。西方学者认为，这时候如实行扩张性财政政策使 *IS* 曲线向右上方移动，只会提高利率而不会使收入增加，但如果实行使 *LM* 曲线右移的扩张性货币政策，则不但会降低利率，还会提高收入水平。此时财政政策无效而货币政策有效，符合古典学派以及基本上以古典学派理论为基础的货币主义者的观点，因而这一区域被称为“古典区域”。

凯恩斯区域和古典区域之间的一段 *LM* 曲线是中间区域。*LM* 曲线的斜率在凯恩斯区域为零，在古典区域为无穷大，在中间区域则为正值。这从图 3-18 中可清楚地看出，从 *LM* 曲线的代数表达式 $r=\frac{kY}{h}-\frac{m}{h}$ 也能得到说明。*LM* 曲线的斜率是 $\frac{k}{h}$，h 是货币需求关于利率变动的系数，当 $h=0$ 时，斜率为无穷大，因此 *LM* 曲线在古典区域是一条垂直线；当 h 为无穷大时，斜率为零，因此 *LM* 曲线在凯恩斯区域是一条水平线；而当 h 介于零和无穷大之间的任何值时，由于 k 一般总是正值，因此斜率为正。

四、*LM* 曲线的移动

由 *LM* 曲线的代数表达式 $r=\frac{kY}{h}-\frac{m}{h}$ 可知，$\frac{m}{h}$ 的数值大小决定了 *LM* 曲线的位置，这个数值

发生变动时，*LM*曲线就会发生移动。当讨论*LM*曲线的移动而不是转动时，要假定*LM*曲线的斜率是不变的，即假定k和h都不变，这样决定*LM*曲线移动的就只能是实际货币供给量m。由于$m=\frac{M}{P}$，决定实际货币量的因素一个是名义货币量M，一个是物价水平P，从而造成*LM*曲线移动的因素也只有两个。

第一个因素是名义货币供给量M变动。在价格水平不变时，M增加，m就增加，*LM*曲线向右下方移动；反之，*LM*曲线向左上方移动。实际上，中央银行实行变动货币供给量的货币政策，在*IS-LM*模型中就表现为*LM*曲线的移动。这种情况可用图3-19来表示。在图3-19中，当货币供给量增加时，*LM*曲线从LM_0右移到LM_1。

第二个因素是价格水平的变动。价格水平P上升，实际货币供给量m就变小，*LM*曲线向左上方移动；反之，*LM*曲线就向右下方移动。在图3-19中，当价格水平上升时，*LM*曲线从LM_0左移到LM_2。实际上，从*IS-LM*模型推导总需求曲线，总需求曲线一般向右下方倾斜，即价格水平和收入水平具有反方向变动关系，原因就在这里。

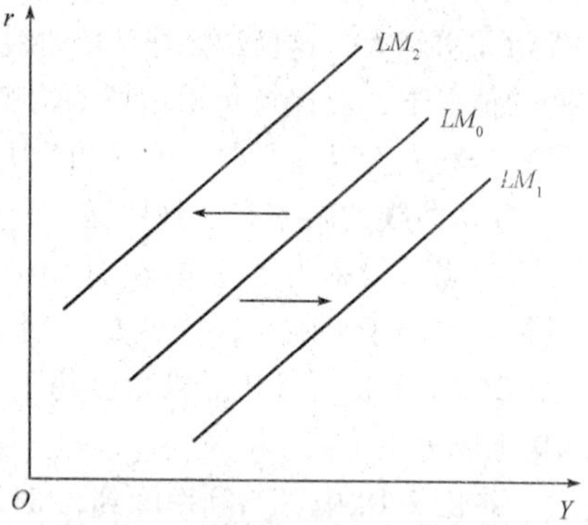

图3-19　*LM*曲线的移动

★拓展阅读3-7

宏观经济学的四次革命

宏观经济学自从建立以来，经历了以下四次革命：

第一次是凯恩斯革命。这是对古典经济学的革命。古典经济学认为经济是和谐的、完全竞争和充分就业的，商品的价格和产量完全由市场上的供求力量自发决定，社会应依靠市场机制的完善性和自发性来调节经济运行。20世纪30年代的经济危机，打破了古典经济学的神话。为适应经济发展的需要，凯恩斯承认经济中存在着失业，并指出有效需求不足是失业的根本原因，认为自发作用不能保证资源的有效利用，达不到充分就业水平。为此，他提出应以国家干预经济的政策来代替古典经济学的放任经济政策，从而形成了以国民收入决定论为中心，以国家干预政策为基调的凯恩斯主义宏观经济学。这是西方经济学历史上最重大的一次革命。

第二次是新剑桥学派的理论。凯恩斯主义宏观经济学形成以后，国家借助它对国民经济进行了全面干预，由此，凯恩斯主义宏观经济学得到了广泛的传播和发展。萨缪尔森等人把凯恩斯主义宏观经济学和古典经济学相结合，形成了新古典综合学派，发展了凯恩斯主义，对各国经济政策的制定有很大影响，在相当长的一段时间内成为经济学的主流。同时，以罗宾逊为首的新剑桥学派，反对吸收古典经济学来发展凯恩斯主义，认为新古典综合学派歪曲了凯恩斯主义，只有新剑桥学派才是正统的凯恩斯主义。他们主张继承大卫李嘉图的劳动价值论。隔断凯恩斯主义和古典经济学的联系，试图以分配理论为中心来完成凯恩斯革命。英国经济学家P·斯拉伐发展和完善了这种劳动价值论，这是宏观经济学发展史上的又一次革命。

第三次是货币主义理论。20世纪70年代以来，美国经济出现了“滞涨”现象，这对正统的凯恩斯主义经济学新古典综合学派是一次沉重的打击。这时产生了以M·弗里德曼为代表的作为凯恩斯主义反对派的货币主义学派，他们在经济发展理论上强调货币量最重要，指出货币存量增长的稳定性是经济稳定的关键，在政策上反对凯恩斯主义突出国家干预经济的政策，主张经济上应有更多的放任自流。这是宏观经济学发展中的第三次重大革命。

第四次是理性预期学派。它是20世纪70年代以后产生的，被认为是从货币主义发展而来，也是凯恩斯主义的反对派。理性预期学派的代表人物为R·卢卡斯和T·萨金特，卢卡斯是从维护萨伊定律等传统的经济学理论发展出来反对凯恩斯主义经济学的。他们认为人们可以做出合乎理性的预期指导来左右自己的行为，价格具有完全的伸缩性，并据此提出，政府干预经济无论从长期看还是从短期看，全是无效的，应该发挥预期在模型中所起的作用，加强应用理性预期，并以之作为政府制定政策的依据。

第五节　*IS-LM* 分析

IS-LM 模型是凯恩斯主义宏观经济学的核心。凯恩斯理论的核心是有效需求原理，认为国民收入取决于与总供给相等的有效需求，经济萧条的原因在于有效需求不足，而有效需求不足的原因又在于边际消费倾向递减、资本边际效率递减，以及心理上的流动性偏好这三条心理规律的作用。这三条心理规律涉及四个经济变量：边际消费倾向、资本边际效率、货币需求和货币供给。在这里，凯恩斯通过利率把货币经济和实物经济联系起来，打破了新古典经济学派把实物经济和货币经济分开的两分法，否定了货币中性的假设，认为货币市场上的均衡利率会影响投资的收入，而产品市场上的均衡收入又会影响货币需求和利率，这就是产品市场和货币市场的相互联系和作用。但凯恩斯本人并没有用一种模型把上述四个变量联系在一起，汉森和希克斯这两位经济学家则用 *IS-LM* 模型把四个变量放在一起，构成了一个产品市场和货币市场之间相互作用共同决定国民收入和利率的理论框架，从而使凯恩斯的有效需求理论得到了较为完善的表述。同时，围绕 *IS-LM* 模型，凯恩斯主义学派对其经济政策思想，即财政政策和货币政策做出了较好的解释。

一、产品市场和货币市场的同时均衡

凯恩斯在《就业、利息和货币通论》中说明了总收入取决于与总供给相等的总有效需求，而有效需求取决于消费支出和投资支出，由于消费倾向在短期是稳定的，因而有效需求主要取决于引致投资。投资量又取决于资本边际效率和利率的比较，若资本边际效率一定，则投资取决于利率。利率取决于货币数量和流动性偏好即货币需求。货币需求由货币的交易需求（包括预防需求）和投机需求构成。交易需求取决于收入水平，而投机需求取决于利率水平。可见，在商品市场上，要决定收入，必须先决定利率，否则投资水平无法确定；而利率是在货币市场上决定的，在货币市场上，如果不先确定一个特定的收入水平，利率就无法确定，而收入水平又是在商品市场上决定的，因此利率的决定又依赖于商品市场。这样，凯恩斯的理论就陷入了循环推论：利率通过投资影响收入，而收入通过货币需求又影响利率；或者反过来说，收入依赖于利率，而利率又依赖于收入。凯恩斯的后继者发现了这一循环推论的错误，并把产品市场和货币市场结合起来，建立了一个产品市场和货币市场的一般均衡模型，即 *IS-LM* 模型，以解决循环推论的问题。

从前面的分析已知，在 *IS* 曲线上，有一系列利率与相应收入的组合可使产品市场均衡；在 *LM* 曲线上，有一系列利率和相应收入的组合可使货币市场均衡。但能够使产品市场和货币市场同时达到均衡的利率和收入组合却只有一个。这一均衡的利率和收入可以在 *IS* 曲线和 *LM* 曲线的交点上求得，其数值可通过求解 *IS* 和 *LM* 的联立方程得到。

仍然使用图3-5和图3-15的例子来说明产品市场的均衡。图3-5的例子给出了产品市场的均衡条件 $I(r)=S(Y)$：

$I=1\ 500-50r$，$S=-700+0.5Y$

$I=S$ 时，$Y=4\ 400-100r$ …………………………………………………………… IS 曲线

图 3-15 的例子给出了货币市场的均衡条件 $m=L(Y)+L(r)$：

$m=3\ 000$，$L=0.5Y+2\ 000-250r$

$L=m$ 时，$Y=2\ 000+500r$ ………………………………………………………… LM 曲线

两个市场的同时均衡可以通过求解以下联立方程得到：

$$\begin{cases} Y=4\ 400-100r \\ Y=2\ 000+500r \end{cases}$$

得 $r=4\%$，$Y=4\ 000$ 亿元。

两个市场的一般均衡可以用图 3-20 来表示。

图 3-20 中 E 点是两个市场的一般均衡点，由 E 点代表的 4 000 亿元和 4% 是能使产品市场和货币市场同时实现均衡的收入和利率。此时在产品市场上，投资 $I=1\ 500-50\times4=1\ 300$ 亿元，储蓄 $S=-700+0.5\times4\ 000=1\ 300$ 亿元，实现了产品市场的均衡；在货币市场上，货币的需求为 $L=0.5\times4\ 000+2\ 000-250\times4=3\ 000$ 亿元，正好等于货币供给量，货币市场也实现了均衡。在 E 点同时实现了两个市场的均衡。只要投资、储蓄、货币需求和供给的关系不变，任何失衡情况的出现都是不稳定的，最终会趋向均衡。

二、两个市场一般均衡的实现过程

产品市场和货币市场的非一般均衡有两种情况，第一种情况是一个市场均衡，另一个市场不均衡；第二种情况是两个市场都不均衡。

先来看第一种情况。产品市场和货币市场中有一个是均衡的，另一个不均衡，具体有四种类型，如图 3-21 所示。

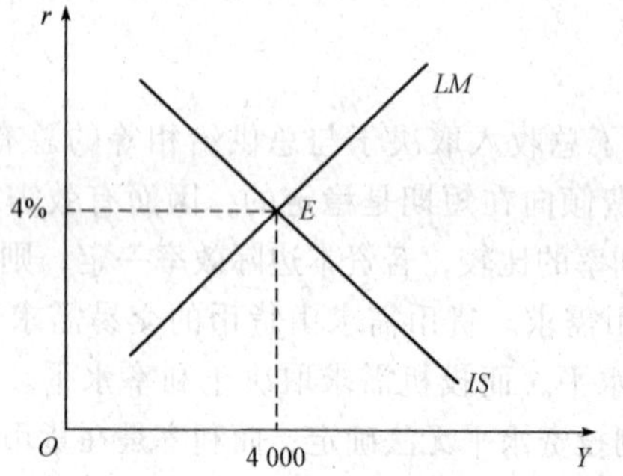

图 3-20　产品市场和货币市场的一般均衡

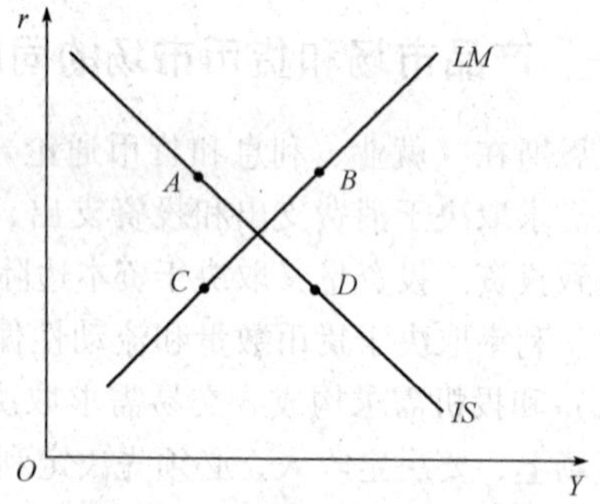

图 3-21　只有一个市场均衡的情况

图 3-21 中的 A、B、C、D 四个点分别是被均衡点分割成的四段 IS 曲线和 LM 曲线上的任意点。A、D 两点是产品市场均衡，货币市场不均衡，B、C 两点是货币市场均衡，产品市场不均衡。具体见表 3-3。

表 3-3　一个市场均衡，另一个市场不均衡

非均衡状况	产品市场	货币市场
A 点　$I=S$　$L<M$	产品供求相等	货币超额供给
B 点　$I<S$　$L=M$	产品超额供给	货币供求相等
C 点　$I>S$　$L=M$	产品超额需求	货币供求相等
D 点　$I=S$　$L>M$	产品供求相等	货币超额需求

产品市场不均衡会引起收入变动。投资大于储蓄，收入增加，收入和利率的组合点向右移动，如图 3-21 中 C 点在 IS 曲线左侧，$I>S$，则 C 点向右移动，收入增加；投资小于储蓄，收入减少，如图 3-21 中 B 点在 IS 曲线右侧，$I<S$，使 B 点向左移动。

货币市场不均衡会引起利率变动。货币需求大于货币供给，利率上升，收入和利率的组合点向上移动，如图 3-21 中 D 点在 LM 曲线右侧，$L>M$，则 D 点向上移动；货币需求小于货币供给，利率下降，如图 3-21 中 A 点在 LM 曲线左侧，$L<M$，则 A 点向下移动。

以上四种收入和利率组合，不论是产品市场不均衡还是货币市场不均衡，一旦发生收入和利率的变化，就会出现两个市场非一般均衡的第二种情况。

第二种情况是两个市场都不均衡，说明收入和利率的组合既不在 IS 曲线上，也不在 LM 曲线上，即投资不等于储蓄，同时货币需求不等于货币供给。其具体有四种类型，见表 3-4 和图 3-22。

表 3-4　两个市场都不均衡

非均衡区域	产品市场	货币市场
Ⅰ区　$I<S$　$L<M$	产品超额供给	货币超额供给
Ⅱ区　$I<S$　$L>M$	产品超额供给	货币超额需求
Ⅲ区　$I>S$　$L>M$	产品超额需求	货币超额需求
Ⅳ区　$I>S$　$L<M$	产品超额需求	货币超额供给

非均衡状态下收入和利率的调整与第一种情况遵循同样的原则，即投资大于储蓄，收入增加，投资小于储蓄，收入减少；货币需求大于货币供给，利率上升，货币需求小于货币供给，利率下降。

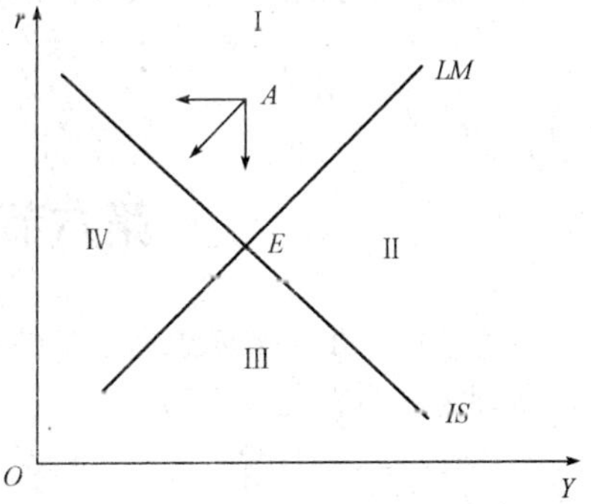

图 3-22　两个市场都不均衡的情况

如图 3-22 中，A 点处于非均衡状态的Ⅰ区，在 IS 曲线右侧，投资小于储蓄，同时又在 LM 曲线左侧，货币需求小于货币供给。投资小于储蓄使收入减少，A 点向左移动，货币需求小于货币供给使利率下降，A 点又同时向下移动。这两个方面调整的结果可以看成是 A 点向左下方移动，一直移动到 IS 曲线上，这又成为第一种情况中 A 点的状态。只要两个市场不能同时实现均衡，这种调整就会继续下去，最终会以收敛型蛛网模式在 E 点实现均衡。

三、两个市场一般均衡的变动

IS 曲线和 LM 曲线的交点上同时实现了产品市场和货币市场的均衡，然而这一均衡不一定是充分就业的均衡。因为在凯恩斯看来，经济的均衡未必发生在充分就业的产出水平上，只要总需求等于总供给，经济就是均衡的。如在图 3-23 中，IS 和 LM 的交点 E 所决定的均衡收入和利率是 Y_0 和 r_0，但充分就业的收入则是 Y^*，均衡收入低于充分就业收入。在这种情况下，仅靠市场的自发调节，无法实现充分就业均衡，需要依靠国家用财政政策或货币政策对经济进行调节。

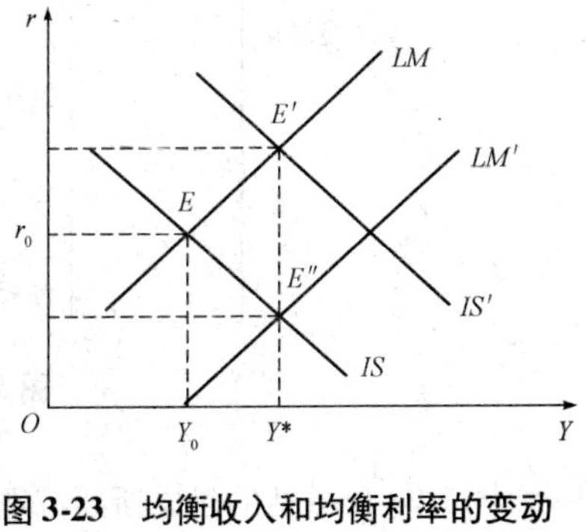

图 3-23　均衡收入和均衡利率的变动

财政政策是政府变动支出和税收来调节国民收入，如果政府增加支出或降低税收，使政府净支出增加从而社会总支出增加，*IS* 曲线就会向右上方移动。当 *IS* 上移到 *IS′*时，和 *LM* 线相交于 *E′*点，正好达到充分就业的收入水平。货币政策是中央银行通过改变货币供应量来改变利率和收入，当中央银行增加货币供给时，*LM* 曲线向右下方移动。如果移动到 *LM′*时和 *IS* 曲线相交于 *E″*点，也正好达到充分就业的收入水平。当然，国家也可以同时改变税收、政府支出和货币供给量，同时改变 *IS* 和 *LM* 的位置，使二者相交于 Y^*E'垂直线上，以实现充分就业。

从图 3-23 中可以看到，*IS* 曲线和 *LM* 曲线移动时，不仅收入会变动，利率也会变动。当 *LM* 曲线不变而 *IS* 曲线向右上方移动时，不仅收入提高，利率也上升。这是因为，*IS* 曲线右移是由于投资、消费或政府支出等总支出增加引起的，总支出增加使生产和收入增加，收入增加了，就引起对货币交易需求增加。由于货币供给不变（假定 *LM* 不变），货币需求的增加将导致利率上升。同样可以说明，*LM* 不变而 *IS* 曲线向左下方移动时，收入和利率都会下降。

当 *IS* 曲线不变而 *LM* 曲线向右下方移动时，则收入增加，利率下降。这是因为，*LM* 曲线右移，要么是货币供给不变时货币需求下降，要么是货币需求不变时货币供给增加。在 *IS* 曲线不变即产品供求情况不变的情况下，*LM* 曲线右移意味着货币市场上供过于求，必然导致利率下降。利率下降刺激消费和投资，从而使收入增加。相反，当 *IS* 曲线不变而 *LM* 曲线向左上方移动时，则会使利率上升，收入下降。

如果 *IS* 曲线和 *LM* 曲线同时移动，收入和利率的变动情况则由 *IS* 和 *LM* 如何同时移动而定。如果 *IS* 向右上方移动，*LM* 同时向右下方移动，则可能出现收入增加而利率不变的情况。这就是扩张性的财政政策和货币政策相结合可能出现的情况。

第六节　凯恩斯的基本理论框架

为了进一步了解凯恩斯主义的宏观经济理论体系，在此介绍一种由西方学者总结的概括凯恩斯理论的图表（图 3-24）。

- 凯恩斯的国民收入决定理论
  - 消费（C）
    - 消费倾向
      - 平均消费倾向 $APC=\frac{C}{Y}$
      - 边际消费倾向 $MPC=\frac{\Delta C}{\Delta Y}$
      - 由此求投资乘数 $k=\frac{1}{1-\frac{\Delta C}{\Delta Y}}$
    - 收入（Y）
    - 投资（I）
      - 利率（r）
        - 流动性偏好（L）（$L=L_1+L_2$）
          - 交易动机（由 m_1 满足）
          - 谨慎动机（由 m_1 满足）
          - 投机动机（由 m_2 满足）
        - 货币数量（$m=m_1+m_2$）
    - 资本边际效率（MEC）
      - 预期收益
      - 重置成本或资产的供给价格

图 3-24　凯恩斯的国民收入决定理论

图 3-23 所概括的凯恩斯经济理论纲要主要包括以下几点：

第一，国民收入取决于消费和投资。

第二，消费由消费倾向和收入决定。消费倾向分平均消费倾向和边际消费倾向。边际消费倾向大于0而小于1，因此，收入增加时，消费也增加。但在增加的收入中，用来增加消费的部分所占比例可能越来越小，用于增加储蓄部分所占比例可能越来越大。

第三，消费倾向比较稳定。因此，国民收入波动主要来自投资的变动。投资的增加或减少会通过投资乘数引起国民收入的多倍增加或减少。投资乘数与边际消费倾向有关。由于边际消费倾向大于0而小于1，因此，投资乘数大于1。

第四，投资由利率和资本边际效率决定，投资与利率呈反方向变动关系，与资本边际效率呈正方向变动关系。

第五，利率取决于流动性偏好与货币数量。流动性偏好是货币需求，由 L_1 和 L_2 组成，其中 L_1 来自交易动机和谨慎动机，L_2 来自投机动机。货币数量 m 是货币供给，由满足交易动机、谨慎动机的货币和满足投机动机的货币组成。

第六，资本边际效率由预期收益和资本资产的供给价格或者说重置成本决定。

凯恩斯认为，形成资本主义经济萧条的根源是消费需求和投资需求所构成的总需求不足以实现充分就业。消费需求不足是由于边际消费倾向小于1，即人们不会把增加的收入全用来增加消费，而投资需求不足是由于资本边际效率在长期内递减。为解决有效需求不足，必须发挥政府的作用，用财政政策和货币政策来实现充分就业。财政政策就是用政府增加支出或减少税收以增加总需求，通过乘数原理引起收入多倍增加。货币政策是用增加货币供给量以降低利率，刺激投资从而增加收入。由于存在“流动性陷阱”，因此货币政策效果有限，增加收入主要靠财政政策。

凯恩斯经济理论的要点还可以用前面说过的代表产品市场和货币市场同时均衡的数学模型来表示。在产品市场上：

储蓄函数为 $S=S(Y)=-a+(1-b)Y$

投资函数为 $I=I(r)=I_0-dr$

均衡条件为 $S(Y)=I(r)$

得 IS 曲线：$Y=\dfrac{a+I_0-dr}{1-b}$

在货币市场上：

货币需求函数为 $L=L_1(Y)+L_2(r)=kY-hr$

货币供给函数为 $m=\dfrac{M}{P}$

均衡条件为 $m=L$

得 LM 曲线：$m=kY-hr$ 或 $r=\dfrac{kY}{h}-\dfrac{m}{h}$

求解 IS 和 LM 的联立方程，即可求得产品市场和货币市场同时均衡的收入和利率。

本章小结

本章以 *IS-LM* 模型对西方各流派学者所总结的凯恩斯主义理论的基本体系进行了介绍，主要内容包括：

(1) 投资主要受利率影响，资本边际效率曲线反映了不同利率水平下投资量变动的趋势，构成了投资需求曲线。

(2) *IS* 曲线表达了计划投资与计划储蓄相一致的产品市场均衡条件，也反映了货币市场之于产品市场的影响。

(3) 货币需求取决于交易动机、谨慎动机和投机动机，是收入和利率的函数，而由货币供求相等所形成的 *LM* 曲线则反映了产品市场影响下的货币市场均衡条件。

(4) *IS* 曲线和 *LM* 曲线交点的利率和收入就是产品市场和货币市场同时达到均衡的利率和收入，任何不在均衡水平上的利率和收入在两个市场充分自由的条件下总会有走向均衡的趋势。

从这些分析可知，凯恩斯理论体系是建立在三大基本心理规律基础之上的：消费者心理状态所决定的消费倾向；资本家心理状态所决定的资本边际效率；公众的心理状态所造成的货币流动性偏好。凯恩斯认为，市场的自发作用如果不能保证这三个心理状态所决定的变量的数值相互协调，就会造成失业和经济危机。

IS-LM 模型作为一种经济分析工具，较好地表达了凯恩斯主义对宏观经济运行的考察，并有利于表达其政策主张，但在对现实经济问题考察的运用方面，也不可避免地存在诸多缺陷，远不如模型所显示的精确与美妙。

复习思考题

一、名词解释

IS 曲线　*LM* 曲线　资本边际效率　货币需求函数　流动性偏好　流动性陷阱　货币供给　贴现

二、简答题

1. 什么是资本边际效率？为什么把资本边际效率曲线看成投资需求曲线？
2. 什么是 *IS-LM* 模型？怎样理解 *IS-LM* 模型是凯恩斯主义宏观经济学的核心？
3. 消费函数中的自发消费支出和边际消费倾向变动时，*IS* 曲线会有什么变动？
4. 在 *IS* 和 *LM* 两条曲线相交时形成的均衡收入是否就是充分就业的国民收入？为什么？
5. 如果经济中的收入和利率的组合不在 *IS* 曲线和 *LM* 曲线的交点上，市场能否使产品市场和货币市场的这种非均衡走向均衡？
6. 如果产品市场和货币市场没有同时达到均衡而市场又往往能使其走向均衡或者说一般均衡，为什么政府还要干预经济？
7. 流动性偏好理论的主要内容是什么？
8. 研究 *IS* 曲线和 *LM* 曲线的斜率及其决定因素有什么意义？
9. 如何得出资本边际效率曲线？
10. 什么是 *LM* 曲线的三个区域，其经济含义分别是什么？
11. 简述凯恩斯经济理论的基本框架。

三、计算题

1. 若投资函数为 $I=100-5r$，找出利率 r 为 4%、5%、6%、7% 时的投资量；若储蓄函数 $S=-40+0.25Y$，找出与上述投资相均衡的收入水平；求 *IS* 曲线并作出图形。

2. 假设一个两部门经济中，消费 $C=100+0.8Y$，投资 $I=150-6r$，实际货币供给 $m=150$，货币需求 $L=0.2Y-4r$。单位为亿元。

(1) 求 *IS* 曲线和 *LM* 曲线；

(2) 求产品市场和货币市场同时均衡的利率和收入。

3. 假设某经济中，消费函数 $C=800-0.8(1-t)Y$，税率 $t=0.25$，投资函数 $I=200-50r$，

政府购买 $g=200$，货币需求 $L=0.4Y-100r$，名义货币供给 $M=900$。求：

（1）*IS* 曲线；

（2）*LM* 曲线；

（3）当 $P=1$ 时，产品市场和货币市场同时均衡的利率和收入。

4. 某经济中，$C=100+0.8(Y-t)$，$I=200-1\,000r$，$g=t=550$，货币需求 $L=Y-10\,000r$，实际货币供给量 $m=900$。

（1）写出 *IS*、*LM* 方程；

（2）两个市场同时均衡时的总收入、利率、消费和投资各为多少？

（3）若充分就业产量水平为 2 000 亿元，想通过增加政府购买达到充分就业，需增加支出多少？这时利率是多少？

5. 假定（a）消费函数 $C=50+0.8Y$，投资函数 $I=100-5r$；（b）消费函数 $C=50+0.8Y$，投资函数 $I=100-10r$；（c）消费函数 $C=50+0.75Y$，投资函数 $I=100-10r$（价格水平都不变）。

（1）求（a）、（b）和（c）的 *IS* 曲线；

（2）比较（a）和（b），说明投资对利率更为敏感时，*IS* 曲线斜率将发生什么变化；

（3）比较（b）和（c），说明边际消费倾向变动时，*IS* 曲线斜率将发生什么变化。

第四章

总需求-总供给模型

简单国民收入决定原理和 *IS-LM* 模型是20世纪30年代以凯恩斯为代表的有效需求原理的主要内容，其从需求的角度揭示了一个国家或地区国民收入决定的规律，解释了造成一个国家或地区经济萧条和经济危机的原因，为摆脱经济萧条和经济危机提供了重要理论指导，并在西方各国应对20世纪30年代经济危机的实践中取得了成功。以有效需求为核心的凯恩斯宏观经济学的建立实现了一场西方经济学发展史上的"凯恩斯革命"，形成了凯恩斯经济学，并发展为凯恩斯主义的两大支派——新古典综合学派和新剑桥学派，在20世纪五六十年代成为西方经济学界的"新正统"。

但是，凯恩斯经济学也存在着明显的缺憾和不足，典型表现在缺乏微观经济基础，缺少对微观经济主体经济行为的分析，忽视供给和物价对经济运行的影响。在分析过程中，它将总供给视为已知和既定，并认为价格是"刚性"不变的（*LM* 曲线中的物价是常数）。这些理论缺陷限制了它对宏观经济现象的解释能力，难以解释经济周期性波动、失业、通货膨胀等经济萧条和经济危机以外的宏观经济现象，更无法提出有效解决这些宏观经济问题的对策，正因为如此，有的学者将凯恩斯经济学称为"萧条经济学"。

20世纪70年代，新凯恩斯主义学者在凯恩斯有效需求原理的基础上，引入供给（总供给）分析，建立了总需求-总供给模型（*AD-AS* 模型），拓展了凯恩斯国民收入决定原理，构建了凯恩斯经济学的微观理论基础，丰富和发展了凯恩斯宏观经济理论。

本章将对这一模型进行介绍，内容包括总需求与总需求曲线、总供给与总供给曲线以及总需求-总供给模型对现实经济的解释等。

★拓展阅读4-1

新古典综合学派、新剑桥学派与新凯恩斯主义

新古典综合学派和新剑桥学派是20世纪30年代资本主义世界经济大危机后，在凯恩斯经济学基础上发展起来的凯恩斯主义经济学的两大分支。

新古典综合学派是所谓的"凯恩斯革命"之后起初最有影响力的凯恩斯学派，又先后自称"后凯恩斯主流经济学"和"现代主流经济学新综合"。反映这个学派理论观点的代表著作是美国经济学家萨缪尔森的《经济学》。在经济政策上，其主张运用财政政策和货币政策，调节总需求，以减少失业、消除危机；在经济制度方面，其主张混合经济论，即公私机构共同对经济施行控制。

新剑桥学派是凯恩斯主义的另一个重要分支。在理解和继承凯恩斯主义的过程中，该派提出了与新古典综合学派相对立的观点，试图在否定新古典综合学派的基础上，重新恢复李嘉图的传统，建立一个以客观价值理论为基础，以分配理论为中心的理论体系，并以此为根据，探讨和制定新的社会政策，以改变资本主义现存分配制度来调节失业与通货膨胀的矛盾。

自20世纪60年代末70年代初以来，凯恩斯主义由于不能解释滞胀现象而受到货币主义、新古典宏观经济学等的挑战。凯恩斯主义无力应付现实和理论的挑战而陷入困境，经济自由主义的思潮席卷西方宏观经济领域，凯恩斯主义日趋衰微。

为应对凯恩斯主义的理论危机，20世纪80年代诞生了新凯恩斯主义经济学。它是在吸收凯恩斯主义的不足、新古典宏观经济学在理论上的进展以及理性预期等非凯恩斯学派成果的基础上发展起来的。凯恩斯主义用需求不足和名义工资刚性解释失业的存在和持续，然而并没有很好地说明名义工资刚性，没有解释名义工资刚性的原因，也没有说明价格刚性的成因。新古典综合学派在综合时，也忽略了微观经济基础。凯恩斯主义的不足和新古典宏观经济学在理论上的进展，给新凯恩斯主义者以有益的启迪。而新古典宏观经济学的市场出清假设完全脱离了资本主义现实，政策无效性的宏观结论也缺乏说服力。它脱离实际把市场出清当作市场常态，主张取消政府干预的政策，它的理论在实践方面缺乏经验支持不能为政府所接收，所以其影响只是在学术方面。而新古典宏观经济学在现实面前的苍白无力又诱使新凯恩斯主义者运用独特的方式和思路对劳动市场、产品市场和信贷市场进行分析，以期寻找出宏观经济波动和失业的原因。

新凯恩斯主义者以工资价格黏性代替原凯恩斯主义的刚性假设，以工资黏性、价格黏性和非市场出清的假设取代新古典宏观经济学的工资、价格伸缩性和市场出清的假设，并将其与宏观层次上的产量和就业量等问题相结合，建立起有微观基础的新凯恩斯主义宏观经济学。新凯恩斯主义是原凯恩斯主义受新古典宏观经济学打击后，汲取凯恩斯主义与其对立的学派的斗争中的经验教训而形成，并在与新古典宏观经济学的斗争中不断发展，是凯恩斯主义的复兴。

第一节　*AD-AS* 模型——联系微观经济学与宏观经济学的桥梁

20世纪30年代，凯恩斯提出了以有效需求为核心的国民收入决定理论，创立了现代宏观经济学。凯恩斯经济学否定和批判了以均衡价格分析为中心的新古典经济学，实现了一场西方经济学发展史上的“凯恩斯革命”，成为西方经济学的“显学”。

但是，凯恩斯经济学也存在着明显的缺憾和不足。凯恩斯经济学的一个致命软肋就是缺乏微观基础，忽视供给分析。而诸如经济周期性波动、失业、通货膨胀等宏观经济问题，如果不能从微观的层面加以分析，就很难得到深刻合理的解释。

新古典综合学派、新剑桥学派等凯恩斯的追随者认识到了凯恩斯经济学的这一缺陷，并努力尝试为凯恩斯宏观经济学构建微观基础。直到20世纪80年代，新凯恩斯主义经济学家提出价格黏性理论、工资黏性理论、信贷配给与利率黏性理论，深入地分析了微观经济主体在产品市场、劳动市场、资本市场的理性选择和追求利益最大化的活动如何导致非市场出清和宏观经济失衡，深刻揭示了微观经济主体行为同失业、总供求失衡、经济周期性波动等宏观经济现象的内在联系，为凯恩斯主义经济学构建了一个坚实的微观基础。

（1）价格黏性理论。新凯恩斯主义者认为，价格既不是凯恩斯所说的刚性，也不是新古典宏观经济学家所说的弹性，价格是黏性的，也就是说价格是缓慢地调整变动的。导致价格黏性的原因很多，主要有：风险与不完全信息、寡头市场结构的特点、成本加成定价和菜单成本。这是最重要的一种价格黏性理论。价格黏性理论是新凯恩斯主义最重要的一种理论。以上形成价格黏性的四种原因说明，正是由于作为微观经济主体的厂商追求自身利益最大化的理性选择，使价格不易变动，当需求发生变动时厂商一般不是通过调整价格来出清市场，而是通过改变产出来适应总需求的变动，这就必然导致经济的剧烈波动和失业增加。这样，新凯恩斯主义经济学家从供给的角度，通过微观经济层面的分析解释了经济周期性波动和失业存在的原因。

（2）工资黏性理论。工资是劳动这种要素的价格，所以工资黏性理论也可以说是一种广义的价格黏性理论，但它要分析的是劳动市场失灵的原因。导致工资黏性的原因有以下几种：①交错的工资调整论；②隐含合同论；③局内人-局外人理论；④效率工资论。效率工资是导致工资黏性的重要原因，黏性工资正是厂商和工人理性选择的结果。由于工资黏性，当劳动供给大于需求时，社会也不可能用降低工资的办法来使劳动市场出清，劳动市场供求失衡导致宏观经济中非自愿失业的大量存在。工资黏性理论是又一个从微观供给分析出发，运用*AD-AS*模型，解释失业这一宏观经济问题的理论。

（3）信贷配给与利率黏性理论。新凯恩斯主义经济学家指出，在不完全信息和高风险的信贷市场上，单纯依靠利率调节来实现信贷市场均衡反而可能是低效率和高风险的。原因在于银行对于借款者群体的还款能力和履行承诺的诚信程度缺乏足够的信息。高利率对于借款者群体和借款动机有逆向选择效应，过高的利率会使那些具有良好资质和还款能力的最佳借款者放弃借款，而那些愿意接受高利率而继续借款的厂商和个人，往往是不具备还款能力的借款者，他们为了补偿高利率的损失，往往会从事风险更大的投资以获取较高的收益，结果往往是不能履行还款承诺，甚至破产。这样，高利率反而使信贷市场降低了效率，增大了风险。银行认为降低风险，提高还款概率更能实现利润最大化，因此在面临超额信贷需求时，一般不是选择提高利率而是实行信贷配给，即把有限的贷款按较低利率贷给那些只愿接受较低利率，但有良好还款能力和信誉的借款者。这样一来，当信贷资金需求大于供给时利率并不上升，信贷配给机制的作用使利率具有黏性。利率机制和信贷配给机制的共同作用使信贷市场失灵，那些从事高风险投资的厂商由于银行“惜贷”而难以获得贷款。但是，如果一个社会总是不能保证高风险的科技创新活动有足够的资金投入，将不利于经济的发展。所以，新凯恩斯主义学派认为，政府干预信贷市场，实行贷款担保等是必要的。

（4）个体理性与集体理性的冲突。新凯恩主义经济学家在许多地方运用不完全信息理论、博弈论等理论和方法反复论证了在复杂的现代市场经济中，个体理性和集体理性往往存在矛盾和冲突，个人的理性选择导致集体非理性的情况是大量存在的。新凯恩斯主义经济学家指出，由于不完全信息和现代市场经济的复杂结构，使得单个经济人根本不可能去协调彼此的行为。他们认为，在由众多经济人构成的现代市场体系中，每个经济人的信息都是不完全的，使得各种商品之间的交易变得十分复杂，交易过程的不确定性愈益突出，发现潜在交易机会的搜索困难大大增加，单个经济人虽然从个人的角度进行着理性的选择，但没有能力来协调他们之间可能相互冲突、彼此抵消的行为，而市场中也不存在一个协调经济人行为、使经济达到最优的理性预期均衡的机制。在这种情况下，微观主体的理性选择就是洁身自好，守住自己的利益，虽然理性经济人希望经济从低产出均衡运动到高产出均衡运动，但由于单个经济人无力协调和影响由众多经济人的选择所决定的总产出和总价格，在数量约束下，个人单独增加生产的结果反而是利润下降。因此，没有一个厂商会单独扩大生产，经济无法走出低迷。

第二节　总需求与总需求曲线

一、总需求与总需求函数

总需求是指一定时期内，经济社会对产品（含服务）的需求总量，一般由消费需求 C、投资需求 I、政府购买需求 G 和国外需求（净需求）$X-M$ 四个部分构成。总需求 = 消费 + 投资 + 政府购买 + 净出口，即 $AD=C+I+G+(X-M)$。

总需求-总供给模型的中心任务在于为凯恩斯经济理论构建微观经济基础。由于微观经济学的中心理论是价格机制理论，其需求函数、供给函数均为价格的函数，因此本节建立的总需求函数为

$$AD=Y=f(P)$$

式中，P 为经济社会的总体物价水平。总需求函数表示在某个既定的价格水平下，经济社会会有多少国民收入，描述的是产品市场和货币市场同时达于均衡的条件下，社会经济总产量 Y（收入）和一般价格水平/物价水平 P 之间的依存关系。总需求函数可由 *IS-LM* 曲线方程求出，以两部门经济为例，具体如下。

联立 *IS* 和 *LM* 的曲线方程得到如下方程组：

$$\begin{cases} r=\dfrac{a+e}{d}-\dfrac{1-b}{d}Y \\ r=\dfrac{k}{h}Y-\dfrac{M}{Ph} \end{cases}$$

解之即可得出总需求函数为：

$$AD=Y=Y_E=\frac{h(a+e)+md}{h(1-b)+kd}=\frac{h(a+e)+\dfrac{M}{P}d}{h(1-b)+kd}=A+\frac{B}{P}$$

其中
$$A=\frac{h(a+e)}{h(1-b)+kd},\quad B=\frac{Md}{h(1-b)+kd}$$

可见，在其他条件既定的情况下，经济社会的总收入 Y 与一般物价水平 P 呈反方向变化，高的物价水平对应高的国民收入，低的物价水平对应低的国民收入。

二、总需求曲线

1. 总需求曲线及其成因

总需求曲线即表达产品市场和货币市场同时达到均衡的条件下，社会经济总产量（收入）和一般价格水平/物价水平之间呈反方向变化关系的曲线，如图 4-1 所示。

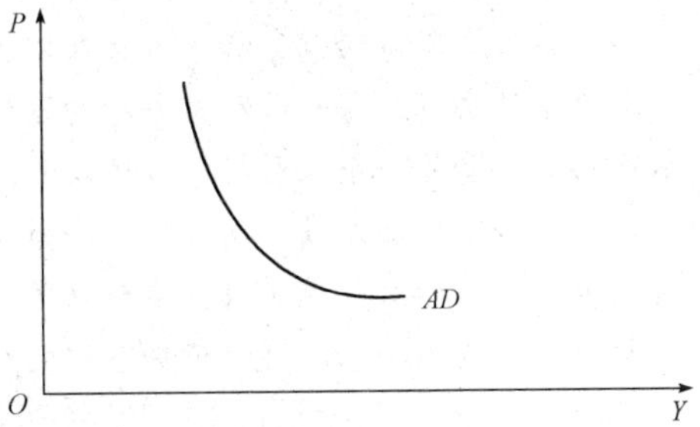

图 4-1　总需求曲线

向右下方倾斜的总需求曲线形象地描述了产品市场和货币市场同时达到均衡时，一个国家或地区国民收入总水平与物价之间的反方向变化关系。四部门经济条件下，这一曲线之所以向右下方倾斜，原因在于以下四种经济效应：

（1）利率效应。利率效应是指物价水平变动引起利率同方向变动，进而使投资和产出水平反方向变动的经济效应。如，物价水平 P 上升引起实际货币供给 $m = M/P$ 下降，实际货币供给 m 的下降引起货币市场货币供给曲线向左移动导致利率水平 r 上升，利率水平 r 的上升引起投资 $I = e - dr$ 减少，投资减少引起总需求 AD（$AD = C + I + G + X - M$）减少，总需求的减少引起总产出水平（或总收入）Y 的减少。可见，利率效应是物价水平 P 与总收入 Y 的反方向变化的决定因素之一。

（2）实际余额效应。实际余额效应也称实际货币余额效应、财富效应，是指物价水平变动使消费者所持有的货币及其他以货币为固定价值的资产的实际价值变动，可用于支配的实际财富发生变化，从而引起消费支出的经济效应。例如，物价水平 P 上升引起消费者可支配的实际财富减少（货币财富的购买力下降），可支配的实际财富的减少引起消费支出 C 减少，消费支出 C 的减少引起总需求 AD（$AD = C + I + G + X - M$）下降，总需求的下降引起总产出水平（或总收入）下降。可见，实际余额效应是物价水平 P 与总收入 Y 的反方向变化的又一决定因素。

（3）所得税效应。所得税效应是指物价水平变化，导致消费者所持有的名义收入（即货币收入）的变化，引起所得税税负和可支配收入的变化，从而引起消费支出变化的经济效应。如，物价水平 P 上升引起消费者名义收入增加，在累进所得税制下，名义收入的增加导致消费者的个人所得税税负增加，可支配收入减少，消费支出 C 的减少，消费支出 C 减少引起总需求 AD（$AD = C + I + G + X - M$）下降，总需求的下降引起总产出水平（或总收入）下降。可见，所得税效应也是物价水平 P 与总收入 Y 的反方向变化的一大决定因素。

（4）贸易效应。所谓贸易效应是指物价水平变化，使得本国产品与外国产品的相对价格发生变化，引起本国的出口需求和外国的进口需求的相对变化，从而引起本国消费水平变化的经济效应。如，物价水平 P 上升，导致本国产品相对昂贵，引起外国对本国产品购买的减少，出口需求 X 下降，同时，外国产品变得相对便宜，国内对外国产品的购买增加，进口需求 M 上升，从而导致净出口 $X - M$ 下降，净出口 $X - M$ 的下降导致总需求 $AD = C + I + G + X - M$ 下降，总需求的下降引起总产出水平（或总收入）Y 下降。可见，开放经济条件下，贸易效应是物价水平 P 与总收入 Y 反方向变化不可忽视的决定因素。

★拓展阅读4-2

累进所得税

累进所得税制是指税率随着个人应纳税款的增加而上升（直至达到某一点为止）的所得税制度。具体而言，就是根据收入的高低确定不同的税率，对高收入者按高税率征税，对低收入者按低税率征税。

实施累进所得税制，意味着富人以更多的赋税标准纳税，穷人则以低赋税标准纳税。在这样一个税率结构下，每一纳税义务人的适用税率，即应纳税额与其所得之比率，会因个人所得净额不同而有所差异。个人所得净额越高的纳税义务人，适用的税率越高。

累进所得税制是多数国家在个人所得税中的惯例做法。美国的个人所得税，在 1994 年共分为五个等级，各所得税等级税率分别是 15%、28%、31%、36%及 39.6%。

中国内地的个人所得税根据不同的征税项目，分别规定了以下三种不同的税率：

（1）工资、薪金所得，适用 7 级超额累进税率，按月应纳税所得额计算征税。该税率按个人月工资、薪金应税所得额划分级距，最高一级为 45%，最低一级为 3%，共 7 级。

（2）个体工商户的生产、经营所得和对企事业单位，适用 5 级超额累进税率。适用按年计算、分月预缴税款的个体工商户的生产、经营所得和对企事业单位的承包经营、承租经营的全年应纳税所得额划分级距，最低一级为5%，最高一级为35%，共5级。

（3）比例税率。对个人的稿酬所得，劳务报酬所得，特许权使用费所得，利息、股息、红利所得，财产租赁所得，财产转让所得，偶然所得和其他所得，按次计算征收个人所得税，适用20%的比例税率。其中，对稿酬所得适用20%的比例税率，并按应纳税额减征30%；对劳务报酬所得一次性收入畸高的，除按20%征税外，应纳税所得额超过2万元至5万元的部分，依照税法规定计算应纳税额后再按照应纳税额加征五成；超过5万元的部分，加征十成。

工资、薪金所得，自2011年9月1日起，应纳税收起征点调整为3 500元/月，7级累进税率见表4-1：

表4-1 2011年9月1日起调整后的7级超额累进税率

全月应纳税所得额 = 月收入 − 三险一金 − 3 500 元	适用税率
全月应纳税所得额不超过 1 500 元	3
全月应纳税所得额超过 1 500 元至 4 500 元	10
全月应纳税所得额超过 4 500 元至 9 000 元	20
全月应纳税所得额超过 9 000 元至 35 000 元	25
全月应纳税所得额超过 35 000 元至 55 000 元	30
全月应纳税所得额超过 55 000 元至 80 000 元	35
全月应纳税所得额超过 80 000 元	45

2. 总需求曲线的推导

与总需求曲线方程相似，总需求曲线可由产品市场-货币市场均衡的*IS-LM*模型推导得出，以两部门经济为例，如图4-2所示。

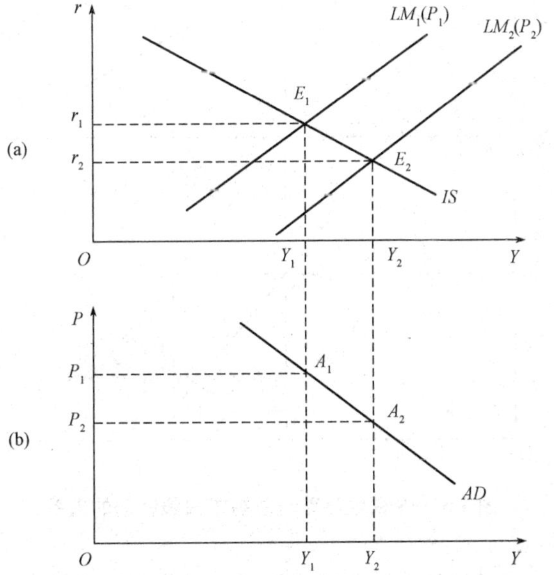

图4-2 总需求曲线的几何推导

其他条件既定时，当物价水平为P_1时，货币市场均衡的*LM*曲线位置为LM_1，产品市场、货币市场均衡点为图 4-2（a）中 E_1 点，对应的均衡国民收入为 Y_1，因此有（P_1，Y_1）的组合关系，对应总需求曲线上 A_1 点坐标为（P_1，Y_1）。当经济社会的物价水平降低到 P_2 时，货币市场均衡的 *LM* 曲线将向右移动到 LM_2 位置，产品市场、货币市场均衡点为图4-2（a）中 E_2 点，对应的均衡国民收入为 Y_2，$Y_2>Y_1$。此时有（P_2，Y_2）的组合关系，对应总需求曲线上 A_2 点坐标为（P_2，Y_2）。连接 A_1、A_2 即可得总需求曲线 *AD*。可见，物价水平由 A_1 点的 P_1 位置下降到 A_2 的 P_2 时，对应的国民收入由 Y_1 增加到 Y_2，物价水平 *P* 与国民收入 *Y* 呈反方向变化，总需求曲线向右下方倾斜。

3. 总需求曲线的移动

由总需求曲线的几何推导可见，引起总需求曲线移动的因素即为引起 *IS* 曲线移动和除物价水平 *P* 外引起 *LM* 曲线移动的因素。因总需求是物价的函数 $AD=Y=f(P)$，故物价水平 *P* 的变化引起的不是总需求曲线的移动，而是总需求曲线上由一个点变化到另一个点。

（1）*IS* 曲线与总需求曲线的移动。四部门经济条件下，引起 *IS* 曲线移动的因素有自发性消费支出 *a*、自发性投资支出 *e*、政府购买 *G*、政府转移支付 *TR*、政府税收 *T* 以及出口 *X* 和进口 *M* 七大因素。并且，自发性消费支出 *a*、自发性投资支出 *e*、政府购买 *G*、政府转移支付 *TR* 和出口 *X* 五大因素，增加则导致 *IS* 曲线向右移动，减少则导致 *IS* 曲线向左移动；政府税收 *T* 和进口 *M* 两大因素，增加则导致 *IS* 曲线向左移动，减少则导致 *IS* 曲线向右移动。

其他条件既定时，*IS* 曲线向右移动将导致总需求曲线向右移动，IS 曲线向左移动则导致总需求曲线向左移动，即 *IS* 曲线的移动方向与总需求曲线的移动方向是一致的。可作图说明，以 *IS* 曲线向右移动为例，如图 4-3 所示。

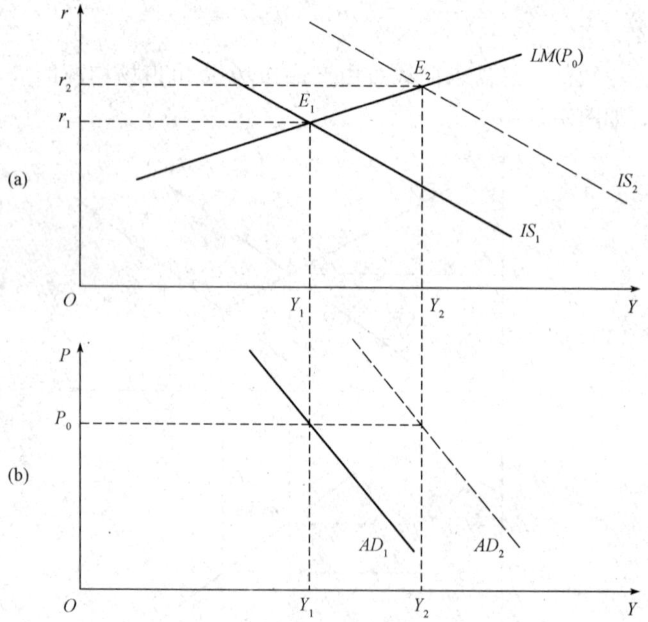

图 4-3　*IS* 曲线移动与总需求曲线移动的关系

假设其他条件既定时，经济社会的物价水平 P_0，对应的货币市场均衡的 *LM* 曲线为图 4-3（a）中的 *LM*（P_0）。初始时，*IS* 曲线位于图 4-3（a）中的 IS_1 处，均衡点为图 4-3（a）中的 E_1 点，均衡国民收入为 Y_1，对应的总需求曲线为图 4-3（b）中 AD_1。当经济社会的政府购买 *G* 增加（或其他导致 *IS* 曲线向右移动的因素增加）时（物价水平保持不变，仍为 P_0），*IS* 曲线向右移动到图4-3（a）中的IS_2位置，此时均衡国民收入增加为Y_2（物价仍为P_0），对应的总需求曲线由AD_1向右移动到了AD_2位置。可见，政府购买G增加导致IS曲线与总需求曲线均向右移动。

（2）LM曲线与总需求曲线的移动。LM曲线方程为$r=\frac{k}{h}Y-\frac{M}{Ph}$，斜率为$\frac{k}{h}$，截距为$Y=\frac{M}{Pk}$。由于曲线移动一般指平行移动，斜率不变，可见，引起LM曲线移动的因素为名义货币供给M和经济社会的物价水平P。且当名义货币供给M增加、物价水平P下降时，LM曲线向右移动；反之则向左移动。而总需求曲线的移动是除物价水平P以外的因素引起的，因此，引起LM曲线移动与总需求曲线移动的共同因素即为经济社会的名义货币供给M。

其他条件既定时，LM曲线向右移动（M增加引起）将导致总需求曲线向右移动，其向左移动（M减少引起）则导致总需求曲线向左移动，即LM曲线的移动方向与总需求曲线的移动方向也是一致的。可作图说明，以LM曲线向右移动为例，如图4-4所示。

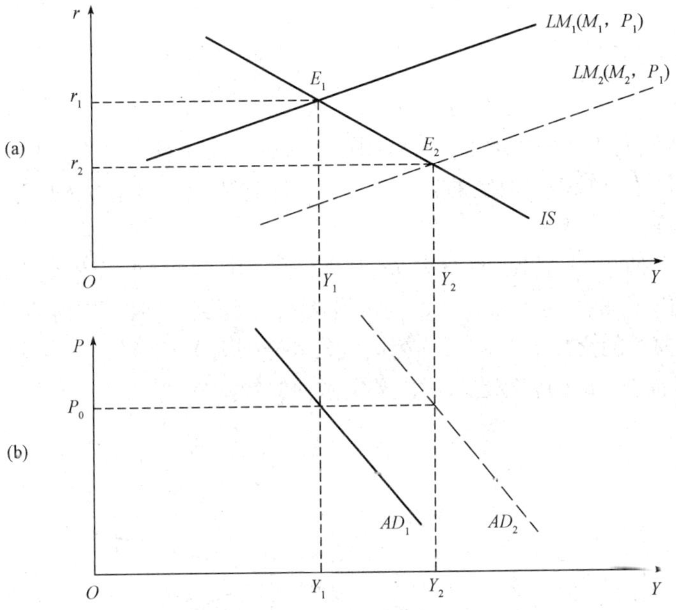

图4-4　LM曲线与总需求曲线移动的关系

假设其他条件既定时，经济社会的物价水平P_1，产品市场均衡的国民收入和物价水平组合形成的曲线为图4-4（a）中的IS曲线。初始时，名义货币供给为M_1，对应货币市场均衡的LM曲线位于图4-4（a）中的LM_1处，均衡点为图4-4（a）中的E_1点，均衡国民收入为Y_1，对应的总需求曲线为图4-4（b）中AD_1。当经济社会的名义货币供给M增加到M_2时（物价水平保持不变，仍为P_1），货币市场均衡的LM曲线向右移动到图4-4（a）中的LM_2位置，此时均衡国民收入增加为Y_2（物价仍为P_1），则对应的总需求曲线由AD_1向右移动到了AD_2位置。可见，名义货币供给M增加导致LM曲线与总需求曲线均向右移动。

4. 总需求曲线的斜率

需求曲线的斜率可以反映需求价格弹性的大小，从而能够直观地显示需求量对价格变动的反映程度。对于总需求曲线而言，如果曲线越平缓，国民收入的物价弹性就比较大，国民收入Y对物价水平P的反映程度就越大，物价的变动对国民收入和国民经济运行的影响就越大；反之，总需求曲线越陡峭，国民收入的物价弹性就越小，国民收入Y对物价水平P的反映程度就越小，物价对国民收入和国民经济运行的影响就越小，如图 4-5 所示。

图 4-5 中，AD_1、AD_2 代表两条不同斜率和需求价格弹性的总需求曲线，总需求曲线 AD_2 比总需求曲线 AD_1 平缓，需求价格弹性大。如果其他条件既定，某个时期，经济社会物价下降了 ΔP，则总需求曲线为 AD_1 时，国民收入增加量为 ΔY_1；总需求曲线为 AD_2 时，国民收入增加量为 ΔY_2。由图显见，$\Delta Y_2 > \Delta Y_1$。表明总需求曲线越平缓，物价变化对国民收入的影响越大。

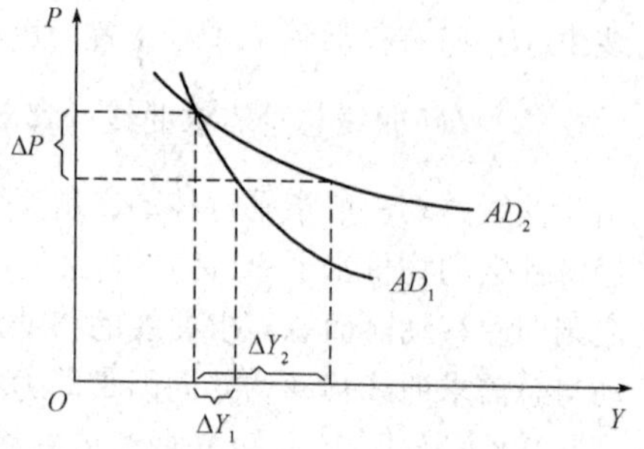

图 4-5　总需求曲线斜率及比较

两部门经济条件下，由总需求曲线方程 $AD = Y = Y_E = \frac{h\ (a+e)\ +md}{h\ (1-b)\ +kd} = \frac{h\ (a+e)\ +\frac{M}{P}d}{h\ (1-b)\ +kd} = A + \frac{B}{P}$，可知总需求曲线 AD 的斜率 $= |Y'| = \left| -\frac{B}{P^2} \right| = \frac{B}{P^2}$，$B = \frac{Md}{h\ (1-b)\ +kd}b$。

因此：

（1）边际消费倾向 $MPC = b$ 越小、投资的利率敏感系数 d 越小，即 IS 曲线的斜率（$1-b$）/ d 越大，式中 b 值越小，总需求曲线的斜率越小，曲线越陡峭，国民收入的物价弹性越小，物价对国民收入的影响越小。

如图 4-6 所示，两条不同斜率的 IS 与 IS' 曲线，与 LM（P_1）曲线相交于 E_1，产品市场和货币市场同时均衡的国民收入为 Y_1。此时，当价格从 P_1 上涨到 P_2 时，均衡的国民收入为 IS 与 IS' 曲线和 LM（P_2）曲线的交点 E_2、E_2'，均衡国民收入分别为 Y_2 和 Y_2'。不难发现，斜率较大的 IS' 曲线对应的总需求曲线 AD' 的斜率也较大，总需求曲线较陡峭。

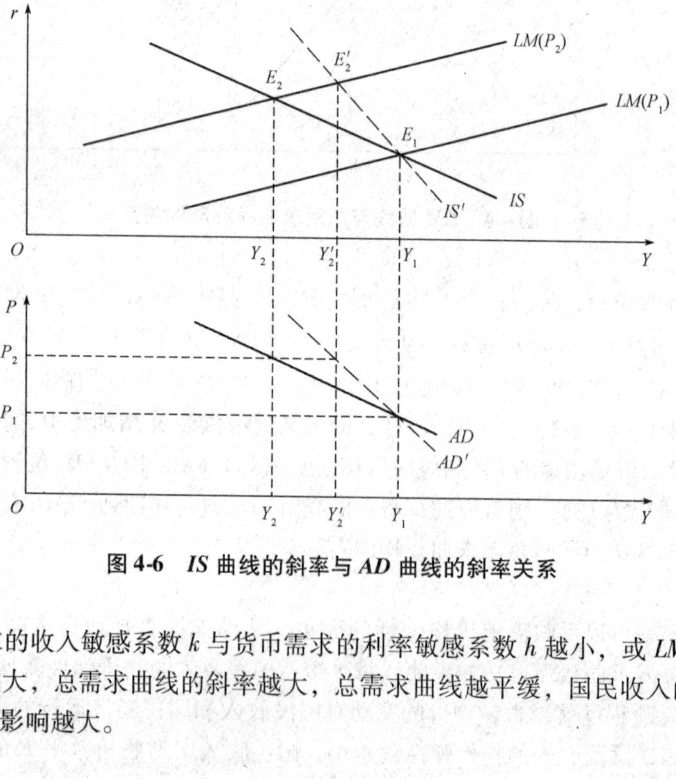

图 4-6　*IS* 曲线的斜率与 *AD* 曲线的斜率关系

（2）货币需求的收入敏感系数 k 与货币需求的利率敏感系数 h 越小，或 LM 曲线的斜率 k/h 越小，式中 B 值越大，总需求曲线的斜率越大，总需求曲线越平缓，国民收入的物价弹性越大，物价对国民收入的影响越大。

如图 4-7 所示，LM（P_1）与 LM'（P_1）和 IS 曲线相交于 E_1，产品市场和货币市场同时均衡的国民收入为 Y_1，此时，当价格从 P_1 下降到 P_2 时，均衡的国民收入分别为 IS 曲线和 LM（P_2）与 LM'（P_2）曲线的交点 E_2、E'_2，均衡国民收入分别为 Y_2 和 Y'_2。不难发现，斜率较大的 LM' 曲线对应的总需求曲线 AD'的斜率较小，总需求曲线较平缓。

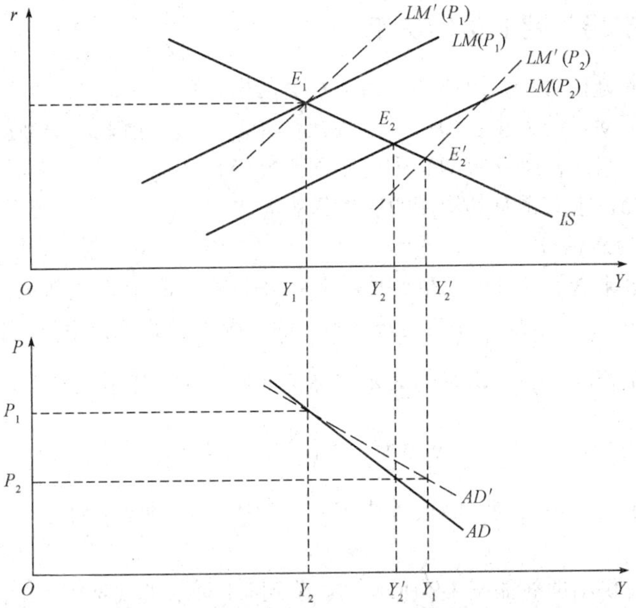

图 4-7　LM 曲线的斜率与 AD 曲线的斜率关系

第三节　总供给与总供给曲线

一、总供给与总生产函数

总供给是指经济社会在一定时期内生产者和政府向国内和国外提供的，供最终使用的产品总和，并且，总供给 = 总收入 = GDP。某个时期经济社会的总供给水平一般由这一时期经济社会的总体生产水平决定。因此，研究总供给必须首先研究总生产。

由微观经济理论可知，生产部门的生产有短期和长期之分，存在短期生产函数与长期生产函数。凯恩斯经济理论考察的是短期，其总生产函数也一般指短期总生产函数。短期内，经济社会的资本存量往往很大，新增的资本流量对现存的资本存量影响有限。因此，短期经济分析中可把资本视为已知和既定，即资本 K 为常数。短期生产函数描述的是在既定的社会技术水平和一定的资本存量条件下，社会经济最大总产量（收入）Y 与劳动就业量（雇用量）N 之间的函数关系，即：

$$Y=f(N,\ \bar{K})=f(N)$$

可见，短期中，经济社会的总产量（总收入）的大小取决于雇用劳动量，随雇用劳动量的变化而变化，两者同方向变化，如图 4-8 所示。

短期总生产函数曲线之所以为一条向右上方倾斜的减速上升（切线斜率越来越小）的曲线，原因在于短期中所有的企业（生产者）都选择在生产函数的第二阶段组织生产（详见微观经济学生产理论相关内容）。

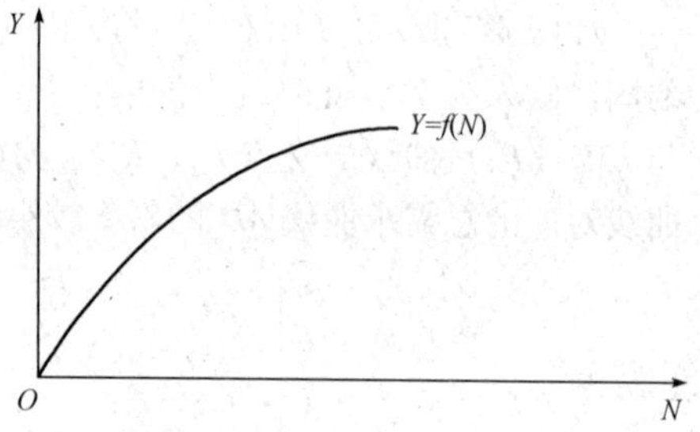

图 4-8 短期总生产函数曲线

二、劳动力市场与就业量的决定

由短期总生产的分析可见，短期中，经济社会的国民收入水平取决于劳动量的大小，即整个经济社会劳动力市场的就业水平。因此，研究短期总生产必须研究经济社会力劳动市场的供求关系及其均衡的雇用劳动量。

1. 劳动力市场的总供给

从整个经济社会来看，劳动的总供给曲线是一条自左向右上方倾斜的曲线（详见微观经济学劳动市场供给曲线）。一般地，在其他条件不变的情况下，劳动力市场的供给量取决于劳动的价格水平，即实际工资 $w=\frac{W}{P}$，其中 W 表示名义工资收入（或货币工资收入），且有：

$$N_S=N_S(w)=N_S(\frac{W}{P})$$

短期中，名义工资（由合同、制度等决定）一般不变，因此劳动力市场的供给为物价 P 的函数。

劳动力市场的总供给曲线如图 4-9 所示。随着实际工资水平（W/P）的上升，劳动力市场的总供给量不断增加，当实际工资率为 W/P_f 时，经济社会的劳动力市场的就业量达到最大 N_f，此时实现充分就业。充分就业状态一般在长期中才能实现。

2. 劳动力市场的总需求

与一般商品的需求一样，在其他条件既定的情况下，整个经济社会对劳动力的需求取决于实际工资水平，两者呈反方向变动（详见微观经济学要素市场需求相关原理）。总需求曲线方程为

$$N_d=N_d(w)=N_d(\frac{W}{P})$$

劳动力市场的总需求曲线如图 4-10 所示。随着实际工资水平（W/P）的上升，劳动力市场的总需求量不断减少，当实际工资率为 W/P_1 时，劳动力市场总需求量为 N_1，当实际供给率上升为 W/P_2 时，劳动力市场的总需求量下降为 N_2。

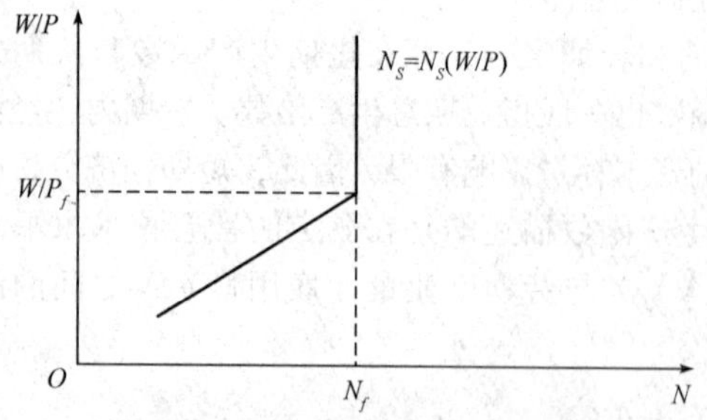

图 4-9 劳动力市场总供给曲线

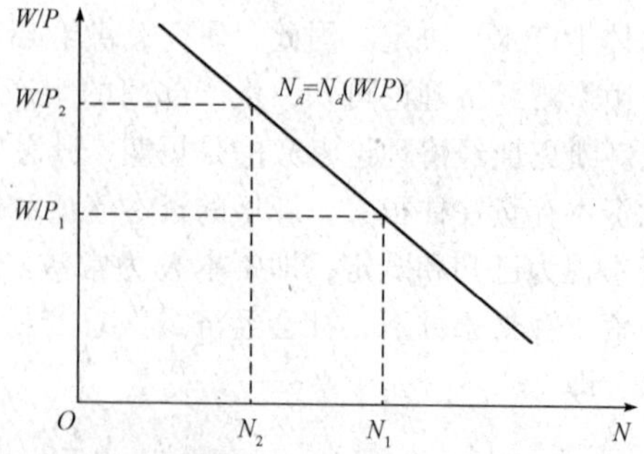

图 4-10 劳动力市场总需求曲线

3. 劳动力市场的长期均衡与短期就业量的确定

充分就业是宏观经济运行的长期目标之一，对于劳动力市场而言，长期中的均衡状态为图 4-9 中的（W/P_f，N_f）处。将上述劳动力市场的总需求曲线和总供给曲线综合在一起，即可分析劳动力市场的长期均衡与短期就业量的确定，确定短期生产函数自变量，即就业量或雇用劳动量 N 的数值，从而确定短期宏观总生产和总供给 Y。

劳动力市场的长期均衡和短期就业量的确定如图 4-11 所示。

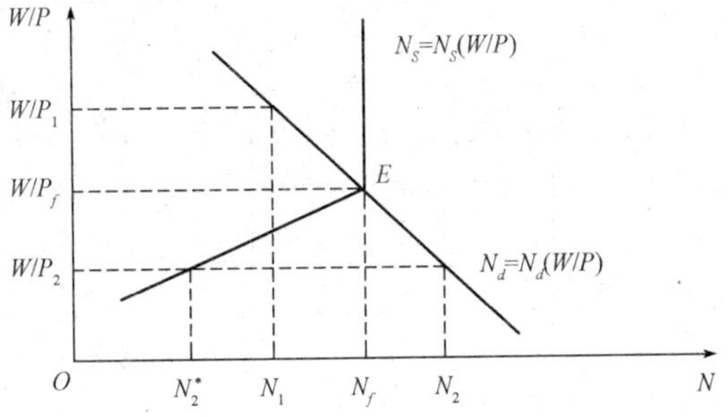

图 4-11　劳动力市场的长期均衡与短期就业量的确定

长期中，劳动力市场的均衡点为图 4-11 中 E 点，对应的就业量为 N_f，实际工资率为 W/P_f。如果短期中经济社会的物价水平为 P_1，实际工资率为 W/P_1，此时，劳动力市场对应的劳动力需求量为 N_1，供给量为 N_f，$N_1 < N_f$，劳动力市场“供大于求”，则实际雇用劳动量（即就业量）为 N_1。如果短期中经济社会的物价水平为 P_2，物价水平高，实际工资率低，为 W/P_2，此时，劳动力市场对应的劳动力需求量为 N_2，供给量为 $N_2{}^*$，$N_2 > N_f > N_2{}^*$，劳动力市场“供不应求”，经济社会又处于高物价状态，在高物价的压力下，短期中，劳动者会接受现行工资选择就业，实际雇用劳动量（即就业量）为 N_f。

三、总供给曲线的形成

综合总供给与总生产的关系，以及劳动力市场的均衡与短期就业量的确定，即可导出宏观总供给曲线，逻辑关系为：已知物价 P→实际工资率（W/P）→劳动力市场供求关系及实际雇用劳动量（N）→总产出 Y［总生产函数 $Y=f(N)$］→总供给曲线上的点的坐标（P，Y）。

其几何推导如图 4-12 所示，此图解读顺序依次为子图（1）→子图（2）→子图（3）→子图（4）。例如，当经济社会物价水平为 P_f 时，实际工资率为 W/P_f［子图（1）］，劳动力市场处于充分就业的长期均衡，对应的雇用劳动量为 N_f［子图（2）］，总生产从而总供给为 $Y_f=f(N_f)$［子图（3）］，从而有总供给曲线 AS 上的点（P_f，Y_f）［子图（4）］。

当经济社会物价水平极低，为 P_0 时，实际工资率为 W/P_0［子图（1）］，劳动力市场处于“供过于求”的超额供给状态，对应的雇用劳动量为 N_0［子图（2）］，总生产从而总供给为 $Y_0=F(N_0)$［子图（3）］，从而有总供给曲线 AS 上的点（P_0，Y_0）［子图（4）］。

特别地，当经济社会物价水平为 P_2 时，实际工资率为 W/P_2［子图（1）］，劳动力市场处于供不应求的状态，但经济社会的高物价迫使短期中劳动者选择就业，对应的雇用劳动量为 N_f［子图（2）］，总生产从而总供给为 $Y_f=f(N_f)$［子图（3）］，从而有总供给曲线 AS 上的点（P_2，Y_f）［子图（4）］。

四、总供给曲线的形态

在西方经济理论中，一般地，总供给曲线完整地表现为图 4-12 中的曲线形态，即斜率为零

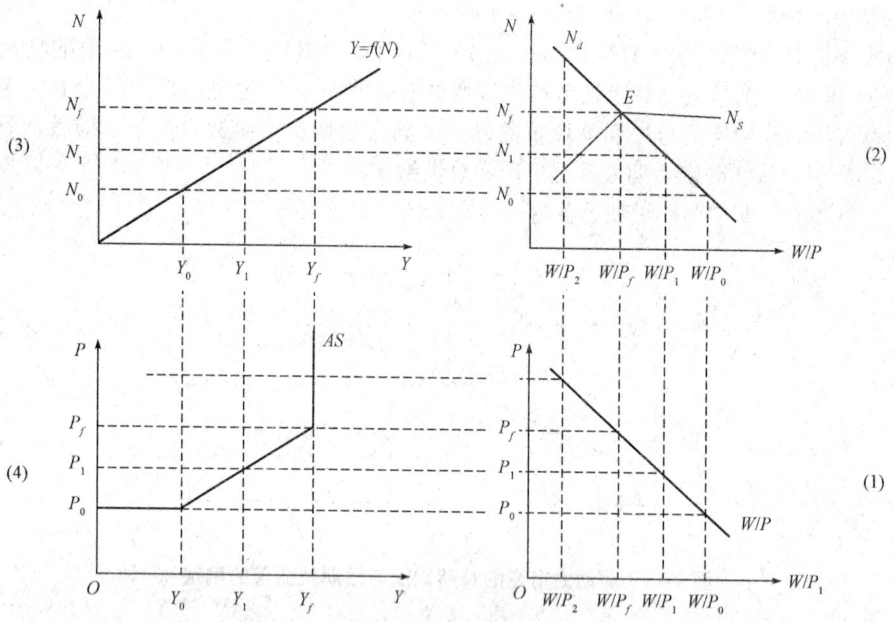

图 4-12　总供给曲线的推导

的水平区间（也称凯恩斯区间或萧条区间），斜率为无穷大的垂直区间（亦称古典区间），以及斜率介于零和无穷大之间的向右上方倾斜的区间（也称常规区间或中间区间）。

1. 凯恩斯区间与凯恩斯总供给曲线

总供给曲线的凯恩斯区间或萧条区间，是总供给曲线呈水平形态的部分，如图 4-13 所示。在价格水平既定时，厂商愿意供给社会所需求的任何数量产品，是总供给曲线的一种极端情形，在现实经济运行过程中极少出现。

一般认为，这种极端情形的存在需要具备两个条件：一是凯恩斯提出的"价格（工资）刚性"（短期）假设；二是经济萧条，存在大量的劳动和资本的闲置。

凯恩斯认为，当社会上存在较为严重的失业时，厂商可以在现行工资水平下得到其所需要的任何数量的劳动力。当仅仅把工资作为生产成本时，这就意味着生产成本不会随产量的变动而变动，从而价格水平也就不会随产量的变动而变动，厂商愿意在现行价格下供给任何数量的产品。换而言之，由于存在着失业，厂商可以在现行工资下获得其需要的任意数量的劳动力；其生产的平均成本不随产量水平的变化而变化。这样，在现行价格水平下，企业愿意供给任意所需求的产品数量。

一般认为，这种情形仅仅存在于失业较为严重的萧条时期，例如，20 世纪 30 年代的大危机时期。可见，总供给曲线的凯恩斯区间与他的理论产生的 20 世纪 30 年代大危机背景和他运用的短期分析方法是紧密相关的。

凯恩斯总供给曲线是与总供给曲线的凯恩斯区间相互联系又相互区别的概念。总供给曲线的凯恩斯区间有一个重要的假设前提——价格（工资）刚性，但凯恩斯认为价格刚性主要存在于经济运行的短期，在长期中市场价格（价格机制）仍有调整的弹性，并最终实现经济社会的充分就业；长期中，总供给曲线是一条垂直于充分就业产出水平的垂线。因此，可将总供给曲线的凯恩斯区间看成是短期的凯恩斯总供给曲线，垂直区间看成是长期的凯恩斯总供给曲线。可见，凯恩斯总供给曲线的形状似反写的"L"，如图 4-14 所示。

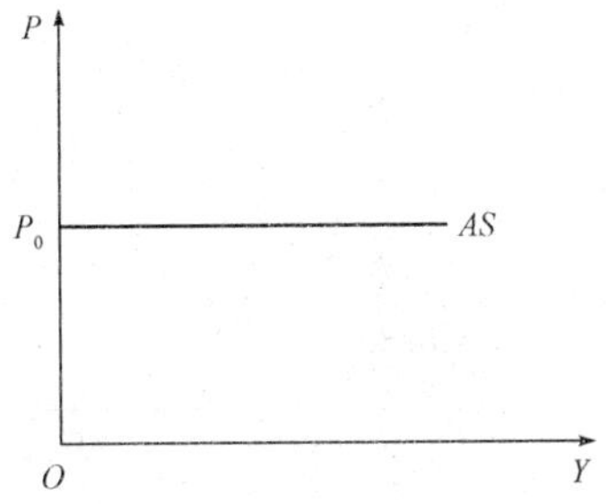

图 4-13　*AS* 曲线的凯恩斯区间

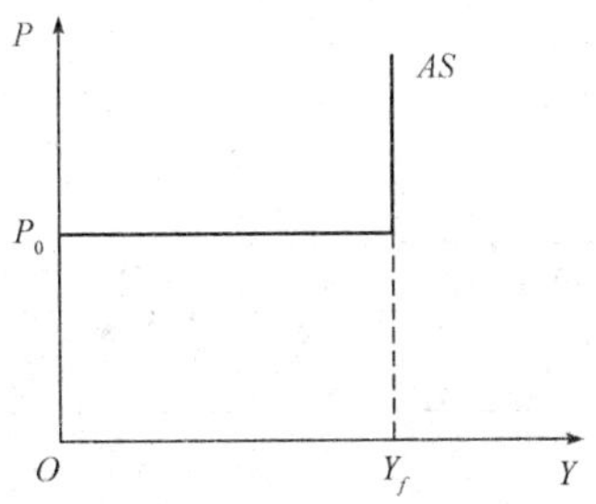

图 4-14　凯恩斯 *AS* 曲线

2. 常规区间与凯恩斯主义总供给曲线

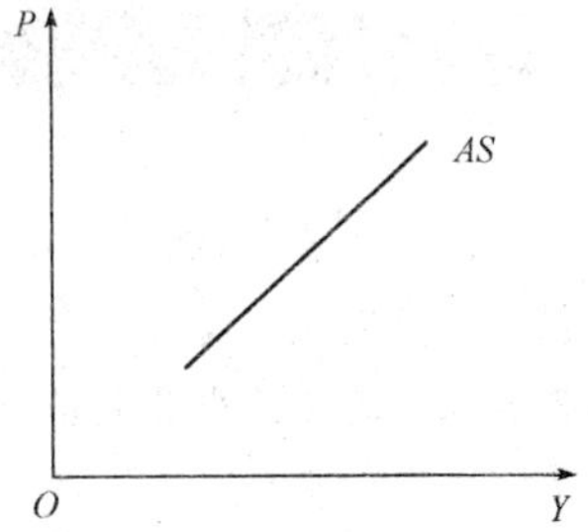

图 4-15　*AS* 曲线的常规区间

总供给曲线的常规区间或中间区间，也称常规的总供给曲线，是一条向右上方倾斜的曲线，如图 4-15 所示。如图所示，随着物价水平的提高，总供给量会增加，经济社会的就业会扩大。这是总供给曲线的常态，是现实经济运行中最为典型的形态。

常规总供给区间是凯恩斯的追随者（凯恩斯主义学者）在凯恩斯总供给曲线的基础上完善和发展起来的。凯恩斯主义学者根据凯恩斯的工资刚性和货币幻觉假说为出发点，提出了凯恩斯主义总供给曲线。

工资刚性假说认为，在短期，货币工资（即名义工资）具有完全的向下刚性和向上的完全弹性。工资有一个最低限度，具有不能向下变动的刚性，无论劳动力市场的供求关系怎样变化，工资不能低于这一水平。但在这一限度之上，工资随劳动供求关系的变化而变化。

"货币幻觉"一词是美国经济学家欧文·费雪于 1928 年提出来的，是货币政策的通货膨胀效应。它是指人们只是对货币的名义价值做出反应，即根据货币的名义价值做决策，而忽视其实际购买力变化的一种心理错觉。凯恩斯主义认为劳动者工资"货币幻觉"的存在，使得劳动者不会因为物价水平上升货币工资不变、实际货币供给下降而改变自己的劳动供给决策。

从图 4-16 可以看到，当货币工资水平 W 保持不变，由于物价水平从 P_1 上涨到 P_2，从而实际工资率由 W/P_1 下降到 W/P_2。此时，由于存在工资的货币幻觉，劳动者提供的劳动量和原来仍旧相同；但对于厂商的劳动需求而言，在实际工资率降低到 W/P_2、全社会尚未实现充分就业的条件下，却可以雇用到更多的劳动力，其雇用的劳动力数量从 N_1 提高到 N_2。在此条件下，如果厂商想要雇用超过 N_2 的劳动力，则需提高实际工资水平。

由此可见，由于存在刚性工资和货币幻觉，在物价水平从 P_1 上涨到 P_2，从而实际工资率由 W/P_1 下降到 W/P_2 时，劳动的供给并未因此减少。在劳动力市场未实现充分就业的条件下，劳动力雇用数量会因此增加，产出也因此增长，从而使得总供给曲线向右上方倾斜，形成常规的总供给形态。

与凯恩斯一样，凯恩斯主义学者也多承认在长期中经济社会能够实现充分就业，对应的总供给曲线为垂直于充分就业产出水平的垂线。凯恩斯主义总供给曲线的形态为水平边下翻的反"L"形，如图 4-17 所示。

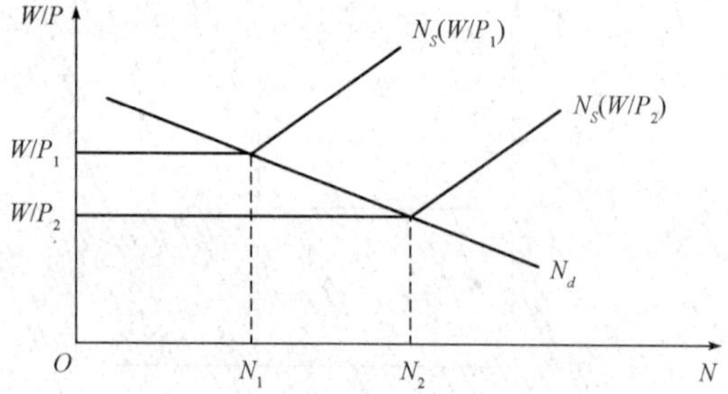

图 4-16 凯恩斯主义雇用劳动力的确定

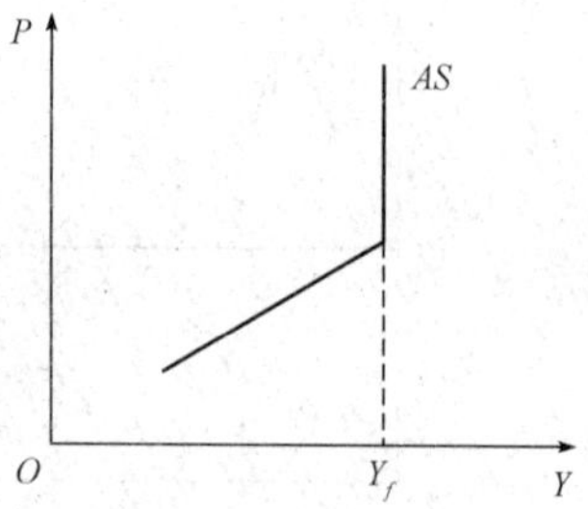

图 4-17 新凯恩斯主义的 *AS* 曲线

★拓展阅读 4-3

欧文·费雪

欧文·费雪（1867—1947）被公认为美国第一位数理经济学家，他使经济学变成了一门更精密的科学。他提高了现代对于货币量和总体物价水平之间关系的认识。他的交换方程大概是解释通货膨胀的原因的理论中最成功的。费雪认为可以保持总体物价水平的稳定，而价格水平的稳定会使得整个经济保持稳定。1923 年，他创办了数量协会，是第一家以数据形式向大众提供系统指数信息的组织。费雪是经济计量学发展的领导者，加大了统计方法在经济理论中的应用。

在经济学中，费雪对一般均衡理论、数理经济学、物价指数编制、宏观经济学和货币理论都有重要贡献。费雪的代表作之一是 1922 年出版的《指数的编制》，这本书利用时间逆转测验法（time reversal test）和因子逆转测验法（factor reversal test）编制物价指数，对以后物价指数的编制影响颇大。

在今天人们仍然经常提到费雪是由于他对货币数量论和宏观经济学的贡献，这方面他的代表作是《货币的购买力》和《利息理论》。美国加州大学伯克利分校经济学教授 J. B. 迪龙（J. B. De Long）在评论货币主义时把费雪称为“第一代货币主义者”，即费雪的货币数量论是最早的货币主义。费雪的货币数量论的中心是交易总量（T）乘价格（P）等于货币量（M）乘货币流通速度（V）（$T \cdot P = M \cdot V$），当 T 和 V 不变时，物价水平（P）取决于货币数量（M）。这也正是弗里德曼现代货币数量论的中心思想。费雪提出，通货膨胀率加实际利率等于名义利率，强调了预期通货膨胀对名义利率一对一的影响。这种观点被称为费雪效应，现在仍是每一本宏观经济学教科书的基本内容。

然而，无论是工资（价格）刚性还是工资（价格）弹性，并不是经济运行的普遍现象。在充分就业时名义工资并不具有古典经济学的完全弹性，在存在失业时，也并不像凯恩斯及凯恩斯主义认为的具有向下调整的刚性。并且，在刚性工资的假设下，名义工资不变，实际工资与物价水平呈反方向变化。因此，经济繁荣时期的实际工资可能比萧条时期的实际工资还要低，因为前者的物价水平很可能高于后者。这可能与经济运行的现实存在较为明显的偏差。

诞生于 20 世纪 80 年代的新凯恩斯主义对此问题进行了重要的修正和完善，提出了工资（价格）黏性假说。新凯恩斯主义认为，工资是由雇用合同规定的，在协商合同时，劳动者根据他预期的价格水平来决定他要求的工资的高低，如果劳资双方同意某一水平的工资，合同便被签订下来。在合同期限内，劳动者必须按照根据他预期的价格水平而计算出来的工资提供劳动，即使在此期间实际的价格水平有所变动，劳资双方也必须遵守合同中规定的工资水平。基于这样的事实，新凯恩斯学派提出了两个工资具有黏性的主要原因，即合同的长期性与合同的交错签订。

新凯恩斯主义认为，合同总是具有期限的，而这种期限通常都不是短暂的，因为过于短暂的合同会增加劳资双方的谈判成本和调整成本。经调查研究发现，在美国占有决定性的重要行业中，劳动合同的期限往往为三年，即货币工资在三年内不能改变。这样，由于合同具有期限，而且期限往往较长，所以工资的调整总是缓慢的，这便使工资具有了黏性。

新凯恩斯主义同时认为，一个社会经济中所有的劳动合同不可能是在同一时间签订的，也不可能同时达到终止期，因此，各种长期合同是交错签订的，从而工资的调整也是交错进行的。这种合同的交错签订使得工资的调整不可能非常及时，这是工资具有黏性的另一个重要原因。

新凯恩斯主义提出的价格/工资黏性假设修正了凯恩斯及凯恩斯主义的价格刚性假说，但对总供给曲线的认识与凯恩斯主义是一致的，即图 4-17 所示的曲线形态。

3. 古典区间、古典总供给曲线与长期总供给曲线

总供给曲线的古典区间，是总供给曲线呈垂直形态的部分，并位于充分就业产量水平上。它表明，无论价格水平如何变动，总供给量都是固定不变的，经济社会始终处于充分就业状态。这是总供给曲线的另一种极端情形，在现实经济运行中也极少出现。

在西方经济理论中，这种极端总供给曲线的形成一般认为是建立在古典经济理论的“价格弹性”基础上的，因此亦称古典总供给曲线。根据古典经济理论，货币工资具有完全的伸缩性，它随劳动供求关系的变化而变化。当劳动力市场存在超额劳动供给时，货币工资就会下降；反之，当劳动力市场存在超额劳动需求时，货币工资就会提高。因此，在古典总供给理论的假定下，劳动力市场的运行毫无摩擦，总能维护劳动力的充分就业。既然在劳动力市场，在工资的灵活调整下充分就业的状态总能被维持，因此，无论价格水平如何变化，经济中的产量总是与劳动力充分就业下的产量即潜在产量相对应，这也就是说，因为全部劳动力都得到了就业，即使价格水平再上升，产量也无法增加，即国民收入已经实现了充分就业，无法再增加了。故而其总供给曲线是一条与价格水平无关的垂直线。

虽然垂直的古典总供给曲线所依赖的假设，即货币工资具有完全的伸缩性受到凯恩斯及其追随者们的指责，但他们也大多承认在长期中市场机制或价格机制仍能够调节经济运行实现充分就业，长期中，总供给曲线是一条垂直于充分就业的垂线。因此，总供给曲线的古典区间或古典总供给曲线也称为长期总供给曲线。

如图 4-18 所示，假定使劳动市场达到均衡时的价格水平和货币工资分别为 P_0 和 W_0，相应地，均衡的实际工资为（W/P）$_f$，按照古典经济理论的说法，此时均衡的就业量就是充分就业下的就业量 N_f。将 N_f 代入生产函数，在图 4-18（a）中就可得到产出量 Y_f，这一产量正是前面所说的充分就业产量。由于产量 Y_f 对应于价格水平 P_0 从而在图 4-18（d）图中可以得到点 J（Y_f，P_0）。

如果价格水平从 P_0 下降到 P_1，在货币工资可变的假定下，货币工资将不能维持在原来的 W_0 水平上，因为在货币工资为 W_0 下，价格水平的下降使得实际工资提高。这将导致对劳动的过剩供给，而可变的货币工资因劳动的过剩供给将会下降，因为工人们会为了得到工作而互相竞争。于是，在图 4-18（c）中，货币工资曲线将从 W_0 下降到 W_1。为了使得劳动市场恢复均衡，货币工资的这种下降同价格水平的下降是成比例的。因此，以前存在的实际工资（W/P）$_f$ 得以维持不变。在这一实际工资的基础上，就业量仍等于 N_f，从而 Y 仍等于 Y_f，在图 4-18（d）中，可得到点 K（Y_f，P_1）。

类似地，如果价格水平从 P_0 上升到 P_2，则有伸缩性的货币工资就会从 W_0 上升到 W_2，以使劳动市场恢复均衡，这时就业量仍为充分就业下的就业量 N_f，从而相应的产量也就是充分就业下的产量 Y_f，于是在图 4-18（d）中又得到点 R（Y_f，P_2）。

用同样的方法，可以考察低于 P_1 和高于 P_2 的其他所有价格水平的情况。在每一价格水平

上，有伸缩性的货币工资都会调整到充分就业的实际工资确定时为止。因此，对任何价格水平，产量都是充分就业的产量。将图4-18（d）中的各点连接起来，便可得到一条位于潜在产量或充分就业产量 Y_f 上的垂线 LAS，这就是长期总供给曲线。

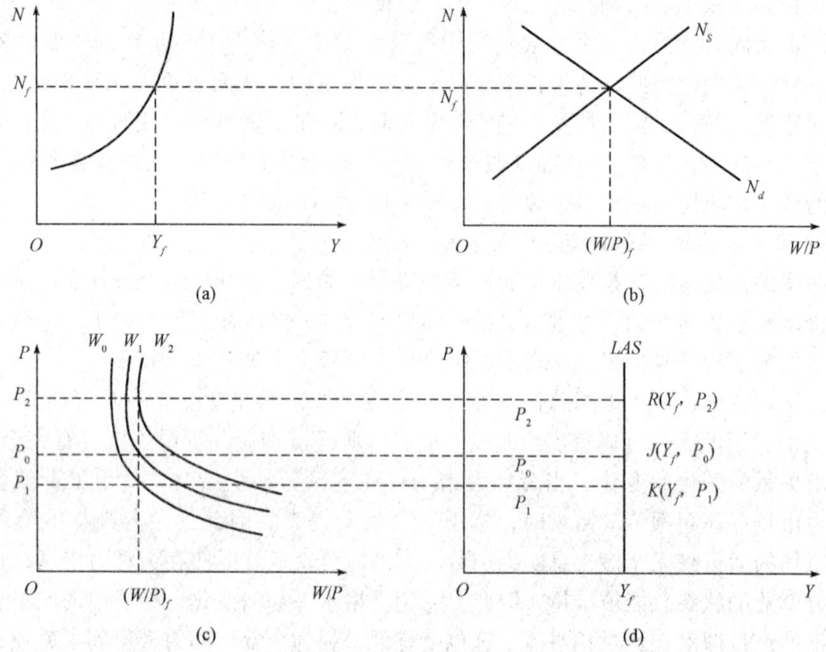

图4-18　古典 *AS* 曲线或长期 *AS* 曲线的形成

五、总供给曲线的移动

由于总供给曲线存在短期的凯恩斯水平区间、常规的向右上方倾斜区间和长期的垂直古典区间，因此总供给曲线的移动可归结为长期的古典区间（长期总供给曲线）左右移动和短期的常规期间（短期总供给曲线）左右移动两种情形。

1. 长期总供给曲线的移动

长期总供给曲线对应的产出为充分就业（资源充分利用）的潜在产出，它是在既定资源和技术水平条件下，一个国家或地区所能生产的最大产出水平，即潜在的产出等于潜在的GDP。一般地，一个国家或地区的潜在产出主要受其生产要素的总量、质量和技术水平等因素的制约。潜在产出增加，则长期总供给曲线向右移动；反之，潜在产出减少，则长期总供给曲线向左移动。一般地，经济社会中的劳动数量增加、资本数量增加、人力资本（劳动力质量）提高、生产技术水平提高（技术进步）、对外开放水平提高等都会提高潜在产出水平，促使长期总供给曲线向右移动。

2. 短期总供给曲线的移动

由于总供给曲线是物价水平 P 的函数，因此，引起短期总供给曲线移动的是除物价水平 P 以外的其他因素。如果只是物价水平 P 发生变动，整个经济的产出水平将沿着一条既定的短期总供给曲线上下移动。

一般地，短期总供给曲线移动可分为以下两种情形：

（1）长期总供给曲线移动引起短期总供给曲线的移动，其原因主要有劳动和资本的数量变化、人力资本和技术水平的变化、对外开放等。这些变动导致长期总供给曲线向右移动，则短期总供给曲线也随之向右移动。反之，则短期总供给曲线随之向左移动。如图 4-19 所示，在长期总供给曲线 LAS_1 处，最大产出为 Y_1，对应的短期总供给曲线为 SAS_1；当长期总供给曲线受上述因素推动向右移动到 LAS_2 时，最大产出增长到 Y_2，对应的短期总供给曲线为 SAS_2。可见，长期总供给曲线由 LAS_1 向右移动到 LAS_2 时，短期总供给曲线相应地由 SAS_1 向右移动到 SAS_2。

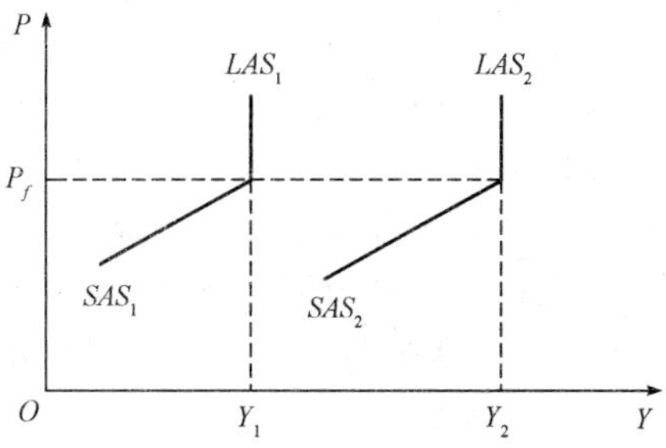

图 4-19　长期总供给曲线移动引起短期总供给曲线移动

（2）短期生产成本因素的影响。由于短期总供给是由厂商的短期总生产决定的，因此，影响厂商短期生产的成本因素，如劳动力的货币工资水平 W 和其他短期生产要素（原材料、燃料、动力等商品的价格）变动都会推动短期总供给曲线的移动。若货币工资 W 上涨或原材料价格上涨，厂商生产成本提高，则导致厂商压缩生产，从而使短期总供给曲线向左移动；当厂商短期生产成本下降，短期总供给曲线将向右移动。

第四节　总需求-总供给模型分析

本节将总需求曲线和总供给曲线结合起来，构建总需求-总供给（*AD-AS*）模型，探寻产品、货币和劳动力三重市场均衡条件下国民收入的决定和变动原理。

一、*AD-AS* 模型均衡的形成

产品市场、货币市场同时均衡条件下，一个国家或地区的国民收入 Y 与物价水平 P 呈反方向变化关系，总需求曲线（*AD* 曲线）是一条向右下方倾斜的曲线。劳动力市场均衡条件下，一个国家或地区的总产出（总供给、国民收入）Y 与物价水平 P 间形成的总供给曲线（*AS* 曲线）形态，包括水平形态的凯恩斯情形、向右上方倾斜的常规情形以及垂直形态的古典情形。将 *AD* 曲线和 *AS* 曲线结合起来即可说明产品市场、货币市场和劳动力市场三重市场同时均衡的条件下国民收入和物价水平是如何被决定的。

如图 4-20 所示，*AD* 表示总需求曲线，*AS* 表示总供给曲线，两条曲线的交点 E 即代表三重市场均衡的均衡点，均衡的国民收入为 Y_e，均衡的物价水平为 P_e。古典经济学认为，在市场机制的有效作用下，总需求与总供给会自动均衡于充分就业的国民收入水平 Y_f 和 P_f 处，即图 4-20 中 F 点。凯恩斯主义经济学认为，在市场机制的自发作用下，总需求与总供给虽然能够自动达成均衡，但却不一定能够达到充分就业的国民收入水平，并且经常是达不到这一产出水平的，即 $Y_e < Y_f$ 是经济运行的常态。

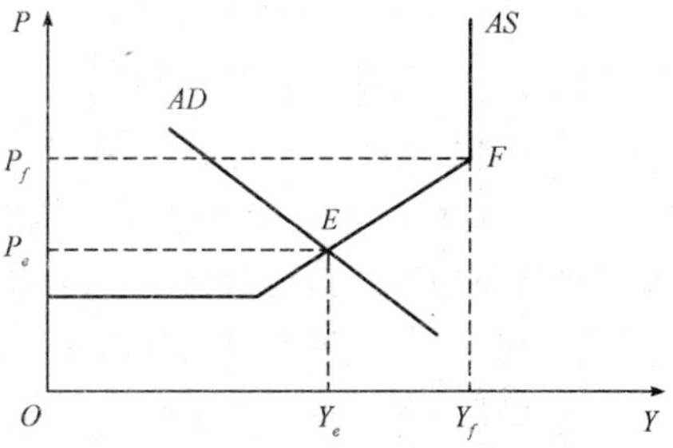

图 4-20　*AD-AS* 模型均衡国民收入和物价的决定

凯恩斯主义经济学认为，上述总需求与总供给形成的均衡是通过市场的内在机制自动实现的。

当物价水平为 P_e 时，总需求等于总供给，达到均衡状态。两部门经济中，均衡的物价水平

P_e 决定的投资需求 I（物价水平决定实际货币供给 $m = M/P_e$，实际货币供给决定均衡的利率水平 r_e，均衡的利率水平决定投资需求 $I = e - dr_e$）和消费需求 C（物价水平决定实际财富，实际财富决定消费支出 C），全社会总需求 $AD = C + I$ 正好等于由此物价水平决定的总生产和总供给 AS［物价水平决定实际工资率 W/P_e，实际工资率 W/P_e 决定实际雇用劳动量 N_e，实际雇用劳动量 N_e 决定总生产和总供给 $AS = Y = f(N_e)$］。

当物价水平高于 P_e 时，总供给 $AS >$ 总需求 AD，总需求与总供给处于不均衡状态，且生产相对过剩，形成物价水平下降的压力。一方面，物价水平下降使得实际工资率提高，从而使劳动的需求和雇用劳动量减少，厂商削减生产，总供给减少；另一方面，物价水平下降促使实际货币供给增加，则利率下降、投资需求增加，同时物价下降导致消费者的实际财富增加，消费需求增加。因此，当物价水平高于均衡物价水平时，将引发物价下降，触发总供给减少和总需求增加的经济效应，最终恢复到均衡状态。

当物价水平低于 P_e 时，总供给 $AS <$ 总需求 AD，总需求与总供给处于不均衡状态，且需求没有得到满足，形成物价水平上涨的推力。一方面，物价上涨使得实际工资率降低，从而使劳动的需求和雇用劳动量增加，厂商扩大生产，总供给增加；另一方面，物价水平上升促使实际货币供给减少，则利率上升、投资需求减少，同时物价上涨导致消费者的实际财富减少，消费需求下降。因此，当物价水平低于均衡物价水平时，将推动物价上涨，触发总供给增加和总需求减少的经济效应，最终恢复到均衡状态。

需要特别说明的是，总供给曲线存在凯恩斯水平区间、常规的向右上方倾斜区间和古典的垂直区间，上述的均衡机制是针对经济运行的常态——常规区间或常规的总供给曲线而言的。总供给曲线的凯恩斯区间和古典区间中的均衡机制留给读者思考，此处不再赘述。

二、*AD-AS* 模型均衡的变动

总需求与总供给的均衡点决定了均衡的国民收入和物价水平，均衡点的位置又取决于总需求曲线 AD 和总供给曲线 AS 的位置，AD 曲线和 AS 曲线位置的任何相对移动都将导致均衡点的变动，而物价水平以外的其他因素所引起的总供求的变动，都会引起 AD 曲线和 AS 曲线的相对移动，从而引起均衡国民收入和物价水平的变化。

AD 曲线与 AS 曲线位置的相对移动可分为只有一条曲线移动和两条曲线同时移动两大类，有总需求曲线 AD 移动、总供给曲线 AS 既定，总供给曲线 AS 移动、总需求曲线 AD 既定，总需求曲线 AD、总供给曲线 AS 同时同方向移动，总需求曲线 AD、总供给曲线 AS 同时反方向移动四种情形。

1. 总需求变动对均衡状态的影响

假定总供给曲线 AS 既定不变，根据总供给曲线的三个区间特征的不同，分三种情况讨论总需求曲线 AD 的移动对均衡国民收入和物价水平的影响。

（1）凯恩斯总供给曲线下，总需求曲线移动的经济效应。凯恩斯总供给曲线有长期和短期两个部分。短期的凯恩斯总供给曲线是物价水平不变条件下的一条水平线，在这种情况下，总需求的增加或减少，只会引起均衡国民收入的变化，物价水平保持不变。

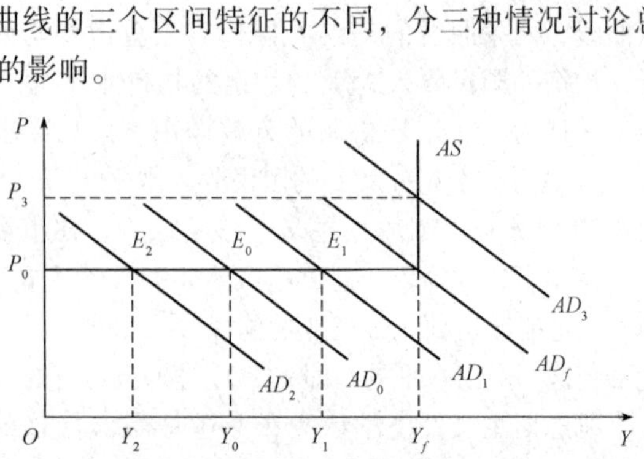

图 4-21　凯恩斯总供给曲线下，总需求曲线移动的经济效应

如图 4-21 所示，初始均衡点为 E_0，均衡的国民收入为 Y_0，物价水平为 P_0。如果影响总需求的因素（物价水平 P 除外）发生变化，

如自发性消费支出、自发性投资支出、政府购买等增加，导致总需求曲线向右移动。反之，会导致总需求曲线 AD 向左移动；当总需求增加，总需求曲线由 AD_0 向右移动到 AD_1，均衡点为 E_1，均衡国民收入增加为 Y_1，但物价水平仍为 P_0。当总需求减少，总需求曲线向左移动到 AD_2，均衡点为 E_2，均衡国民收入减少为 Y_2，物价水平依然保持 P_0 不变。

凯恩斯主义经济学认为，在未实现充分就业的短期中，总需求的增加会引起产量增加但不影响价格变化。其原因在于，总供给曲线 AS 的水平段只是在产量水平低于充分就业时才存在。在低于充分就业状态下，存在大量的非自愿失业，增加产量不会引起货币工资的提高，同时还存在着大量的闲置设备等，使增加产量可以不必增加固定成本，产品的边际成本较小，产品增加不会引起单位成本的增加，从而使价格水平稳定不变。

长期的凯恩斯总供给曲线是一条垂直于充分就业产出水平的垂线，在此条件下，任何总需求的增加将引起物价的上涨而产出水平不变。如图 4-21 所示，总需求增加，总需求曲线从 AD_f 向右移动到 AD_3，物价水平从 P_0 上涨到 P_3，但产出水平与移动前的产出水平一样，均为 Y_f。

（2）常规总供给曲线下，总需求曲线移动的经济效应。20 世纪 80 年代，凯恩斯主义经济学对凯恩斯总供给曲线提出了异议。他们认为，“在达到充分就业的产量情况下，价格水平才会随着总需求的提高而提高”的论点值得商榷。他们提出，在没有达到充分就业的产量情况下，价格水平就会随着总需求的增加而逐步提高（长期总供给曲线下，其观点与凯恩斯主义经济学一致）。主要表现为：在总需求增加、生产不断扩展的过程中，尤其是后期阶段，产量的提高会引起成本的增加，使价格水平上升，主要原因在于以下几方面：

第一，生产的扩展扩大了就业。失业减少从而使工人在劳资双方的工资谈判中的地位提高。在劳动需求增加的情况下，企业交易接受提高货币工资的条件，从而使成本增加。

第二，收益递减规律的作用下，随着生产扩展，当产量达到一定指标，产品的边际成本会增加，从而使边际收益下降，单位产品的成本增加。

第三，生产扩展过程中的“瓶颈现象”的出现，使生产迅速扩展过程中带来某些技术工人的短缺和某些设备、原材料、能源和运输等的短缺，这样就会使得短缺的要素的价格上升，从而提高了生产成本。根据这种看法，对凯恩斯总供给曲线有异议的学者们对它进行了修改，将其中的水平段改为向右上方倾斜的正斜率段，即常规总供给曲线。

在这种情况下，总需求的变动会引起国民收入和物价水平出现同方向的变动，同时增加或同时减少。且当总需求增加，总需求曲线向右移动时，均衡的国民收入增加，物价水平上涨；总需求减少，总需求曲线向左移动时，均衡的国民收入减少，物价水平下降。总需求的变动，引起国民收入和物价的变化，究竟对哪方面影响更大，则取决于总供给曲线斜率的大小。总供给曲线斜率越大，曲线越陡峭，总需求变动对物价水平的影响越大；总供给曲线斜率越小，曲线越平缓，总需求变动对国民收入的影响越大。

如图 4-22 所示，当总需求曲线从 AD_1 提高到 AD_2 时，对应的总供给曲线 AB 段的斜率较小，曲线较平缓，物价水平从 P_1 上涨到 P_2，只有小幅度的攀升；而国民收入从 Y_1 增加到 Y_2，出现了较大幅度的增长。当总需求曲线继续从 AD_2 提高到 AD_3 时，对应的总供给曲线 BC 段的斜率较大，曲线较陡峭，物价水平从 P_2 上涨到 P_3，出现了大幅度的上涨；而国民收入从 Y_2 增加到 Y_3，只有小幅度的增长。可见，总需求增加，将拉动国民收入和物价水平上升；总需求减少，会促使国民收入和物价水平回落。

（3）古典总供给曲线下，总需求曲线移动的经济效应。古典总供给曲线是在充分就业条件下、产出为潜在产出水平时垂直于横轴的垂线，表明国民收入不受物价水平的影响，无论物价如何变动，总供给都为充分就业的产出水平 Y_f。在这种情况下，总需求的增加或减少，总需求曲线

AD 的向右或向左移动，都不会导致产出的变化，只会引起物价水平的升降。

如图 4-23 所示，初始均衡点为 E_0，均衡的国民收入为 Y_f，物价水平为 P_0。当总需求增加，总需求曲线由 AD_0 向右移动到 AD_1，均衡点为 E_1，物价水平上升为 P_1，但均衡的国民收入仍为 Y_f。当总需求减少，总需求曲线向左移动到 AD_2，均衡点为 E_2，物价水平下降为 P_2，但均衡的国民收入仍保持 Y_f 不变。

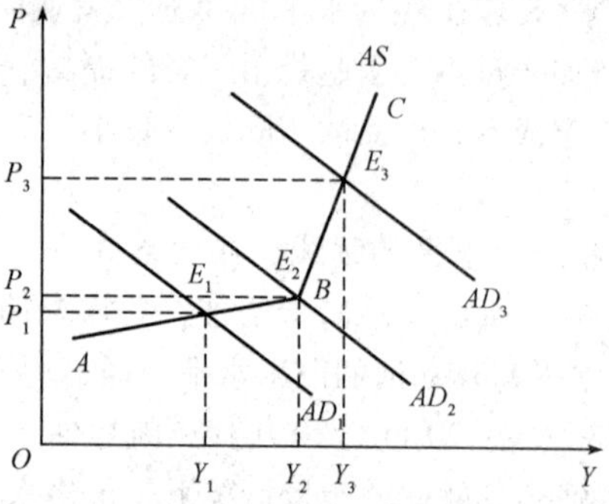

图 4-22　常规总供给曲线下，总需求曲线移动的经济效应

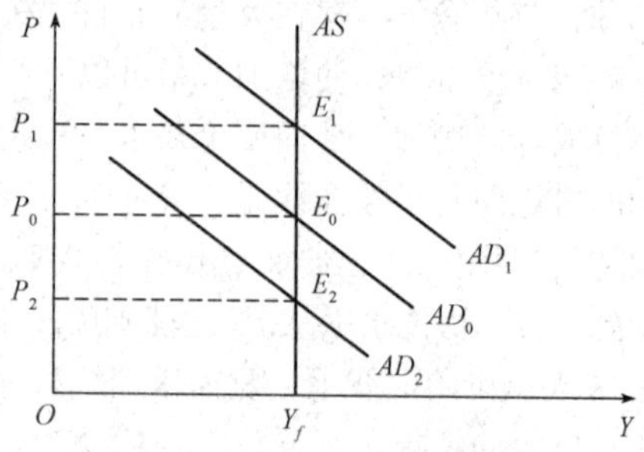

图 4-23　古典总供给曲线下，总需求曲线移动的经济效应

2. 总供给变动对均衡状态的影响

总供给曲线虽有三段区间，但会引起变化的只有常规区间（常规总供给曲线）和古典区间（长期总供给曲线）。在总需求曲线 AD 既定的条件下，无论是常规区间还是古典区间，总供给增加，总供给曲线 AS 向右移动都将引起产出增加、物价下降；总供给减少，总供给曲线 AS 向左移动都将引起产出减少和物价上升。并且，总供给的变动，引起国民收入和物价的变化，究竟对哪方面影响更大，取决于总需求曲线 AD 斜率的大小。总需求曲线 AD 斜率越大，曲线越陡峭，总供给变动对物价水平的影响较大；总需求曲线 AD 斜率越小，曲线越平缓，总供给变动对国民收入的影响较大。在此，以经济运行常态的 AS 曲线的常规区间或称常规总供给曲线 AS 为例，研究总需求既定，总供给变动的经济效应。

如图 4-24 所示，当总供给曲线从 AS_1 增加到 AS_2 时，对应的需求曲线 AB 段的斜率较小，曲线较平缓，物价水平从 P_1 下降到 P_2，只有小幅度的降低；而国民收入从 Y_1 增加到 Y_2，出现了较大幅度的增长。如图 4-24 所示，当总供给曲线继续从 AS_2 增加到 AS_3 时，对应的总需求曲线 BC 段的斜率较大，曲线较陡峭，物价水平从 P_2 下降到 P_3，出现了大幅度下降；而国民收入从 Y_2 增加到 Y_3，只有小幅度的增长。可见，总供给增加，将拉动国民收入增加和物价水平下降；总供给减少，会促使国民收入减少和物价水平的上升。

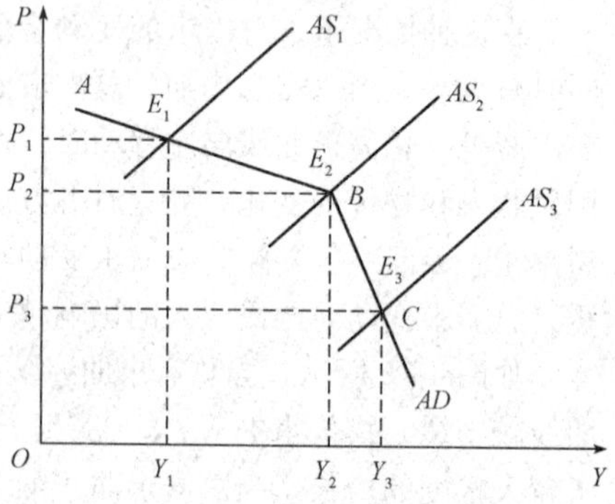

图 4-24　总供给曲线移动的经济效应

3. 总需求、总供给同时变动对均衡状态的影响

总需求、总供给同时变动意味着 AD 曲线和 AS 曲线同时移动，一般地，存在常规 AS 曲线与 AD 曲线同时移动和古典 AS 曲线与 AD 曲线同时移动两种类型。其中，以常规 AS 曲线与 AD 曲线同时移动较为常见，且有两者同时同方向移动和同时反方向移动两种情形。

如果 AD 曲线与 AS 曲线同时向右移动，则均衡的国民收入增加，但物价水平可能上升、可能下降也可能不变；如果同时向左移动，则均衡的国民收入减少，但物价水平的变化无法判定。

如果 *AD* 曲线向右移动与 *AS* 曲线向左移动，则物价水平上升，但国民收入可能增加、可能减少也可能不变；如果 *AD* 曲线向左移动与 *AS* 曲线向右移动，则物价水平下降，但国民收入的变化无法判定。

第五节　总需求-总供给模型的应用

总需求-总供给模型将总需求与总供给结合起来解释国民收入和价格水平的决定，考察物价变化的原因以及社会经济实现总需求与总供给的均衡。利用这些规律，总需求-总供给模型能够较好地解释滞胀、通货膨胀、经济周期等现象，并为政府采取恰当措施、科学调控经济运行提供重要的理论指导。

一、萧条与高涨

西方主流学派经济学家试图用总供给曲线和总需求曲线来解释宏观经济波动。他们把向右上方倾斜的总供给曲线称为短期总供给曲线，把垂直的总供给曲线称为长期总供给曲线。根据长期总供给曲线、短期总供给曲线以及其与总需求曲线的相互关系，他们对经济波动做出如下解释：

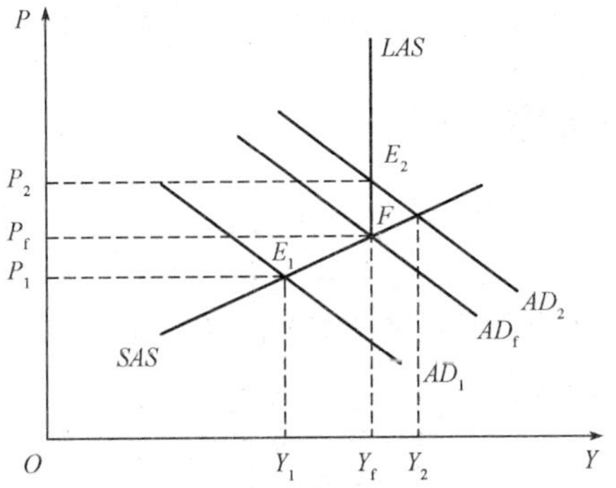

图 4-25　经济的萧条与高涨

如图 4-25 所示，Y_f、P_f 为充分就业条件下的国民收入和物价水平，在此点垂直的线 *LAS* 就是长期总供给曲线，*SAS* 为短期总供给曲线。假设经济的初始均衡状态为 *F* 点，即充分就业状态。如果由于某种因素的冲击导致总需求曲线由充分就业处的 AD_f 向左移动到 AD_1，则均衡点变为 E_1，对应的产出水平为 $Y_1 < Y_f$，物价水平为 $P_1 < P_f$，国民经济陷入萧条状态。此时，如果政府采取刺激总需求的财政政策（如增加政府购买等），则总需求曲线会向右方移动，恢复到 *F* 点的充分就业状态。

如果由于某种因素的冲击导致总需求曲线由充分就业处的 AD_f 向右移动到 AD_2，则均衡点变为 E_2，对应的产出水平为 $Y_2 < Y_f$，物价水平为 $P_2 < P_f$，国民经济进入过热的高涨状态。此时，如果政府采取抑制总需求的财政政策（如减少政府购买等），则总需求曲线会向左方移动，重新恢复到 *F* 点的充分就业状态。

二、滞胀

滞胀全称为停滞性通货膨胀，“滞”是指经济增长停滞，“胀”是指通货膨胀。在经济学中，特别是宏观经济学中，它特指经济停滞与高通货膨胀，失业以及不景气同时存在的经济现象。

在西方经济学界，曾在很长一段时间中，经济学者们认为高通货膨胀率和高失业率是不可能并存的。因为通常通货膨胀可以使得就业率上升（*AS* 曲线通常向右上方倾斜）。但是，20 世纪 70 年代的石油危机，西方国家出现“高通货膨胀率和高失业率并存”这个事实，使得这种观点被否定。

经济增长停滞与通货膨胀并存的现象可以用 *AD-AS* 模型加以解释。在短期内，如果 *AD* 不变，AS 曲线发生位移，则会产生市场价格与国民收入反方向的变动。如果 AS 的水平下降，市场价格会上升，而国民收入则下降，产生经济增长停滞和通货膨胀并存的滞胀现象。

如图 4-26 所示，Y_f、P_f 为充分就业条件下的国民收入和物价水平，AD 为总需求曲线，LAS 为长期总供给曲线，SAS_f 充分就业下的短期总供给曲线。假设经济的初始均衡状态为 F 点，即充分就业状态。此时，如果短期总供给曲线 SAS_f 由于投入的生产要素价格发生变动而发生位置的移动，如原材料、石油价格上涨等，由于生产要素投入的价格（或成本）上升，使得企业在同等产量条件下，要求更高的物价水平，或者在同等价格水平下，被迫减少产量。即 SAS_f 曲线向左上方移动到 SAS_1，使原先处于充分就业状态的国民收入 Y_f 减少至 Y_1。均衡点由 F 移动至 E_1，市场物价水平由 P_f 上涨到 P_1。结果，国民收入下降到小于充分就业时的水平，物价水平则提高到高于充分就业时的水平，出现经济增长停滞和通货膨胀并存的滞胀现象。

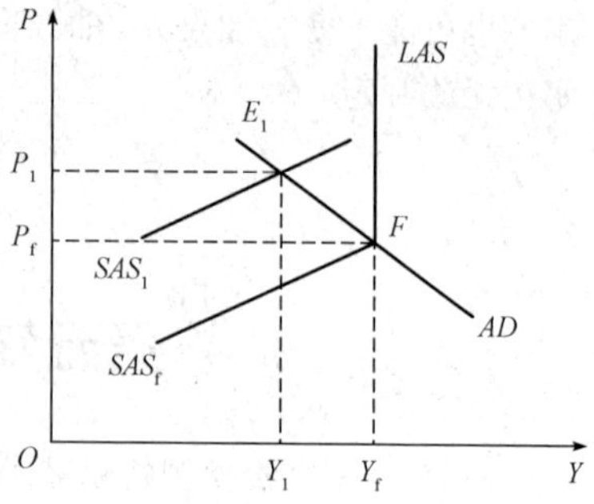

图 4-26　经济的滞胀现象

本章小结

总需求-总供给模型的建立弥补了凯恩斯宏观经济理论的缺陷，奠定了宏观经济学的微观基础，架起了宏观经济学和微观经济学之间联系的桥梁，丰富和发展了凯恩斯主义宏观经济理论，成为宏观经济学重要的经济模型，是研究通货膨胀、失业、滞胀等经济现象的重要理论基础。这一模型的主要内容概括如下：

（1）与微观经济学的供求均衡决定数量和价格相似，总需求和总供给的宏观均衡决定一个经济社会的产出和物价水平。

（2）总需求由消费、投资、政府购买和净出口构成。总需求函数表示社会总需求方面的产量与物价水平间的函数关系，对应的函数曲线即为总需求曲线。总需求表示的产量与物价的关系由 IS-LM 模型导出。联立产品市场均衡的 IS 曲线方程和货币市场均衡的 LM 曲线方程即可推导出总需求曲线方程，通过 IS-LM 模型的几何分析，即可导出总需求曲线。

（3）总需求曲线是一条向右下方倾斜的曲线，表明物价水平与国民收入呈反方向变化。其形成的原因有利率效应、实际余额效应、所得税效应和贸易效应。总需求曲线因引起 IS、LM 曲线移动的自发性消费、自发性投资、政府购买、税收、进口、出口、名义货币供给等因素的变化而发生移动，并且其移动方向与 IS、LM 移动的方向一致。总需求曲线的斜率与 IS 曲线的斜率和 LM 曲线的斜率相关。IS 曲线的斜率越大，总需求曲线的斜率也越大，曲线越陡峭；LM 曲线的斜率越大，总需求曲线的斜率则越小，曲线越平缓。

（4）总供给函数表示经济社会总供给方面的产出与物价水平之间的函数关系，对应的函数曲线即为总供给曲线。社会的供给离不开生产，研究总供给需要从研究总生产入手。与微观生产相似，宏观的总生产函数为 $Y=f(N, K)$，N 为全社会的雇用劳动量，K 为全社会投入的资本总量。短期则为 $Y=f(N)$，总生产从而总供给是雇用劳动量的函数。总供给曲线形成的逻辑原理为：物价水平 P 决定实际工资率 W/P，实际工资率决定雇用劳动量 Ne，雇用劳动量决定产出水平和总供给。

（5）总供给曲线由水平的凯恩斯区间、垂直于充分就业产出水平的古典区间和介于两者间，向右上方倾斜的常规区间组成。各个区间有各自不同的形成原因，曲线形态主要受货币工资和价格水平调整速度的影响。凯恩斯区间的成因主要是凯恩斯的价格（工资）刚性假设，常规区间的成因则与货币幻觉、价格黏性原理相联系，而古典区间的形成则建立在古典经济学价格弹性假说的基础上。

(6) 凯恩斯及其追随者认为货币工资和物价在短期中无法像古典经济学者认为的那样富有调整的弹性，因此经济运行的短期难以实现充分就业，但充分就业是经济运行必然的长期趋势，因此，长期的总供给曲线与古典总供给曲线形态是一致的。凯恩斯总供给曲线为反“L”形，凯恩斯主义总供给曲线的形态为水平边下翻的反“L”形。受劳动力数量、资本数量、技术水平变化等因素影响，长期总供给曲线会发生移动，并引起短期总供给曲线的移动；此外，受货币工资、原材料价格等成本因素影响，短期总供给曲线也会发生移动。

(7) 总需求曲线与总供给曲线的交点即为产品市场、货币市场和劳动力市场三重市场同时均衡的均衡状态，对应的国民收入为均衡的国民收入，对应的物价为均衡的物价水平。凯恩主义认为，这种均衡可通过市场机制自动实现。当总需求曲线或总供给曲线发生移动，均衡的国民收入和物价水平会因此发生变化。利用这些规律可以解释经济运行的诸如通货膨胀、经济周期、滞胀等经济现象，并采取相应的应对措施。

复习思考题

一、单项选择题

1. 在货币工资不变的情况下，随着物价水平上升，实际货币供给量(　　)。
   A. 增加，从而实际国民生产总值的需求量增加
   B. 增加，从而实际国民生产总值的需求量减少
   C. 减少，从而实际国民生产总值的需求量增加
   D. 减少，从而实际国民生产总值的需求量减少
2. 其他条件不变的情况下，下列情况引起总需求曲线向右方移动的是(　　)。
   A. 物价水平不变时利率上升　　B. 货币供给量增加
   C. 税收增加　　D. 物价水平下降
3. 长期总供给曲线(　　)。
   A. 向右上方倾斜　　B. 向右下方倾斜　　C. 是一条垂线　　D. 是一条水平线
4. 技术进步会引起(　　)。
   A. 短期总供给曲线和长期总供给曲线都向右方移动
   B. 短期总供给曲线和长期总供给曲线都向左方移动
   C. 短期总供给曲线向右方移动，但长期总供给曲线不变
   D. 长期总供给曲线向右方移动，但短期总供给曲线不变
5. 自然失业率（充分就业状态下的失业率）的降低将引起(　　)。
   A. 短期总供给曲线和长期总供给曲线都向右方移动
   B. 短期总供给曲线和长期总供给曲线都向左方移动
   C. 短期总供给曲线向右方移动，但长期总供给曲线不变
   D. 长期总供给曲线向右方移动，但短期总供给曲线不变
6. 如果经济处于低于充分就业均衡水平，那么总需求增加就会引起(　　)。
   A. 物价水平上升和实际国民生产总值增加　　B. 物价水平上升和实际国民生产总值减少
   C. 物价水平下降和实际国民生产总值增加　　D. 物价水平下降和实际国民生产总值减少
7. 价格水平上升时，会(　　)。
   A. 减少实际货币供给并使 *LM* 曲线右移　　B. 减少实际货币供给并使 *LM* 曲线左移
   C. 增加实际货币供给并使 *LM* 曲线右移　　D. 增加实际货币供给并使 *LM* 曲线左移

8. 当(　　)时，总需求曲线 AD 更平缓。

A. 投资支出对利率变化较敏感　　B. 支出乘数较小

C. 货币需求对利率变化较敏感　　D. 货币供给量较大

9. 其他条件不变的情况下，下列说法正确的是(　　)。

A. 政府支出减少引起总需求曲线右移　　B. 价格水平上升引起总需求曲线左移

C. 税收减少引起总需求曲线左移　　D. 名义货币供给增加引起总需求曲线右移

10. 总需求曲线交于短期总供给曲线向右上方倾斜的区域时称为(　　)。

A. 充分就业均衡　B. 低于充分就业均衡　C. 通货膨胀　D. 滞胀

二、简答题

1. 总需求曲线为什么向右下方倾斜?
2. 影响总需求曲线的斜率和移动的因素有哪些?
3. 总供给曲线分为哪几个区间？各区间曲线形态是如何形成的?
4. 影响总供给曲线移动的因素有哪些?
5. 总需求与总供给是如何实现均衡的（不均衡时如何向均衡调整)?
6. 总需求变动对均衡的国民收入和物价水平有怎样的影响?
7. 总供给变动对均衡的国民收入和物价水平有怎样的影响?
8. 在总供给曲线的古典区间，当政府支出增加时，价格水平、总产出、利率和就业量如何变化?
9. 试用总需求曲线和总供给曲线的互动，说明宏观经济的萧条、高涨和滞胀的状态。

三、计算题

1. 三部门经济中，IS 曲线的方程为 $r=0.415-0.000\,018\,5Y+0.000\,05G$，$LM$ 曲线的方程为 $r=0.000\,016\,25Y-0.000\,1M/P$。其中 r 为利率，Y 为收入，G 为政府支出，P 为价格水平，M 为名义货币供给量。试导出总需求曲线，并说明名义货币供给量和政府支出的变动对总需求曲线的影响。

2. 假定劳动的边际产出为 $MP=14-0.08N$（N 是劳动投入量)。试求:

(1) 当 $P=1$，单位劳动的名义工资为4、3、2、1美元时，劳动需求量各为多少。

(2) 劳动需求曲线方程。

3. 某经济社会的总消费 $C=0.8Y+50$，投资 $I=0.1Y-r$，货币需求 $L=0.2Y-40r$，当名义货币供给量为200时，试推导该经济社会的总需求曲线。

4. 某经济社会的生产函数为 $Y=10+2N^2$（N 是劳动投入量)，当货币工资为4时，试推导该经济社会的总供给函数。

5. 已知某经济社会的消费 $C=0.75(Y-T)+120$，投资 $I=5\,000-4\,000r$，政府收支平衡量为48，货币需求 $L=0.25Y-1\,000r+268$，生产函数为 $Y=1.664N$（N 为就业量)。

当充分就业量为1 248，货币供给为500时，试分析:

(1) 三大市场是否同时处于充分就业的长期均衡状态?

(2) 充分就业的雇用劳动量是多少?

6. 设总供给曲线为 $AS=2\,000+P$，总需求曲线为 $AD=2\,400-P$。

(1) 求供求均衡点。

(2) 如果总需求曲线向左平行移动10%，求新的均衡点并把该点与(1)的结果比较。

(3) 如果总需求曲线向右平行移动10%，求新的均衡点并把该点与(1)的结果比较。

(4) 如果总供给曲线向左平行移动10%，求新的均衡点并把该点与(1)的结果比较。

(5) 本题的总供给曲线具有何种形状？属于何种类型?

第五章

宏观经济政策

经济学是致用之学，宏观经济学的重要内容之一是对宏观经济政策的讨论。西方经济政策可以分为两种类型。一种可以说是计划类型，即通过行政命令手段予以执行。例如，对公用事业产品的定价，对企业兼并政策的制定及实施，对金融机构的管理等。另一种可以说是市场调控类型，即对市场机制进行干预并通过该机制的作用来达到政策的目标。要想严格按照上述两种类型来划分西方的各个经济政策是比较困难的，因为一般来说，各个具体政策往往不能完全脱离行政命令手段或市场机制的作用，其差别仅在于使用程度的不同。本章所论述的财政和货币政策是指在较大的程度上利用了市场机制的作用，从而一般被归于宏观调控的类型。

宏观经济政策要达到的终极目标为充分就业、物价稳定、经济增长和国际收支平衡。财政政策和货币政策是宏观经济政策的两大常用的政策工具，了解这两大政策工具的基本内容和运行机理有助于理解政府的政策意图。本章将介绍需求管理政策中的财政政策和货币政策，并对两种政策的效果进行分析，对于宏观经济政策是否有效，可用 *IS-LM* 模型作为分析工具来进行分析。

第一节　宏观经济政策的目标和原理

一、宏观经济政策的目标

宏观经济政策是指国家或政府为实现总体经济目标而制定的指导原则和措施。因为经济政策是政府为了达到一定的经济目的而对经济活动有意识的干预，所以任何一项经济政策总是依据一定的经济目标来制定和实行的。依照西方经济学的认识，宏观经济政策的目标主要有四种，即充分就业、价格稳定、经济持续均衡增长和国际收支平衡。

充分就业是宏观经济政策的第一目标。从广泛的意义上说，充分就业是指所有生产要素都得到合适的使用，但通常对就业的理解局限于对其狭义的界定，即劳动要素的就业。因此，充分就业主要是指所有劳动要素都能以其愿意的报酬参加生产的状态。充分就业无论对整个经济还是对劳动者个人来讲都是重要的。失业给失业者本人及其家庭在物质生活和精神生活上带来莫大痛苦，也使社会损失本来应当可以得到的产出量。

怎样才算达到充分就业呢？凯恩斯认为，如果“非自愿失业”已消除，失业仅限于摩擦失业和自愿失业，就是实现了充分就业；也有一些经济学家认为，如果空缺职位总额恰好等于寻找工作的人数，就是充分就业；而货币主义针对凯恩斯的“非自愿失业”，提出了自然失业率的概念，认为当实现自然失业率时的就业就是充分就业。虽然对于充分就业存在不同的看法，但西方经济学家普遍认为充分就业不是百分之百就业，充分就业并不排除像摩擦失业这样的失业情况存在。这是因为劳动力总是不能被完全使用的。当前大多数西方经济学家认为存在4%～6%的失业率是正常的，此时社会经济即可认为处于充分就业状态。

价格稳定是指价格总水平的稳定，是一个宏观经济概念。由于各种商品价格变化的繁杂导致统计的困难，西方学者一般用价格指数来表示一般价格水平的变化。价格稳定成为宏观经济政策的目标，主要是由于通货膨胀对经济有不良影响。当然，价格稳定不是指每种商品的价格固定不变，而是指价格指数的相对稳定，即不出现较大的通货膨胀，而一般的轻微通货膨胀的存在，被看作基本正常的经济现象。

经济增长是指在一个特定时期内经济社会所生产的人均产量和人均收入的持续增长。经济增长通常用一定时期内实际国内生产总值年均增长率来衡量。经济增长意味着资源比较充分的使用，而经济增长过慢或经济不增长，则说明经济运行中存在资源浪费或资源低效率使用的问题，从而经济增长问题是经济的基本问题。由于经济增长和失业问题常常是相互关联的，如何维持较高的增长率以实现充分就业，成为宏观经济政策追求的目标。

国际收支平衡也是宏观经济政策的重要目标。随着国际经济交往的密切，国际收支对现代开放型经济国家是至关重要的。一国的国际收支状况不仅反映了这个国家的对外经济交往情况，还反映出该国经济的稳定程度。当一国国际收支处于失衡状态时，就必然会对国内经济形成冲击，从而影响该国国内就业水平、价格水平及经济增长。

二、宏观经济政策的原理

依据前面的理论分析可知，上述四个政策目标可以通过以总需求分析为核心的凯恩斯理论来解释，所以宏观经济政策设计也是从需求管理入手，也就是通过影响总需求来实现上述四个政策目标。四大目标之间既有互补的部分也有相互冲突的部分。充分就业会促进经济增长，物价稳定是经济增长的根本，国际收支平衡有利于一国的物价稳定、充分就业与经济增长。但各目标之间也相互冲突，经济快速增长一方面利于实现充分就业，另一方面也会引发大量商品进口，从而也导致国际收支不平衡；经济过热会推动通货膨胀率上升。然而，当经济增长趋缓或停止时，虽然有可能维持稳定的价格水平，却会使失业率提高。

正是由于各政策目标之间存在冲突的可能，在一些目标实现的同时往往会恶化另一些目标，就使得一国政府陷入两难困境。政府往往会有侧重，把各目标排序，确定哪些宏观经济问题最先需要解决，然后制定相应的政策目标。不过，政府在制定政策时除有侧重之外，更需要对各目标进行相互协调，不能只追求单一目标，而应该综合考虑，否则会带来经济上和政治上的负面效应。因此，要实现既定政策目标，政府不仅需要运用各种政策手段，而且各政策手段之间需要相互配合、协调。也就是说，政府在制定经济目标和经济政策时应能进行整体性的宏观考虑和安排。

★拓展阅读5-1

萨伊市场定律

“供给会创造自己的需求”的理论是J·B·萨伊于1830年提出的，因为总的购买力恰好等于总收入和总产出，超额需求和超额供给是不可能的。凯恩斯对萨伊定律提出了批评，他指出，追加的 1 美元收入并不必然会被全部花掉（即边际消费倾向并不必然是 1）。

萨伊是 18 世纪末和 19 世纪初著名的经济学家，他认为供给能够自行创造需求，这被称为萨伊定律或萨伊市场定律。萨伊指出，任何一次卖都必然是买；在交换中，货币只是在刹那间起中介作用；卖主得到货币，马上又会购买商品，所有卖主同时也是买主，供给者就是需求者。由于供给能够创造自己的需求，一种产品的生产给其他产品开辟了销路，所以无论产量如何增加，产品不会发生过剩，至多只是暂时的积压。

萨伊之所以得出这样的论断，是因为：第一，他相信完全的市场经济的作用。在一切听从市场供求支配的条件下，如果产品增加了，产品的价格就会下降；在价格下降到零之前产品一定会被卖光。按照这种说法，一切想找工作的人也不会长期失业，因为市场上有了失业，工资水平就会下降；工资下降后，失业者也就会被雇用了。总之，他认为完全的市场经济的作用必定使得供给和需求一致。第二，他的研究是在法国大革命以后的拿破仑时期，这时物价急剧上涨，货币被认为是"烫手"的，人们都不愿意保留货币，一卖出商品就赶紧去购买，买卖之间衔接很紧，这样也就促使他得出"任何一次卖都必然是买"的看法。

根据萨伊定律，人们出售商品后，就会立即购买别的商品。但假定人们并不把出售商品的收入全部用掉，而是把一部分作为储蓄，这样一来，供给与需求不就不一致了吗？对于这样的疑问，古典理论从完全的市场经济的作用出发，认为这种不一致即使有可能出现，也是暂时的，利率的上升和下降，会自动调节储蓄与投资之间的比例，使二者最终趋于一致，从而也就使供给与需求一致。按古典经济理论的看法，利率的这种调节作用与利率同利润率之间的关系有关。储蓄代表货币资本的供给，投资代表货币资本的需求，社会上货币资本的供给者之所以储蓄，是为了获得利息；货币资本的需求者之所以借入资本，是为了通过投资取得利润。利率高，人们越愿意储蓄；利率较低，人们就减少储蓄。利润率接近利率，人们不愿意投资；利润率越是高于利率，人们就越愿意投资。假定利润率是既定的，利率便取决于货币资本的供求状况，储蓄多了，利率下降；储蓄少、投资多，利率就上升。根据定义，总需求 = 消费 + 投资；总供给 = 消费 + 储蓄。因此，如果总需求小于总供给，便表明社会上投资少了，储蓄多了，但储蓄增多，利率就会下降，降低的利率会自动刺激人们减少储蓄，增加投资；反之，则利率上升，人们减少投资。

根据萨伊定律和古典经济学的利率自动调节储蓄和投资的学说，生产过剩、大规模失业现象都是不可能发生的，资本主义经济是稳定的、顺利运行的。但是这种理论被 20 世纪 30 年代的大危机彻底粉碎了。现代经济学家认为，萨伊定律和关于市场自动调节的传统经济理论的破产，是西方经济学的第一次危机。

第二节　财政政策

财政政策是一国政府为促进就业水平提高，减轻经济波动，防止通货膨胀，实现稳定增长而对政府支出、税收和借债水平所进行的选择，或对政府收入和支出水平所做的决策。财政政策是最常用的宏观经济政策之一，在不同时期被不同的学派和政治家所用，从"凯恩斯革命"时期被凯恩斯用来作为走出萧条的重要工具开始一直沿用到今天。

一、财政收支及财政政策工具

财政政策是政府通过改变其收入和支出水平以实现某项经济目标的经济政策。显然，财政政策的运行离不开政府的财政收支，政府收入和政府支出的改变构成财政政策的主要内容。

1. 财政收入

财政收入的主要来源是税收和公债，其中税收收入占主导地位。

税收是政府为了实现其职能，依据其行政权力强制地、无偿地从企业和个人手中取得收入的方式。税收是最常见的、影响力最大的政府收入方式，一般要占到国家财政收入的90%以上。税收具有强制性、无偿性和固定性的特点，可以按照不同的标准进行分类，以课税对象为标准可以分为商品税、所得税、财产税、资源税等。

公债是财政收入的另一个主要来源，通过政府的举债来取得。公债具有自愿性和有偿性特点。公债是政府运用信用形式筹集财政资金的特殊形式，包括中央政府的债务和地方政府的债务。中央政府的债务称为国债。政府借债一般有短期债、中期债和长期债三种形式。短期债一般通过出售国库券取得，主要进入短期资金市场（货币市场），利率较低，期限一般为3个月、6个月和1年三种。中长期债一般通过发行中长期债券取得，期限1年以上5年以下的为中期债券，5年以上的为长期债券。

2. 财政支出

财政支出是将财政收入进行分配和使用的过程，包括各级政府支出的总和。财政支出的方式主要有两种：政府购买支出和政府转移支付。一般来说，越是发达的经济，转移支付在政府总支出中的比重越大。

政府购买支出是指政府对商品和劳务的购买，包括对消费品和投资品的购买，如购买军需品、机关公用品、政府雇员报酬、公共项目工程所需的支出等。政府购买是一种实质性支出，有着商品和劳务的实际交易，因而直接形成社会需求和购买力，是国民收入的一个组成部分。

政府转移支付是指政府把一部分财政收入转移给居民、企业、地区和其他受益人所形成的财政支出，主要用于社会保险、社会福利、贫困救济及补助等方面。转移支付是一种货币性支出，政府在付出这些货币时并无相应的商品和劳务的交换发生，而仅仅是通过政府将收入在不同社会成员之间进行转移和重新分配，因而不会引起社会总收入水平变动。

3. 财政政策工具

财政政策工具就是以上所说的财政收入和财政支出所包含的项目。在财政政策的实施中，通过改变财政收支的数量，并将财政收支项目进行搭配来实现政府净支出的改变，具体来看，主要是以下三个方面：

第一是改变政府税收水平。税收作为政府收入手段，既是国家财政收入的主要来源，也是国家实施财政政策的一个重要手段。与政府购买支出、转移支付一样，税收同样具有乘数效应，即税收的变动对国民收入的变动具有倍增或倍减作用。税收作为政策工具，既可以通过改变税率来实现，也可以通过变动税收总量来实现。一般来说，降低税率或减少税收会引致社会总需求增加和国民产出的增长；反之，则引起社会总需求下降和国民产出的减少。因此，在需求不足时，可以采取减税措施来抑制经济衰退；在需求过旺时，可以采取增税措施来抑制通货膨胀。

第二是发行公债。政府公债的发行，一方面能增加财政收入，影响财政收支，属于财政政策；另一方面又能对包括货币市场和资本市场在内的金融市场的扩张和紧缩起重要作用，影响货币的供求，从而调节社会的总需求水平。因此，公债也是实施宏观调控的经济政策工具。

第三是改变政府支出水平。政府购买支出是决定国民收入大小的主要因素之一，其规模直接关系社会总需求的增减。购买支出对整个社会总支出水平具有十分重要的调节作用。在总支出水平过低时，政府可以提高购买支出水平，如实施公共工程，增加社会整体需求水平，以此减缓经济的衰退；反之，当总支出水平过高时，政府可以采取减少购买支出的政策，降低社会总体需求，以此来抑制通货膨胀。因此，变动政府购买支出水平是财政政策的有力手段。政府转移支付也是一项重要的财政政策工具。政府转移支付同样能够通过转移支付乘数作用于国民收入，但乘数效应要小于政府购买支出乘数效应。一般来讲，在总支出不足时，失业会增加，这时政府应增加社会福利费用，提高转移支付水平，从而增加人们的可支配收入和消费支出水平，社会有效需求因而增加；在总支出水平过高时，通货膨胀率上升，政府应减少社会福利支出，降低转移支付水平，以降低人们的可支配收入和社会总需求水平。

二、自动调节和主动调节

政府的财政收支及其变动会直接、间接地影响宏观经济的运行。第二次世界大战后西方国家经济虽然仍有周期性波动，但同20世纪30年代大萧条相比，波动幅度大为减小，衰退持续时间也大为缩短。其原因既有财政制度对经济的自动调节，也有政府财政政策对经济的主动调节。自动调节指财政制度本身有着自动地抑制经济波动的作用，即自动稳定器；主动调节指政府有意识地实行所谓反周期的相机抉择的积极财政政策。

1. 自动调节

自动稳定器也称内在稳定器，是指经济系统本身存在的一种会减少各种干扰对国民收入冲击的机制，能够在经济繁荣时期自动抑制通货膨胀，在经济衰退时期自动减轻萧条，无须政府采取任何行动。财政政策的这种内在稳定经济的功能主要通过下述两项制度得到发挥。

首先是政府税收的自动变化。当经济衰退时，国民产出水平下降，个人收入减少；在税率不变的情况下，政府税收会自动减少，人们的可支配收入也会自动地少下降一些，从而使消费和需求也自动地少下降一些。在实行累进税的情况下，经济衰退使纳税人的收入自动进入较低纳税档次，政府税收下降的幅度会超过收入下降的幅度，从而可起到抑制衰退的作用。反之，当经济繁荣时，失业率下降，人们收入自动增加，税收会随个人收入增加而自动增加，可支配收入也就会自动地少增加一些，从而使消费和总需求自动地少增加一些。在实行累进税的情况下，繁荣使纳税人的收入自动进入较高的纳税档次，政府税收上升的幅度会超过收入上升的幅度，从而起到抑制通货膨胀的作用。由此西方学者认为，税收这种因经济变动而自动发生变化的内在机动性和伸缩性是一种有助于减轻经济波动的自动稳定因素。

其次是政府支出的自动变化。由于政府的购买性支出由政府预算来反映，不是一种自动调整，这里的政府支出主要是指政府转移支付，包括政府的失业救济和其他社会福利支出。当经济出现衰退与萧条时，失业增加，符合救济条件的人数增多，失业救济和其他社会福利开支就会相应增加，这样就可以抑制人们收入特别是可支配收入的下降，进而抑制消费需求的下降。当经济繁荣时，失业人数减少，失业救济和其他福利费支出也会自然减少，从而抑制可支配收入和消费的增长。

总之，政府税收和转移支付的自动变化对宏观经济活动能起到稳定作用。它们都是财政制度的内在稳定器和对经济波动的第一道防线。

2. 主动调节

虽然各种自动稳定器一直在起作用，但毕竟作用有限，特别是对于剧烈的经济波动，自动稳定器更难以扭转。因此，西方经济学者认为，为确保经济稳定，政府要审时度势，主动采取一些财政措施，变动支出水平或税收以稳定总需求水平，使之接近物价稳定的充分就业水平。这就是权衡性的财政政策。

当政府认为总需求非常低，即出现经济衰退时，应通过削减税收、降低税率、增加支出或双管齐下的办法刺激总需求；反之，当政府认为总需求非常高，即出现通货膨胀时，应增加税收或削减开支以抑制总需求。前者称为扩张性财政政策，后者称为紧缩性财政政策。这种交替使用的扩张性和紧缩性财政政策，称为补偿性财政政策。究竟什么时候采取扩张性财政政策，什么时候采取紧缩性财政政策，应由政府对经济发展的形势加以分析权衡，斟酌使用。这样一套经济政策就是凯恩斯主义的相机抉择的“需求管理”，也称为“逆风向需求管理”的财政政策。

三、“逆风向需求管理”的财政政策措施

凯恩斯主义者认为，当总需求水平过低，产生衰退和失业时，政府应采取刺激需求的扩张性财政措施；当总需求水平过高，产生通货膨胀时，政府应采取抑制总需求的紧缩性财政措施。财政政策的实质就是反向调整总需求，当政府采取主动性财政措施影响经济时，须根据总需求状况做出政策方向的判断，总需求不足时应该通过财政政策拉高总需求，总需求过高时应该通过财政政策压低总需求，即所谓的“逆风向需求管理”。

政府主导下的“逆风向需求管理”的财政政策包括两类完全相反的政策措施：扩张性财政政策和紧缩性财政政策。

1. 扩张性财政政策

在经济萧条、总需求不足时应采取扩大政府支出，减少税收的扩张性财政政策，以扩大就业水平，促进总需求的扩大。

扩张性财政政策之所以能够刺激经济增长，是因为由总支出拉动的需求具有乘数效应，使总需求的变动达到初始支出水平变动的数倍。当政府通过扩张性财政政策增加政府净支出时，就增加了社会总支出水平，即增加了投资和消费。因为增加了投资，就要增加投资所需的生产资料的生产，从而可以增加就业，增加企业和工人的收入；企业和工人把这一收入再用于生产和生活的消费，又转化为另一些企业和工人的收入。如此循环往复，投资的增加可以导致收入的成倍增加和消费需求的成倍增加，刺激生产，增加就业。

根据财政政策工具相互搭配的情况，扩张性财政政策的具体措施有：

（1）增加政府支出，减少税收；

（2）增加政府支出，税收不变；

（3）政府支出不变，减少税收；

（4）政府支出与税收同时增加。

前三项措施的实施导致政府净支出的增加，形成赤字，所以称为赤字财政政策；措施（4）可以保持政府净支出不变，称为平衡性预算政策。从扩张性财政政策力度上讲，从（1）到（4）力度递减，增加政府支出，或同时减税的政策属于猛烈的扩张性政策措施，可能会导致总需求的猛烈增长。由于政府支出乘数大于税收乘数的作用，因此，增加政府支出的政策力度往往超过减税政策的力度。显然，如果考虑到政府支出及税收变动的数量搭配问题，扩张性财政政策的力度选择是多种多样的。

2. 紧缩性财政政策

当经济过度繁荣、总需求过于旺盛时，应采取减少政府支出，增加税收的紧缩性财政政策，以抑制总需求的过度膨胀，缓解通货膨胀。

紧缩性财政政策使总需求下降的机制与扩张性财政政策类似，都是出于乘数的作用。实施紧缩性财政政策使政府净支出减少，也就是减少了社会总支出水平，减少了投资和消费，通过乘数的作用，最终成倍地减少企业和要素收入，使得总需求成倍减少，最终缩减产量，减少就业，并使物价水平下降。

根据财政政策工具相互搭配的情况，紧缩性财政政策的具体措施有：

（1）减少政府支出，增加税收；
（2）减少政府支出，税收不变；
（3）政府支出不变，增加税收；
（4）政府支出与税收同时减少。

前三项措施的实施将使政府净支出减少，形成财政盈余，称为盈余财政政策；措施（4）可以保持政府净支出不变，称为平衡性预算政策。从紧缩性财政政策的力度上讲，从（1）到（4）力度递减，减少政府支出，或同时增税的政策属于严厉的紧缩性政策措施，可能会导致总需求的剧烈下降。同样，由于政府支出乘数大于税收乘数的作用，减少政府支出的政策力度往往超过增税政策的力度。显然，如果考虑到政府支出及税收变动的数量搭配问题，紧缩性财政政策的力度选择也是多种多样的。

★拓展阅读5-2

J·托宾

J·托宾（J. Tobin）是美国杰出的凯恩斯主义经济学家之一，这不仅是因为他拒绝趋附“货币主义”潮流，而且因为他始终如一地认为正统的凯恩斯收入决定理论经过扩展和提炼是可以用来应付20世纪80年代的宏观经济问题的，他的对货币需求的利率弹性理论具有开拓性，他对消费和储蓄的经验研究，他关于金融变量对支出的影响所做的分析，他把货币和经济周期纳入经济增长模型中的努力，他对弗里德曼的货币主义理论结构的犀利批评，他针对新古典宏观经济学的否定结论而为需求管理所做的辩护，使他获得了1981年的诺贝尔经济学奖。

早在20世纪30年代，当凯恩斯的《就业、利息和货币通论》一书发表后，立即就在美国传播开来，尤其是在世界闻名的哈佛大学，托宾是该校著名教授汉森与哈里斯的门徒。面对第二次世界大战后掀起的“经济增长”热潮，作为美国后凯恩斯主义主流经济学派的主要代表人物之一的托宾，也曾大肆宣扬凯恩斯主义的经济增长理论。托宾的所谓“新经济学”，也就是被他本人称为“新古典学派的综合”的理论，中心思想大致分为以下几个方面：

首先，主要意图是谋求经济增长，断言只有在政府的经济政策指导下，才能促使经济稳定地增长，从而摆脱经济衰退。其次，企图将联邦财政政策从与经济活动无关的事务中解脱出来。最后，强调国家干预经济。托宾的凯恩斯主义“新经济学”，在美国曾一度被当作国家经济政策的理论根据，美国在推行“新经济学”的经济增长政策的初始阶段，经济曾呈现出一片繁荣与持续增长的迹象。然而好景不长，经济接着就陷入了滞胀的境地。托宾的研究一直集中在“资产持有”的概念上，同时，国家债务和债务管理，以及商业银行学等也一直是托宾感兴趣的领域。尽管他是货币主义的主要反对者，但他对贫困问题的研究又使他支持弗里德曼的以负所得税形式保证最小额度的年收入的建议，另外，他还为计量经济学的研究做出了一系列的技术性贡献。

四、功能财政的思想

根据权衡性财政政策，政府在财政方面的积极政策主要是为实现无通货膨胀的充分就业水平。当实现这一目标时，预算可以是盈余，也可以是赤字。这样的财政称为功能财政。预算赤字是政府财政支出大于收入的差额。实行扩张性财政政策，即减税和扩大政府支出，就会造成预算赤字。预算盈余是政府收入超过支出的余额。实行紧缩性财政政策，即增税和减少政府支出，会产生预算盈余。

功能财政的思想是凯恩斯主义者的财政思想。他们认为不能机械地用财政预算收支平衡的观点来对待预算赤字和预算盈余，而应从反经济周期的需要来利用预算赤字和预算盈余。当国民收入低于充分就业的收入水平（即存在通货紧缩缺口）时，政府有义务实行扩张性财政政策，增加支出或减少税收，以实现充分就业。如果起初存在财政盈余，政府有必要减少盈余甚至不惜出现更大的赤字，坚定地实行扩张性政策。反之，当存在通货膨胀缺口时，政府有责任减少支出，增加税收，以利于消除通货膨胀。如果起初存在预算盈余，不应担心出现更大的盈余，而宁肯盈余增大也要实行紧缩性政策；如果起初存在预算赤字，就应通过紧缩减少赤字，甚至出现盈余。总之，功能财政的思想认为，政府为了实现充分就业和消除通货膨胀，需要赤字就赤字，需要盈余就盈余，而不应为实现财政收支平衡妨碍政府财政政策的正确制定和实行。可见功能财政是斟酌使用的财政政策的指导思想，而斟酌使用的财政政策是功能财政的思想的实现和贯彻。它的提出，是对原有财政平衡预算思想的否定。西方学者认为原有财政预算平衡思想主要是年度平衡预算和周期平衡预算两种。

年度平衡预算要求每个财政年度的收支平衡。这是在20世纪30年代大危机以前普遍采取的政策原则。后来这个原则遭到凯恩斯主义者的攻击。他们认为，衰退时，税收必然会随收入的减少而减少，如果坚持年度平衡预算的观点，那么为了减少赤字，只有减少政府支出或提高税率，其结果会加深衰退；当经济过热，出现通货膨胀时，税收必然随收入的增加而增加，为了减少盈余，只有增加政府支出或降低税率，其结果反而会加剧通货膨胀，这样，坚持年度平衡预算只会使经济波动更加严重。

周期平衡预算是指政府收支在一个经济周期中保持平衡。在经济衰退时实行扩张性政策，有意安排预算赤字，在繁荣时期实行紧缩性政策，有意安排预算盈余，以繁荣时的盈余弥补衰退时的赤字，使整个经济周期的盈余和赤字相抵而实现预算平衡。这种思想在理论上似乎非常完整，但实行起来非常困难。这是因为在一个预算周期内，很难准确估计繁荣与衰退的时间与程度，两者更不会完全相等，因此连预算也难以事先确定，从而周期预算平衡也无法实现。

按照功能财政的思想，实施扩张性财政政策，即增加政府支出或降低税率在使国民收入增加的同时也会减少政府的预算盈余或增加预算赤字；同样，实施紧缩性财政政策，减少政府支出或提高税率降低国民收入时，也会增加政府的预算盈余或减少预算赤字。这样，一般容易把预算盈余的减少或预算赤字的增加当作扩张性财政政策的结果，把预算盈余的增加或预算赤字的减少看成是紧缩性财政政策的结果。但事实并非如此，预算盈余或赤字变动有时并不是由财政政策主动变动引起的，而是由经济情况变动本身引起的，这时候起作用的主要是自动稳定器。因而，单凭盈余或赤字的变动还难以看出财政政策的扩张或紧缩性质。要使预算盈余或赤字成为衡量财政政策扩张还是紧缩的标准，就必须消除经济周期波动本身的影响。于是美国经济学家C·布朗（C. Brown）在1956年提出了充分就业预算盈余的概念。

所谓充分就业预算盈余是指既定的政府预算在充分就业的国民收入水平即潜在的国民收入水平上所产生的政府预算盈余。如果这种盈余为负值，就是充分就业预算赤字。它不同于实际的预算盈余，实际的预算盈余是以实际的国民收入水平来衡量预算状况的，因此二者的差别就在于充分就业的国民收入与实际的国民收入水平的差额。一般来讲，当实际的国民收入水平高于充分就业的国民收入水平时，则充分就业预算盈余小于实际预算盈余；若实际的国民收入水平低于充分就业的国民收入水平，则充分就业预算盈余大于实际预算盈余。当然，也会出现实际的国民收入和潜在的国民收入相等，因而充分就业预算盈余与实际预算盈余相等的情况。

西方学者认为，充分就业预算盈余概念的提出具有两个十分重要的作用。第一，把收入水平固定在充分就业的水平上，消除经济中收入水平周期性波动对预算状况的影响，从而就能更准确地反映财政政策对预算状况的影响，并为判断财政政策是扩张的还是紧缩的提供了一个较为准确的依据。若充分就业预算盈余增加了或赤字减少了，财政政策就是紧缩的；反之，则财政政策是扩张的。第二，使政策制定者充分注重充分就业问题，以充分就业为目标确定预算规模从而确定财政政策。因此，这一概念得到较为广泛的运用。

五、赤字与公债

按照凯恩斯的观点，在萧条期，只有通过大力增加政府支出才足以达到经济的均衡，依靠个人或私人企业难以推动有效需求。因为从经济人的角度出发，减税或增加政府转移支付有可能提高的是储蓄而不是消费，同样，私人企业对未来缺乏信心也会导致其减少投资。显然，单纯依靠政府的力量使经济走出萧条必然涉及巨额的政府支出。随着政府支出的增加，有可能引发赤字财政，因此，赤字财政政策和公债政策是凯恩斯主张的扩张性财政政策的共生政策。

赤字财政政策是指政府增加支出、减少收入从而导致财政支出超出财政收入。从实质上说，赤字财政政策就相当于扩张性财政政策。凯恩斯主义者否定了传统的平衡预算的财政思想，主张财政预算要为实现整体经济的总供求均衡服务。在出现赤字以后，如果政府只能通过出售债券的方式来弥补，对国家而言，会面临一个债务危机问题。

政府的财政赤字通常可分为结构性赤字和周期性赤字。结构性赤字由政府的扩张性政策决定，是主动的负债；周期性赤字由自动稳定器引起，是由商业周期的影响而被动地决定的。结构性赤字和周期性赤字分别包括在政府的结构性预算和周期性预算中。周期性预算是实际预算和结构性预算的差额。

一般来说，财政政策既能改变结构性赤字，也能改变周期性赤字。例如，布什政府为伊拉克战争增加了 1 000 亿美元军费，使结构性赤字增加 1 000 亿美元，战争的结果带来经济增长的好处，这会减少周期性赤字。由税率的降低或较高的军费开支所引起的（结构性）赤字的增长，的确会使总需求增长（如越南战争期间），但赤字的增加对收入变动的反映并不总是如此。若周期性赤字增加并不表明是财政上的扩张（积极的财政政策），而可能是自动稳定器在起作用，这表明经济在衰退（如 1999 年开始的衰退）。

弥补赤字的途径无非有两种：借债和出售政府资产。政府借债又可分为两类：一类是向中央银行借债，实际上就是让中央银行增发货币或者说增加高能货币，可称为货币筹资，其结果是通货膨胀，因而它本质上是用征收通货膨胀税的方式来解决赤字问题。另一类是向国内公众（商业银行和其他金融机构、企业和居民）和外国举债，可称为债务筹资。一般来说，向国内公众举债，不过是购买力向政府部门转移，并不立即直接引起通货膨胀，因为基础货币并没有增加。然而，当政府发行公债时往往会引起利率上升，中央银行如果想稳定利率，则必然要通过公开市场业务买进债券，从而增加货币供给。这样，预算赤字增加也会引起通货膨胀。

在其他条件不变时，赤字增长引起债务增长，债务增长引起利息负担增长，使赤字进一步增长，如此循环往复，使公债利息支出本身成为赤字和公债逐步增长的重要因素之一。2011 年 5 月，美国国债终于触及国会所允许的 14.29 万亿美元上限，至 2014 年 2 月，美国国债未偿还余额为 17.29 万亿美元，看上去简直是天文数字，但由于美国的经济总量大，短期似乎仍可以承受，但近年来经常有主权国家政府债务违约的情况发生，应该引起足够的警惕。

财政赤字及政府债务的增加将可能是后代人的沉重负担，也可能造成收入再分配效应，而且毫无疑问地将减少私人资本积累，不利于经济的长期增长。政府必须向持有国债的公民付息，并且必定为此目的征收税款，这必然导致同代人及世代人之间的收入再分配，使经济效率下降，即使同一批人被征收的税款与他们所得到的国债利息相等，也将存在对人们积极性的扭曲效应。

如果是通过向国外举债融资，则出口所得外汇的很大比例可能要用来偿还借债利息，这将必然影响国内消费和生产。有学者认为，公债可能引起的最严重后果是引起资本的替代。当政府债务增长时，人们会积累政府债务（因为收益高）而不积累私人资本，于是该国应有的部分私人资本存量会被公债所取代，从而使经济发展速度放慢，并降低未来的生活水平。

六、财政政策的实践

从凯恩斯革命至今，财政政策在西方的实际运用经历了风风雨雨。不同时期针对不同国情，美国政府采取了思路各异的财政政策，当然，终极目标还是离不开上文所述的内容。

第一阶段为凯恩斯革命时期以后的近十年。毫无疑问，此期间实施的是以走出萧条为目的的、以刺激总需求为主的扩张性的财政政策，基本上就是凯恩斯的那套理论，实践表明政策有效。但长期的扩张性政策给西方许多国家带来了通货膨胀的压力，尤其是第二次世界大战以后。

第二阶段为推行反经济周期的补偿性财政政策时期，大致从第二次世界大战结束后开始一直延续到20世纪60年代初期。补偿性财政政策的实施对减轻周期性波动有一定的效果，但使美国的经济增长相对于其他西方国家显得十分缓慢。

从20世纪60年代初到70年代末期，美国开始实施充分就业预算的财政政策，即以充分就业为目标确定预算规模以至确定财政政策，在长期还是以扩张性的赤字财政政策为主。由于自20世纪60年代开始，西方许多国家出现了滞胀的局面，凯恩斯主义者对此束手无策，于是从20世纪80年代开始，西方国家实施多样化的财政政策。美国在里根上台后主要实施的是供给学派的财政政策，主张减税，进行税制改革。克林顿政府把减少预算赤字作为政府的首要任务，因此到20世纪90年代后期，联邦政府的预算从赤字变成了盈余。但从小布什政府开始，由于经济衰退，对阿富汗、伊拉克的战争，以及从2008年开始的金融危机，美国政府的赤字日渐加重，到了2011年中期甚至面临不提高债务上限美国政府将出现债务违约的局面。

★拓展阅读5-3

美国奥巴马政府的经济学家估计的乘数系数

为了计算政府支出增加和减税对实际GDP的影响，经济学家们需要估计政府购买和税收乘数。当英国经济学家凯恩斯和他的追随者在20世纪30年代首次提出支出和税收乘数概念时，他们认为政府购买乘数系数最大可以到10。也就是说，增加10亿美元政府购买，实际GDP将增加100亿美元。后续的经济学家研究表明，政府购买乘数系数非常小，大概小于2。

对乘数系数精确估计比较困难，因为随着时间的推移许多因素会引起总需求和短期总供给曲线的移动，导致均衡实际GDP的变化。分离出政府支出对均衡GDP的实际影响并非易事。在准备刺激计划、估计对GDP的影响时，奥巴马政府的经济学家采用美联储乘数系数和民间宏观经济预测公司所得系数的平均值。他们估计政府购买的乘数为1.57，这意味着10亿美元的政府购买将增加均衡实际GDP 15.7亿美元。

因为估计乘数系数具体数字的困难，一些经济学家认为奥巴马政府的经济学家使用的乘数值太高了，也有人认为太低了。哈佛大学的经济学家罗伯特·巴罗认为，在战争时期增加政府开支相对于其他时期对总需求的影响相对大一些，因此，在战争时期收集的数据对估计乘数系数的大小最合适。采用这样的数据，他估计政府购买的乘数仅为0.8。美国西北大学的经济学家劳伦斯·克里斯蒂亚诺（Lawrence Christiano）、马丁·艾肯鲍姆（Martin Eichenbaum）和塞尔吉奥·勒贝洛（Sergio

Rebelo）认为，2009年当短期利率接近零时，乘数系数很可能会变大。他们估计，在这期间政府购买乘数为3.2。

随着时间的推移，经济学家们将对奥巴马政府经济刺激计划所产生的经济影响做出更好的估计并且重新估计乘数系数。

第三节　货币政策

货币政策是一个国家的中央银行控制货币供给量以及通过货币供给量来调节利率进而影响投资和整个经济以达到一定经济目标的行为。也就是说，货币政策是中央银行根据既定目标，运用货币政策工具，调节货币供给量和利率，以影响宏观经济活动水平的经济政策。货币政策和财政政策一样，也可以调节国民收入以达到稳定物价、充分就业的目标，实现经济稳定增长。二者的不同之处在于，财政政策直接影响总需求的规模，这种直接作用是没有任何中间变量的，而货币政策还要通过利率的变动来对总需求产生影响，因而是间接地发挥作用。

一、商业银行和中央银行

货币政策是通过以中央银行为核心的整个银行体系来完成的。因此，要先对商业银行和中央银行做一简要介绍。

1. 商业银行

商业银行是指依法设立的吸收公众存款、发放贷款、办理结算等业务的企业法人。商业银行的主要业务是负债业务、资产业务和中间业务。负债业务主要是吸收存款，包括活期存款、定期存款和储蓄存款。资产业务主要包括放款和投资两类业务。放款业务是为企业提供短期贷款，包括票据贴现、抵押贷款等。投资业务就是购买有价证券以取得利息收入。中间业务是指代为顾客办理支付事项和其他委托事项，从中收取手续费的业务。

商业银行是企业，具有企业的一般特征，如必须具备最低资本要求，必须照章纳税，实行自主经营、自负盈亏等，这些与一般的工商企业没有不同。但同时商业银行又是特殊的企业，经营对象不是普通商品，而是货币和资金，业务活动的范围不是生产流通领域，而是货币信用领域。商业银行既为商品生产和流通企业提供金融服务，又为社会公众提供、存贷款业务及信托等金融服务，涉及面广，对经济的影响巨大。

2. 中央银行

中央银行是一国最高金融当局，它统筹管理全国金融活动，实施货币政策以影响经济。绝大多数国家都设有中央银行。如我国的中国人民银行、美国的联邦储备体系、英国的英格兰银行、法国的法兰西银行、德国的德意志联邦银行、日本的日本银行等。中央银行的特殊性主要体现在其职能上，一般认为它有以下三个职能：

第一，中央银行是发行的银行。作为发行的银行，它垄断了一国的货币发行权，负责发行货币，并有义务保持币值稳定。

第二，中央银行是银行的银行。作为银行的银行，它既为商业银行提供贷款（用票据再贴现、抵押贷款等办法），又为商业银行集中保管存款准备金，还为商业银行集中办理全国的结算业务。

第三，中央银行是国家的银行。作为国家的银行，中央银行具有多项职能：代理国库，一方面根据国库委托代收各种税款和公债价款等收入作为国库的活期存款，另一方面代理国库拨付各项经费，代办各种付款与转账；提供政府所需资金，既用贴现短期国库券等形式为政府提供短期资金，也用帮助政府发行公债或直接购买公债方式为政府提供长期资金；代表政府与外国发生金融业务关系；执行货币政策；负责监督、管理全国金融市场活动。

★拓展阅读5-4

有关的货币政策理论

西方经济学中，关于货币政策的理论主要有：

（1）凯恩斯主义的权衡货币政策。凯恩斯主义货币政策的基本内容就是利用中央银行变动货币供给量的三种手段，即公开市场业务、调整再贴现率和变动法定准备率。

凯恩斯主义者认为，货币的供给量可以由一国的货币当局进行决定，货币当局通过金融领域里信贷资本和信用可供量的增减来影响利率，再由利率来影响商品领域中的投资，投资再通过货币乘数的作用倍数来影响国民收入水平。由此可见，凯恩斯主义的货币政策最终还是通过商品市场来发挥作用的。其中，利率是货币市场和商品市场之间的纽带。因此，凯恩斯主义货币政策的核心就是通过货币数量的增减来控制利率，进而达到促进投资、增加国民收入和提高就业水平的目标。

凯恩斯主义经济学家虽然主张运用货币政策，但他们也指出，中央银行在执行货币政策时可能会遇到以下不利情况：在经济萧条时期，商业银行会认为放款的风险较大，通常不愿扩大放款。因此，尽管中央银行采取措施来促使商业银行扩大放款，商业银行仍要考虑放款的风险问题。同时，在经济萧条时期，企业的预期利润率较低，通常不愿向银行借款。因此，尽管中央银行采取措施来降低利率，企业也可能并不增加借款。在经济繁荣或通货膨胀时期，尽管中央银行采取措施来提高利率，但企业感到这时借款是有利可图的，所以仍然愿意增加借款，而置较高的利息于不顾。

（2）货币学派的单一规则货币政策。以弗里德曼为代表的货币主义者，根据他们关于私营经济稳定、货币需求函数稳定和货币存量决定名义收入水平的理论，提出了单一规则的货币体系，即货币稳定增长率规则。

弗里德曼在其理论中排除利率、准备金、货币乘数等因素，反对中央银行运用货币政策工具调节货币供给的权衡性货币政策，而以一定的货币存量作为货币政策的唯一因素。他说："我始终强调一个不变的、既定的货币数量增长率，这比准确变化的增长率更为重要。"据他估计，美国的国民收入平均年增长率为3%，人口平均每年增长1%～2%。因此，他提出美国的货币供应量（银行以外的通货+商业银行的活期存款和定期存款，相当于M_2）每年增加4%～5%是"现行措施最适当的规则"，这一规则既能满足经济发展的需要，又能保持物价稳定。弗里德曼认为，权衡性货币政策着眼于短期，其效果是有限的、不确定的，而且往往弊大于利。例如，通过公开市场业务买进债券以扩大货币供给以后，虽然可能压低利率，刺激投资，但只能奏效于一时，经过一年半载，多至则两年，随着支出增加，收入也增加，物价上涨，结果是利率将会上升，甚至超过原来的水平。

弗里德曼将经济波动归咎于权衡性政策的另一个理由是政策的时滞性。这里讲的时滞，不是指货币政策改变收入水平变动的间隔期间，而是指政策效果在此期间的分布。事实上，一项货币政策决不会从实施之日起，隔了一年后一下子发挥出其全部的效果，而会在第一季度发挥出10%的效果，到第二季度发挥出30%的效果，再到第三季度发挥出60%的效果，最后到第四季度才发挥其100%的效果。一般来说，货币政策都有一个这样的时滞，短的一两个季度，长的一两年，其分布也各异。如果中央银行根据当前的衰退情况决定实行货币政策，时滞为半年，若半年后经济已走向繁荣，那么这种扩张性政策的实际效果恰恰会助长通货膨胀，意在消除波动，实则推波助澜，这正是多年来权衡性政策的真实写照。

货币主义者关于政策的时滞是有说服力的，这不仅是权衡性货币政策的问题，也是权衡性财政政策以及其他大多数宏观经济政策都存在的问题。但是政策的时滞并不能反过来证明不需要任何政策而只需坚持固定的货币增长率就能以不变应万变。20世纪60年代中期以来，美、英等国曾把更多的注意力放在对货币增长率的控制上，视通货膨胀为头号敌人，即在一定程度上实行了货币主义的政策。但是从实际效果看，很难说这些国家在这个时期的货币增长是稳定的，更不要说是固定的。因为虽然通货膨胀有了下降，失业率却有了增加，而且货币流通速度有了明显的下降，这都使货币主义的政策得不到实证的支出。因此，一度影响很大的货币主义，现在正在走向衰落。

(3) 供应学派的货币政策。供应学派的货币政策与货币学派的理论大体相同，认为货币供给过多是导致通货膨胀的根本原因，为了控制通货膨胀，必须实行紧缩性的货币政策。关于如何实施紧缩性的货币政策，供应学派内部存在两种不同的意见：

一种意见认为，解决美国通货膨胀和美元信用危机的根本办法是使美元重新与黄金挂钩，实现某种形式的金本位制，只有这样，才能消除人们对美元贬值的担心，美元币值稳定了，社会中的货币供给总量就会受到限制，进而可以实现平稳物价、降低利率和平衡预算的目的。这种观点不同意货币学派只着眼于控制货币供给量，通过通货紧缩、减少信贷的方式来控制通货膨胀的办法，认为只有致力于稳定美元币值，才是解决问题的根本出路。这种观点提出，单纯的紧缩通货还可能提高已经很高的利率，对增加投资率产生严重的阻碍作用，恢复金本位制无论对稳定币值还是降低利率，都会起到积极的作用，而这又是减税政策发挥刺激投资和储蓄、促进经济增长作用的必要条件。此外，恢复金本位制还可以使美元成为稳定的世界储备货币，进而巩固美元在国际金融中的特权地位。

另一种意见认为，必须严格控制货币供给量，货币供应的增长率必须降下来。但与货币学派的不同之处在于，它并不强调货币供应量的增长率一定须保持在货币学派所认定的4%～5%的固定年增长率上。这种意见既不同意过多地增进货币供给量，也反对过度紧缩货币，而是主张货币政策与减税政策相互配合。它认为，当减税改善了工作和投资的盈利状况后，经济将会因为商品和服务的迅速增长而要求更快地提供货币，这时如不及时增加货币供给，则很可能会引起通货膨胀，通货膨胀并非一概都是由货币增加引起的，货币增加也并非一定都会引起通货膨胀。能否引起通货膨胀取决于货币供给增长的目的，如果货币供给量的增加是因为政府把货币供给当作还债的手段，那么就会产生通货膨胀；如果货币的增长是因为实际产量的增长导致对货币的需求十分强烈，则会降低利率，阻止正在形成的资金缺口，从而避免通货膨胀。如果货币供给量紧缩过快，将会导致高利率，引起衰退和较大的预算赤字，从而损害经济发展。在这种意见中，也有少数经济学家完全同意货币学派的主张，认为只要把货币供给量的年增长率控制在4%～5%的范围内，就可以满足经济增长对货币的需求量，可以控制通货膨胀，从而增强美元的地位。这些经济学家并不赞同恢复金本位制，认为这不是一种切实可行的办法。

供应学派在基本理论上并不十分成熟、完善，仍属于一个正在发展的理论学派，但是由于目前世界上主要资本主义国家都采用了供应学派的政策主张，利用它作为在凯恩斯主义失灵的情况下寻找新出路的新药方。这表明，供应学派的崛起已经成为西方经济理论发展史上的重大转折点。

二、存款创造与货币供给

1. 基础货币与法定准备率

基础货币也称货币基数、初始货币，因具有使货币供应总量成倍放大或收缩的能力，又被称为高能货币。根据国际货币基金组织的定义，基础货币包括中央银行为广义货币和信贷扩张提供支持的各种负债，主要指银行持有的货币（库存现金）和银行外的货币（流通中的现金），以及银行与非银行在货币当局的存款。

基础货币是整个商业银行体系借以创造存款货币的基础，是整个商业银行体系的存款得以倍数扩张的源泉。从基础货币的来源来看，它是指货币当局的负债，即由货币当局投放并为货币当局所能直接控制的那部分货币，它只是整个货币供给量的一部分。从基础货币的运用来看，它是由两个部分构成：一是商业银行的存款准备金，包括商业银行的库存现金以及商业银行在中央银行的准备金存款；二是流通于银行体系之外而为社会大众所持有的现金，即通常所谓的“通货”。

存款准备金是指商业银行持有的现金和在中央银行的存款，它是商业银行等金融机构为保证存款客户提取存款的需要而留存的部分存款。商业银行在经营中必须奉行“存款自愿，取款自由”的原则，不仅客户的活期存款可以随时提取，定期存款也可以履行手续后提取。但由于商业银行储户众多，基本不会出现所有储户在同一时间里取走全部存款的现象。因此，商业银行只需要留下一部分存款作为应付客户提款需要的准备金就可以了，其他部分的存款就可以用来从事贷款或购买短期债券等盈利活动。这些留下来用于应付客户提款需要的金额就是存款准备金，既可存于中央银行，也可部分地留在商业银行。在现代银行制度中，商业银行按照中央银行规定的所吸纳存款的法定比例缴存在中央银行的存款叫法定准备金，这个法定比例就称为法定准备率。超过法定准备金的存款及银行库存现金称为超额准备金，主要包括用于支付清算、头寸调拨或作为资产运用的备用资金。

存款准备金、法定准备金及超额准备金之间的关系可以用以下公式表示：

$$存款准备金=法定准备金+超额准备金=库存现金+商业银行在中央银行的存款$$

$$法定准备金=法定准备率\times 存款总额$$

$$超额准备金=存款准备金-法定准备金$$

法定准备金和法定准备率对整个银行体系的信贷扩张能力起到重要的作用，正是这种较小比率的准备金来支持活期存款的能力，才使得银行体系得以创造货币。

2. 存款创造与货币供给的形成

为了说明商业银行体系的存款创造过程，需要先做一些假设条件，主要包括三个：第一，银行只保留法定准备金，而将超额准备金全部用于发放贷款，即超额准备金为零；第二，不考虑现金从银行体系漏出的现象，即假设公众不保留现金，一切货币收入都存入银行，支付完全以支票形式进行；第三，假定法定准备率为20%。

假设，中央银行向公众甲购买1 000元的有价证券，甲客户将出售证券所得的1 000元存入自己有账户的A银行，银行系统就因此增加了1 000元的存款即准备金。A银行按法定准备率保留200元作为准备金存入中央银行，其余800元全部贷出，由乙获得这部分贷款，乙得到这笔从A银行开出的支票又全部存入与自己有往来的B银行，B银行得到这800元支票存款后留下160元作为准备金存入中央银行，然后再贷放出640元，得到这笔贷款的丙又会把它存入与自己有业务往来的C银行，C银行留其中128元作为准备金存入自己在中央银行的账户上，然后再贷出512元。这种存、贷款的过程不断进行下去，最终各银行形成存款的情况见表5-1。

表 5-1　简单情况下的存款创造过程　　元

银行	新增存款（ΔD）	新增准备金存款	新增银行贷款
A	1 000（ΔR）	200	800（乙）
B	800	160	640（丙）
C	640	128	512（丁）
D	⋮	⋮	⋮
总计	1 000 +4 000 =5 000	1 000	4 000

表中，新增存款总额 5 000 元（其中由甲存入银行的新增存款 1 000 元为原始存款，其他新增存款共 4 000 元为派生存款），新增贷款总额 4 000 元。由于原始存款正好是基础货币量的增加量，这个新增存款总额（5 000 元）就是由这个基础货币形成的货币供给量。

商业银行存、贷款总和的计算可以用下式来表示：

$$
\begin{aligned}
D &= \Delta R + \Delta R\,(1 + r_d) + \Delta R\,[(1 + r_d)^2 + \cdots + \Delta R\,(1 + r_d)]^n \\
&= \Delta R \times [1 + (1 - r_d) + (1 - r_d)^2 + \cdots + (1 - r_d)^n] \\
&= \Delta R \times \frac{1 - (1 - r_d)^n}{1 - (1 - r_d)}
\end{aligned}
$$

当 n 无穷大时，上式为

$$D = \Delta R \times \frac{1}{r_d}$$

式中，D 表示存款总额即新增货币供给量，ΔR 为基础货币变动量，r_d 为法定准备率，其倒数 $\frac{1}{r_d}$ 称为货币创造乘数，用 k 来表示，则 $k = \frac{1}{r_d}$，上例中法定准备率 r_d 为 0.2，则 $k = 5$。

由此可见，货币供给量不仅取决于中央银行最初投放了多少货币，即基础货币量的大小，也取决于货币创造乘数或者法定准备率的大小，货币供给量与基础货币量正相关，与法定准备率负相关。中央银行通过改变基础货币量或改变法定准备率的数值，就可以增加或减少货币供给量。

当然，以上货币创造过程的分析是一种假设条件下的简单结论，实际货币创造乘数除了取决于法定准备率外，还会受到超额准备率、现金-存款比率、利率、贴现率等因素的影响而变化。主要考虑以下几种情况：

第一，商业银行存在超额准备金。如果银行找不到可靠的贷款对象，或厂商由于预期利润率太低不愿借款，或银行认为给客户贷款的市场利率太低而不愿贷款，诸如此类的原因都会使银行的实际贷款低于其本身的贷款能力。这部分没有贷放出去的款额就形成了超额准备金，即超过法定准备金要求的准备金。超额准备金对存款的比率称为超额准备率（用 r_e 表示），法定准备金加超额准备金就是银行的实际准备金。法定准备率加超额准备率就是实际准备率。考虑到有超额准备金时，货币创造乘数就不再是法定准备率的倒数，而应该是实际准备率的倒数，即 $k = \frac{1}{r_d + r_e}$，存款总额为 $D = \frac{R}{r_d + r_e}$。如上例中，在准备率 $r = 20\%$ 时形成的存款总量为 5 000 元，如果超额准备率 $r_e = 5\%$，则能形成的存款总量为 4 000 元，货币创造乘数由 5 变成 4。可见，货币创造乘数不但和法定准备金有关，和超额准备金也有关。一般来说，市场贷款利率越高，银行越不愿多留超额准备金，因为准备金不能生利。因此，市场利率上升，超额准备率从而实际准备率会下降，货币乘数就会增大。货币乘数除了和法定准备率及市场利率有关，还和商业银行向中央银行借款的利率或者说再贴现率有关。再贴现率或者说贴现率上升，表示商业银行向中央银行借款的成本上升，会促使商业银行自己多留准备金，从而会提高实际准备率。所以，当贴现率上升时，货币创造乘数就会变小。

第二，商业银行存在现金漏损。如果客户将得到的贷款不全部存入银行，而是抽出一定比例的现金，又会形成一种漏出。在上例中，假设银行客户（甲、乙、丙、丁等）在每一轮存款中抽出5%的现金，则A银行能贷出的款项将不再是800元（仍假定超额准备率 $r_e=5\%$），而是700元（$1\,000-200-50-50=700$），B银行贷出的款项将是490元（$700-140-35-35=490$），继续进行下去，最后形成的存款总额将是 $\frac{1\,000}{0.2+0.05+0.05}=3\,333$ 元。如果用 r_c 表示现金在存款中的比例即现金漏损率，则存在超额准备金和现金漏出时，货币创造乘数就变为 $k=\frac{1}{r_d+r_e+r_c}$，货币创造乘数进一步变小。

考虑到超额准备金和现金漏损的因素，现在讨论用于形成狭义货币供给量 M_1 的货币创造乘数。如果用 R_d 表示法定准备金，用 R_e 表示超额准备金，用 R_c 表示非银行部门持有的通货，用 R 表示基础货币，D 仍然表示存款总额，则 $R=R_d+R_e+R_c$，货币供给量 $M=D+R_c$，那么有：$\frac{M}{R}=\frac{D+R_c}{R_d+R_e+R_c}$，等式右侧的分子、分母都除以 D，得：

$$\frac{M}{R}=\frac{1+\frac{R_c}{D}}{\frac{R_d}{D}+\frac{R_e}{D}+\frac{R_c}{D}}=\frac{1+r_c}{r_d+r_e+r_c}$$

这里的 $\frac{M}{R}=\frac{1+r_c}{r_d+r_e+r_c}$ 就是将活期存款和通货都看成是货币供给量时的货币创造乘数，即对应于狭义货币供给量 M_1 的货币创造乘数。

当然，货币创造乘数的作用也是双向的，如果基础货币减少或准备金率上升，货币供给量将会成倍数收缩。

三、货币政策工具

货币政策的终极目标还是充分就业、物价稳定、经济增长和国际收支平衡，但由于达到终极目标的时间太长，因此，中央银行需要在货币政策工具与终极目标之间选择与终极目标具有密切关联的、可计量又可控制和调节的中间目标，通过对中间目标的测控来检验货币政策工具的实施效果。

中间目标一般包括四个变量：利率、货币供给量、基础货币和超额准备金。相比较而言，中央银行对基础货币和超额准备金的控制能力强于对利率和货币供给量的控制能力。事实上，利率和货币供给量是牵扯在一起的两个量，要想控制利率就得变动货币供给量；反过来，想要控制货币供给量又得调整利率。因此，中央银行不可能同时选择两个目标，而只能选择一个作为某一时期的目标。

凯恩斯主义者和货币主义者对此选择有不同的看法。凯恩斯主义者认为货币政策主要是通过利率而作用于总需求的，因此中央银行的关注目标应是利率。而货币主义者则强调货币供给量的变化作用，他们认为利率目标会导致货币供给量不断增加，通货膨胀的压力将难以避免。在现实中，中央银行往往采取一种尽可能兼顾短期和长期的折中性的混合货币政策。

根据前面对存款创造过程的说明可知，要改变货币供给量（活期存款量及通货量）主要可以通过两个方面实现：一个是改变基础货币量（包括改变超额准备金率及贴现率）；另一个是直接改变法定准备率以改变法定准备金。相应地，在实现目标的工具选择上，中央银行常用的货币政策工具主要有三个。

1. 公开市场业务

它是中央银行控制货币供给最重要也是最常用的工具。公开市场业务是指中央银行在金融市场上公开买卖政府债券以控制货币供给和利率的政策行为。政府债券是政府为筹措弥补财政赤字的资金而发行并支付利息的国库券或债券。这些被初次卖出的债券在普通居民、厂商、银行、养老基金等单位中反复不断被买卖。当中央银行在公开市场上购买政府债券时，商业银行和其他存款机构的准备金将会以两种方式增加：如果中央银行向个人或公司等非银行机构买进债券，则会开出支票，债券出售者将该支票存入自己的银行账户，该银行则将支票交中央银行体系作为自己在中央银行账户上增加的准备金存款；如果中央银行直接从各银行买进债券，则可直接按债券金额增加各银行在中央银行体系中的准备金存款。当中央银行售出政府债券时，情况则相反，准备金的变动就会引起货币供给按乘数发生变动。准备金变动了，银行客户取得信贷变得容易或困难了，这本身就会影响经济，同时中央银行买卖政府债券的行为，也会引起债券市场上需求和供给的变动，因而影响到债券价格以及市场利率。有价证券的市场是一个竞争性的市场，其价格由供求关系决定。当中央银行要购买债券时，对债券的市场需求就增加，债券价格会上升，而债券价格的上升，就意味着利率下降；反之亦然。

公开市场业务之所以能成为中央银行控制货币供给最主要的手段，是因为运用这种政策手段比用其他手段更为灵活。在公开市场业务中，中央银行可及时地按照一定的目标来买卖政府债券，从而比较易于准确地控制银行体系的准备金。如果中央银行希望大量地变动货币供给，就可以根据改变量的规模来决定买进或卖出政府债券的数量；如果中央银行只希望少量地变动货币供给，就可以用少量的债券买卖来达到目的。由于公开市场操作很灵活，因而便于中央银行及时地改变货币供给变动的方向，如变买进为卖出债券，立即就有可能使增加货币供给变为减少货币供给。中央银行可以连续地、灵活地进行公开市场操作，自由决定债券的数量、时间和方向，即使有时出现某些政策失误，也可以及时得到纠正。

2. 再贴现率政策

中央银行又被称为“银行的银行”，这是因为它可以借钱给商业银行。当商业银行发现自己没有足够的准备金以应付需要时（如出现了对某家银行的挤兑，而该银行所持有的准备金不能满足提款的需要时），商业银行可以向中央银行借款，而再贴现率即为商业银行向中央银行借款时必须支付的利率。再贴现率不同于资本市场的利率（由供求的力量决定），它是由中央银行直接规定的。中央银行往往通过改变再贴现率的大小来影响经济中的货币供给量。

如果再贴现率下降，商业银行会发现，它们向中央银行的借款变得更加便宜。若预期的收益不变，商业银行倾向于增加向中央银行的借款。这样一来，商业银行的可贷资金增加，通过货币乘数的作用，经济中的货币供给量进一步增加。相反，如果再贴现率上升，商业银行向中央银行的贷款成本增加，将减少商业银行的可贷资金，从而使货币供给量减少。

由此可见，中央银行通过改变再贴现率能够影响货币供给量。当然，再贴现率政策不是一个具有主动性的政策。因为，中央银行只能等待商业银行向它借款，而不能要求商业银行这样做。如果商业银行不向中央银行借款，那么再贴现率政策便无法执行了。

现在，中央银行使用再贴现率已不仅仅是为了对货币供给（及贷款规模等）直接产生影响，而是更多地作为一种市场信号，被用于向公众传达中央银行对于货币政策的意图。当中央银行降低再贴现率时，是要向市场传达其有意使经济中更容易得到信贷的意图；当中央银行提高再贴现率时，则是为了表明其限制信贷的意图。

3. 调整法定准备率

中央银行有权决定商业银行和其他存款机构的法定准备率，如果中央银行认为需要增加货币供给，就可以降低法定准备率，使所有的存款机构对每一笔客户的存款需要留出的准备金更少，而当法定准备率提高时，每一元的准备金就可支撑更多的存款。

假设中央银行把法定准备率从10%降为5%，商业银行的超额准备金就会大大增加，这就意味着，每家商业银行都可以更多地贷款。那些获得贷款的人又会在他们的银行账户中存入存款，这使得银行发放贷款的行为得以继续进行，最终这一存款创造过程将使得银行存款扩大至准备金的20倍，而不是最初的10倍。

反之，当中央银行决定提高法定准备率时，如提高到20%，银行就会发现必须收回一部分贷款以补充准备金数量，而贷款被收回的借款人会从他们的支票账户提出存款。只有当银行存款降至法定准备率的5倍而不再是10倍时，这个过程才会结束。

由此可见，改变法定准备金率一方面可以影响银行的超额准备金数量；另一方面会影响货币创造乘数（法定准备率的倒数），从而可以起到改变货币供给量的作用。

从理论上说，变动法定准备率是中央银行调整货币供给最简单的办法。然而，中央银行一般不愿轻易使用变动法定准备率这一手段。这是因为，银行去向中央银行报告它们的准备金和存款状况时有一个时滞，今天变动的准备率一般要过一段时间（比如两周以后）才起作用。另外，变动法定准备率的作用十分猛烈，一旦准备率变动，所有银行的信用都必须扩张或收缩。因此，这一政策手段很少使用，如果准备率变动频繁，会使商业银行和所有金融机构的正常信贷业务受到干扰而感到无所适从。

货币政策除了以上三种主要工具，还有一些其他工具，包括对商业银行的道义劝告，以及一些选择性的货币政策工具，如对房贷政策的调整等。而且中央银行在运用货币政策工具时，往往会有不同的政策配合使用，以加强效果或消除弊端。

★拓展阅读5-5

货币政策与收入分配中的自动稳定器

有的经济学家认为，在货币政策与收入分配中，有一些与货币供应量有关的经济因素，对通货膨胀也有自动调节的作用，符合宏观经济政策的要求，这些因素是：

第一，利率效应，又称凯恩斯效应。这是指由于利率的变动有刺激和抑制投资积极性的作用，因而在货币供应量不变的情况下，利率有自动调节通货膨胀、稳定物价的功能。因为在货币量不变的情况下，如果产品的供给减少，就会出现通货膨胀、物价上涨，利率随之上升，而利率的上升则会阻碍投资增加，甚至减少投资，从而缩小有效需求，自动地抑制通货膨胀，最终有利于使物价趋于稳定。

第二，实际货币余额效应，又称庇古效应。这是指在人们手中持有的货币数额一定的情况下，他的实际购买力与物价涨落成反比，因而人们持有的货币数额本身就有自动调节通货膨胀、稳定物价的作用。即当通货膨胀物价上涨时，人们持有的货币量不变，但其所能购买的消费品减少了，因此他就会自动地减少消费，缩小需求，从而自动地抑制通货膨胀加剧。相反，当物价下跌时，人们持有的货币量虽然不变，但能买到更多的消费品，于是他们就会自动地增加消费，扩大需求，从而阻碍物价继续下跌。

第三，收入再分配效应。这是指由于边际消费倾向递减规律的作用，当发生通货膨胀时，因其能引起国民收入再分配的变化而对通货膨胀有自动抑制的作用。例如，假定国民收入被简单地分为工资和利润两部分，通货膨胀就意味着在国民收入的再分配中，工资所占的比例下降，利润所占的比例上升；而利润收入者的边际消费倾向要小于工资收入者的边际消费倾向。于是，在边际消费倾向递减规律的作用下，由通货膨胀而引起收入增大的利润收入者的消费会相对减少，以至于整个社会的消费支出相对减少，从而自动地抑制了通货膨胀的发展。

第四节　财政政策和货币政策效果分析

财政政策是政府通过变动税收和支出以影响总需求进而影响就业和国民收入水平；货币政策则是由政府货币当局即中央银行通过银行体系变动货币供给量来调节总需求，进而影响国民收入和就业。无论是财政政策还是货币政策，都是通过影响利率、消费、投资进而影响总需求，使就业和国民收入得到调节，这些影响都可以通过对 *IS-LM* 图形的分析看出。财政政策改变了政府的净支出进而改变了社会总支出水平，在模型中表现为 *IS* 曲线的移动，扩张性财政政策增加了支出水平，导致 *IS* 曲线向右移动，在 *LM* 曲线不变时使收入增加，利率上升；紧缩性财政政策则相反，使 *IS* 曲线向左移动，收入减少，利率下降。货币政策的实施改变了货币供给量，使 *LM* 曲线发生移动，扩张性货币政策增加了货币供给量，*LM* 曲线右移，在 *IS* 曲线不变时，收入增加，利率下降；紧缩性货币政策则使 *LM* 曲线左移，收入减少，利率上升。

一、财政政策效果

从 *IS-LM* 模型看，财政政策效果的大小是指政府收支变化使 *IS* 变动对国民收入变动产生的影响。政策效果的大小取决于多种不同的因素，先来看挤出效应的影响。

1. 挤出效应

挤出效应是指政府支出增加所引起的私人消费或投资降低的效果。当实施扩张性财政政策时，政府支出增加使 *IS* 曲线右移，从而国民收入和利率都会增加，国民收入以乘数倍数增加，但利率上升会抑制私人投资和消费进而限制政府支出增加的产出效应，这就是挤出效应如图 5-1 所示。

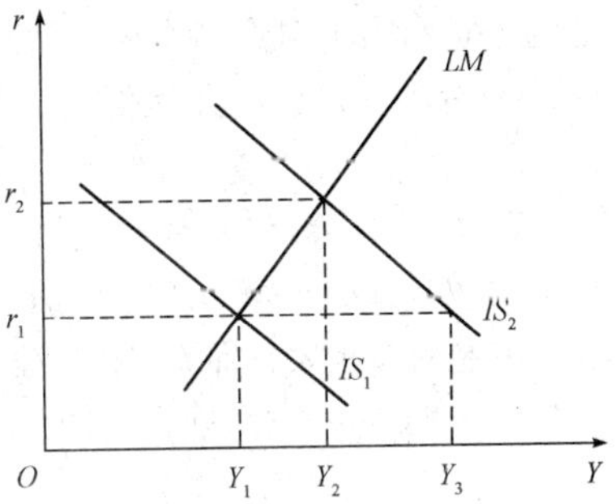

图 5-1　挤出效应

在图 5-1 中，经济均衡于 IS_1 与 *LM* 的交点，均衡利率为 r_1，均衡产出 Y_1。政府为扩大产出，实现充分就业，实施扩张性财政政策，*IS* 曲线向右移动到 IS_2，利率上升为 r_2，收入增加到 Y_2，Y_1Y_2 就是扩张性财政政策所形成的产出增加效果。从图 5-1 可以看出，如果政府的扩张性财政政策没有导致利率上升，利率仍保持为 r_1，则产出水平将达到 Y_3 而不是 Y_2，Y_1Y_3 实际上就是这个扩张性政策引起的支出增长所带来的乘数效应。由于扩张性政策带来的利率上升使得私人投资和消费趋于减少，从而引起的收入下降抵消了一部分扩张性政策使收入增加的效果，被抵消掉的这部分收入为 Y_3 性 Y_2，这就是挤出效应。

假设扩张性政策使政府支出增加 10 亿元，乘数为 5，则支出的乘数效应为国民收入增加 50 亿元（图 5-1 中表现为 IS_1 到 IS_2 的水平距离，即 Y_1Y_3）。但由于利率上升，使私人企业投资及公众消费共减少 6 亿元，乘数也是 5，引起的收入减少量为 30 亿元（对应于图 5-1 中的 Y_3Y_2），也就是说，挤出效应为 30 亿元。那么实际的收入增长必然小于 50 亿元，只有 50 - 30 = 20 亿元

（对应于图 5-1 中的 Y_1Y_2）。

扩张性政策导致私人投资和消费被“挤出”，如果是紧缩性政策，由于利率下降，则会“挤进”投资，同样抵消紧缩性政策使收入减少的效果。

如果经济已经处于充分就业状态，由于实际产出难以增加，则增加政府支出就会完全地挤占私人的投资和消费支出。在非充分就业的经济中，政府推行增加支出的扩张性财政政策，同样对私人投资有挤出效应。但一般来说，不可能对私人投资支出产生完全的挤出，因而这种政策多少能使生产和就业增加一些。

政府支出“挤占”私人支出的程度主要取决于以下几个因素：

第一，支出乘数的大小。乘数越大，政府支出所引起的产出增加固然越多，但利率提高使投资减少所引起的国民收入减少也越多，即挤出效应越大。

第二，货币需求对产出变动的敏感程度。即货币需求函数 $L=kY-hr$ 中 k 的大小。k 越大，政府支出增加所引起的一定量产出水平增加所导致的对货币的需求（交易需求）的增加也越大，因而使利率上升越多，从而挤出效应也就越大。

第三，货币需求对利率变动的敏感程度。即货币需求函数中 h 的大小，也就是货币需求的利率系数的大小。这一系数越小，说明货币需求稍有变动，就会引起利率大幅度变动，因此当政府支出增加引起货币需求增加所导致的利率上升就越多，对投资的“挤占”也就越多，相反，h 越大，则挤出效应就越小。

第四，投资需求对利率变动的敏感程度，即投资的利率系数的大小。投资的利率系数越大，则一定量利率水平的变动对投资水平的影响就越大，因而挤出效应就越大；反之，则挤出效应就越小。

这四个因素中，支出乘数主要取决于边际消费倾向，而边际消费倾向一般被认为是比较稳定的。货币需求对产出水平的敏感程度主要取决于支付习惯和制度，一般也被认为比较稳定。因此，挤出效应大小的决定性因素是货币需求及投资需求对利率的敏感程度，即货币需求的利率系数及投资需求的利率系数的大小。

2. *IS* 曲线、*LM* 曲线斜率对财政政策效果的影响

财政政策的效果还会随 *IS* 曲线及 *LM* 曲线的斜率不同而有所不同。在 *LM* 曲线不变时，*IS* 曲线斜率的绝对值越大，即 *IS* 曲线越陡峭，则移动 *IS* 曲线时收入变化就越大，即财政政策效果越大；反之，*IS* 曲线越平缓，则 *IS* 曲线移动时收入变化就越小，即财政政策效果越小，如图 5-2 所示。

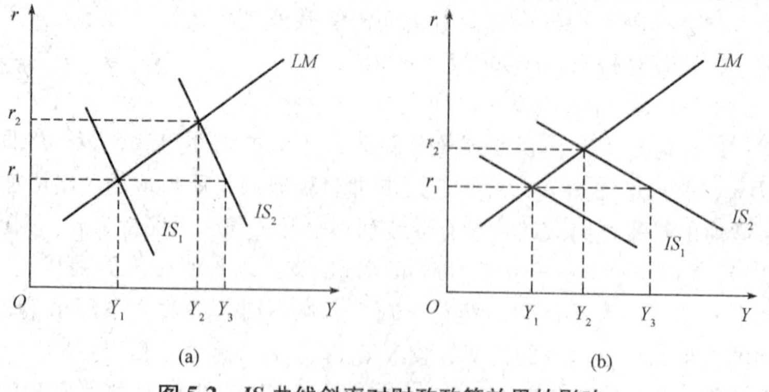

图 5-2　*IS* 曲线斜率对财政政策效果的影响

在图 5-2（a）和图 5-2（b）中，假定 *LM* 曲线即货币市场均衡情况完全相同，但 *IS* 曲线的斜率不同，图 5-2（a）中 *IS* 曲线斜率（绝对值）大，曲线陡峭，图 5-2（b）中 *IS* 曲线斜

率（绝对值）小，曲线平缓。当政府实施扩张性财政政策增加支出水平时，*IS* 曲线向右移动，收入增加，利率上升。这两个图中，*IS* 曲线由 IS_1 向右移动相同的水平距离到 IS_2，表示同样大小的政府支出所带来的相同的乘数效应，其大小为 Y_1Y_3，但显然实际的财政政策效果并不相同，图 5-1（a）所示的政策效果 Y_1Y_2 要大于图 5-2（b）所示的政策效果 Y_1Y_2，原因是后者的挤出效应更大。

在这里，挤出效应的大小主要是受 *IS* 曲线斜率大小的影响。由于 *IS* 斜率大小主要由投资的利率系数 *d* 所决定，*IS* 越陡峭，表示投资的利率系数越小，投资对利率的变动就越迟钝，即利率变动一定幅度所引起的投资变动的幅度就越小。在投资对利率变动的反应比较迟钝时，当一项扩张性财政政策使利率上升，就会使私人投资下降较少，也就是挤出效应较小。因此，*IS* 越陡峭，实行扩张性财政政策时被挤出的私人投资就越少，从而使国民收入增加得就越多，即政策效果越大，这就是图 5-2（a）所显示的情况。相反，如果投资的利率系数 *d* 较大，说明投资对利率变动的反应比较敏感，*IS* 曲线就会比较平缓，*IS* 变动时产生的挤出效应也就较大，政策效果就小，如图 5-2（b）所示。

再来看 *LM* 曲线斜率的影响。在 *IS* 曲线的斜率不变时，*LM* 曲线斜率越大，即 *LM* 曲线越陡峭，则移动 *IS* 曲线时收入变动就越小；即财政政策效果就越小，反之，*LM* 曲线越平缓，则财政政策效果就越大，如图 5-3 所示。

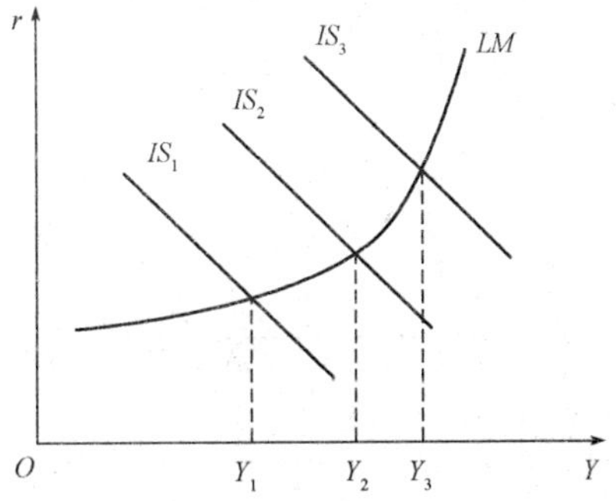

图 5-3　*LM* 曲线斜率对财政政策效果的影响

在图 5-3 中，有一条逐渐变陡的 *LM* 曲线，对应于 *LM* 曲线的三个区域。一般来说，在经济萧条，收入和利率较低时，*LM* 曲线较平缓，财政政策效果就较大；而在收入水平较高，接近充分就业水平时，*LM* 曲线较陡峭，财政政策效果就较小。表现在图 5-3 中，IS_1、IS_2、IS_3 的水平距离相同，表示政府增加相同的支出数使 *IS* 曲线右移同样的距离，即政府支出的乘数效应是相同的，但国民收入增加的情况并不相同，Y_2Y_3 明显大于 Y_1Y_2。

为什么政府增加同样大一笔支出，在 *LM* 曲线斜率较大即曲线较陡峭时，引起的国民收入增量较小，即政策效果较小；相反，在 *LM* 曲线较平缓时，引起的国民收入增量较大，即政策效果较大？这是因为，*LM* 曲线斜率较大即曲线较陡峭，表示货币需求的利率系数较小，或者说货币需求对利率的反应较不灵敏，这意味着一定的货币需求增加将使利率上升较多，从而对私人部门投资产生较大的挤出效应，结果使财政政策效果较小。相反，当货币需求利率系数较大从而 *LM* 曲线较平缓时，政府由于增加支出，即使向私人部门借了很多钱（如出售公债），也不会使利率上升很多，从而不会对私人投资产生很大的影响，这样政府增加支出就会使国民收入增加较多，即财政政策效果较大。

3. 凯恩斯主义的极端情况

如上所述，如果 *LM* 曲线越平缓，或者 *IS* 曲线越陡峭，则财政政策效果越大。接下来对 *IS* 及 *LM* 的特殊情况做一分析。

首先来看 *LM* 曲线的特殊情况。如果 *LM* 曲线为水平线，即前面所说的“凯恩斯陷阱”，此时财政政策为完全有效，而货币政策完全无效，如图 5-4 所示。

图 5-4 中，在 LM_1 曲线的水平区域内，当财政扩张，*IS* 曲线由 IS_1 右移到 IS_2 时，收入 Y_1 增加到 Y_2 的幅度正好等于扩张性财政政策的乘数效应大小，挤出效应为零，即财政政策是完全有

效的。因为 LM 曲线是水平的，即使 LM 曲线变动，如由 LM_1 移动到 LM_2，既不会影响利率，也不会影响财政政策的效果，说明货币政策是无效的。

之所以财政政策完全有效而货币政策完全无效，还是和“凯恩斯陷阱”有关。当经济出现一个极低的利率水平 r_0 时，货币需求的利率弹性无穷大，LM 曲线变成了水平线，这时人们持有货币而不买债券的利息损失是极小的，而买债券的资本损失风险极大，因此人们不管有多少货币都只想持在手中。在这样的情况下，即使国家货币当局想用增加货币供给来降低利率以刺激投资，也是不可能有效果的，因为利率不可能继续降低。而如果政府用增加支出或减税的财政政策来增加总需求，则效果十分显著。因为政府实行这类扩张性财政政策向私人部门借钱（如出售公债），并不会使利率上升，从而对私人投资不产生挤出效应，从而财政政策完全有效。如果 IS 曲线是垂直的，情况完全相同。

其次来看 IS 曲线的特殊情况。如果 IS 曲线是垂直的，说明投资需求的利率系数为零，即不管利率如何变动，投资都不会变动，由于利率的变动不影响投资从而不影响产出，因此这时候货币政策是完全无效的，如图 5-5 所示。

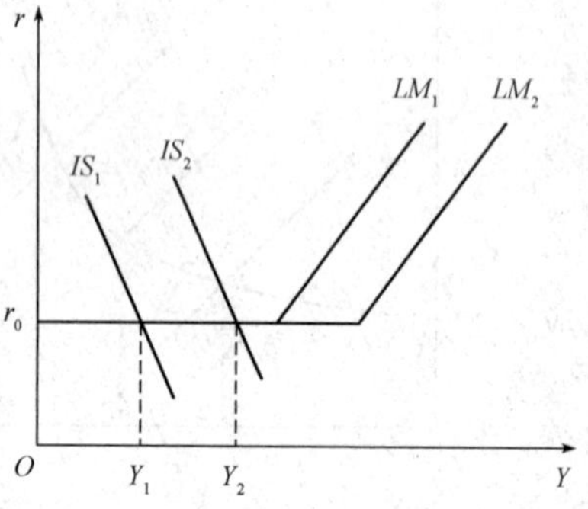

图 5-4　财政政策完全有效

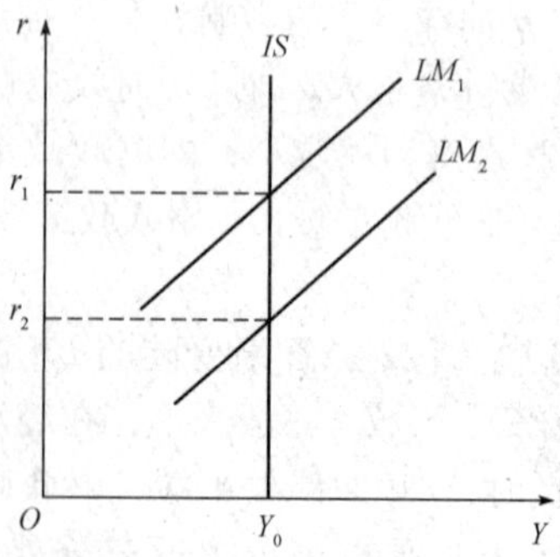

图 5-5　货币政策完全无效

图 5-5 中，IS 曲线是一条垂直于横轴的直线，说明投资的利率系数 $d=0$，此时 LM 曲线的移动只会引起利率的变动，而对收入没有影响。比如，政府采取扩张的货币政策，使 LM 曲线由 LM_1 右移到 LM_2，利率由 r_1 下降到 r_2，但收入不变，仍为 Y_0。只有当 IS 曲线移动时，收入才会发生变化。

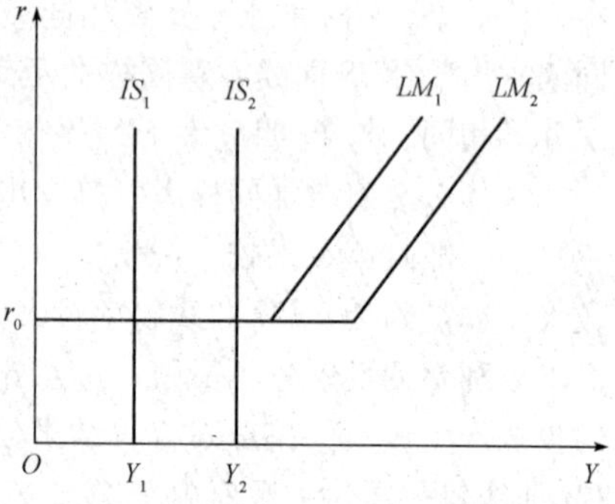

图 5-6　凯恩斯主义的极端情况

最后，如果 LM 是水平的，IS 是垂直的，则必然是财政政策完全有效，而货币政策完全无效。如图 5-6 所示，IS 曲线是垂直的，而 LM 曲线是水平的，由于 LM 曲线是水平线，政府支出变动使 IS 曲线移动时，挤出效应为零，因此财政政策完全有效；由于 IS 曲线是垂直线，改变货币供给量无法影响产出，因而货币政策完全无效。这种情况之所以称为凯恩斯极端，是因为凯恩斯认为，当利率较低，而投资对利率反应又不是很灵敏时，只有财政政策才能对克服萧条、增加就业和收入产生效果，货币政策效果很小。水平的 LM 和垂直的 IS 模型则是把凯恩斯的这一看法推到了极端。

二、货币政策效果

货币政策效果指变动货币供给量的政策对总需求的影响。假定增加货币供给能使国民收入有较大增加，则货币政策效果就大；反之，则小。货币政策效果同样取决于 IS 曲线和 LM 曲线的斜率。

1. *IS* 曲线、*LM* 曲线斜率对货币政策效果的影响

如果 *LM* 曲线斜率不变，*IS* 曲线越平缓，*LM* 曲线移动对国民收入变动的影响就越大，货币政策效果就越大；*IS* 曲线越陡峭，*LM* 曲线移动对国民收入变动的影响就越小，货币政策效果就越小，如图 5-7 所示。

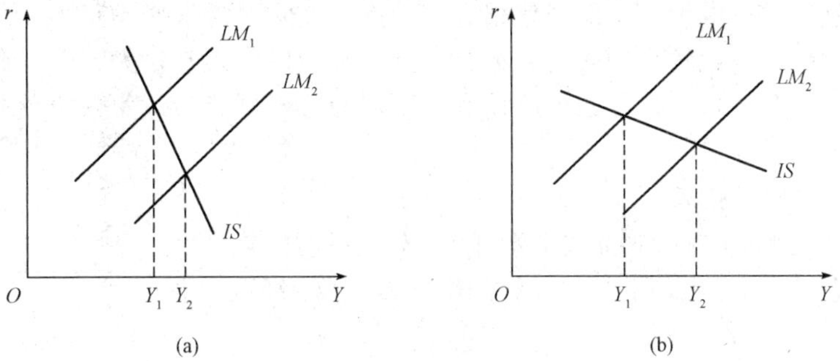

图 5-7　*IS* 斜率对货币政策效果的影响

在图 5-7（a）和（b）中，*LM* 曲线的斜率是相同的，扩张的货币政策导致 *LM* 曲线向右移动的水平距离也是相同的，但 *IS* 曲线的斜率不同，图 5-7（a）中 *IS* 曲线斜率（绝对值）大，曲线陡峭，图 5-7（b）中 *IS* 曲线斜率（绝对值）小，曲线平缓。可以看到，相同的货币政策在 *IS* 曲线陡峭时增加的收入量小，货币政策效果小，如图 5-7（a）所示；在 *IS* 曲线平缓时增加的收入量大，货币政策效果大，如图 5-7（b）所示。

之所以如此，仍然和投资的利率系数有关。如果 *IS* 曲线较陡峭，说明投资的利率系数较小，投资对利率变动比较迟钝，当货币供给增加，*LM* 曲线向右移动使利率下降时，投资不会增加很多，从而国民收入也不会有较大增加；反之，*IS* 曲线较平缓时，说明投资的利率系数较大，当货币供给增加使利率下降时，投资和收入会增加较多。

当 *IS* 曲线斜率不变时，*LM* 曲线越陡峭，货币政策效果就越大；*LM* 曲线越平缓，则货币政策效果就越小，如图 5-8 所示。

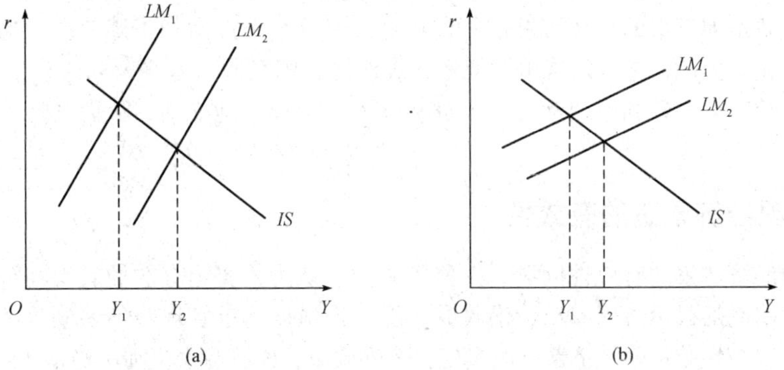

图 5-8　*LM* 斜率对货币政策效果的影响

在图 5-8（a）和（b）中，*IS* 曲线的斜率是相同的，扩张的货币政策导致 *LM* 曲线向右移动的水平距离也是相同的，但 *LM* 曲线的斜率不同，图 5-8（a）中 *LM* 曲线斜率大，曲线陡峭，图 5-8（b）中 *LM* 曲线斜率小，曲线平缓。相应地，相同的货币政策在 *LM* 曲线陡峭时增加的收入量多，货币政策效果大，如图 5-8（a）所示；在 *LM* 曲线平缓时增加的收入量小，货

币政策效果小，如图 5-8（b）所示。

LM 曲线斜率对货币政策效果的影响与货币需求的利率系数有关。*LM* 曲线陡峭，说明货币需求的利率系数较小，即货币需求受利率的影响较小，当货币供给量增加时，利率下降得就会比较多，因而导致投资和国民收入增加较多，货币政策效果就大。若 *LM* 曲线较平缓，说明货币需求受利率的影响较大，即利率稍有变动就会使货币需求变动很多，这样当货币供给量变动时，利率变动得就较小，从而就不会对投资和国民收入有较大影响，说明货币政策效果就小。总之，扩张的货币政策如果能使利率下降较多，则货币政策效果就较强；反之，货币政策效果就较弱。

2. 古典主义的极端情况

如果 *IS* 曲线是水平的而 *LM* 曲线是垂直的，就是所谓古典主义的极端情况，正好与凯恩斯主义的极端情况相反，如图 5-9 所示。

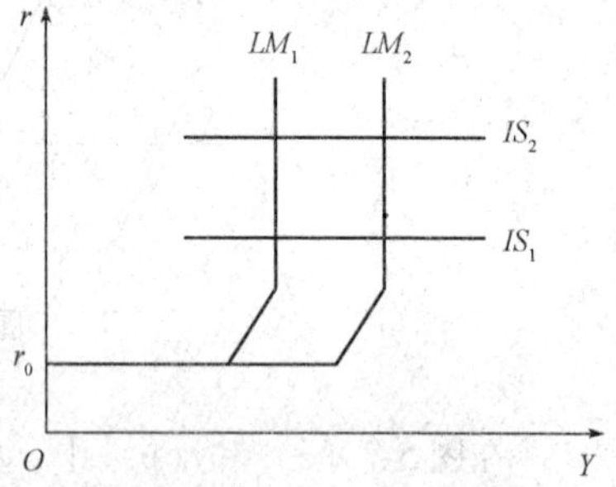

图 5-9　古典主义的极端情况

LM 曲线是垂直线，表明货币需求的利率系数等于零，投机产品已跌到不会再跌的程度，因此出于投机动机的货币需求量为零。政府如果此时推行扩张性财政政策，则无法从私人部门获得任何借款，为了获得借款，利率必须上涨到足以使政府公债产生的收益大于私人投资的预期收益。当利率升高时，政府的支出水平随之增加，但显然政府支出的任何增加都意味着私人投资的等量减少，存在完全的挤出效应。这意味着扩张性政策并不能增加国民收入，财政政策是完全无效的。

IS 曲线是水平线，说明投资需求的利率系数无穷大，投资对利率变动极其敏感。当政府实施扩张性财政政策而需要向私人部门借钱时，只要利率稍有上升，私人投资就会极大减少，产生完全的挤出效应。这种情况下，财政政策也是完全无效的。

尽管财政政策是完全无效的，但是如果实行改变货币量的货币政策，效果会很大。由于 *LM* 曲线是垂直的，人们对货币没有投机需求，因此增加的货币供给将全部用来增加交易需求。当货币供给量增加时，超过人们交易需求的货币都会用于增加购买投机产品，使投机产品价格不断上升，相应地，利率不断下降。在这个过程中，随着投资水平的不断增加，国民收入水平不断提高，这必然不断增加货币的交易需求量，直到收入上升水平提高到正好使增加的货币量全部变成交易需求为止。因此，扩张的货币政策将有效地提高国民收入水平。同时，水平的 *IS* 曲线也使得在货币供给变动导致利率变动时，投资和收入将会极大地变动，从而支持了货币政策有效的观点。

三、宏观经济政策的有效性

关于宏观经济政策的有效性问题，一些经济学家认为，实施有效的宏观经济政策能够熨平经济波动。从前面的讨论可以看出，当政府实施“逆风向需求管理”的宏观经济政策时，即经济过热时采取紧缩性政策，经济萧条时实施扩张性政策，经济将会更加平稳地运行。

与上述观点相反，另一些经济学家则认为，宏观经济政策对于稳定经济是无效的。他们认为政府的经济干预是没有必要的。

第一种观点（即认为宏观经济政策有效的观点）称为积极政策论，前面的分析已经为其提供了理论上的支持。这里主要分析一下第二种观点，即认为宏观经济政策无效的观点，也称为消极政策论。

1. 政策的时滞效应

消极政策论者认为宏观经济政策对于稳定经济是无效的，一个主要依据是认为政策存在着时滞效应。

宏观经济政策的制定与执行，以及政策产生影响的每一阶段，都会存在时滞效应。经济学家将这种政策的时滞效应分为内部时滞和外部时滞。区分内部时滞与外部时滞的关键，在于政策实施的时点，前者发生于政策实施之前，而后者则是政策实施后的滞后影响。

第一，内部时滞。内部时滞是指冲击发生到相应的经济政策实施所花费的时间。决策者确认冲击已发生，而后才能够实施适当的政策，这是内部时滞产生的原因。内部时滞的长短取决于决策者对经济形势发展的预见能力、制定政策的效率和行动的果断性。由于时滞产生的时间和性质的不同，内部时滞又可分为认识时滞、决策时滞和行动时滞。

认识时滞是在冲击出现到决策者确认必须实施适当的宏观政策之间的那段时间。认识时滞的长短，主要取决于决策者获取信息的敏捷程度、预测能力。这种时滞可能很长，也可能很短。如果冲击能够预见，或者在其发生之前就能采取适当的宏观政策，那么这种时滞的符号也可以为负。例如，中央银行根据以往积累的信息，预测国庆节期间由于居民出行旅游的增加刺激了消费，扩大了对现金的需求，相应地运用扩张货币的手段，来适应这种季节性交易动机货币需求的增加，在这种情况下认识时滞就不会产生。但在一般情况下，认识时滞是正数，原因在于冲击对宏观经济的影响是由弱到强的渐进过程，决策者很难在冲击的起始点就了解到冲击的起因和具体性质，从冲击产生到确认需要采取政策之间会耗费一定的时间。

决策时滞是认识到需要采取行动到政策确定之间的时间间隔。决策时滞一般取决于决策者的决策能力、决策体制的结构和效率等因素。决策者的素质高、能力强，决策体制的结构合理，决策程序的效率高，往往能够缩短决策时滞。一般而言，如果决策机制过于强调决策的民主性会拉长决策的内部时滞，但科学的民主决策机制却能够缩短政策的外部时滞。

行动时滞是政策确定和政策开始实施之间的间隔。决策者做出决策以后，动员各种可控资源，并采用各种调控手段使既定的宏观经济政策正式、全面实施，总是需要一定的时间。行动时滞的长短与决策机构和执行机构的运作环节、执行人员素质及工作效率有关。如果相关机构过于繁杂和工作效率低，无疑将会延长行动时滞，而政策执行人员对宏观经济政策的理解透彻，将有助于缩短行动时滞。

由于内部时滞产生于政策实施之前，克服内部时滞的办法是增强决策者的信息搜集、判断能力，科学简化有关立法、行政程序，增强决策和执行机构设置的科学性、合理性，提高政策执行人员经济素养。

第二，外部时滞。外部时滞是指政策实施到政策行为对经济产生影响的时间。政策实施后不能对支出、收入和就业在瞬间产生影响，是导致外部时滞的原因。

外部时滞的长短，一是与宏观经济政策对经济的调控手段和工具的传导机制相关，如金融体系的完善程度和金融市场的活动水平对货币政策的外部时滞就有很大影响；二是与有关市场主体的敏感度相关。市场主体对宏观经济政策的反应快，接收到相应信息后，为了自身利益，就会即刻调整其行为，这时外部时滞就比较短，反之则较长；三是与决策者的决策力度相关。决策力度大，外部时滞无疑会短一些，反之则长一些；四是与有关市场主体的预期相关。市场主体依据其预期顺应宏观经济政策的实施而调整其行为，外部时滞就会短一些，而相背于宏观经济政策的实施调整其行为，必然会出现各种“对策”，外部时滞就会被拉长。如中央政府为抑制经济过热，实施紧缩性政策组合，但地方政府为了短期政绩仍然刺激地方的投资行为，就会在客观上延长紧缩性政策的外部时滞。

一般来说，实施财政政策和货币政策具有不同的时滞效应。财政政策调节经济运行的难题在于内部时滞过长，各国财政政策的实施，都需要经过国会或政府机构的表决、批准，有时甚至需要立法，复杂而缓慢的审核与批复程序往往会延缓财政政策的实施。此外，对应于不同的财政政策，政策时滞也不相同。政府购买政策的行动时滞和外部时滞较长（政府购买需要调动的资源庞大，而基础设施建设周期长），税收政策的决策时滞长而外部时滞短（税率的变化需要相关政府机构和国会的批准，但税率一经改变就会对经济产生影响）。

货币政策的内部时滞相对于财政政策而言要短得多，原因在于中央银行可以在很短的时间内决定并执行新的货币政策。但货币政策的外部时滞却很长，货币政策外部时滞的长短取决于中央银行与商业银行、居民、企业和政府等一系列经济主体之间的关系，这些关系又主要由金融市场和商品市场的运行决定，中央银行往往难以把握和控制其他经济主体的反应，而这一系列行为主体的反应特征在很大程度上会影响货币政策的传导过程。所以，货币政策的外部时滞一般长于内部时滞。

总之，消极政策论者认为，由于时滞的存在，经济稳定政策要取得成功几乎是不可能的，不仅如此，由于时滞效应，政府为稳定经济所做的努力反而有可能成为导致经济不稳定的一个因素。

2. 理性预期与“卢卡斯批判”

除上述时滞效应的存在可能导致宏观经济政策无效之外，以卢卡斯等人为代表的理性预期学派强调在政策实施的同时，人们的预期会针对政策的变动做出相应的调整。而凯恩斯主义并没有充分考虑到政策对于预期的这种影响，这也是导致凯恩斯主义政策无效的一个原因。

所谓理性预期，是指公众预先充分掌握了一切可以利用的信息，并在对这些信息进行理智整理的基础上预测未来。这种预期之所以被称为“理性的”，是因为它是公众对历史能提供的所有信息加以最有效利用，并经过周密的思考之后才做出的一种预期。理性预期理论不排除现实经济中存在不确定性因素，也不排除不确定性因素对预期的影响，使得预期偏离实际，但是在理性预期模型中，公众会针对预期的不准确信息来不断调整对未来的预期。在理性预期理论中，公众也会犯随机性错误，但不会犯系统性错误。

虽然说理性预期是最准确和最有效的预期形成形式，但也饱受批评。主要的一种批评涉及信息成本，即公众获取和处理那些可公开获得的信息以形成理性预期所需的成本，包括时间、努力和金钱等。既然获取和处理信息有成本，那么公众就不可能使用所有可得到的公开信息，针对这种批评的辩护观点认为，“理性”公众在形成他们的预期时，有激励去最佳地利用所有可获取的公开信息，直到最接近地实现信息获取的边际收益等于边际成本。此外，理性预期并不要求公众独立地去获取和处理可获得的公开信息。公众可以间接地，例如从新闻媒介和专业研究机构发表的预测和评论中获取信息。

另一个更为严厉的批评意见则认为，由于经济学家们自己就什么是正确模型都存在巨大的分歧，那么公众在现实中如何获取“正确的”经济模型的知识？分散的市场行为主体能否“了解”经济的真实模型是一个很有争议的问题。

对于以上批评，卢卡斯给出了经典的回应：鸟没有学过复杂的空气动力学却能飞得很好。理性预期学派认为，因为公众不断地吸取教训，能够做到“吃一堑，长一智”，从而有效利用一切信息来逐渐修正预期，因此理性预期是一种合理的理论假设。

由于公众会对政策变化所带来的影响做出理性的预期，并相应地改变自己的行为，这就为政策研究者提出了一个尖锐的问题：当政府准备实施一项政策时，需要知道公众依据自身的判断可能对这项政策如何做出反应。除非充分了解公众对政策的预期，否则就不能从各变量和政策之间的历史关系中找出答案。

1981 年卢卡斯发表了题为《对经济计量政策评估的批评》的论文，他认为传统的凯恩斯模型不能用于研究政策变化的影响，因为传统的政策评估方法——比如依靠标准宏观经济计量模型的方法——没有充分考虑到政策对预期的影响。卢卡斯对传统政策评估的批评，就是经济学中著名的“卢卡斯批判”。

“卢卡斯批判”的基本思想可以表述为：在凯恩斯主义的理论体系中，由于没有考虑到预期的作用，短期总供给曲线被视为固定不变，从而宏观经济政策通过影响总需求而对实际经济产生影响。而理性预期学派却认为，人们会利用一切信息对价格的变动做出自己的预期，当政府政策改变时，人们会对预期进行适时调整，短期总供给曲线并不是固定不变，而是会针对宏观经济政策的变动做出相应的调整。因此，在制定宏观经济政策时，政策制定者应该了解和重视这种调整。

★拓展阅读 5-6

罗伯特·卢卡斯

罗伯特·卢卡斯（R. E. Lucas）1937 年生于美国华盛顿州，1959 年获芝加哥大学历史学学士，1964 年获该校经济学博士学位，从 1974 年起一直在该校任教。他是理性预期学派最主要的代表人物，因其对理性预期经济思想的杰出贡献而获得了 1995 年的诺贝尔经济学奖。卢卡斯并不是理性预期理论的开创者，但他一直是这一理论的积极拥护者。理性预期理论是由马斯（J. E. Muth）在一篇论述证券市场和商品市场的文章《理性预期与价格变动理论》中最先提出来的。

20 世纪 70 年代初期，凯恩斯主义的货币政策和财政政策被用来解释美国的宏观经济问题，但相对来说却没有什么成效。许多经济学家特别是卢卡斯和 J·萨金特都看到，这与马斯关于股票市场的不可预测性而提出的理由完全一致，经济代理人并不是简单地使自己的行为去适应预期事件与现实之间出现的差距。如果是这样，在连续升级的通货膨胀时期，他们就只有不断地失望。但据认为，他们所形成的自己预期的信息，完全与政策制定者所能得到的信息相同。旨在减少失业的通胀性财政政策或宽松性货币政策，使人们能正确地觉察到将会出现更高的价格，从而促使私人支出加剧，结果还没有怎么影响如产量和就业等实际变量，就立即导致通货膨胀，显然，失业与通货膨胀之间并不存在什么互为消长的关系。卢卡斯论述理性预期的开拓性文章，大多数已重印在他的《经济周期理论研究》和他与萨金特合编的两卷本选集《理性预期与计量经济实践》中。

第五节　财政政策和货币政策的配合使用

前面的分析表明，当经济萧条时，为增加总需求，提高收入水平和就业水平，政府既可以使用扩张的财政政策，也可以使用扩张的货币政策；如果是治理经济过热，则使用紧缩的财政政策或货币政策。现实中，政府往往将两种政策配合使用，以更好地发挥政策的作用。

由于财政政策和货币政策都有扩张性和紧缩性的不同方向，两种政策相结合，可以有四种组合，不同组合的政策效应不同。表 5-2 描述了这些组合的效果。

表 5-2　财政政策和货币政策的混合效应

	政策组合	对产出的影响	对利率的影响
1	松财政紧货币	不确定	上升
2	紧财政松货币	不确定	下降
3	双紧政策	减少	不确定
4	双松政策	增加	不确定

“松”的政策就是扩张性政策，“紧”的政策就是紧缩性政策。图 5-10 ~ 图 5-13 分别展示了这些政策组合的效果。

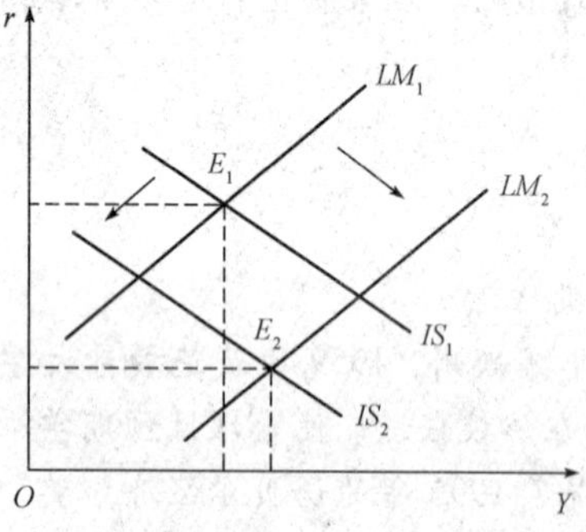

图 5-10　紧财政松货币政策

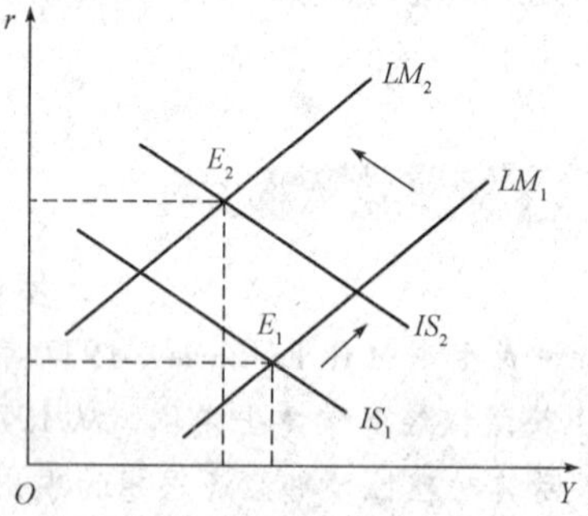

图 5-11　松财政紧货币政策

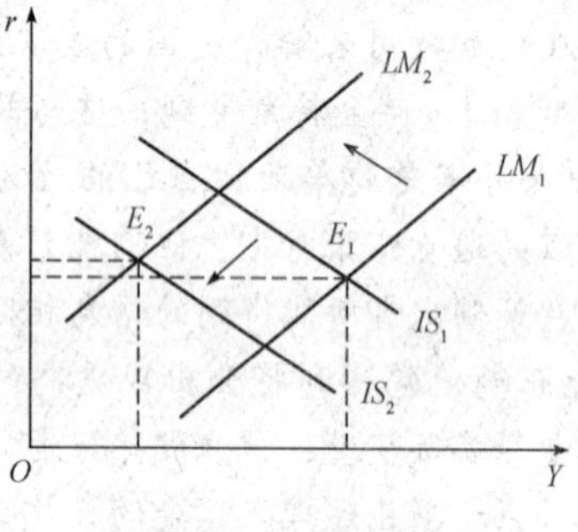

图 5-12　双紧政策

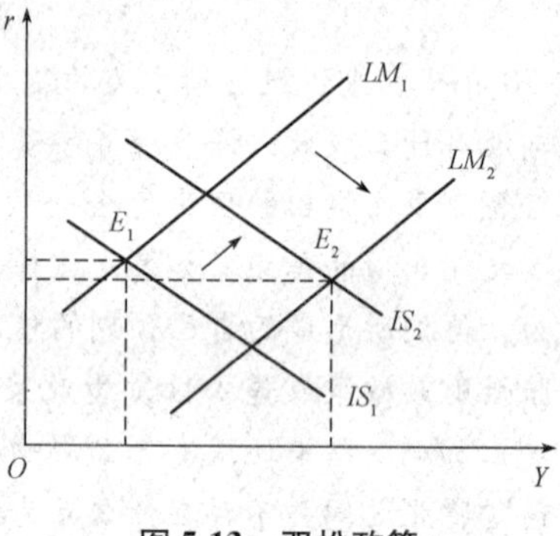

图 5-13　双松政策

因为相同性质的财政政策和货币政策对产出的影响方向是一致的，所有一松一紧的政策组合对产出的影响是不能确定的，产出是增加还是减少，要看不同政策的力度。如紧财政松货币的政策组合，如果货币政策使 *LM* 右移对产出增加的影响超出了财政政策使 *IS* 左移对产出减少的影响，最终的产出就是增加的。一松一紧组合的其他情况可以以此类推。

双松和双紧的政策属于猛烈的政策组合，对产出的影响是确定性的，双松政策组合使产出大幅增加，而双紧政策组合能使产出大幅减少。

实践中，政府和中央银行可以根据具体情况和不同政策目标，选择不同的政策组合。例如，当经济萧条但又不太严重时，可采用第一种组合，用扩张性财政政策刺激总需求，又用紧缩性货币政策控制通货膨胀；当经济中出现通货膨胀又不太严重时，可用第二种组合，用紧缩性财政政策压缩总需求，又用扩张性货币政策降低利率，以免财政过度紧缩而引起衰退；当经济发生严重通货膨胀时，可采用第三种组合，用紧缩货币来提高利率，降低总需求水平，又紧缩财政，以防止利率过分提高；而当经济严重萧条时，可用第四种组合，用扩张财政增加总需求，用扩张货币降低利率以克服挤出效应。

当然，政府在考虑如何混合使用两种政策时，不仅要看当时的经济形势，还要考虑政治上的需要，在作出混合使用各种政策的决策时，必须考虑各行各业、各个阶层人群的利益如何协调的问题，这样才能有的放矢，并有效提高政策的效果。

本章小结

本章主要介绍了宏观经济政策的理论和实践问题。在凯恩斯主义的理论体系中，宏观经济政策就是总需求管理的政策，主要有四个政策目标、充分就业、物价稳定、经济均衡增长和国际收支平衡。在实践中主要使用财政政策和货币政策力求达到这些目标。

财政政策由政府收入和支出两个方面构成，通过政府收入和支出项目的配合改变政府的净支出水平，以影响社会总需求。财政政策的调节可以分为自动调节和主动调节两种。自动调节指政府财政制度本身存在自动地抑制经济波动的作用，即自动稳定器，包括政府税收和政府支出的自动变化；主动调节指政府有意识地实行积极的财政政策，即斟酌使用的熨平经济波动的财政政策。主动调节的财政政策又可以分为扩张性财政政策和紧缩性财政政策，分别实现对总需求不足和总需求过剩的调控。

货币政策是中央银行通过货币供给量来调节利率进而影响投资和整个经济的政策。狭义的货币包括通货和活期存款。活期存款的派生机制，使中央银行能通过控制准备金来调节整个货币供给。中央银行变动货币供给的政策工具主要有公开市场业务、再贴现率政策和调整法定准备率。与财政政策一样，扩张性货币政策主要用于增加总需求，改善就业；而紧缩性货币政策则有利于控制总需求旺盛的经济过热，解决通货膨胀问题。

西方学者通常使用 *IS-LM* 模型来分析财政政策和货币政策的效果。财政政策的实施影响 *IS* 曲线，扩张性财政政策将使 *IS* 右移，产出增加，利率上升；紧缩性财政政策使 *IS* 曲线左移，产出减少，利率下降。货币政策则影响 *LM* 曲线，扩张性货币政策使 *LM* 曲线右移，产出增加，利率下降；紧缩性货币政策使 *LM* 曲线左移，产出减少，利率上升。

IS 曲线和 *LM* 曲线的斜率大小是影响财政政策、货币政策效果的重要因素。当 *LM* 不变时，如果 *IS* 较平缓，扩张性财政政策使利率上升时，就会使私人投资下降较多，即挤出效应较大，从而政策效果就较小；当 *IS* 曲线不变时，如果 *LM* 曲线较陡峭，财政政策效果就较小。反之，*IS* 越陡峭，*LM* 越平坦，则财政政策效果越大。

LM 形状不变时，*IS* 曲线较平缓，货币政策效果就大；反之，*IS* 越陡峭，货币政策效果就越小。当 *IS* 形状不变时，若 *LM* 较平缓，货币政策效果就小；反之，*LM* 越陡峭，货币政策效果就越大。

实践中，政府往往将财政政策和货币政策配合起来使用，根据具体情况和不同政策目标，选择不同的政策组合，以使政策发挥更好的作用。

复习思考题

一、名词解释

财政政策　货币政策　自动稳定器　斟酌使用的财政政策　挤出效应　功能财政　存款准备金　货币创造乘数　法定准备率　公开市场业务　再贴现率

二、简答题

1. 宏观经济政策的目标有哪些？

2. 简述斟酌使用的财政政策和货币政策。

3. 简述财政政策的挤出效应。

4. 财政政策效果与 *IS* 曲线和 *LM* 曲线的斜率有什么关系？为什么？

5. 为什么货币需求对利率越敏感，即货币需求的利率系数越大，财政政策效果越大？

6. 为什么投资需求对利率变动越敏感，即投资的利率系数越大，财政政策效果越小？

7. 货币政策效果与 *IS* 曲线和 *LM* 曲线的斜率有什么关系？为什么？

8. 什么是自动稳定器？是否税率越高，税收作为自动稳定器的作用越大？

9. 简述货币政策的局限性。

10. 简述财政政策和货币政策混合使用的组合及政策效应。

11. 试分析引起完全挤出的财政扩张情况。

12. 简述货币政策起作用的途径。

三、计算题

1. 假定某经济的社会消费函数 $C=300+0.8Y$，私人意愿投资 $I=200$，税收函数 $t=0.2Y$，单位为亿元。求：

（1）均衡收入为2 000亿元时，政府支出（不考虑转移支付）必须为多少？预算是盈余还是赤字？

（2）政府支出不变，而税收提高到 $t=0.25Y$，均衡收入是多少？这时预算将如何变化？

2. 假定货币需求函数 $L=kY-hr$ 中的 $k=0.4$，消费函数 $C=a+bY$ 中的 $b=0.5$，假设政府支出增加20亿元，试问：货币供给量（假定价格水平为1）要增加多少才能使利率保持不变？

3. 假定存款为20万亿元，商业银行存款准备金为3万亿元，法定准备率由7%上调至7.5%。

（1）对法定准备金有何影响？

（2）对货币供给有何影响？

4. 假设 *LM* 方程为 $Y=500+25r$（货币需求 $L=0.20Y-5r$，货币供给为100）。单位为亿元。

（1）计算：

①当 *IS* 为 $Y=950-50r$（消费 $C=40+0.8Y_d$，投资 $I=140-10r$，税收 $t=50$，政府支出 $g=50$）时的均衡收入、利率和投资。

②当 *IS* 为 $Y=800-25r$（消费 $C=40+0.8Y_d$，投资 $I=110-5r$，税收 $t=50$，政府支出 $g=50$）时的均衡收入、利率和投资。

（2）政府支出从50亿元增加到80亿元时，情况①和情况②中的均衡收入和利率各为多少？

（3）说明政府支出从50亿元增加到80亿元时，为什么情况①和情况②中收入的增加有所不同。

5. 假设货币需求为 $L=0.20Y$，货币供给量为200，$C=90+0.8Y_d$，$t=50$，$I=140-5r$，$g=50$。单位为亿元。要求：

（1）导出 *IS* 和 *LM* 方程，求均衡收入、利率和投资。

（2）若其他情况不变，g 增加20亿元，均衡收入、利率和投资各为多少？

（3）是否存在挤出效应？

（4）用草图表示上述情况。

6. 假定经济起初处于充分就业状态，现在政府要改变总需求构成，增加私人投资而减少消费支出，但不改变总需求水平，试问应当实行一种什么样的混合政策？并用 *IS-LM* 图形表示这一政策建议。

第六章

失业与通货膨胀

失业与通货膨胀是经济社会宏观经济运行过程中经常会出现的经济现象和经济“病症”，也是现代宏观经济理论两个重要的研究主题。失业使社会雇用劳动量下降，生产缩减，财富减少；失业也会使劳动者丧失工作、收入减少，给他们的心理、健康等方面带来不利影响。通货膨胀则使货币购买力下降，人们日益贫困、痛苦，也会伤害经济的运行。西方国家将失业率和通货膨胀率合称为社会的“痛苦指数”。

本章将介绍失业和通货膨胀的概念、类型、形成原因、危害和治理措施，并借助菲利普斯曲线分析失业和通货膨胀之间的关系。

★拓展阅读6-1

痛苦指数

痛苦指数是美国经济学家奥肯（Arthur Okun）在20世纪70年代提出的一种经济指数，由失业率和通货膨胀率加总得来，痛苦指数越高，表示痛苦程度越高。如果失业率和通货膨胀率两项指标都下降，称为最佳痛苦指数；如果两项指标一升一降，称为一般痛苦指数；如果两项指标都上升，则称为最差痛苦指数。

在美国，痛苦指数是反映国民经济运行的重要指标，也是了解民意最直接的变量。从美国历史看，严重的失业问题和通货膨胀问题，曾经使许多风云人物惜别政坛。1976年，痛苦指数为13.5%，促使福特在竞选连任中惨遭失败；1980年，痛苦指数为19.4%，使卡特在竞选连任中名落孙山；1984年，痛苦指数为10%左右，其中通货膨胀指数为3%左右，失业率为7%左右，痛苦指数处于最佳状态，使里根在竞选连任中轻易取胜。“里根经济学”在大选年中所采用的主要方法是限制通货膨胀，即联邦储备委员会把货币发行量的增长速度限制在不加剧通货膨胀的限度之内；美国各主要银行都将优惠贷款利率提高13%，以控制货币发行量的流通速度。与此同时，为克服经济萧条，扩大了政府开支，使1984年经济得以复苏，尽管出现了预算赤字，但失业率不断有所下降，大选年的痛苦指数保持在最佳状态。20世纪70年代，高通货膨胀率与高失业率交织在一起，致使战后前25年的经济飞速增长所带来的繁荣难以重现。直至20世纪90年代中期以后，美国开始出现低通货膨胀率、低失业率和适度增长的态势，甚至连长期居高不下的国际收支逆差也得到了改善，美国经济出现了战后最长的增长期和繁荣期。

第一节 西方经典失业理论回顾

自从失业现象和失业问题产生以来，西方经济学者对失业问题产生的原因和如何解决失业问题进行了大量的研究，产生了许多经典的研究成果。西方经济学各个流派在研究失业问题的过程中都形成了各具特色的失业理论与就业政策。其中颇具代表性的有：古典学派的充分就业理论与就业政策、凯恩斯学派的有效需求不足理论与就业政策、新古典学派的结构性失业理论与人力政策、货币学派的自然失业理论与供给管理政策、新凯恩斯主义的工资黏性理论与就业对策以及发展经济学派的失业理论等。回顾西方经典失业理论，有助于厘清西方失业理论发展演进的脉络，有助于对本章有关失业类型、成因、解决失业对策等内容的学习和掌握。

一、古典经济学派的充分就业理论与就业政策

西方经济学所说的古典学派是指由萨伊奠基的、以马歇尔和庇古为主要代表的，19 世纪末 20 世纪初在西方经济学占统治地位的经济学派。该学派的失业理论从完全竞争的市场结构出发，在这种市场上产品价格和货币工资可以根据市场供求状况灵活调整。劳动供给和劳动需求相互作用决定实际工资和就业水平，供求平衡时的就业量就是充分就业量。由于货币工资具有完全的伸缩性，一旦出现劳动的供求不平衡，出现失业，货币工资就会自行调整下降，它所引起的实际工资的下降将促使就业和产量扩大，直到达到充分就业为止。

当然，古典经济学的充分就业并不排斥两种失业的存在，一是摩擦失业；二是自愿失业，这是由英国经济学家庇古首先提出来的。摩擦失业是指劳动者正常流动过程中所产生的失业。劳动者流动包括老工人退休、年轻人进入劳动市场的新老交替过程；人们出于某种原因而放弃原来的工作或被解雇，以及转移到新地区寻找新工作的过程，这都需要花费一定的时间。自愿失业是指有工作能力的人不愿接受现行的工资，或不愿降低已得的工资而产生的失业。由于他们所要求的实际工资高于均衡工资水平，不可能为厂商所雇用。这些人只要愿意减少货币工资就能被雇用，整个经济将消灭自愿失业。同时他们认为任何有工作能力而愿意工作的人，不会因摩擦的原因而出现较长时间的失业，所以摩擦失业同自愿失业一样并不是一个严重的问题，这两种失业的存在与充分就业并不矛盾。

总之，古典学派经济学家认为，由于不存在工资刚性，工资率可以自由伸缩，劳动市场总能达到充分就业均衡，长期持续的非自愿失业不可能存在，存在的只是自愿失业和短期性的摩擦失业。失业和萧条状态之所以出现，原因在于工会和劳动者人为地阻止货币工资的下降。因此，他们认为解决失业的办法是消除货币工资的刚性，使它们自由地降低，通过降低货币工资（在货币供应量和物价水平给定不变的条件下）以降低实际工资。

二、凯恩斯学派的有效需求不足失业理论与就业政策

1929—1993 年，世界性的经济大危机猛烈地冲击了资本主义经济，西方各国经济陷入长期萧条，失业问题日趋严重。严重的经济危机和大量失业的现实使劳动力市场自动调节而实现均衡的理论不能自圆其说。经济形势的变化要求提出一种新的理论来解释资本主义经济的失业现象。凯恩斯在这种情况下对古典失业理论做了重大修正，提出了新的失业理论。

凯恩斯在《就业、利息和货币通论》一书中，提出了“有效需求不足”的失业理论以及以

政府干预为基础的就业政策措施。凯恩斯认为，资本主义社会的就业量取决于有效需求的水平，能否达到充分就业取决于有效需求的大小。有效需求就是总供给等于总需求时的社会总需求，也就是预期可以给资本家带来利润的社会总需求。在自由放任的资本主义经济生活中，社会总需求决不会经常必定与社会总供给相等，总需求不足是资本主义经济经常存在的现象，资本主义经济完全有可能处于非充分就业均衡状态。因此，摩擦失业和自愿失业并不能概括一切失业现象，这说明客观上存在着第三种失业，即非自愿失业。它是指由于社会对商品的需求不足以致不足以使生产吸纳愿意工作的人而造成的失业，故又称为需求不足的失业（凯恩斯失业）。这种失业在经济增长放慢时上升，而在经济繁荣时下降，即它的变动与经济周期的不同阶段相关，也称为周期性失业。

凯恩斯进一步指出边际消费倾向递减规律、资本边际效率递减规律、流动性偏好规律是造成有效需求不足产生的原因。一方面，随着收入的增加，边际消费倾向递减，消费的增加总跟不上收入的增加，引起消费需求不足；另一方面，随着投资的增加，资本边际效率下降，同时由于流动性偏好的作用，利率的下降受到限制，从而吸引资本家投资的诱惑力减弱，造成投资不足。正是由于消费需求和投资需求所构成的有效需求低于社会总供给水平，从而导致就业总是小于“充分就业”水平。

凯恩斯为了证明资本主义经济不具有充分就业均衡的调节机制，还提出了新的工资理论。他否定了工资率是有充分伸缩性的观点，认为货币工资具有下降刚性，反对传统经济学家所主张的通过降低货币工资来降低实际工资以实现充分就业的主张。在凯恩斯看来，在经济衰退时采用通货膨胀政策，运用提高物价的方法降低实际工资，可以提高资本边际效率，刺激投资，增加就业。当然凯恩斯知道仅靠削减实际工资并不能达到充分就业，因为失业的主动原因在于总需求不足，工资刚性的作用只是被动的。

凯恩斯为此提出了需求管理政策，即实行政府干预经济的政策来提高社会有效需求，从而达到促进生产、提高就业的目的。其具体措施包括：①实行扩张性财政政策，用举债的方式扩大政府开支。他主张政府承担公共事业投资，承担社会福利责任。政府还应对私人进行订货和贷款，通过国家直接进行投资或消费来弥补私人消费和投资的不足，以便提高国民收入和就业水平。②实行扩张性货币政策，通过中央银行调节货币供应量，以影响利率的变动来间接影响社会需求，银行当局可通过增加货币供应量来刺激就业。③实行政府干预对外贸易的政策，扩大出口，限制进口，保持本国贸易顺差，以利于国内经济繁荣与增加就业。④实行高额累进税政策进行收入再分配，以提高消费倾向，通过消费的增加提高全社会的就业水平。

三、新古典综合学派的结构性失业理论与人力政策

新古典综合学派是由萨缪尔森首创的，它实质上是将马歇尔、瓦尔拉斯为代表的新古典经济学与凯恩斯主义经济理论综合在一起。按照凯恩斯的理论，有效需求不足引起经济衰退和失业，过度需求产生通货膨胀。一般来说，需求不足和需求过度这两种现象是不可能同时出现的，失业和通货膨胀也是不可能同时发生的。但是20世纪50年代后期西方资本主义各国出现了这种理论无法解释的经济现象，一方面失业人数较以前有所增加；另一方面物价却也温和地持续上涨。为了解释这一现象，新古典综合学派采用菲利普斯曲线的理论来修补凯恩斯理论的不足，认为通货膨胀和失业间存在此消彼长的交替关系。但是20世纪60年代末期特别是70年代以后，资本主义各国的通货膨胀率都在不断提高，最终导致了滞胀，该曲线已不能成为政府实行需求管理政策的依据。于是该学派的一些经济学家开始运用微观经济学补充宏观经济学以解释失业与通货膨胀并存问题。

托宾、杜森贝里等人提出“结构性失业问题”，力图用市场结构的变化来解释失业和通货膨胀的并发症，认为是微观市场的不完全性和结构变化引起滞胀。所谓结构性失业是指因经济结构的变化，劳动力的供给和需求在职业、技能、产业、地区分布等方面不协调所引起的失业。一种情况是某些具有劳动力的工人，由于他们工作的产业进入萧条而失去工作机会，而他们不一定适应新工业部门的技术要求，因而一部分人找不到工作；另一种情况是由于地区经济发展不平衡，落后地区的剩余劳动力因地理位置的限制，不能迅速流动到发展迅速的地区，因而也有一部分劳动者失业。结构性失业的存在必然引起失业与工作空位并存。由于强大的工会力量使工资易涨不易跌，所以尽管社会上存在着失业，但货币工资却不下降，而只要存在工作空位，货币工资就会迅速上升。这样失业与工作空位的并存就转化为失业与货币工资上涨并存，进而转化为失业与通货膨胀的并发症。

新古典综合学派为解决结构性失业问题提出人力决策，它是针对劳动市场的不完全性，为解决失业和职位空缺并存的矛盾，从而增加就业机会的政策。其主要措施有：①进行劳动力的再培训，包括对失业者的培训和在职人员的训练，使非熟练劳动者能够适应劳动需求的条件，使技术过时的劳动者能够掌握新技术。②发展职业介绍所，提供劳动市场的信息，帮助企业和失业者及时了解准确情况，使企业比较容易找到合适的工人，使工人比较容易找到合适的企业。③增加劳动力的流动性，帮助劳动者和企业进行地区迁移，解决劳动力在地区间流动的困难。

四、货币学派的自然失业理论与供给管理政策

货币学派的代表人物是美国经济学家弗里德曼，其失业理论可以简单归结为自然失业率假说。在经济周期过去以后，经济中总是还会存在一定比例的失业人口，即使在经济繁荣时期，这部分失业也难以消除。经济中的这一部分失业被弗里德曼称为自然失业，其对总劳动力的比率被称为自然失业率。自然失业率就是指在没有货币因素干扰的情况下，劳动力市场和商品市场自发供求力量发挥作用时应有的处于均衡状态的失业率，就是充分就业情况下的失业率。自然失业的工人包括：认为实际工资低于劳动力边际效用的自愿失业；源于信息不完全的“寻业的失业”；源于现行劳动力流动性不完全的摩擦失业；经济结构和技术发生变化，劳动力流动性和技术水平不相适应的较长期处于失业状态的结构性失业。

对于决定自然失业率的因素，以及何种原因使得自然失业率不断上升，货币学派的学者们认为，生产力的发展、技术进步以及制度因素是决定自然失业率及引起自然失业率提高的重要因素。具体包括：①劳动者结构的变化。一般来说，青年与妇女的自然失业率高，而这些人在劳动力总数中所占比例的上升会导致自然失业率上升。②政府政策的影响。如失业救济制度使一些人宁可失业也不从事工资低、条件差的职业，这就增加了自然失业率；最低工资法使企业尽量少雇用人，尤其是技术水平差的工人，同时也加强了用机器取代工人的趋势。③技术进步因素。随着新技术、新设备的投入使用，劳动生产率不断提高，资本的技术构成不断提高，必然要减少对劳动力的需求，出现较多失业。同时，技术进步使一些文化技术低的工人不能适应新的工作被淘汰出来。④劳动力市场的组织状况，如劳动力供求信息的完整与迅速性，职业介绍与指导的完善与否，都会影响到自然失业率的变化。⑤劳动市场或行业差别性的增大会提高自然失业率。厂商、行业和地区会兴起和衰落，而劳动者和厂商需要时间来与之适应与配合，这些无疑会引起劳动者的大量流动，增大结构性失业。

货币学派经济学家认为，自然失业率不是自然的，它不是最优失业率，同时自然失业率也不是一成不变的，它不仅受客观经济条件的影响，而且受许多制度性因素和政策性因素的影响。所

以，政府可以通过使用劳动力供给管理政策，改善劳动力市场，减少自然失业率。具体措施包括：①建立完善的就业机构，为失业人员提供各种完备的就业信息。对失业工人尤其是年轻人进行培训，提高他们的文化技术水平，从而增加就业机会。此外，还可以用减税的办法鼓励企业雇用培训失业者。②降低最低工资标准，让企业把由此省下来的钱花在对工人的在职培训上。也可以对雇用文化技术低的工人的企业进行补贴。③实行负所得税政策，对收入低于一定标准的家庭按其实际收入的大小给予补贴（即付所得税），以鼓励人们去工作而不是坐享失业补助。④鼓励劳动力流动。政府对失业率高的地区提供就业补贴，使该地区的企业可以用高工资吸引工人；给跨地区流动的工人以经费资助；取消对工人流动所设置的人为障碍，如政府的一些不必要的管制，行业工会对工人进入的限制等。

五、新凯恩斯主义的工资黏性理论与就业对策

新凯恩斯主义是指美国20世纪80年代以来新发展起来的凯恩斯主义，它在凯恩斯传统下构建微观基础，用新的研究方法和新的理论复兴了凯恩斯主义。从古典学派到货币学派的失业理论，大多是沿着劳动力市场以外的技术因素和制度因素来探索影响和决定失业的因素。但现实中还存在着这样的现象，尽管失业者只要能就业而愿意接受比较低的工资，但雇主本身并不想通过降低工资去雇用更多的工人，这说明劳动力市场存在着某种障碍使它不能充分发挥作用。新凯恩斯主义者对劳动力市场功能性障碍进行了探索，发展并完善起来一种全新的失业理论，在微观经济学的基础上解释了工资黏性和失业问题，代表了西方失业理论的最新发展。

（1）长期劳动合同导致名义工资黏性。在一些有工会组织的大型企业中，工资通常是由工会与企业通过谈判订立的合同而固定下来的，一般一定三年不变，在合同有效期限内，工资是不能随市场的供求行情而调整的。一些没有工会组织未签订劳动合同的企业，因受有合同企业工资黏性的影响，工资也不会轻易变动。

（2）隐含合同理论。隐含合同是指厂商与工人之间没有正式的工资合同，但互相有将工资相对稳定的协议或默契，被称为“看不见的握手”。该理论认为，从长期看，工人向厂商提供劳动服务，厂商支付工资，实际上是一个保障性合同交易。这一保障性合同可以保护工人免受随机的、可以观察到的经济波动的影响。由于决定工资的劳资双方对待风险的态度是不同的，工人是风险厌恶者，厂商是风险中性者，于是双方在确定工资时会达成一种默契，使实际工资保持相对稳定而不随经济波动而变化。将风险由工人工资转移给厂商利润，作为转移风险的代价工人接受低于市场出清的工资水平。隐含合同的存在使工资具有黏性。由于隐含合同的建立或货币工资的调整要参考公众有效性信息，而完全准确地确定公众有效性信息需要耗费厂商和工人较高的成本，因而调整工资的合同只是根据几个比较廉价的、简单的经济参数确定，这就使工资不能随着需求变动迅速做出调整，工资出现黏性。隐含合同之所以导致失业，是由于在非对称信息条件下，厂商和工人都只有部分的有限的信息，这就决定了均衡的合同会出现无效率的非充分就业。此时一般会采取解雇工人的形式。暂时失业的工人为了建立起其“可靠者”的声誉，以求将来能得到更优惠的工资合同，往往会拒绝其他厂商提供的高工资的职位，因此失业会继续存在。

（3）效率工资理论。该理论认为，工人的工作效率受工资影响，工资的减少最终导致的是成本增加或产量减少。于是当供给波动时，会改变劳动力的边际产量，最终影响的是就业而非实际工资，因而实际工资有黏性。另外，由于劳动生产率受厂商支付的工资的影响，为了保持较高的劳动生产率，厂商通常会把实际工资定得高一些，高工资使劳动市场不能出清，从而出现失

业。高工资之所以影响劳动生产率，是因为高工资提高了因怠工偷懒而被解雇的机会成本，因而可以避免怠工偷懒行为；高工资提高了工人“跳槽”的机会成本，从而可减少工人经常转换工种的行为，有利于维持企业生产的连续性；高工资可以吸引能力较强、技术熟练的工人；高工资可使工人感到受到公正待遇，可以刺激工人的生产积极性。当所有厂商都采用高工资来保持生产率时，平均工资就会上升，出现非自愿失业。

（4）内部人-外部人理论。该理论把已经就业的工人称为内部人，而把一些没有工作的失业者称为外部人。该理论认为内部人和外部人拥有不同的就业机会，内部人的工作受到劳动转换成本的保护，在工资决定上有着重要的讨价还价的能力，具有较强的就业优势和地位。劳动转换成本包括强制性解雇和诉讼成本，搜寻劳动市场、议定就业条件、考核和选择成本，培训成本等。因此，尽管外部人愿意接受比内部人低的工资，而由于转换成本较大，减少工资所得不足以弥补成本，厂商不愿意雇用低工资的外部人，而宁愿继续雇用内部人。在一个技术不断进步、劳动专业化程度不断提高的社会里，外部人雇用成本不断提高，内部人就可以凭借自己的就业优势，实施相当程度的内部人控制，提出一个高于市场出清的工资要求，这时非自愿失业就会出现。

新凯恩斯主义者针对工资黏性和失业问题也提出了若干政策建议。①应更多地考虑长期失业者的利益，多为他们提供就业机会。由于外部人在劳动力市场上长期处于不利地位，因而政府的就业政策应考虑降低劳动力的周转成本，以削减内部人确定工资的权利。同时，提高外部人的潜在边际产品价值，以减少雇用和解雇劳动力的成本，具体措施有：对外部人实行职业技能培训；促进雇主采纳与生产率相关的工资契约；改变失业福利体系，鼓励失业者寻找工作；降低新企业的进入壁垒。②干预劳动工资合同，使工资较有弹性，以提高就业率。

六、发展经济学派的失业理论

以刘易斯、弗景汉和拉尼斯以及托达罗等为代表人物的发展经济学派的失业理论，旨在研究和解决发展中国家的经济发展问题。刘易斯提出了二元经济结构下的劳动力迁移模式，主要探讨了二元结构发展模式下的失业问题。这个模型建立在以下两个假定的基础之上：其一，生产部门分为以城市为中心的工业部门和以农村为中心的农业部门；其二，现代工业部门劳动生产率高，工资远远高于农业部门，城市不存在失业。由于传统农业部门的劳动生产率很低，边际劳动生产率甚至为零或负数，这里有大量的非公开性失业（隐性失业）；而现代工业部门的劳动生产率相对较高，但从业人数较少，其相对较高的工资水平可以吸引传统农业部门劳动力的转移。刘易斯等对解决该类失业问题提出的对策是，加强现代工业部门的资本积累，增强其吸纳传统农业部门劳动力的能力，最终达到解决二元结构失业问题的目的。

托达罗在刘易斯等人二元结构发展模式的基础上，探讨了劳动力转换下的失业问题，调了收入预期在农村人口转移中的重要作用。与刘易斯等人不同，托达罗认为农业剩余劳动力问题的解决也可以从农业内部着眼；同时，城市也会存在大量的失业，城市工业部门的工资率也不是刚性的，而是不断上升的。托达罗较为全面地认识到了解决发展中国家失业的艰巨性和困难性，并认为发展中国家城市中的失业和乡村中的过剩劳动力或非公开性失业会长期存在。

第二节 失业的概念、衡量标准与类型

一、失业的概念

现代西方经济理论一般认为，经典失业理论提出的摩擦失业、周期性失业、结构性失业、自然失业、隐性失业等失业的原因或失业类型可进一步划分为两大类，即自愿失业和非自愿失业。其中，自愿失业是由于劳动者的主观原因造成的，除古典经济学者所说的有工作能力的人不愿接受现行的工资，或不愿降低已得的工资而产生的失业外，也包括非工资原因而自愿放弃工作机会、不愿意寻找工作所造成的失业。这种失业不是现代西方经济理论研究的范围。

现代西方经济理论主要探讨的是与这种失业类型相对的“非自愿失业”。通常认为，失业是指有劳动能力的处于法定劳动年龄阶段的并有就业愿望、接受现行工资的劳动者失去或没有得到有报酬的工作岗位的社会现象。这种失业是由于客观原因所造成的，可以通过经济手段和政策来降低或消除。

失业的概念表明，没有劳动能力的人不存在失业问题，有劳动能力的自身不想就业，或者不接受现行工资，均不称为失业。

对法定劳动年龄的规定，不同的国家往往有不同的标准。《中华人民共和国劳动法》规定：中国公民的法定劳动年龄指年满16周岁至退休年龄，退休年龄为男60周岁、女干部身份55周岁、女工人50周岁。而德国、英国、美国、日本的法定退休年龄为65周岁。

同时，各个国家对于失业人员的范围界定也有所差异。在美国，工作年龄在16~65周岁的属于失业人员的人包括：①新加入劳动队伍第一次找工作或重新加入劳动队伍正在寻找工作已达4周年以上的人；②为了寻找其他工作而离职，在找工作期间作为失业者登记注册的人；③被暂时辞退并等待重返工作岗位而连续7天未得到工资的人；④被企业解雇而且无法回到原工作岗位的人，即非自愿离职者。而根据中国国家统计局的定义，失业人员是指非农业户口、在一定劳动年龄、有劳动能力、无业而要求就业，并在当地就业服务机构进行求职登记的人员。

二、失业的衡量标准

衡量经济社会失业状况最常用的指标是失业率，它是指失业人口占劳动人口（失业人数+就业人数）的比例，用公式可表示为：

$$失业率=\frac{失业人口}{劳动人口}\times 100\%$$

通过失业率指标可以判断一定时期内全部劳动人口的就业情况。一直以来，失业率数据被视为一个反映整体经济状况的指标，并且是每个月最先发表的经济数据。所以失业率指标被称为所有经济指标的“皇冠上的明珠”，是市场上最为敏感的月度经济指标。

然而，由于各个国家对失业人口的界定和统计方法存在差异，有些国家把愿意工作而没有工作的都认定为失业人口，有些国家则只把领取失业救济金的认定为失业人口；有些国家采用随机抽样调查统计失业人口数据，有些国家则根据登记失业的资料统计失业人口。因此，各个国家的失业率数据并不具有完全的可比性。中国目前官方发布的失业率是指城镇登记失业率（仅为非农业户口），人力资源和社会保障部2014年7月25日发布的数据显示，二季度中国城镇登记失业率为4.08%。美国官方发布的失业率则是抽样调查的失业率，美国劳工统计局（Bureau of

Labor Statistics）2014年8月2日（周五）上午发布的就业报告显示，7月份非农业部门新增就业岗位209 000个，但失业率从6月份的6.10%微增到6.20%。

三、失业的类型和原因

充分就业是一个国家或地区政府宏观经济管理的重要目标之一。但充分就业并不是所有的劳动者都有工作，不意味着失业率等于零。在市场经济中始终存在着一些难以克服的客观原因而造成的失业，西方经济学家称之为自然失业。例如，有人不满意现有工作而辞职，寻找新的工作难免需要时间，从而处于失业状态。又如，学生毕业后，也往往需要一段时间才能找到合适的工作。因此，西方经济学家一般将失业（非自愿失业）划分为自然失业和有效需求不足造成的周期性失业（凯恩斯失业）。因此，只要克服了周期性失业，经济社会就实现了充分就业，充分就业的失业率称为自然失业率。

1. 自然失业及其成因

现代西方经济理论按引起失业的原因将自然失业分为以下几种类型：

（1）摩擦失业。摩擦失业是由于劳动力缺乏流动性，信息交流不完全以及市场组织不健全，寻找工作需要时间所造成的失业，是一种经常性的、普遍的、不可避免的失业。这种失业可发生在不同地区、不同职业或生命周期的不同阶段。例如，搬到一座新城市后需要寻找工作，一个人由于某种职业不够理想而想寻找其他职业所引起的暂时性失业。又如，大学毕业生寻找一个工作时需要花费一段时间，从而导致一时失业。再如，妇女在生完孩子后可能需要重新寻找工作。这些在劳动力流动过程中造成的失业，以及意向新加入劳动力队伍或重新加入劳动力队伍过程中的失业均属于摩擦失业，也叫求职性失业。

摩擦失业主要是由经济制度的动态结构造成的。在这种经济现象中，由于居住结构、产业结构、年龄结构等方面的不断变化，原有的工作不断消失，新的工作不断产生，而工人在交换工作时需要时间，因而产生。它的规模取决于失业工人和他寻找的工作碰到一起时所遇到的结构上的困难。这种结构上的困难，主要是指缺乏就业机会的信息，缺乏就业的知识，以及缺乏迅速转移所必须具备的先决条件。

（2）结构性失业。结构性失业是指由于经济结构、体制、增长方式等的变动，使劳动力在包括技能、经验、工种、知识、年龄、性别、主观意愿、地区等方面的供给结构与需求结构不相一致而导致的失业。结构性失业在性质上是长期的，而且通常起源于劳动力的需求方。结构性失业的产生一般同时具备两个条件：一是由于经济变动使社会对劳动力的需求结构发生了变化；二是由于种种条件的限制使劳动力的供给结构满足不了需求结构的变化。满足不了需求结构变化的那部分劳动者便成了失业人员，得不到满足的工作岗位则成了空位，从而构成了结构性失业的典型特征，即有人无工作的失业和有工无人做的“职位空缺”并存的现象。例如，当某些产业部门走向衰退，这些部门的生产收缩、对劳动力的需求减少，引起工人失业，与此同时，某些产业部门兴起所需的特殊技能的劳动力却供不应求，产生职位空缺。

导致劳动力供求结构不一致的原因是多方面的。①有产业结构调整的因素。产业结构调整促使第一产业、传统产业对劳动者的需求减少，第三产业、新兴产业对劳动者的需求增多。但不同产业对劳动者在工种、技能、知识、经验上的要求显然是不同的。如果原来从事第一产业、传统产业的人员无法对自身各方面的素质及时做出调整，就不能顺利转入第三产业、新兴产业从而导致失业。②有体制转轨的因素。在中国传统计划经济体制下，企业要以实现充分就业为目的，市场经济条件下企业对生产要素投入组合的选择以成本最小、利润最大化来确定。在严格的成本约束下，国有企业中那些边际生产力低于社会平均边际生产力的职工（无效劳动力）就会下岗失业，而与此同时，市场经济条件下，非公有制经济迅速崛起，对劳动力的需求量非常大。但由于种种原因和条件的限制，国有企业中下岗的员工并不能很好地转入非公有制企业，从而造成失业。③有经济增长方式转变的因素。经济增长方式的转变引起用人单位对劳动者素质尤其是技能要求的提高，而现实中劳动者的技能满足不了要求而产生失业。④有技术进步的因素。技术进步使劳动者的需求结构与供给结构在工种、技术、知识上不相吻合而造成失业。⑤有教育发展滞后的因素。教育体制落后、教育结构不合理导致劳动者素质不能及时得到提高或劳动者学非所用使劳动力供给结构满足不了需求结构的要求而引起失业。中国当前的教育投资主体比较单一，对社会办学、民间投资办学发动不够，这使中国的办学模式、教育形式都不能实现多样化，使得一些跟生产实践密切相关的如继续教育、职业教育等形式得不到应有的发展，导致劳动者的素质不能与用人单位对劳动者素质的要求同步提高。同时，高等教育专业设置不合理，培养的人才与社会用人单位的实际需求脱节，导致一些大学生哀叹“毕业即意味着失业”。此外，劳动者就业观念，劳动力供给的年龄、性别、地区差异以及生产的季节性变化等，是造成结构性失业的其他原因。

一般地，结构性失业表现为技能性失业、技术性失业和季节性失业。技能性失业是指劳动者的技能不能适应经济结构、地区结构、性别结构的变动而引起的失业。技术性失业是指由于科学技术的发展、生产技术的进步而引起的失业。在经济增长过程中，技术进步的必然趋势是生产中越来越广泛地采用了资本、技术密集性技术，越来越先进的设备替代了工人的劳动，这样，对劳动需求的相对减小就会使失业增加。此外，在经济增长过程中，资本品相对价格下降和劳动力价格相对上升也加剧了机器取代工人的趋势，从而也加重了这种失业。季节性失业是指由于某些部门的间歇性生产特征而造成的失业。有些行为或部门对劳动力的需求随季节的变动而波动，如受气候、产品的式样、劳务与商品的消费需求等季节性因素的影响，使得某些行业出现劳动力的闲置，从而产生失业，主要表现在农业部门或建筑部门，或一些加工业如制糖业。

★拓展阅读 6-2

我国结构性失业的表现与成因

（1）现阶段我国结构性失业的主要表现。

①高校毕业生面临“毕业即失业”的结构性难题。大学生是广大劳动力中的精英，在劳动力市场上具有明显的竞争力。然而，随着我国高校不断扩招，高校毕业生人数逐年剧增，大学生“就业难”问题愈演愈烈。根据中国社会科学院 2012 年公布的数据，2008—2011 年我国大学生失业率分别为 9.1%、12%、12% 和 17.5%。这些数字远远超出了 5% 的失业率警戒线。我国高校毕业生的“就业难”，既不是经济危机造成的，也不是经济周期运行的结果，是一种典型的结构性失业。

②全国多范围出现“用工荒”“技工荒”等结构性问题。专业技术人员特别是熟练技术工人、高级技术人员严重短缺在我国由来已久。“技工荒”在很大程度上已成为制约我国经济发展的一大障碍。目前，我国技工的供需总缺口在 2 200 ~ 3 300 万人，许多企业开出高薪也难觅技工。据人力资源和社会保障部 2012 年第三季度报告表明，企业对劳动力的需求主要集中在初、中级技能人员和工程师，从供求状况的具体对比来看，高级技师、技师、高级工程师的岗位空缺与求职人数的比率较大，分别为 2.86、2.38 和 2.37。

另外，作为一个农业大国，我国农村存在 1.5 亿尚需转移的富余劳动力，农民工一直被视为丰富而又廉价的优势资源，“取之不尽，用之不竭”的人力财富。然而，2004 年年初，珠三角、闽东南、浙东南等地区开始出现企业招人难、用工短缺的现象，即我们所说的“民工荒”。2009年下半年，随着世界经济回稳和我国经济的强劲回升，再次爆发了新一轮的“民工荒”。

③中高级复合型人才职位空缺严重。随着我国经济的高速发展，产业结构不断调整深化，以高新技术为基础的新型产业异军突起，我国对中高级复合型人才的需求日趋旺盛，以至于在许多地区、许多行业都出现了中高级“人才荒”现象。调查显示，2010年广东省人才市场职位增长中，绝大多数为中高级管理、技术职位。而浙江省也对于中高层次经营管理人才、高层次技术研发型人才以及精通商贸、国际运作规则的外向型人才需求旺盛。

（2）我国结构性失业的原因分析。

①产业结构调整引发劳动力需求结构的巨大变动。1987年我国第一、二、三产业的产出比重分别为27.19%、47.88%、23.93%，到2011年转变为10.12%、46.78%、43.10%，第一产业的比重明显下降，第三产业的比重明显上升。劳动力市场的需求状况随之发生同样的变动。这种现象必然导致大量的农村富余劳动力涌入城镇，同时由于专业技术知识的缺乏，劳动力人口整体素质较低，难以满足产业结构升级和技术进步的要求，导致了结构性失业。

②教育体制落后，人才结构与劳动力市场需求严重脱节。不同于大多数发达国家的“金字塔”形高中低人才层次结构，我国的高等教育结构呈现两头小、中间大的“腰鼓”形结构。具体表现为专科层次偏小，特别是高等职业技术教育仍然比较薄弱，专科层次规格不明确，盲目向本科看齐，没有特色，缺乏竞争力，培养出来的学生动手操作能力、实际应用能力较弱；课程专业的设置调整也远远滞后于劳动力市场的新变化；研究生教育发展迅速，但与本科相比仍然偏小，且人才培养目标单一，创新能力较弱，整体质量有待提高。此外，缺乏合理的教育培训体系同样不利于失业人员乃至整体劳动力人口素质的培养和劳动力技能的提升。

③就业者就业理念不正确，不能顺应时代的需求。一方面，受我国传统“包分配”就业政策的影响，在一定程度上造成了广大劳动者高依赖、低风险、弱竞争的就业心理，追求稳定、向往编制、看重社会地位，缺乏就业的积极主动性，热衷于公务员、事业单位、国企等部门的岗位竞争，对人才缺口较大的外企、私企等反而不太看重，更有甚者以“当工人”为耻。另一方面，就业者对职业的心理预期偏高，随着我国高等教育由精英教育向大众教育的转变，不少高校毕业生未能及时顺应这种大众化的趋势，宁愿等待做“啃老族”，也要到发达地区高薪部门就业。

2. 周期性失业及其成因

周期性失业又称有效需求不足的失业，即凯恩斯（非自愿）失业，是总需求不足而引起的短期失业，一般出现在经济周期的衰退与萧条阶段。在衰退和谷底阶段，由于社会需求不足，前景暗淡，各厂商又纷纷压缩生产，裁减雇员，形成大失业。与结构性失业、摩擦失业的自然失业状况不同，有效需求不足的短期失业，是经济社会难以承受的，并且一般认为是可以克服和避免的。

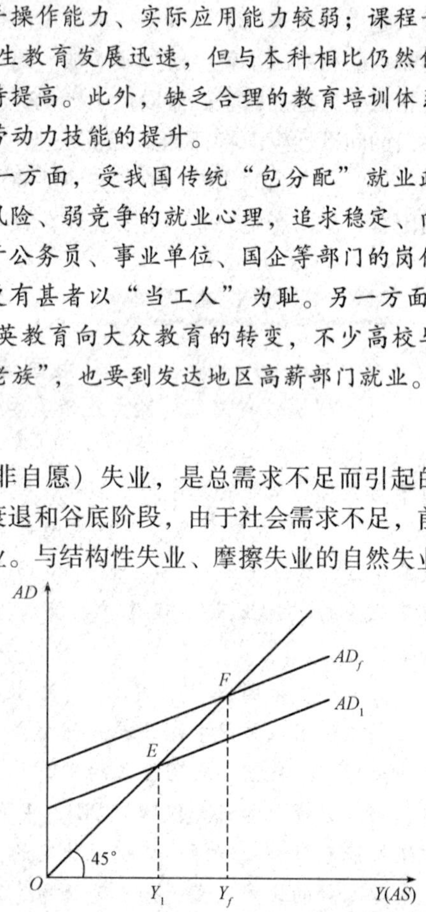

图6-1 紧缩缺口与周期性失业

凯恩斯认为，经济社会的就业水平取决于其国民收入，国民收入在短期内取决于有效需求。当有效需求不足时，国民收入就达不到充分就业水平，这种失业就必然产生。

凯恩斯用紧缩缺口（也称通货紧缩缺口）的概念来解释这种失业的原因。紧缩缺口指实际总需求小于充分就业总需求时，实际总需求与充分就业总需求之间的差额。如图6-1所示，假设 Y_f 表示充分就业时的国民收入。当总需求为 AD_f 时，均衡的国民收入等于充分就业的国民收入，经济社会处于充分就业状态。当实际总需求（有效需求）为 AD_1 时，由其决定的均衡的国民收入为 Y_1，$Y_1 < Y_f$，这时就有相当于 $Y_f - Y_1$ 的资源未被充分利用，从而造成失业，这种失业是由于实际总需求 AD_1 低于充分就业总需求 AD_f 造成的。其中，实际总需求与充分就业总需求之间的差额 $Y_f - Y_1$ 称为（通货）紧缩缺口。

第三节　失业的影响与治理

一、失业的影响

失业不仅是经济问题，也是社会问题。从经济的角度看，失业造成劳动力和其他经济资源的闲置，社会未能充分利用稀缺的经济资源创造出最大的财富。从社会的角度看，失业使失业人员生活水平下降、承受痛苦，影响着他们的身心健康，不利于社会的安定。

1. 失业对经济的影响

失业对经济的影响，典型地表现在社会对资源利用的减少，造成生产收缩、资源闲置，国民收入减少。劳动力是经济社会最重要的生产要素，失业使劳动力资源无法得到充分利用，使劳动力创造的价值发生无法弥补的损失。同时，由于生产要素的联合性，劳动力资源的闲置也使社会的其他资源（土地、机器设备等资本）无法投入使用，造成难以弥补的经济损失。

20 世纪 60 年代，美国经济学家阿瑟·奥肯根据美国的数据，提出了经济周期中失业变动与产出变动的经验关系，被称为“奥肯定律”，即失业率每高于自然失业率一个百分点，实际 GDP 将低于潜在 GDP 两个百分点。换一种方式说，相对于潜在 GDP，实际 GDP 每下降两个百分点，实际失业率就会比自然失业率上升一个百分点。

奥肯定律描述的失业率与 GDP 的数量关系是失业率变动与潜在 GDP 增长率减实际 GDP 增长率这个差额的数量关系，可列公式如下：

$$失业率的变动 = 0.5 \times （实际 GDP 增长率 - 潜在 GDP 增长率）$$

西方学者认为，奥肯定律揭示了产品市场与劳动市场之间极为重要的关系，描述了实际 GDP 的短期变动与失业率变动的联系。根据这个定律，可以通过失业率的变动推测或估计 GDP 的变动，也可以通过 GDP 的变动预测失业率的变动。例如，实际失业率为 8%，高于 6% 的自然失业率 2 个百分点，则实际 GDP 就将比潜在 GDP 低 4% 左右。

奥肯定律曾经相当准确地预测了美国的失业率。例如，美国 1979—1982 年经济滞胀时期，实际 GDP 没有增长，而潜在 GDP 每年增长 3%，3 年共增长 9%。根据奥肯定律，实际 GDP 增长比潜在 GDP 增长低 2%，失业率会上升 1 个百分点。当实际 GDP 增长比潜在 GDP 增长低 9% 时，失业率会上升 4.5%。1979 年美国失业率为 5.8%，则 1982 年预测失业率应为 10.3%（5.8% + 4.5%）。根据官方统计，1982 年美国实际失业率为 9.7%，与预测的失业率 10.3% 相当接近。

值得注意的是，奥肯所提出的经济增长与失业率之间的具体数量关系只是对美国经济所做的描述，而且是特定一段历史时期的描述，不仅其他国家未必与之相同，而且美国的经济也未必依照固有的轨迹持续运行。因此，奥肯定律的意义在于揭示了经济增长与就业增长之间的关系，而不在于其所提供的具体数值。

2. 失业对社会的影响

失业的社会影响虽然难以估计和衡量，但它最易为人们所感受到。失业不仅使失业者及其家庭经济收入和消费水平下降，也会给失业者的心理造成伤害，带来一系列社会问题，影响家庭和社会的安定。

失业者没有收入或收入遭受损失，在家庭中就不能起到应有的作用，家庭的要求和需要得不到满足，家庭关系将因此受到损害。西方有关的心理学研究表明，解雇造成的创伤不亚于亲友的去世或学业上的失败。此外，失业者家庭之外的人际关系也受到失业的严重影响。一个失业者在就业的人员当中失去了自尊和影响力，面临着被同事拒绝的可能性，并且可能要失去自尊和自信。最终，失业者在情感上受到严重打击。

失业率高的社会，往往伴随着高的犯罪率、离婚率和其他各种社会骚乱。失业率的上升往往会引起犯罪率的增加。当人们没有从正当工作中得到收入时，有时就会去犯罪。高犯罪率也是高失业率的代价。此外，失业有损失业者的自尊心，这也会引发许多社会与政治问题。因此，从社会学角度看，失业不利于社会的稳定。许多社会犯罪、堕落和悲剧，例如犯罪、自杀、离婚、吸毒等，都与失业率的增加相关。尽管很难从数字上确定失业与这些现象之间的关系，但它们之间的正相关关系是普遍的事实。

二、失业的治理

充分就业是任何经济社会政府宏观经济管理的终极目标之一，宏观就业政策是经济社会政府管理的一个重要组成部分。在长期的探索和实践中，西方各国从增加劳动力需求、改善劳动力供给以及完善劳动力市场机制等方面做了大量的促进就业的努力，积累了宝贵的失业治理经验。

1. 增加社会的劳动力需求

经济社会的就业状况在很大程度上取决于其国民经济增长水平，在长期的实践中，西方国家普遍形成了在经济增长中拓展就业空间的思路。在劳动力总量既定的情况下，经济社会的经济增长速度越快，国民收入产出水平越高，对劳动的需求就越大，劳动的失业率就会越低。各国采取的增加社会劳动力总需求的主要措施包括：①实施积极的财政政策，扩张政府的财政支出，尤其是公共项目上的支出。政府购买的增加直接增加了对社会产品的需求，刺激产业生产的发展，促进社会雇用劳动量的增加；增加公共项目上的支出还能直接创造就业岗位。②实施积极的货币政策。如降低利率、扩大信贷规模等，降低企业的融资成本，引导企业扩大投资，扩张生产，增加就业。③实施积极的产业政策，引导和扶持国民经济主导产业和就业吸纳能力强的产业的发展，促进国民经济水平的提升和经济结构的转变，增加就业。

2. 改善社会劳动力的供给

随着现代科技的发展，对劳动者的素质要求越来越高，缺乏一定文化、科技素质的劳动者越来越难以找到工作。为了减缓企业裁员对劳动力市场的冲击并使失业者重新进入劳动力市场，很多国家建立了国家控制失业服务制度。政府通过组织各类培训和再培训，使劳动者不断掌握新知识、新技能，提高劳动者素质，提高劳动者的适应性和流动性，以减少结构性失业，同时也为新的产业、新的工种提供源源不断的人才。同时，通过加强立法来保障职业培训，也是许多国家面对严峻的失业形势所采取的一种带有强制性的举措。近 20 年来，美国颁布的职业培训和职业教育方面的立法不下几十个，并切实达到了全社会重视与支持职业培训的目的。

3. 完善劳动力市场的供求机制

完善劳动力市场的供求机制目的是弥补劳动力市场的失灵。西方国家的主要措施包括：①完善市场为导向的劳动力配置机制，充分发挥价格在配置劳动力资源方面的基础作用。在调节劳动力市场供求方面，灵活调整的市场价格发挥着至关重要的作用，确保市场实现均衡。一旦由于制度、法律、公会组织等外在因素的限制，使得劳动力价格高于市场均衡价格，并呈现向下的刚性，必将出现持续的非自愿失业现象。20 世纪 80 年代以来，各国都开展了以市场化为导向的改革，西欧等国放松了对劳动力市场的管制，包括取消最低工资限制、削弱工会组织的垄断势力；转型国家和发展中国家进行了市场经济体制改革，逐渐缩减国家干预的范围和强度，逐步消除分割各种市场的制度性障碍（放松对垄断行业的管制；打破城乡、地区之间的户籍等制度性障碍），完善以价格机制为核心的市场体系，促进劳动力在城乡及地区之间的自由流动，以消除市场失灵造成的非自愿失业。②建立和完善就业服务及指导体系，修正市场的信息失灵。西方各国都在积极建立并完善职业介绍所和就业指导体系建设，并对就业服务部门实施专业化的管理，促使其为失业者提供市场信息，帮助失业者增强求职技能及基本工作技巧等，促进就业。

4. 完善失业保险制度

20 世纪 90 年代以来，许多国家都加大资金投入，全面推进社会保障。西方国家尤其是欧盟国家已形成了一套完整的失业保险制度，在当前西方市场经济国家中为保持社会稳定和公平起到了重要作用。

然而，失业保险制度的建立并不等于失业问题的最终解决，相反，失业保险体系的存在降低了失业者重新就业的积极性。近年来，西方国家对失业保险制度进行了改革和完善，力图变消极保障为积极保障。在保留失业保险保护失业者的功能的同时，政府不再单纯地发放失业保险金，而是从简单的保护失业者转为促进他们再就业。不少国家规定非自愿失业者有义务接受职业培训，不接受者不能享受失业救济。凡已进行个体经营或个人在社会上参加了各种经营性活动取得收入，就不再被认为是失业。在领取失业救济金的条件、数量及期限上，“门槛”已被大大抬高，条件较以前严格了许多。一些国家还将职业介绍、职业培训、失业保险等部门的工作有机地衔接起来，使各个环节互相促进、互相制约，以尽量避免“养懒汉”现象的发生。

第四节　通货膨胀的定义、衡量与分类

一、通货膨胀的定义

在西方经济学中，通货膨胀是指一般物价水平（价格总体水平）在某一时期内持续上涨的现象。要正确理解这一定义，应注意四点：①通货膨胀是一般物价水平即全社会所有的商品和劳务的平均价格水平的普遍上涨，局部的或个别的商品和劳务的价格上涨不能视为通货膨胀；②通货膨胀是物价持续上涨的过程，而不是暂时的物价上涨（如一次性的价格调整）；③所有商品和劳务的价格普遍上涨，并不意味着每一种商品都有相同水平的价格上涨；④通货膨胀与高物价水平不同，高物价水平并不意味着存在通货膨胀，只有高物价水平不断地持续上涨，才存在通货膨胀。

二、通货膨胀的衡量

通货膨胀是物价总体水平持续上升的现象，要通过物价水平的上涨表现出来。因此，物价上涨幅度就称为通货膨胀的标志。目前，世界各国普遍采用“一般物价水平”来说明物价水平的变动情况，并根据一般物价水平的上升幅度来反映通货膨胀程度，即通货膨胀率。所谓一般物价水平是指全社会所有商品和劳务的平均价格水平。该平均价格水平一般通过编制价格指数进行

计算，因此价格指数常被作为衡量通货膨胀的尺度。

通货膨胀率有两种表现形式：一种是与某一个特定时期（基期）物价指数相比，某个时期物价指数的上涨幅度，称为同比通货膨胀率；另一种是与上一时期物价指数相比，某个时期物价指数的上涨幅度，称为环比通货膨胀率。用公式表达分别为：

同比通货膨胀率 =（本期物价指数 - 基期物价指数）/基期物价指数 × 100%

环比通货膨胀率 =（本期物价指数 - 上期物价指数）/上期物价指数 × 100%

一般地，环比通货膨胀率较为常见。其中，一般物价指数常见的有：居民消费价格指数（CPI）、生产者物价指数（PPI）、批发物价指数（WPI）和 GDP 平减指数。

1. 居民消费价格指数（CPI）

居民消费价格指数（Consumer Price Index，CPI）是一个反映居民家庭一般所购买的消费商品和服务价格水平变动情况的宏观经济指标。它是度量一组代表性消费商品及服务项目的价格水平随时间而变动的相对数，是用来反映居民家庭购买消费商品及服务的价格水平的变动情况。

居民消费价格指数统计调查的是社会产品和服务项目的最终价格，同人民群众的生活密切相关，同时在整个国民经济价格体系中也具有重要的地位。它是进行经济分析和决策、价格总水平监测和调控及国民经济核算的重要指标。其上涨率在一定程度上反映了通货膨胀程度。

例如，一个经济体的民居消费价格指数从去年的 100 增加到今年的 112，那么这一时期的通货膨胀率为 $T=(112-100)/100\times100\%=12\%$，表现为物价上涨 12%。

2. 生产者物价指数（PPI）

生产者物价指数（Producer Price Index，PPI）也称工业品出厂价格指数，是一个用来衡量制造商出厂价格的平均变化的指数，是反映某一时期生产领域从生产的“原始阶段（商品尚未做任何的加工）—中间阶段（商品尚需做进一步的加工）—完成阶段（商品至此不再做任何加工手续）”整个过程价格变动情况的重要经济指标。

生产者物价指数并不仅仅是一个指数，它是一组指数，是生产的三个渐进过程的每一个阶段的价格指数：原材料、中间品和产成品。一般认为，最有影响的是最后一个，即产成品的 PPI，它代表着这些商品被运到批发商和零售商之前的最终状态，这里任何一点的通货膨胀都可能最终被传递到消费者最终消费的环节。

一般地，根据价格传导规律，PPI 对 CPI 有一定的影响。PPI 反映生产环节的价格水平，CPI 反映消费环节的价格水平。整体价格水平的波动一般首先出现在生产领域（PPI），然后通过产业链向下游产业扩散，最后波及消费品（CPI）。产业链通常可以分为两条：一条是以工业品为原材料的生产，存在原材料→生产资料→生活资料的价格传导路径；另一条是以农产品为原料的生产，存在农业生产资料→农产品→食品的价格传导路径。

3. 批发物价指数（WPI）

批发物价指数（Wholesale Price Index，WPI）是通货膨胀测定指标的一种，根据商品批发价格变动资料所编制，反映不同时期生产资料和消费品批发价格的变动趋势与幅度的相对数。

批发价格是在商品进入零售，形成零售价格之前，由中间商或批发企业所订，其水平取决于出厂价格或收购价格，包括在内的产品有原料、中间产品、最终产品与进出口品，但不包括各类劳务，对零售价格有决定性影响。因此，有些经济学家认为批发物价指数比居民消费价格指数具有更广泛的物价变动代表性。

批发物价指数既可按全部商品综合编制，也可按不同部门或各类商品分别编制，但不包括劳务价格。批发物价指数的优点在于对商品流通比较敏感。其缺陷在于统计范围狭窄，所以许多国家没有将批发物价指数列为测定通货膨胀的代表性指标。

4. GDP 平减指数

GDP 平减指数，又称 GDP 缩减指数、GDP 折算指数或 GDP 价格指数，是指没有剔除物价变动前的 GDP（名义 GDP）与剔除了物价变动后的 GDP（实际 GDP）的比值。它的计算较 CPI 更广泛，涉及全部商品和服务，除消费外，还包括生产资料和资本、进出口商品和劳务等。因此，这一指数能够更加准确地反映一般物价水平走向，是对价格水平最宏观的测量。其计算公式如下：

$$\text{GDP 平减指数} = \text{名义 GDP} \div \text{实际 GDP}$$

GDP 平减指数反映一段时间（从实际 GDP 对应基期到名义 GDP 对应的计算期）内，经济社会物价水平的总体变化趋势和变化程度。一般地，GDP 平减指数大于 1 表明存在通货膨胀。

上述四种价格指数，CPI、PPI 和 WPI 一般反映短期通货膨胀水平，其中以 CPI 最为常用，而 GDP 平减指数则通常用于反映长期通货膨胀水平。除此之外，还存在零售物价指数（RPI），但很少将其作为反映经济社会通货膨胀水平的标准。零售物价指数是指反映一定时期内商品零售价格变动趋势和变动程度的相对数。零售物价指数仅限于包括家具、电器、超市上销售的商品和药品等，不包括服务业的消费。

三、通货膨胀的类型

根据不同的标准，西方经济学家对通货膨胀做了不同的划分。

1. 根据通货膨胀严重程度分

根据通货膨胀的严重程度，即按通货膨胀率的大小，西方经济学家将通货膨胀分为爬行的通货膨胀、温和的通货膨胀、奔腾的通货膨胀和恶性的通货膨胀四种类型。

（1）爬行的通货膨胀。爬行的通货膨胀又称潜行的通货膨胀，是指一种缓慢而持续的通货膨胀，指一般物价水平年平均上涨率，即年通货膨胀率在 1% ~3% 之内的通货膨胀。一般认为，这种较缓慢的一般物价水平上升并不会给经济生活带来不利的影响，相反有时还会作为一种“润滑剂”起到促进经济增长的作用。

（2）温和的通货膨胀。当年通货膨胀率在 3% ~6%（或 3% ~10%）时，就称为温和的通货膨胀。这种通货膨胀与爬行的通货膨胀通货膨胀率都比较低，对经济的不利影响较小，所以许多经济学家也将二者归为一类，合称为温和的通货膨胀。

（3）奔腾的通货膨胀。奔腾的通货膨胀也称奔驰的通货膨胀、急剧的通货膨胀、疾驰的通货膨胀、加速的通货膨胀、飞奔的通货膨胀等，指年通货膨胀率在 10% ~100% 以内的通货膨胀。这种通货膨胀一旦形成并稳固下来，货币会迅速贬值，人们只愿意保留极少量的货币在手中以应付日常交易所需，更愿意囤积商品、购置房产进行投机，从而使经济出现严重的扭曲，经济社会产生动荡，是一种较危险的通货膨胀。

（4）恶性的通货膨胀。恶性的通货膨胀又称超级的通货膨胀，是指年通货膨胀率达到 100% 及以上的通货膨胀。恶性的通货膨胀是一种不能控制的通货膨胀，在恶性的通货膨胀情况下，货币急剧大幅度贬值，完全丧失了价值贮藏的功能，也在很大程度上失去了作为交换媒介的功能，正常经济关系遭到破坏，经济完全停滞以致金融货币体系和经济濒临崩溃边缘。

世界史上有所记载的恶性的通货膨胀都发生在 20 世纪。20 世纪的恶性的通货膨胀出现在三个时期：第一次世界大战后和第二次世界大战后以及 80 年代的债务危机时期。第一次世界大战后，欧洲的 5 个国家奥地利、德国、匈牙利、波兰和苏联陷入恶性的通货膨胀中。1922—1923 年间的德国最高通货膨胀率甚至达到 29 000%。另一轮恶性的通货膨胀发生于第二次世界大战后，旧中国、希腊和匈牙利都陷入了货币混乱中，它创下了世界史上最严重的恶性的通货膨胀的纪录——连续一年多物价平均每月通货膨胀率达 19 800%。第三轮恶性的通货膨胀发生于 20 世纪 80 年代，阿根廷、玻利维亚、巴西、秘鲁等国的外债危机导致了金融混乱。

2. 根据通货膨胀对不同商品价格的影响分

根据通货膨胀对不同商品价格的影响，可将通货膨胀分为平衡型的通货膨胀和非平衡型的通货膨胀两种类型。

（1）平衡型的通货膨胀。平衡型的通货膨胀是指每种商品的价格均按同一比例上升，包括各种生产要素的价格，如劳动的价格即工资、土地的价格即租金和资本的价格即利率等。实际上，各种商品的价格按相同的速度和相同的比例上升的情况在现实经济生活中是难以出现的，因此，平衡型的通货膨胀在现实生活中更像是一种巧合。

（2）非平衡型的通货膨胀。非平衡的型通货膨胀是指在经济中各种商品的价格按不同比例上涨的通货膨胀。这是一种常见和多发的通货膨胀类型。这种类型的通货膨胀之所以常见，是因为不同商品和服务的价格毕竟受不同因素的影响，因此在现实生活中，甲商品的价格上升的幅度可能会高于乙商品的价格上升的幅度，消费品的价格上涨的幅度可能会高于投资品的价格上涨的幅度。当然，也可能会出现某些商品价格上升，而另外一些商品价格下降的情形。

3. 根据人们对通货膨胀的预期程度分

根据人们对通货膨胀的预期程度，可将通货膨胀分为预期的通货膨胀和非预期的通货膨胀两种类型。

（1）预期的型通货膨胀是指在经济生活中，人们预计将要发生通货膨胀，为避免经济损失，在各种交易、合同投资中将预期价格上涨的因素考虑进去，从而引起现行价格水平提高，直至其达到预期价格以上。

（2）非预期的通货膨胀一般是指未被经济主体预见的，不知不觉中出现的物价上升。与预期的通货膨胀不同，经济主体在交易、合同投资中无法将未预见的通货膨胀因素考虑进去，因此这种通货膨胀往往有利于产出的增加。例如，未预期的物价上涨而合同工资（货币工资）不变，导致实际工资率 W/P 下降，劳动的需求增加，在非充分就业条件下，市场的雇用劳动力将因此增加，生产扩张，产出增长。

4. 根据市场机制的作用分

根据市场机制的作用不同，可将通货膨胀分为公开性的通货膨胀和隐蔽性的通货膨胀两种类型。

（1）公开性的通货膨胀也称开放性通货膨胀，是指在市场机制充分运行和政府对物价不加控制的情况下所表现出来的通货膨胀。由于市场机制较为完善，且没有政府的直接干预，货币的多少直接影响着物价水平的升降，因此，通货膨胀便以物价水平公开上升的形式表现出来，物价水平的上升幅度可以准确地反映通货膨胀的程度。

（2）隐蔽性的通货膨胀又称抑制性通货膨胀，是指社会经济中存在着通货膨胀的压力或潜在的价格上升危机，但由于政府实施了严格的价格管制政策，使通货膨胀并没有真正发生。但是，一旦政府解除或放松价格管制措施，经济社会就会发生通货膨胀，所以这种通货膨胀并不是不存在，而是一种隐蔽的通货膨胀。

隐蔽性的通货膨胀不表现为价格总水平的上涨，而表现为物资供给短缺、黑市盛行、配售面扩大、黑市价格与国家控制价格差额扩大等形式。当一国政府以计划统制、资金控制、物资配给、票证配售、价格管制等经济措施压制价格波动时，就会出现这种情况。存在抑制性通货膨胀，过度需求只能通过三种办法解决：①供给配额，即凭票供应商品，需求者人人有一份，但数量不足；②用随机排队方式分配，这时需求者能否获得商品取决于机会；③出现黑市交易，其中形成的价格往往不仅高于政府的控制价格，而且也高于市场均衡价格。

除上述几种通货膨胀分类标准外，还有按通货膨胀形成的原因划分的货币供给引起的通货膨胀、需求拉动的通货膨胀、成本推进的通货膨胀、供求混合型通货膨胀、结构性通货膨胀等类型，本章第四节将对此进行重点分析。

第五节　通货膨胀形成的原因

在西方经济理论中，引起经济社会通货膨胀的一般包括源自货币供给的直接原因和源自经济社会供给和需求的深层次的原因，具体包括以下几个方面。

一、货币供给引起的通货膨胀

从通货膨胀的表现上看，不论何种类型的通货膨胀，其直接原因只有一个，即货币供应过多。出现过多的货币追逐相对较少的商品，从而导致货币贬值、物价上涨，产生通货膨胀。货币供给引起通货膨胀，是西方经济学者普遍接受的观点，古典主义、货币主义、理性预期学派以及凯恩斯主义学派学者均对此做过分析。

古典主义、货币主义和理性预期学者，从货币交易方程 $MV = PY$，从而 $P = MV/Y$ 来解释货币供给与物价上涨（通货膨胀）的关系。其中 M 代表名义的货币供给，V 代表货币流通速度，Y 代表国民经济产出水平，P 代表一般物价水平。

古典主义学者认为，市场机制能够有效配置资源、实现充分就业，Y 即为充分就业的产出水平，为固定的常数；一般地，货币流通速度 V 取决于人们的支付习惯，也是稳定不变的。因此，经济社会的物价水平唯一取决于名义货币供给量 M，并与之同方向同比例变动。换而言之，通货膨胀是一种纯货币的现象，通货膨胀率等于名义货币供给的增长率 $\Delta M/M$。

货币主义学者也认为通货膨胀是一种货币现象，但短期中，经济社会并未实现充分就业，货币供给的增加既会引起物价的上涨和通货膨胀，也会促进产出 Y 的增长；长期中，经济社会实现充分就业，货币供给的增加只会引起物价的上涨和通货膨胀。

理性预期学派学者与古典主义的观点基本相同，他们认为被公众预期到的货币供给的增加只会引起物价的上涨和通货膨胀，不会对产出产生影响，通货膨胀是一种纯货币现象。

凯恩斯本人并不认为通货膨胀是一种货币现象。在凯恩斯看来，货币的流通速度是一个变量。如果在流动性陷阱中，货币供给的增加并不会引起物价水平的变化。即使不在流动性陷阱中，失业的常存，货币供给的增加会导致物价和产出同时上升，由于产出的增长，即便货币流通速度不变，货币供给增加引起的物价上涨的程度也是小的。因此，通货膨胀不是一种货币现象。

早期凯恩斯主义认识到如果货币供给没有增长，物价水平就不会上升。但他们强调的是短期分析，短期中，货币供给是通货膨胀的成因之一，此外，消费、投资、政府购买等也是物价水平的影响因素，因此通货膨胀不是一种简单的货币现象。现代凯恩斯主义关于货币供给与通货膨胀的关系与货币主义基本相同，也认为通货膨胀是一种货币现象，并主张通过降低货币供给增长率来降低通货膨胀率。

二、需求拉动的通货膨胀

需求拉动的通货膨胀又称超额需求通货膨胀，是指总需求超过总供给所引起的一般价格水平的持续显著上涨。

总需求的增加是否会导致通货膨胀，与总供给的状况有关。在一个经济社会没有实现充分就业即资源没有被充分利用之前，或者说供给弹性很大时（即总供给曲线的萧条区间或凯恩斯区间，总供给曲线为一条水平线），总需求的增加只能导致产出的增长而不会引起通货膨胀。

当经济扩张到一定阶段，以致某些资源的供给变得相对不足时，总需求的进一步增加虽然还会刺激经济的进一步增长，但也会引发价格水平的小幅上升，从而出现英国经济学家凯恩斯所说的"半通货膨胀"。

当经济中的资源已经被充分利用即实现了充分就业以后，总供给曲线是一条垂线，总需求的继续增加就只会导致物价的上涨，产出不再增长，出现真正意义上的通货膨胀或完全的通货膨胀。

从图6-2可以看到，总供给曲线 AS 起初保持水平，当总需求曲线为 AD_1 时，它与总供给曲线的交点所决定的产出水平为 Y_1，价格水平为 P_1。当总需求增加，即从 AD_1 右移到 AD_2 时，产出水平从 Y_1 增加到 Y_2，但这时总需求的增加并未引起物价水平的上涨，价格水平仍保持在 P_1。当总需求继续增加到 AD_3 乃至增加到 AD_f 时，虽然产出水平仍然会继续增加到 Y_3 和 Y_f，但价格水平也会相应上涨到 P_3 和 P_f，这时的价格水平上升就是所谓的半通货膨胀。之所以会出现半通货膨胀，原因就在于当由总需求拉动的经济增长过快时，就会导致某些资源的供给出现相对不足，即出现经济增长中的瓶颈现象，从而引起价格水平上涨。

当总需求曲线为 AD_f 时，产出水平 Y_f 达到了充分就业的产出水平，意味着资源已经被充分利用即社会实现了充分就业，总供给曲线 AS 呈现垂直状态。这时如果总需求继续增加，例如增加到 AD_4 时，总供给将不会随之增加，产出水平将不再增长，但价格水平将被拉升到 P_4，这时的价格上涨就是完全的通货膨胀。

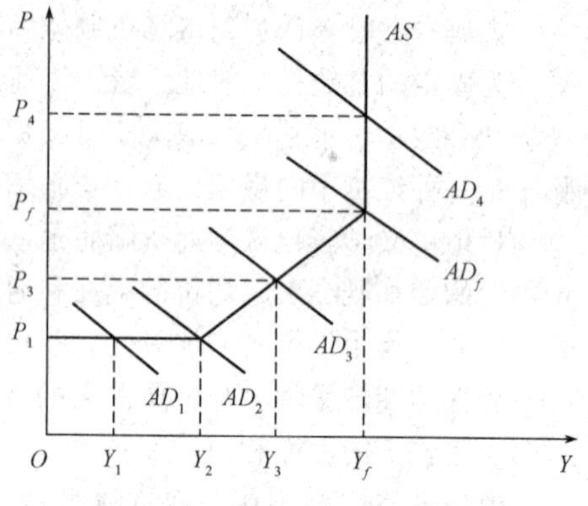

图6-2　需求拉动的通货膨胀

无论是从 P_1 到 P_3 再到 P_f，还是从 P_f 到 P_4，总需求的增加促进社会扩大生产的过程中都会遇到劳动、资本不足的瓶颈现象。因此，需求拉动的通货膨胀也被称作瓶颈式的通货膨胀。

引起需求拉动的通货膨胀的实际因素主要由消费需求、投资需求、政府需求和国外需求的变化引起。例如，政府财政支出超过财政收入而形成财政赤字，并主要依靠财政透支来弥补。又如，国内投资总需求超过国内总储蓄和国外资本流入之和，形成所谓的"投资膨胀"。再如，国内消费总需求超过消费品供给和进口消费品之和，形成所谓的"消费膨胀"。

需求拉动的通货膨胀还可能由货币因素引起。从货币因素考虑，需求拉动的通货膨胀可以通过两条途径产生：①经济运行对货币需求大大减少，于是即使货币供应无异常增长，原有货币存量也会相对过多；②在货币需求量不变时，货币供应增加过多。一般情况下，后者是货币因素造成需求拉动的通货膨胀的主要因素。

三、成本推进的通货膨胀

成本推进的通货膨胀又称成本通货膨胀或供给通货膨胀，是指在没有超额需求的情况下由于供给方面成本的提高所引起的一般价格水平持续和显著的上涨。它是从总供给角度来分析通货膨胀的原因。供给即生产，根据生产函数，产出量取决于生产要素的投入量，而生产要素的投入量又取决于要素使用成本。因此，从总供给角度看，引起通货膨胀的原因在于生产成本的增加。生产成本的增加意味着只有提高原有价格水平，才能达到原有的产出水平，即总供给曲线向左上方移动。在总需求不变的情况下，总供给曲线向左上方移动使国民收入减少，价格水平上升。

如图6-3所示，SAS 为短期总供给曲线，LAS 为长期总供给曲线，AD 表示总需求曲线，Y_f 为资源充分利用时的产出水平。假设，最初状态总需求曲线 AD 与总供给曲线 SAS_f 相交于 F 点的充分就业状态，此时 Y_f 为充分就业最大产出，物价水平为 P_f。当现实经济运行中出现了货币工资上涨或原材料价格上升等情况，导致生产成本提高，总供给曲线 SAS_f 向左移到 SAS_1，均衡点则为 E_1，物价水平为 P_1，产出水平为 Y_1。可见，受成本提高的影响，总供给曲线向左移动，结果物价水平从 P_f 上升到 P_1，出现了成本推进的通货膨胀。由于物价上涨的同时出现了产出的下降（从 Y_f 下降到 Y_1），西方学者将此现象称为“滞胀”，意即经济停滞与通货膨胀并存。

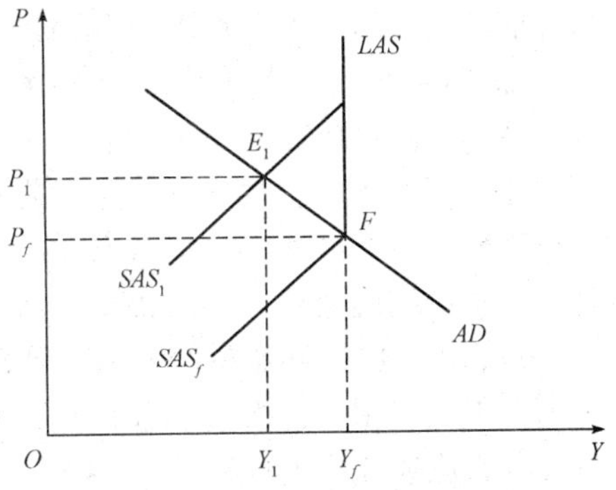

图6-3　成本推进的通货膨胀

根据引起生产成本增加的原因不同，成本推进的通货膨胀又分为工资成本推进的通货膨胀、利润推进的通货膨胀和进口成本推进的通货膨胀三种。

1. 工资推进的通货膨胀

工资推进的通货膨胀是工资过度上涨所造成的成本增加而推动价格总水平上涨。工资是生产成本的主要部分，工资上涨使得生产成本增长，在既定的价格水平下，厂商愿意并且能够供给的数量减少，从而使得总供给曲线向左上方移动。

古典经济学认为，在完全竞争的劳动市场上，工资率完全由劳动的供求均衡所决定。但是在现实经济中，劳动市场往往是不完全的，强大的工会组织的存在往往可以使得工资过度增加，如果工资增加超过了劳动生产率的提高，则提高工资就会导致成本增加，从而导致一般价格总水平上涨，出现工资推进的通货膨胀。西方学者进一步认为，这种通货膨胀一旦开始，还会引起工资和物价的相互推动，形成“工资-物价螺旋”，不断加剧通货膨胀。

2. 利润推进的通货膨胀

利润推进的通货膨胀是指厂商为谋求更大的利润导致的一般价格总水平的上涨。与工资推进的通货膨胀一样，具有市场支配力的垄断和寡头厂商也可以通过提高产品的价格而获得更高的利润，与完全竞争市场相比，不完全竞争市场上的厂商可以减少生产数量而提高价格，以便获得更多的利润，为此，厂商都试图成为垄断者，结果导致价格总水平上涨。

3. 进口成本推进的通货膨胀

造成成本推进的通货膨胀的另一个重要原因是进口商品的价格上升，在开放经济条件下，如果一个国家生产所需要的原材料主要依赖于进口，那么进口商品的价格上升就会造成生产提高，形成进口成本推进的通货膨胀，其形成的过程与工资推进的通货膨胀是一样的。

四、供求混合型通货膨胀

一些西方学者认为，单一的需求拉动或成本推进都不足以导致一般物价水平持续上涨，在一般情况下，供给型通货膨胀会得到需求扩张的支持，因为如果出现了单一的供给型通货膨胀，政府是不会容忍实际产量的下跌和失业率的大幅度上升的，政府会通过扩张性的宏观经济政策去增加需求。此时，供给型通货膨胀也就演化成供求混合型通货膨胀了。根据通货膨胀起因的不同，供求混合型通货膨胀分为"螺旋式"混合型通货膨胀和"直线式"混合型通货膨胀两种。

1. "螺旋式"混合型通货膨胀

这种通货膨胀生成的初始动因来自生产领域，即起因为供给型通货膨胀。但它与供给型通货膨胀相比，具有物价水平"螺旋式"上升的特点。

如图 6-4 所示，由于工资、原材料等成本因素的推动，总供给曲线从 SAS_f 向 SAS_1 再向 SAS_2 移动时，为了不减少实际产出、实现充分就业，政府会通过增加支出或增发货币等办法来拉动需求和扩大投资规模。这样总需求曲线就会由 AD_f 向 AD_1 移动，接着向 AD_2 移动。在总需求曲线和总供给曲线分别向右上方和左上方移动的过程中，价格水平沿着 $P_f<P_1<P_2<P_3<P_4$ 的路径螺旋攀升。在此过程中，物价水平由 P_f 上升到 P_4，在经济体中出现了明显的持续性通货膨胀。

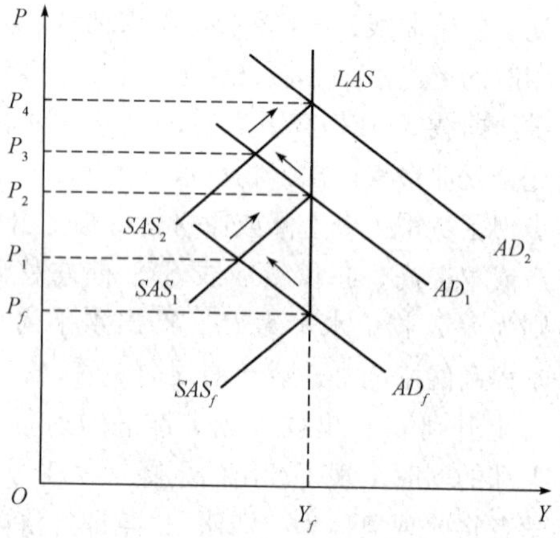

图 6-4 "螺旋式"混合型通货膨胀

2. "直线式"混合型通货膨胀

与"螺旋式"混合型通货膨胀不同，这种通货膨胀的初始动因发端于流通领域而非生产领域，即需求拉动的通货膨胀。与"螺旋式"混合型通货膨胀不同，它的生成路径是由于政府发行过多的货币和过大的投资需求等原因，产生了过度的总需求。这种过度需求一方面表现为非意愿性的需求沉淀增加，这对商品市场形成潜在的压力；另一方面表现为物价的攀升，这将会使生产要素价格和工资双双出现上扬势态，从而引起生产成本提高，生产减少，总供给和总产出下降。此时，政府为了不使实际产出下降、失业增加，往往要采取扩张需求的措施，实现充分就业，这又将进一步加剧商品市场的压力，如此循环形成"直线式"混合型通货膨胀。

如图 6-5 所示，当需求曲线 AD_f 向 AD_1 再向 AD_2 移动时，一部分增加的需求以非自愿的形式沉淀下来，形成了潜在的通货膨胀的压力；另一部分则以物价上涨的通货膨胀形式表现出来，表现为价格由 P_f 上移到 P_2。由于物价水平的增长诱发了包括工资在内的供给价格成本的提高，总供给曲线由 SAS_f 移动到 SAS_1 再移动到 SAS_2，均衡点由 E_f 向 E_1 再向 E_2 移动，物价水平上升的路径呈现出直线状，即 $P_f<P_1<P_2$。

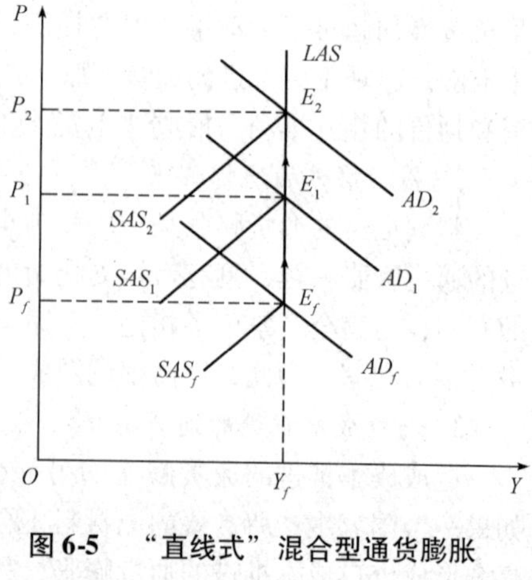

图 6-5 "直线式"混合型通货膨胀

五、结构性通货膨胀

结构性通货膨胀是现代西方经济学从社会经济的部门结构方面来解释物价水平在一定时期内持续上涨的一

种理论。这一理论认为，即使在整个经济中总需求与总供给处于均衡状态时，由于经济部门结构因素的变动，一般物价水平也会上涨。西方经济学者认为，由结构失衡而引发的通货膨胀，其传导机制主要是“价格刚性”机制和“价格攀比”机制。

1. 舒尔茨需求移动论

1959 年舒尔茨（C. L. Schultze）在其《最近美国的通货膨胀》一文中提出了“需求移动论”，从经济结构的变化导致需求在部门之间的移动来解释通货膨胀的原因。在舒尔茨看来，产业结构的变化带来一些部门的兴衰，需求将在部门之间发生转移。需求增加的部门，其工资物价会上升，但需求减少的部门，由于工资物价向下的刚性，其工资物价未必下降。因此，由于短期内需求在部门之间的大规模转移，资源因缺乏流动性而不能从需求下降部门流向需求扩张部门，以及工资和价格“向下刚性”这三方面的原因，在总需求不变的情况下，也会引发结构性通货膨胀。

2. 鲍莫尔不平衡增长模型

1967 年，鲍莫尔发表《不平衡增长的宏观经济学：城市危机的解剖》一文，提出了一个以不同劳动生产率的增长率为核心的结构性通货膨胀模型。在这个模型中，经济活动分为两个部分，一个是劳动生产率不断提高的先进部门（如工业部门）；另一个是劳动生产率保持不变的保守部门（如农业部门）。当前者由于劳动生产率的提高而增加货币工资时，由于攀比，后者的货币工资也以同样的比例提高。在成本加成定价的通常做法下，整个经济必然产生一种由工资成本推进的通货膨胀。

3. 希克斯-托宾劳动供给理论

1974 年，希克斯（J. R. Hicks）在《凯恩斯经济学的危机》一书中，将社会经济部门划分为扩展部门和非扩展部门。扩展部门在经济繁荣时期由于劳动力缺乏而工资上升，但在衰退时货币工资却降不下来。非扩展部门的劳动者为求得公平也要提高工资。因此繁荣时期由扩展部门开始的工资上升必然蔓延到其他部门，而使整个经济的工资水平普遍上升。这一过程一旦开始，则“提高工资的主要力量不再是劳工缺乏……衰退时期工资上升的程度将与繁荣时期工资上升的程度相等或接近于相等”。希克斯认为，这就是通货膨胀特别是滞胀产生的主要原因。

托宾也有类似的见解。在其 1972 年发表的《通货膨胀与失业》一文中，也提出了相对工资的理论。托宾认为，工人们关心相对工资胜过关心绝对工资，如果工资比在别处的工资相对地下降，他们就可能退出劳动。因此，在经济结构的变化中，某一部门的工资上升，将引起其他部门向它看齐，从而以同一比例上升。

4. 斯堪的纳维亚模型

纳维亚模型也称北欧模型，主要适用于分析“小国开放经济”的通货膨胀问题。它最初由挪威经济学家奥克鲁斯特（O. D. Aukrust）提出，又由瑞典经济学家艾德格伦（C. T. Edgren）、法克森（K. O. Foxen）及奥德纳（C. E. Odhner）等人加以发展和完善，所以又称 Aukrust-EFO 模型。

该模型认为，一类小国家，它们参与国际贸易，但进出口总额在世界市场上所占份额很小，相当于处于完全竞争市场，其通货膨胀取决于三个因素：世界通货膨胀率、开放部门与非开放部门之间劳动生产率的差异，以及开放部门与非开放部门在国民经济中所占的比重。分析如下：

在固定汇率下，开放部门的通货膨胀率 π_E 等于世界通货膨胀率 π_W，即 $\pi_E=\pi_W$。开放部门的劳动生产率的增长率 λ_E 由外生变量决定，$\pi_E+\lambda_E$ 构成开放部门每个工人产出价值的增长率，如果收入分配结构不变，则每个工人的产出价值的增长率就等于货币工资的增长率 W_E，即 $W_E=\pi_E+\lambda_E$。

开放部门的货币工资增长 W_E 与非开放部门的货币工资增长 W_S 之间存在着攀比的关联效应，从而 $W_E = W_S$。在成本加成定价条件下，非开放部门有：$\pi_S = W_S - \lambda_S$。

开放部门的通货膨胀率 π_E 与非开放部门的通货膨胀率 π_S 的加权平均数构成国内通货膨胀率 π，即 $\pi = a_E\pi_E + a_S\pi_S$。其中，$a_E$ 和 a_S 分别为开放部门和非开放部门在国民经济中的比重，且 $a_E + a_S = 1$。利用以上关系式经过数学处理，就可以得出斯堪的纳维亚模型的结论：$\pi = \pi_W + a_S(\lambda_E - \lambda_S)$。当开放经济部门与非开放经济部门的劳动生产率发展不平衡，$\lambda_E > \lambda_S$ 时，国内将出现结构性通货膨胀。这个模型体现了结构性因素对通货膨胀的影响。同时，对开放经济而言，世界通货膨胀率 π_W 也直接成为国内通货膨胀的一个组成部分。所以该模型又被看作通货膨胀国际传播的模型。

★拓展阅读6-3

我国结构性通货膨胀的表现与形成机理

（1）结构性通货膨胀在我国的表现形式。结构性通货膨胀是在全社会总供给与总需求处于均衡状态下，因部门间劳动生产率的差异和货币工资增长率保持一致的矛盾所引起的物价总水平上涨。部门发展结构的不协调是结构性通货膨胀的经济实质，而部门间物价涨落幅度的差异程度则是结构性通货膨胀的表现形式。结构性通货膨胀在我国主要表现为：

①食品等农副产品价格出现较大幅度的上涨。2003 年到 2008 年 9 月次贷危机爆发，经济呈现快速增长态势，以居民消费价格指数 CPI 衡量的物价总体保持平稳，没有出现大幅上涨。但是却呈现了明显的结构性上涨特点，主要是食品价格上涨一枝独秀，其他商品价格保持温和上涨。2003—2008 年，食品价格平均超过居民消费价格指数 4.3 个百分点。2007 年的食品价格上涨 12.3%，其中猪肉价格上涨尤其明显，带动牛肉、羊肉、鸡蛋等食品价格上涨，当年的通货膨胀有 83% 源于食品价格的结构性上涨。2008 年，这种由食品价格拉动整个消费物价上涨的状况未发生改变，当年的食品价格上涨达到 14.3%，超过居民消费价格指数 8.4 个百分点。同期，其他商品价格温和上涨，烟酒及用品、家庭设备用品及服务、医疗保健和个人用品涨幅都在 3% 以内，而交通和通信、文教娱乐用品及服务、衣着等价格还出现了不同程度的下降。2010 年 1～8 月，CPI 上涨 2.8%，食品涨幅达 5.9%，其中蔬菜、豆类产品价格出现大幅上涨，仍呈现结构性通货膨胀特点。

②房地产资产价格大幅上涨。2003 年起，我国商品房价格出现明显上涨趋势。2004 年平均价格增长幅度达 17.8%，首次超过了居民可支配收入的增长幅度。2006 年之后，房地产销售额上涨速度超过销售面积上涨速度。2007 年中国楼市呈现了异常繁荣，经历了 2008 年的短暂调整后，2009 年重拾升势，房价创历史新高。2003—2009 年，全国房价上涨幅度达到 300% 以上，大大超过城镇人均收入增长 186% 的水平。

（2）我国结构性通货膨胀形成的机理探析。我国的结构性通货膨胀有其特殊诱因，其形成主要在于部门经济结构，而不是比价结构、消费结构、地区结构等。主要有以下两种合理解释：

①部门瓶颈制约模型。市场化程度较低的部门，往往伴随着垄断，构成了我国结构性通货膨胀的主体部分。一般来说，瓶颈部门提供的产品，其需求弹性比较固定，因此通货膨胀取决于供给弹性。而产品的供给弹性又与资源约束程度负相关，与市场化程度正相关，产品供给弹性过低主要受制于资源约束。

农业部门提供粮食、蔬菜等农副产品，供应能力低，供给弹性较低。由于我国长期存在着二元经济的格局，农民收入与城镇居民收入的差距加大，农民进行农业生产的积极性受挫，随着大批农民进城务工，农业供给能力相对下降。又因为中国长期实行以农业补贴工业，农业由于长期投资较少，生产水平提高较慢，农产品供给缺乏弹性，一旦出现自然灾害或疫病造成减产，农产品价格极易波动；同时农业部门由于土地处于管制、粮食等农副产品流通环节价格受到控制等行政因素，无法实现资源的有效配置，农业部门相对于其他部门“瓶颈制约”越加明显。这样由于供给不足，形成农产品价格上涨，从而推动农业部门工资水平上升，形成工资-物价的螺旋式上涨。

房地产也存在着供给弹性低、瓶颈制约约束。房地产开发中的土地使用、规划、建设开工等一系列活动，都需要政府相关部门审批，受到行政制约，突出表现为市场化程度较低，制度性缺陷与不合理管制导致要素市场中资源无法按照市场规律配置出现资源约束，造成生产效率低下，是引发结构性通货膨胀的主要原因。从需求角度看，对住宅需求主要是保值增值需要，既有投资需求，又有投机需求，当需求在短时期迅速膨胀，供给能力相对不足，房地产价格呈现加速上涨态势。

②劳动生产率增长水平差异模型。根据非均衡的结构性通货膨胀理论、斯堪的纳维亚模型，其基本思想是一国经济可根据劳动生产率增长速度的差异划分为生产率增长较快的先进部门和生产率增长较慢的落后部门。先进部门是带动经济增长的引擎，先进部门工资将随劳动生产率提高同步上涨，因此先进部门工资水平就比落后部门要高。因为部门之间劳动力是可以流动的，且存在这种置信威胁，落后部门的工人往往会要求与先进部门的货币工资上涨率看齐。由于这一压力，落后部门工人工资上涨将超过其生产率上升的速度，落后部门工资整体水平便与先进部门的劳动生产率成比例增长，其结果是落后部门的生产成本上升，并造成物价整体总水平的上升。我国的加工工业多为外向型经济，劳动生产率提高快，工资整体水平高，很多工厂工人为农民务工人员，其带动了从事农业的农民向加工工业工人工资看齐，目前我国农民劳动力成本上升就体现了该命题。

第六节 通货膨胀的影响

通货膨胀作为经济运行过程中经常出现的一种经济现象，通常会对经济生活产生多方面的影响，突出表现在以下几个方面。

一、通货膨胀对产出和就业的影响

通货膨胀有不同的类型、不同的形成原因和形成机制以及不同的严重程度，因此，通货膨胀对产出和就业的影响不可一概而论。西方经济学者一般将其分为三种情况进行分析。

1. 温和的需求拉动的通货膨胀，有利于产出的增长和就业的增加

长期以来，许多西方经济学者认为，在未实现充分就业的条件下，温和的或爬行的需求拉动通货膨胀对产出和就业有扩大的效应。假设总需求增加，经济复苏，造成一定程度的需求拉动的通货膨胀。在这种条件下，产品价格的上涨幅度会高于工资和其他资源价格的上涨水平，由此增加企业的利润，从而刺激企业扩大生产、增加雇用劳动量，减少失业、增加国民收入。

2. 成本推进的通货膨胀，产出下降、失业增加

成本推进的通货膨胀引致失业。这里讲的是通货膨胀引起的产出和就业的下降。假定在原

总需求水平下，经济实现了充分就业和物价稳定。如果发生成本推进的通货膨胀，则原来总需求所能购买的实际产品的数量将会减少。也就是说，当成本推动的压力抬高物价水平时，既定的总需求只能在市场上支持一个较少的实际产出。所以，实际产出会下降，失业会上升。美国20世纪70年代的情况就证实了这一点。1969年，石油输出国组织欧佩克成立，到1973年年末，OPEC石油价格翻了两番，成本推进的通货膨胀的后果是使美国1973—1975年的物价水平迅速上升，与此同时，美国的失业率从1973年的不到5%上升到1975年的8.5%。

3. 超级的通货膨胀，导致经济秩序混乱、濒临崩溃

超级的通货膨胀，物价上涨速度达到甚至超过100%，将使经济的运行走向无序、混乱和崩溃。典型地表现在：①物价的高速上涨使消费者产生强烈的通货膨胀预期，从而过度消费，经济社会的储蓄不足，社会投资和生产下降，产出减少；②随着高速的通货膨胀而来的消费者生活成本的快速提高，消费者会要求提高现在乃至将来的劳动工资，从而给厂商带来极大的成本压力，大大降低其生产的积极性；③物价快速上升时，厂商会增加存货，以期在未来高价出售，也可能刺激厂商增加投资，而资本的供给却因人们储蓄的减少而减少，结果导致资本借贷的利率上升，厂商扩大生产的热情受到抑制，只能缩减生产；④当发展到恶性的通货膨胀，通货膨胀率达到甚至超过100%时，货币购买力急剧下降，物价水平加速上升，整体物价水平以极高速度快速上涨。在此情况下，民众将对货币价值失去信心，货币则丧失其流通、支付和储藏财富的职能。导致人们急于以货币换取实物、进行种种投机活动，而不愿意将其投入生产和正当的经营，市场正常的交易、信贷、合同签订等活动都无法实现，经济运行陷入混乱、走向崩溃。

二、通货膨胀的收入分配效应

由于社会各阶层的收入来源不同，物价水平上涨对收入水平的影响也不同，这种由物价上涨造成的收入再分配，称为通货膨胀的收入分配效应。西方经济学者认为，通货膨胀的收入分配效应主要表现在以下两个方面。

1. 通货膨胀导致政府实际税收收入增加

通货膨胀的税收效应是指由于通货膨胀产生的政府税收增加，社会收入减少的效应。即通货膨胀使得社会的产出更多地向政府转移和分配。在累进所得税制度下，纳税人的适用税率随着其名义收入的增加而提高。当通货膨胀发生时，作为纳税人的消费者和企业的名义收入水平将上升，从而进入更高的纳税等级、适用更高的税率。这使他们的实际收入更多地以税收的形式转移到政府手中。政府这种由通货膨胀所得到的税收称为“通货膨胀税”。一些经济学家认为，这实际上是政府对公众的掠夺。这种通货膨胀税的存在，既不利于储蓄的增加，也影响了私人与企业投资的积极性。

2. 通货膨胀不利于固定收入者，有利于非固定收入者

在通货膨胀期间，通常固定收入者的收入调整滞后于物价水平，实际收入会因通货膨胀而减少；而非固定收入者能够及时调控其收入，从而可能从物价上涨中获益。比如，依赖工资收入的工薪阶层，工资调整总是落后于物价上涨，所以该阶层是通货膨胀的受害者。再如，依赖退休金生活的退休人员，退休金不易随通货膨胀的发生而增长或增长滞后，所以也会深受通货膨胀之苦。对于非固定收入的企业主而言，在通货膨胀初期会因产品价格上涨、利润增加而获益，但当通货膨胀持续发生时，随着工资和原材料价格的调整，企业利润的相对收益可能会消失。

此外，通货膨胀对储蓄者不利。随着价格的实际上涨，存款的实际价格或购买力就会降低，那些口袋中有闲置货币和存款在银行的人受到严重的打击。同样，像养老金、保险金以及其他有价值

的财产证券等，本来是作为防患于未然和蓄资养老的，在通货膨胀中，其实际价值也会下降。

三、通货膨胀的财富分配效应

当发生通货膨胀时，社会财富的一部分会从债权人的手中转移到债务人手中，即通货膨胀使债权人的部分财富流失，而债务人的财富相应增加，从而形成了财富的再分配效应。这是因为通货膨胀使得货币的实际购买力下降，而债权人未来收回的本息之和不变，所以其实际收入下降，财富流失；同时债务人所偿还的本息的名义价值不变，其实际负担减小，财富增加。

但在现实生活中，人们的财富并不仅仅由货币资产构成，还包括实物资产和负债，其财产净值为资产价值与债务价值之差。在通货膨胀环境下，实物资产的货币价值大体随着通货膨胀率的变动而相应升降，金融资产（股票、债券、储蓄等）的价格变化则比较复杂。在通货膨胀中股票的行市可能会上升，但影响股票价格的因素是多样化的，所以股票一般不是抵御通货膨胀的理想保值资产形式。至于以货币表示的债权债务（债券、储蓄等），其共同特性是有确定的货币金额，其名义货币金额不会随着通货膨胀的存在与否而变化，物价上涨会使货币的实际余额减少。根据经济主体货币金融资产负债余额的不同，将货币金融资产大于货币负债的称为“净货币债权人”，反之称为“净货币债务人”。一般地，通货膨胀会增加净货币债务人的财富，而使净货币债权人的财富流失。

在西方经济理论中，也将通货膨胀的收入分配效应与财富分配效应合称为通货膨胀的再分配效应，它们都是自发形成的，本身并未有意从谁手里拿点收入分配给其他人。

四、通货膨胀对资源配置的影响

通货膨胀不仅会对产出、就业和收入分配产生影响，还会给经济社会的资源配置带来伤害。通货膨胀表现为物价的普遍、持续上涨，发展到一定阶段，作为市场信号的价格将会发生扭曲。此时，无论是消费者还是生产者，都无法从频繁变动的价格信号中对市场需求和供给的变动趋势做出准确的判断，也无法区分相对价格的变化和整体价格水平的变化。在此情况下，价格信号将失真，从而导致市场机制（价格机制）作用的失灵，消费者的消费行为和生产者的生产行为都可能发生紊乱，从而使资源无法得到最优的配置。

第七节　通货膨胀的治理

西方国家对通货膨胀问题的理论探索和实践已有很长的历史，在治理通货膨胀方面积累了很丰富的经验，不仅在理论上形成了各种不同的体系，而且在实践中形成了以不同理论为基础的治理通货膨胀的政策和调控机制。

一、货币供应控制政策

通货膨胀作为纸币流通条件下的一种货币现象，其形成的直接原因在于货币供给过度，因此，治理通货膨胀的一个最基本的对策就是控制货币供应量，使之与货币需求量相适应，稳定币值、稳定物价。一般地，控制货币供应量，可通过实行适度从紧的货币政策，控制货币投放，保持适度的信贷规模，由中央银行运用各种货币政策工具灵活有效地调控货币信用总量，将货币供应量控制在与客观需求量相适应的水平上。

二、总需求调节与控制政策

治理通货膨胀仅仅控制货币供应量是不够的，还必须根据各次通货膨胀的深层原因对症下药。对于需求拉动的通货膨胀，调节和控制社会总需求是关键。各国对于社会总需求的调节和控制，主要是通过制定和实施正确的财政政策和货币政策来实现。一般地，减少总需求的途径主要有紧缩财政和紧缩货币两种措施。紧缩财政政策常用的措施有：①削减政府支出，包括减少军费开支和政府在市场上的采购；②限制公共事业投资和公共福利支出；③增加赋税，以抑制私人企业投资和个人消费支出。紧缩性货币政策则主要采取紧缩信贷、控制货币投放、减少货币供应总量的措施达到控制总需求的目的。

三、总供给改善政策

控制货币供给量和控制总需求的财政和货币紧缩政策虽然能达到稳定物价、治理通货膨胀的目的，但容易造成社会总需求的降低和生产的缩减，带来失业问题。

总供给的降低是造成物价水平上涨、形成通货膨胀的主要原因之一，因此，调节和改善社会总供给，促使总供给曲线向右移动则可以达到控制通货膨胀的目的。各国调节和改善总供给的主要措施有：①减税以提高劳动者的工作意愿和劳动生产率，增加企业的投资的意愿，从而带动总供给的增加；②减少政府对企业的限制，让企业更好地扩大商品供给；③鼓励企业采用新技术，更新设备以降低成本、降低消耗、提高经济效益；④改善劳动力市场结构的人力资本政策，也是改善供给治理通货膨胀的措施之一，包括对劳动者进行再就业的训练、提供有关劳动力市场的信息、减少对就业和转业的限制、指导和协助失业人员寻找工作等政策措施。

四、经济结构调整政策

针对结构性通货膨胀，关键在于平衡各产业部门之间的发展，从而避免供求结构失衡而导致的物价上涨。对此，西方国家采取的措施主要是实行微观财政、货币政策，影响需求和供给的结构。微观财政政策包括税收结构政策和公共支出结构政策。税收结构政策指在保证一定的税收总量的前提下，调节各种税率和实行范围等；公共支出结构政策则指在一定的财政支出总量前提下，调节政府支出的项目和各种项目的数额。微观货币政策包括利率结构和信贷结构政策，旨在通过各种利息率的调整，以及通过各种信贷限额和信贷条件的变动来影响存款和贷款的结构和总额，提高资金使用率、鼓励资金流向生产部门、优化和平衡生产结构。

五、收入政策

收入政策是指政府为了控制一般物价水平的上涨幅度，采取强制性或非强制性的手段，限制提高工资和获取利润，以抑制成本推进的通货膨胀。主要措施包括：

（1）制定工资-价格指导线。政府根据预计的全社会平均劳动生产率的增长趋势，估算出货币工资增长的最大限度。

（2）道义规劝。政府劝告工资和价格制定者们“负责任地”采取行动。

（3）实施以税收为基础的收入政策。政府以税收作为奖励和惩罚的手段来限制工资、物价的增长。

（4）对工资、价格实施管制。由政府颁布法令，强行规定工资、物价的上涨幅度。

（5）利润管制。政府以强制手段对可能获得暴利的企业利润实行限制措施，管制的办法有管制利润率，对超额利润征收较高的所得税等。此外，有的国家还通过制定一些法规限制垄断利润，以及对公用事业产品直接实行价格管制等。

六、货币制度改革政策

如果物价上涨达到不可遏止的状态，通货膨胀达到恶性的通货膨胀的程度，整个货币制度和经济已处于或接近于崩溃的边缘，应该采取的对策是实行货币改革。货币改革是治理通货膨胀的一种极端（异端）措施。一般的做法是废除旧币，发行新币，并制定一些保证新币币值稳定的措施，从而消除原来货币流通混乱的局面，在新的基础上实现稳定，使居民恢复对货币的信任，使货币恢复原有职能。

★拓展阅读6-4

通货膨胀治理的国际经验

（1）金融货币政策。

①紧缩性货币政策。货币政策的着力点是通过紧缩银根降低总需求，从而达到抑制通货膨胀的目的。从各国的实践经验来看，在通货膨胀时期一般采取从紧的货币政策。美联储曾为了迅速抑制20世纪70年代的高通货膨胀，实行了极严厉的高利率和逐步压缩货币增幅的政策，政府也支持了美联储的新方针，即使因利率过高而导致经济衰退也没有手软，从而将居民消费价格指数从1981年的10.3%降到1982年的6.2%，有效抑制了严重的通货膨胀。当前，加息已经成为大多数国家应对全球性通货膨胀的重要工具，截至2008年6月，全球至少有16家中央银行提高了利率。

②利用汇率机制。汇率机制及其相关联的币值稳定状况，对通货膨胀具有重要的影响。由于汇率具有弹性，实际汇率升值可以通过名义汇率升值而不是通货膨胀的方式来释放，即使名义汇率同通货膨胀有因果关系，但前者一旦升值，后者可能更低。对经济处于起步和转轨阶段的发展中国家而言，利用汇率机制治理通货膨胀的效果较为明显。20世纪90年代，新加坡就曾采用保持新加坡元汇率稳定，且逐步有所升值的方式来抑制输入型通货膨胀的蔓延。

（2）财政税收政策。健全和完善财政税收制度，合理利用财政职能，是许多国家治理通货膨胀的基本经验。

①削减财政支出。在财政税收政策中，运用较多的是削减政府及公共支出，规定合理税收水平、减少赤字以平衡预算。战后日本面对严重通货膨胀，于1949年开始编制超平衡预算，目标为减轻财政对金融的压力并紧缩总需求。该措施取得了明显的效果：财政由赤字转为盈余，货币超量发行和消费品物价上涨都得到了有效的控制。韩国从1982年开始坚持稳定物价的政策，采取的措施之一就是通过冻结预算等紧缩性财政政策，缩小综合财政支出。

②运用税收政策调节供求。在全球市场普遍存在供给不足的情况下，通过税收政策“奖入限出”（即鼓励进口和限制出口）就成为各国缓解国内市场供求矛盾、抑制通货膨胀的重要政策。俄罗斯在2007年对小麦出口加征10%出口关税的基础上，2008年再次将税率提高到40%；与此同时，又将奶制品、蔬菜和所有食用油进口关税税率由15%降为5%，并有限度地开放了其他部分商品（如肉制品）的进口。

（3）价格管理政策。市场经济并非放任不管的自由经济，国家对市场进行宏观调控并对价格进行管理，是一些市场经济国家治理通货膨胀的通行做法。20世纪70年代的美国政府为应对高通货膨胀就曾对工业品价格冻结三个月，在此期间工业品价格一律不准变动，未经“物价委员会”批准而擅自提价的工业企业要受到法律制裁。目前居民生活必需品和公共服务的价格已经成为各国重点监控对象。法国政府建立以“目标价格”为中心，配以不同类型辅助价格的价格体系，以避免市场价格无序变动。韩国政府对大米、肉类等50种日常生活必需品进行“特别管理”，对公交、电力等公共产品的价格实行冻结。

(4) 收入政策。工资以及个人收入的不适当增长是通货膨胀的助推器。加强工资控制，对个人收入进行有效调节，防止货币大量进入流通领域冲击市场和物价，是许多国家治理通货膨胀的一条重要经验。20世纪80年代中期，澳大利亚联邦政府曾与工会理事会签订了“物价和收入协议”，对所有工会的工资增幅做统一限定，工资增长必须符合政府控制通货膨胀的基本要求。该协议把工资与企业效益联系起来，规定只有企业劳动生产率增长到一定水平条件时才能相应增长工资，这实际上构成了一张“安全网”：既保护低工资工人的利益，又可以有效限制消费需求的过度增长，缓解了通货膨胀压力。

(5) 非常政策。在非常时期即恶性通的货膨胀时期，一些非常治理措施往往能收到异乎寻常的效果。日本在1946年制定的《金融紧急措施》，实施征收财产税、冻结存款和兑换新日元等措施，使许多存款丧失了转化为购买力的能力，进而遏制了恶性的通货膨胀。

第八节　失业与通货膨胀的关系——菲利普斯曲线

失业与通货膨胀是短期宏观经济运行的两个主要问题，经济决策者的目标是低通货膨胀和低失业，但他们发现低通货膨胀和低失业目标往往是冲突的。根据总需求-总供给模型，假设决策者用扩张性财政政策或货币政策扩大总需求，促使总需求曲线向右移动，刺激生产、扩大就业、增加产出、降低失业；但势必导致物价水平的提高，物价水平上涨则意味着通货膨胀的产生。反之，假设用紧缩性财政政策或者货币政策缩减总需求，达到低通货膨胀的目标，则会导致产出下降、失业增加。因此有必要从理论上探寻失业和通货膨胀的关系。在宏观经济理论中，失业和通货膨胀的关系主要通过菲利普斯曲线加以说明。

一、菲利普斯曲线的提出

1958年，新西兰经济学家威廉·菲利普斯根据英国1861—1913年间失业率和货币工资变动率的经验统计资料，提出了一条用以表示失业率和货币工资变动率之间交替关系的曲线，即货币工资的变动率（增长率）与失业率之间此消彼长、反方向变化关系的曲线。为便于区别，将其称为“原始的菲利普斯曲线”。如图6-6所示，失业率（μ）为横轴、货币工资变化率（$\Delta W/W$）为纵轴，μ^*表示充分就业的失业率或自然失业率，失业率与货币工资变化率形成一条向右下方倾斜的、具有负斜率的菲利普斯曲线。它表明：失业率与货币工资变化率呈反方向的变动关系，即负相关关系。当失业率上升时，货币工资变化率下降；当失业率下降时，货币工资变化率则上升。

西方经济学家认为，货币工资率的提高是引起通货膨胀的原因，即货币工资率的增加超过劳动生产率的增加，将引起物价上涨，从而导致通货膨胀。所以，菲利普斯曲线又成为当代经济学家用以表示失业率和通货膨胀之间此消彼长、相互交替关系的曲线。以萨缪尔森为代表的新古典综合学派随后把菲利普斯曲线改造为失业率和通货膨胀率之间的交替关系，并把菲利普斯曲线作为总需求-总供给理论的补充，成为西方经济理论中传统意义上的菲利普斯曲线，也可将其称为“改造后的菲利普斯曲线”。它揭示了通货膨胀率（π）与失业率（μ）此消彼长、相互替代的反方向变化关系，失业率越高，通货膨胀率越低；失业率越低，通货膨胀率越高。

如图 6-7 所示，失业率（μ）为横轴、通货膨胀率（π）为纵轴，μ^* 表示充分就业的失业率或自然失业率，失业率与通货膨胀率形成一条向右下方倾斜的、具有负斜率的曲线 PC。

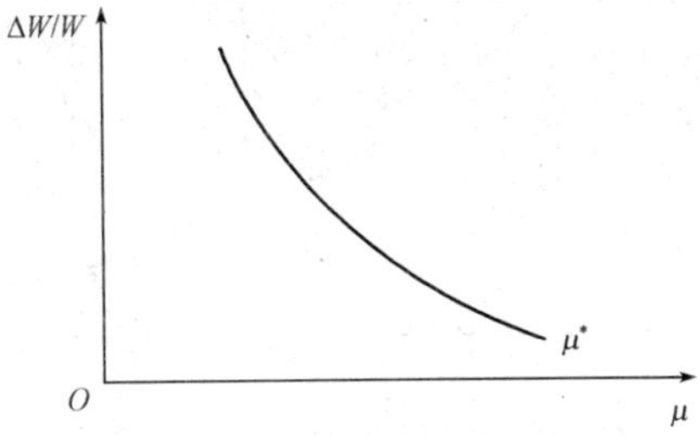

图 6-6　原始的菲利普斯曲线

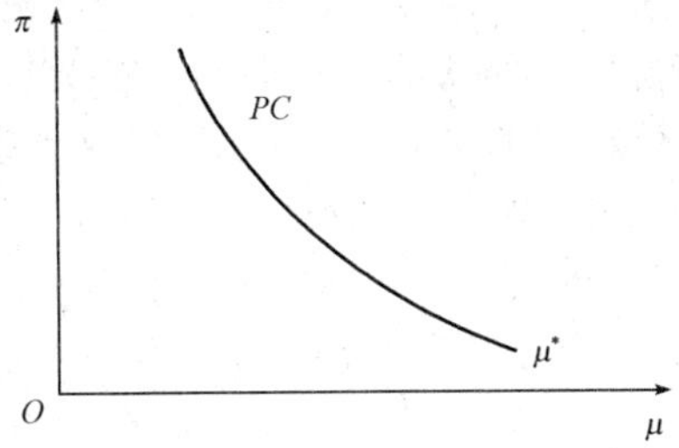

图 6-7　传统意义上的菲利普斯曲线

菲利普斯曲线所揭示的通货膨胀与失业间的替代关系与美国 20 世纪 60 年代通货膨胀与失业的数据相当吻合，如图 6-8 所示。

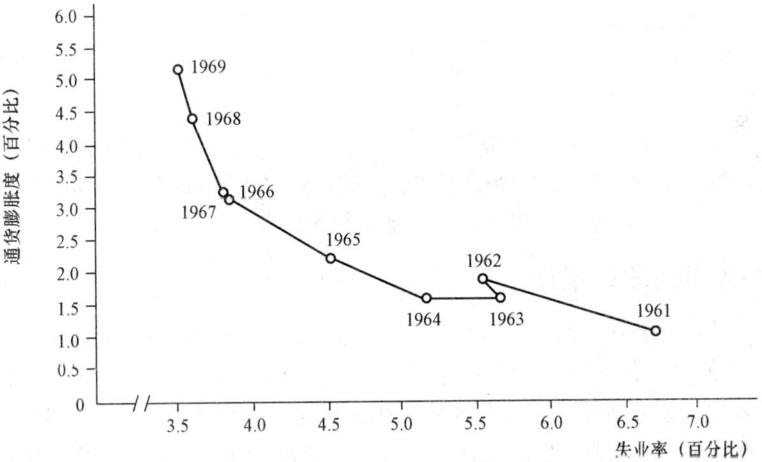

图 6-8　1961—1969 年美国的通货膨胀和失业

菲利普斯曲线还可以用函数方程表达为

$$\pi = -\varepsilon \cdot (\mu - \mu^*)$$

式中，ε 衡量通货膨胀率对失业率的反应程度。如果 $\varepsilon = 2$，则实际失业率 μ 高于自然失业率 μ^* 一个百分点（1%），则通货膨胀率 π 将下降 2 个百分点（2%）。

二、菲利普斯曲线的政策含义

菲利普斯曲线被改造和修正后，迅速成为西方宏观经济理论研究通货膨胀和失业的基础，也称为政府进行宏观经济管理的重要依据。菲利普斯曲线表明经济决策者可以通过提高失业率来降低通货膨胀率，稳定币值、稳定物价；也可以通过提高物价、提高通货膨胀率、忍受通货膨胀来降低失业水平。并且，经济社会可以先确定一个社会临界点、确定一个经济社会能够承受的失业率与通货膨胀率的组合区域，如图 6-9 中的阴影区域，以此来选择反失业和反通货膨胀的政策。如果实际的失业率和通货膨胀率组合在组合区域内，则社会的决策者不用采取调节行为；如在区域外，则可根据菲利普斯曲线所表示的关系进行调节。

图6-9中，假定当失业率和通货膨胀率在4%以内时，经济社会被认为是安全的或者可容忍的，这时在图中就得到了一个临界点，即A点，由此形成一个四边形区域，即安全区域。

如果经济的实际失业率与通货膨胀率组合落在安全区域内，即A点的左下方区域（含边界），则决策者无须采取任何措施进行调节。

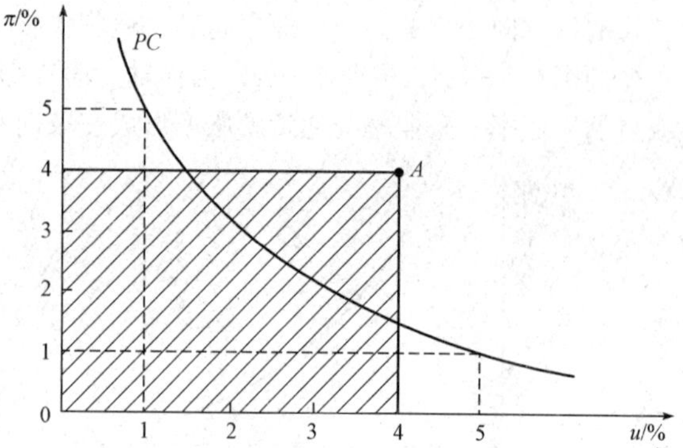

图6-9　菲利普斯曲线的政策应用

如果经济的实际失业率与通货膨胀率组合落在A点左上方（含正上方），经济社会的实际失业率$\mu \leqslant 4\%$，处于可承受的范围内，通货膨胀率$\pi > 4\%$，超出了可承受范围。因此，经济决策者可采取紧缩的财政或货币政策，以降低总需求、减少总产出、提高失业率为代价来降低通货膨胀率、稳定物价水平。

如果经济的实际失业率与通货膨胀率组合落在A点右下方（含正右方），经济社会的实际通货膨胀率$\pi \leqslant 4\%$，处于可承受的范围内，实际失业率$\mu > 4\%$，超出了可承受范围。因此，经济决策者可采取扩张的财政或货币政策，以刺激总需求、增加总产出、提高通货膨胀率为代价来降低失业率、扩大就业。

如果经济的实际失业率与通货膨胀率组合落在A点右上方（不含边界），经济社会的实际失业率和通货膨胀率均超出了4%的可承受范围。此时，经济决策者需采取刺激总供给或者调整结构的措施进行宏观管理，使生产扩张，就业增加、物价回落。

三、菲利普斯曲线的发展

1. 附加预期的菲利普斯曲线

20世纪60年代，菲利普斯曲线成了西方发达国家宏观经济政策的理论基石。但是从20世纪70年代开始，主要发达国家不但通货膨胀率越来越高，而且变化也反复无常。图6-10为美国1961—1997年通货膨胀与失业的实际数据，充分表明了自20世纪70年代以来美国的通货膨胀率与失业率间复杂的变化关系。

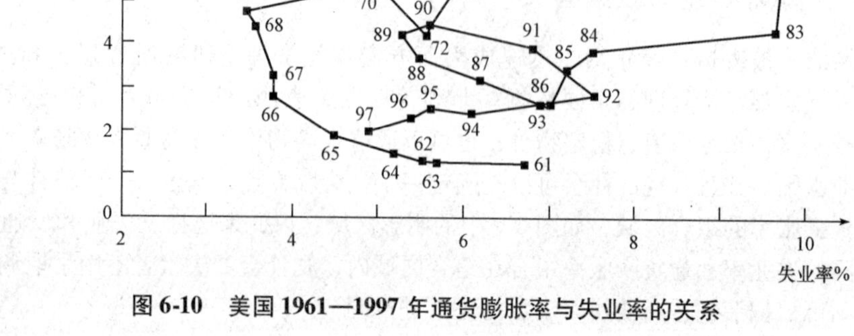

图6-10　美国1961—1997年通货膨胀率与失业率的关系

美国著名经济学家弗里德曼在1976年的诺贝尔经济学奖授予仪式上发表了《通货膨胀与失业》的演讲，系统地阐述了他对菲利普斯曲线的看法。弗里德曼指出，新古典综合学派的菲利普斯曲线存在一个严重的缺陷，即没有考虑预期因素对通货膨胀和失业的影响。弗里德曼指出，企业和工人关注的不是名义工资而是实际工资。当劳资双方谈判新工资协议时，他们都会对新协议预期的通货膨胀率进行预期，并根据预期的通货膨胀相应调整名义工资水平。根据这种说法，人们预期通货膨胀率越高，名义工资增加越快。由此，弗里德曼提出了短期菲利普斯曲线和长期菲利普斯曲线的概念，这里所说的短期，是指从既定的通货膨胀率预期到需要根据实际通货膨胀率做出预期调整的时间间隔。短期菲利普斯曲线就是预期通货膨胀率保持不变时，通货膨胀率与失业率之间关系的曲线。

弗里德曼引入通货膨胀预期发展了传统意义上的菲利普斯曲线，形成了附加预期的菲利普斯曲线，也称现代菲利普斯曲线，其曲线方程可表达为

$$\pi = \pi^{e} - \varepsilon \times (\mu - \mu^{*})$$

式中，π^{e} 表示预期通货膨胀率，π 表示实际通货膨胀率，μ 表示失业率，μ^{*} 表示自然失业率。附加预期的通货膨胀的一个重要性质是当实际通货膨胀等于预期通货膨胀时，失业处于自然失业率水平。在短期中，由于适应性预期和货币幻觉，往往预期通货膨胀率低于实际通货膨胀率，失业率与通货膨胀率之间存在着一定的替代关系。由此，向右下方倾斜的短期菲利普斯曲线的政策含义就是，在短期中引起通货膨胀率上升的扩张性财政政策与货币政策是可以起到减少失业的作用的。换句话说，调节总需求的宏观经济政策在短期是有效的。

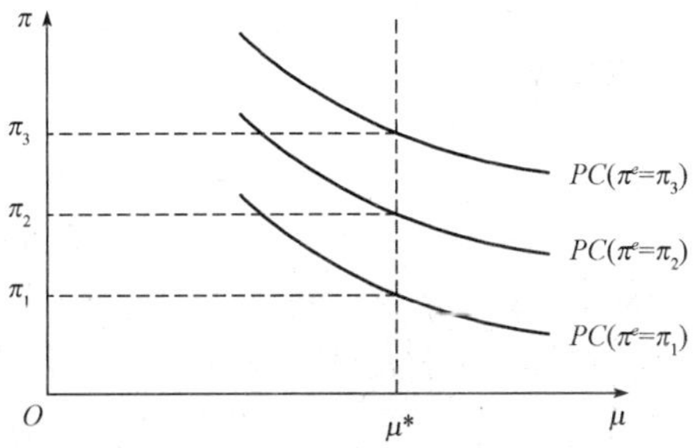

图 6-11　附加预期的菲利普斯曲线

附加预期的菲利普斯曲线如下图 6-10 所示。据此不难解释图 6-10 所示的美国 1961—1997 年通货膨胀率与失业率间复杂的变化关系。

2. 长期菲利普斯曲线

长期中，随着人们适应性预期的调整，最终会使预期通货膨胀率与实际通货膨胀率相一致，这时工人会要求改变名义工资，以使实际工资不变，从而较高的通货膨胀就不会起到减少失业的作用。西方学者认为，在以失业率为横坐标，通货膨胀率为纵坐标的坐标系中，长期菲利普斯曲线是一条垂直直线，失业率与通货膨胀率之间不存在替换关系。而且在长期中，经济社会能够实现充分就业，经济社会的失业率将处在自然失业的水平。

如图 6-12 所示，假定某一经济处于自然失业率 u^{*} 的充分就业状态，通货膨胀率 π 为3%的 A 点。若这时政府采取扩张性政策，以使失业率降低到 u_1。由于扩张性政策的实施，总需求增加，导致价格水平上升，使通货膨胀率上升为6%。因为在 A 点处工人预期通货膨胀率为3%，而现在的实际通货膨胀率为6%。高于预期通货膨胀率，使实际工资下降，从而会增加生产，增加就业，此时失业率减少为 u_1。于是就会发生图 6-12 中短期菲利普斯

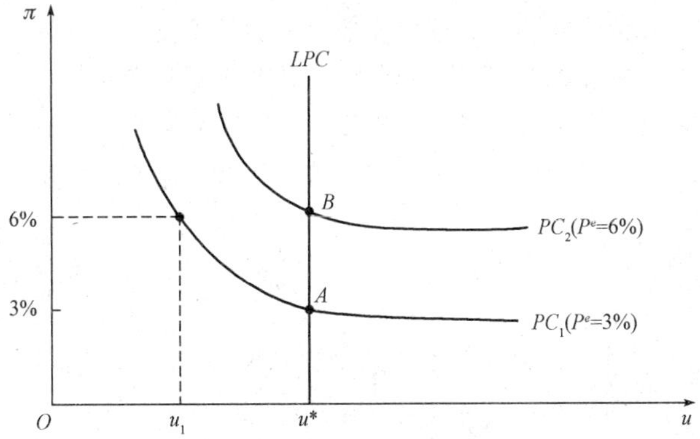

图 6-12　长期菲利普斯曲线的形成

曲线 PC_1 所示的情况，失业率由 u^* 下降为 u_1，而通货膨胀率则从3%上升到6%。

但这种情况只能在短期中存在。经过一段时间，工人们会发现价格水平的上升和实际工资的下降，这时他们便要求提高货币工资。与此同时，工人们会相应地调整其预期，即从原来的3%调整到现在的6%。伴随着这种调整，实际工资回到了原来的水平。相应地，企业生产和就业也都回到了原有的水平，失业率又回到原来的 u^*。但此时经济将处于具有较高通货膨胀率预期的 B 点。

上述过程不断重复下去，在短期，由于工人不能及时改变预期，存在着失业与通货膨胀之间的替换关系，表现在图形上，便是诸如 PC_1，PC_2，…的各条短期菲利普斯曲线。随着工人预期通货膨胀率的上升，短期菲利普斯曲线不断上升。从长期来看，工人预期通货膨胀率与实际通货膨胀是一致的。因此，企业不会增加生产和就业，失业率也就不会下降，从而便形成了一条与自然失业率重合的长期菲利普斯曲线 LPC。

垂直于自然失业率水平的长期菲利普斯曲线表明，在长期中，不存在失业与通货膨胀的替换关系。因此，从长期看，政府运用扩张性政策不但不能降低失业率，还会使通货膨胀率不断上升，即经济政策在长期中无效。

本章小结

失业与通货膨胀是现代经济发展的两大顽症，任何国家或地区的经济发展都无法避免这两大问题的冲击。由于这两大经济现象会对一国或地区的国民经济和居民生活造成巨大影响，因此，它们是宏观经济学的两大中心问题。本章介绍了现代宏观经济学关于失业与通货膨胀的理论，包括失业和通货膨胀的定义、衡量、类型、成因、治理措施以及两者间的关系等，总结如下：

（1）从古典经济理论到现代经济理论，西方经济各学派对失业问题展开了大量的研究，产生了许多颇具影响力的经典成果。与古典经济理论中的自愿失业不同，现代经济理论研究的失业是与自愿失业相对的“非自愿失业”。因此，一般地，失业是指有劳动能力的处于法定劳动年龄阶段的并有就业愿望、接受现行工资的劳动者失去或没有得到有报酬的工作岗位的社会现象。

（2）衡量失业的标准称为失业率，是失业人数占劳动总人数的百分比，是反映经济运行的重要指标之一。由于世界各国对失业人口的界定和统计方法的差异，各国的失业率不具有完全的可比性。

（3）失业的类型包括自然失业和周期性失业两大类。自然失业是由于难以克服的客观原因造成的失业，包括摩擦失业和结构性失业，一般地，这种类型的失业只能降低无法完全消除。周期性失业是由于经济社会的有效需求不足造成的失业，也称凯恩斯失业，一般而言，这种失业可以通过刺激总需求加以克服。西方学者认为，克服了周期性失业，即可认为经济社会实现了充分就业，对应的失业率称为充分就业的失业率或自然失业率。

（4）失业会对经济和社会产生不利影响。经济方面，失业典型地表现为社会资源无法充分利用，产出下降，奥肯定律很好地揭示了这种关系，它表明失业率与实际国民收入增长率之间存在着反方向变动的关系，即失业率上升，国民收入水平下降。

（5）西方各国治理失业的对策主要有：增加劳动力需求、改善劳动力供给以及完善劳动力市场机制等。

（6）西方经济学中，通货膨胀是指一般物价水平（价格总体水平）在某一时期内持续上涨的现象。因此通货膨胀的高低一般用总体物价水平（物价指数）变动率，即通货膨胀率来衡量。

通常测定通货膨胀率的物价指数有：居民消费价格指数（CPI）、生产者物价指数（PPI）、批发物价指数（WPI）和GDP平减指数。

（7）根据不同的标准，西方经济学者将通货膨胀划分为不同的类型。按通货膨胀的严重程度分有：爬行的通货膨胀、供求温和型通货膨胀、奔腾的通货膨胀和恶性的通货膨胀。按通货膨胀形成的原因有：货币供给引起的通胀、需求拉上的通货膨胀、成本推进的通货膨胀、混合的通货膨胀以及结构性通货膨胀。

（8）通货膨胀会给经济生活带来多方面的影响，突出表现在对产出、对就业、对收入分配、对财富分配和对资源配置的影响方面。温和的需求拉动的通货膨胀，有利于产出的增长和就业的增加；成本推进的通货膨胀，产出下降、失业增加；超级的通货膨胀，则导致经济秩序混乱、濒临崩溃。通货膨胀产生“通货膨胀税”导致政府实际税收收入增加，公众实际收入减少；通货膨胀不利于固定收入者，有利于非固定收入者，对储蓄者不利。通货膨胀也使社会财富的一部分从债权人手中转移到债务人手中。通货膨胀会使市场价格信号发生扭曲、失真，从而导致市场机制（价格机制）作用的失灵，资源无法得到最优的配置。

（9）西方治理通货膨胀的对策包括：通过实行适度从紧的货币政策控制货币供应量；通过制定和实施正确的财政政策和货币政策来调节和控制总需求；通过减税、减少政府限制等措施改善社会总供给；通过实行微观财政、货币政策调节需求和供给的结构；通过制定工资-价格指导线、道义规劝等措施调节、控制物价和收入；恶性的通货膨胀下的货币制度改革等。

（10）菲利普斯曲线经历了原始的菲利普斯曲线到传统意义上的菲利普斯曲线和附加预期的现代菲利普斯曲线的演进过程。原始的菲利普斯曲线由新西兰经济学家威廉·菲利普斯于1958年提出，描述了工资率的变化率（增长率）与失业率间的反方向变化的关系；传统的菲利普斯曲线由新古典综合学派萨缪尔森等人提出，反映失业率与通货膨胀率之间此消彼长的替代关系，具有重要的政策含义；附加预期的现代菲利普斯曲线是对传统意义上的菲利普斯曲线的修正和发展，由美国著名经济学家弗里德曼提出，分短期菲利普斯曲线和长期菲利普斯曲线两类。短期菲利普斯曲线是一条向右下方倾斜的曲线，政策含义与传统意义上的菲利普斯曲线相似；长期菲利普斯曲线则是一条垂直于充分就业失业率，即自然失业率的垂线，表明长期中政府的经济政策无效。

复习思考题

一、单项选择题

1.（　　）会增加失业。

A. 退休工人的数量增加　　B. 退休劳动力队伍的人数增加

C. 离开学校找工作的人数增加　　D. 离开工作上学的人数增加

2. 失业率是指（　　）。

A. 失业人口占劳动人口的百分比　　B. 失业人数占人口总数的百分比

C. 失业人数占就业人数的百分比　　D. 以上均正确

3. 充分就业的含义是（　　）。

A. 人人都有工作，没有失业者　　B. 消灭了周期性失业时的就业状态

C. 消灭了自然失业时的就业状态　　D. 消灭了自愿失业时的就业状态

4. 引起周期性失业的原因是（　　）。

A. 工资刚性　　B. 有效需求不足

C. 经济中劳动力的正常流动　　D. 经济结构的调整

5. 下列关于自然失业率的说法正确的是(　　)。
A. 自然失业率是始终不变的
B. 自然失业率是历史上最低限度水平的失业率
C. 自然失业率是包括摩擦失业和结构性失业的失业率
D. 以上均不正确

6. 某计算机助理工程师不满意现在某工厂的工作环境，辞职准备去一家信息技术公司找工作，这种情况的失业属于(　　)。
A. 周期性失业　B. 结构性失业　C. 摩擦失业　D. 自愿失业

7. 技术的进步造成部分人素质不适应工作的要求，由此产生的失业是(　　)。
A. 自愿失业　B. 结构性失业　C. 需求不足的失业　D. 周期性失业

8. 奥肯定律说明(　　)。
A. 失业率增加1%，实际国民收入减少2%
B. 失业率增加1%，实际国民收入增加2%
C. 失业率减少1%，实际国民收入减少2%
D. 失业率减少2%，实际国民收入增加1%

9. 为减少经济中存在的失业，应采取的财政政策是(　　)。
A. 增加政府支出　B. 提高所得税　C. 增加失业保险金　D. 增加货币供给

10. 在以下情况中，可称为通货膨胀的是(　　)。
A. 物价总水平的上升持续了一个星期之后又下降了
B. 物价总水平上升而且持续了一年
C. 一种物品或几种物品的价格水平上升而且持续了一年
D. 以上都是

11. 一般用来衡量通货膨胀的物价指数是(　　)。
A. 居民消费价格指数　B. 生产者物价指数
C. GDP平减指数　D. 以上均是

12. 以下可称为爬升的通货膨胀的情况是指(　　)。
A. 通货膨胀率以每年1%～3%的速度增长
B. 通货膨胀率在10%以上
C. 通货膨胀率一直保持在3%～6%水平
D. 通货膨胀率超过100%

13. 通货膨胀的分配效应是指(　　)。
A. 收入结构变化　B. 收入普遍增加
C. 收入普遍减少　D. 债权人收入增加

14. 在下列引起通货膨胀的原因中，成本推进的通货膨胀的原因可能是(　　)。
A. 银行贷款的扩张　B. 预算赤字
C. 进口商品价格上涨　D. 投资增加

15. 通货膨胀会(　　)。
A. 使国民收入提高到超过其正常水平
B. 使国民收入下降到超过其正常水平
C. 使国民收入提高或下降主要看产生这种通货膨胀的原因
D. 只有在经济处于潜在的产出水平时，才会促进国民收入增长

16. 某一经济在 3 年中，货币增长速度为 8%，而实际国民收入增长速度为 10%，货币流通速度不变，那么这 3 年期间物价水平将(　　)。

A. 上升　　B. 下降　　C. 不变　　D. 上下波动

17. 假定充分就业的国民收入为 1 000 亿美元，实际的国民收入为 950 亿美元，增加 20 亿美元的投资（$MPC=0.8$），经济将发生(　　)。

A. 成本推进的通货膨胀　　B. 达到充分就业状况

C. 需求不足的失业　　D. 需求拉动的通货膨胀

18. 在通货膨胀的情况下，将有利于(　　)。

A. 债务人　　B. 债权人　　C. 在职工人　　D. 离退休人员

19. 抑制通货膨胀的收入政策指(　　)。

A. 政府进行收入再分配　　B. 改善初次收入分配

C. 政府实行工资-价格指导　　D. 以上都是

20. 根据菲利普斯曲线，降低失业率的办法是(　　)。

A. 减少货币供应量　　B. 增加货币供应量

C. 增加税收　　D. 减少政府购买

21. 长期菲利普斯曲线表明(　　)。

A. 通货膨胀和失业之间长期不存在相互替代关系

B. 在预期通货膨胀很高的情况下通货膨胀与失业之间仍有替代关系

C. 传统意义上的菲利普斯曲线在长期仍然有效

D. 对通货膨胀的预期不变，所以通货膨胀与失业不存在相互替代关系

二、简答题

1. 简述失业的含义及其对经济和社会的影响。
2. 简述通货膨胀的含义与划分方法。
3. 简述通货膨胀的衡量。
4. 简述通货膨胀对经济的影响（经济效应）。
5. 简述传统意义上的菲利普斯曲线及其政策含义。
6. 简述附加预期的菲利普斯曲线与长期菲利普斯曲线。

三、论述题

1. 试分析失业的成因（类型）与治理措施。
2. 试分析通货膨胀的成因及对策。

四、计算题

1. 已知劳动需求函数 $N_d=20-0.5\times(W/P)$，劳动供给函数 $N_S=0.5\times(W/P)$，寻找工作的人数函数为 $J_S=0.2\times(W/P)$。试求：

（1）均衡的实际工资。

（2）均衡的就业人数、寻找工作的人数、失业人数、劳动力总人数以及失业率。

2. 若 1991—1994 年的消费价格指数 CPI 分别为 400、440、462、462，求：1992 年、1993 年、1994 年的通货膨胀率各为多少。

第七章

国际经济概述

进行国际贸易有显而易见的好处：使人们可以生产自己最擅长生产的东西，并消费世界各国生产的各种各样的物品与劳务。实际上，经济学十大原理之一就是，贸易可以使每一个人的状况变好。国际贸易可以使每个国家专门生产自己具有比较优势的物品和劳务，从而提高所有国家的生活水平。

到现在为止，本书提出的宏观经济学大体上忽略了一个经济与世界其他经济之间的相互交易。对宏观经济学的大部分问题而言，国际问题是非实质性的。例如，当讨论自然失业率和通货膨胀的原因时，可以忽略国际贸易的影响。实际上，为了使分析简化，宏观经济学家经常假设一个封闭经济——不与其他经济相互交易的经济。

但是，某些新的宏观经济问题产生于开放经济——与世界其他经济自由交易的经济。因此，有必要在宏观经济学中引入国外部门来分析开放经济条件下的宏观经济的运行与调节。本章主要论述国际经济方面的一些基本知识，并介绍一个开放经济在世界市场上相互交易的基本宏观经济变量。

第一节　国际贸易理论发展概述

一、绝对优势理论

绝对优势理论是早期的国际贸易理论，其代表人物是 18 世纪的英国经济学家亚当·斯密。亚当·斯密用一国中不同的职业分工和交换来解释国际贸易，他认为国际贸易的产生就像裁缝不会自己去制作靴子，鞋匠不会自己去缝衣服，而都用自己的产品去交换自己不擅长生产的东西一样。一个国家之所以要进口别国的产品，是因为该国的生产技术处于劣势，自己生产成本太高，购买别国的产品反而便宜。而一国之所以能够向别国出口产品，是因为该国在这一产品的生产技术上比别国先进，或者说有绝对优势，因为该国能够用同样的资源生产比别国更多的产品，从而使每单位产品的生产成本低于别国。绝对优势理论认为，各国所存在的生产技术上的差别以及由此造成的劳动生产率和生产成本的绝对差别，是国际贸易和国际分工的基础。各国应该集中生产并出口其具有“绝对优势”的产品，进口其不具有“绝对优势”的产品，其结果比什么都自己生产更有利。

绝对优势理论解释了产生贸易的部分原因，但其局限性很大，因为在现实社会中，有些国家比较先进发达，有可能在各种产品的生产上都具有绝对优势，而另一些国家可能不具有任何生产技术上的绝对优势，但贸易仍可能在这两种国家之间发生。

★拓展阅读 7-1

亚当·斯密

亚当·斯密（1723—1790）是经济学的主要创立者。1723 年，亚当·斯密出生在苏格兰法夫郡（County Fife）的寇克卡迪（Kirkcaldy）。亚当·斯密的父亲也叫亚当·斯密，是一名律师，也是苏格兰的军法官和寇克卡迪的海关监督，在亚当·斯密出生前几个月去世；母亲玛格丽特（Margaret）是法夫郡斯特拉森德利（Strathendry）大地主约翰·道格拉斯（John Douglas）的女儿。亚当·斯密一生与母亲相依为命，终身未娶。

1723—1740 年间，亚当·斯密在家乡苏格兰求学，在格拉斯哥大学时期，亚当·斯密完成拉丁语、希腊语、数学和伦理学等课程；1740—1746 年间，亚当·斯密赴牛津学院求学，但在牛津并未获得良好的教育，唯一的收获是阅读了许多格拉斯哥大学缺乏的书籍。1750 年后，亚当·斯密在格拉斯哥大学担任逻辑学和道德哲学教授，还兼负责学校行政事务，一直到 1764 年离开为止。亚当·斯密于 1759 年出版的《道德情操论》获得学术界极高评价，而后于 1768 年开始着手著述《国民财富的性质和原因的研究》（简称《国富论》）。1773 年，《国富论》已基本完成，但亚当·斯密又花了三年时间润色此书，1776 年 3 月，此书出版后引起大众广泛的讨论，影响所及除了英国本地，连欧洲大陆和美洲也为之疯狂，世人尊称亚当·斯密为“现代经济学之父”和“自由企业的守护神”。

1778—1790 年间，亚当·斯密与母亲和阿姨在爱丁堡定居，1787 年被选为格拉斯哥大学荣誉校长，也被任命为苏格兰的海关和盐税专员。1784 年，亚当·斯密出席格拉斯哥大学校长任命仪式，因其母于 1784 年 5 月去世，所以迟未上任；直到 1787 年才担任校长职位至 1789 年。亚当·斯密在去世前将自己的手稿全数销毁，于 1790 年 7 月 17 日与世长辞，享年 67 岁。亚当·斯密并不是经济学说的最早开拓者，他最著名的思想中有许多也并非新颖独特的，但是他首次提出了全面系统的经济学说，为该领域的发展打下了良好的基础。因此，完全可以说，《国富论》是现代政治经济学研究的起点。

但是如果自由竞争受到阻碍，那只“无形的手”就不会把工作做得恰到好处。因而亚当·斯密相信自由贸易，为坚决反对高关税而申辩。事实上他坚决反对政府对商业和自由市场的干涉。他声言这样的干涉几乎总要降低经济效率，最终使公众付出较高的代价。亚当·斯密虽然没有发明“放任政策”这个术语，但是他为建立这个概念所做的工作比其他任何人都多。

有些人认为亚当·斯密只不过是一位商业利益的辩护士，但是这种看法是不正确的。他经常用最强烈的言辞痛斥垄断商的活动，坚决要求将其消灭。亚当·斯密对现实的商业活动的认识也并非天真幼稚的，《国富论》中记有这样一个典型观察：“同行人很少聚会，但是他们会谈不是策划出一个对付公众的阴谋就是炮制出一个掩人耳目提高物价的计划。”

亚当·斯密的经济思想体系结构严密，论证有力，使经济思想学派在几十年内就被抛弃了。实际上，亚当·斯密把他们所有的优点都吸入了自己的体系，同时也系统地披露了他们的缺点。

亚当·斯密的接班人，包括托马斯·马尔萨斯和大卫·李嘉图这样著名的经济学家对他的体系进行了精心的充实和修正（没有改变基本纲要），今天被称为经典经济学体系。虽然现代经济学说又增加了新的概念和方法，但这些大体来说是经典经济学的自然产物。在一定意义上，甚至卡尔·马克思的经济学说（自然不是他的政治学说）都可以看作经典经济学说的继续。

二、比较优势理论

在亚当·斯密绝对优势理论的基础上，英国另一位经济学家大卫·李嘉图提出了比较优势的贸易理论。比较优势理论认为，国际贸易的基础并不限于生产技术上的绝对差别，只要各国之间存在着生产技术上的相对差别，就会出现生产成本和产品价格的相对差别，从而使各国在不同的产品上具有比较优势，使国际分工和国际贸易成为可能。

大卫·李嘉图是英国产业革命深入发展时期的经济学家。1817 年，他的主要著作《政治经济学及赋税原理》出版，提出了比较成本论的国际贸易理论。

比较成本论是英国资产阶级争取自由贸易斗争中产生和发展起来的。1815 年，英国政府颁布了《谷物法》，物价上涨，地税猛增，严重损害了工业资产阶级的利益。英国工业资产阶级迫切需要从理论上论证废止《谷物法》，实行货物自由贸易的优越性。于是，作为工业资产阶级代表人的大卫·李嘉图提出了比较成本的理论。

为了论证自由贸易的优越性，大卫·李嘉图进一步发展了亚当·斯密的对外贸易理论，提出了按成本比较进行国际分工的学说。亚当·斯密的理论暗含着一个假设，就是国际贸易双方至少有一种低成本的商品能在国际销售，而实际上如果一个国家一个具有成本优势的商品都没有，那将任何呢？国际贸易能否发生？如果发生，对贸易双方是否有利？为了回答这些问题，大卫·李嘉图提出了比较成本理论。大卫·李嘉图举例说："如果两人都能制鞋和帽，其中一人在两种职业上都比另一个人强些，不过制帽时只强 20%，而制鞋时则强 30%。那么这个较强的人专门制鞋，而那个较差的人专门制帽，岂不是对双方都有利吗？"

他也采用了由个人推及国家的方法，认为国家之间也该如此。在说明"比较优势"国际贸易理论的时候，大卫·李嘉图用了一个葡萄牙跟英国进行葡萄酒和棉布贸易的例子。这个例子后来成为对"比较优势"原理最有权威的阐述。

★拓展阅读 7-2

《政治经济学及赋税原理》中关于"比较优势"的阐述

英国的情形可能是生产棉布需要 100 个人劳动一年，而如果酿制葡萄酒则需要 120 个人劳动同样长的时间。因此，英国发现通过出口棉布来进口葡萄酒对自己比较有利。

葡萄牙生产葡萄酒可能只需要 80 个人劳动一年，而生产棉布却需要 90 个人劳动一年。因此，对葡萄牙来说，出口葡萄酒以交换棉布是有利的。即使葡萄牙进口的商品在本国制造时所需要的劳动少于英国，这种交换仍然会发生。虽然葡萄牙能够以 90 个人的劳动生产棉布，但其宁可从一个需要 100 个人的劳动生产的国家进口棉布。对葡萄牙来说，与其挪用种植葡萄的一部分资本去生产棉布，还不如用资本来生产葡萄酒，因为由此可以从英国换得更多的棉布。

因此，英国将以 100 个人的劳动产品交换 80 个人的劳动产品。

假定英、葡两国同时生产葡萄酒和棉布，其成本见表 7-1。

表 7-1　英、葡两国分工的情况

国别	棉布（1 单位）	葡萄酒（1 单位）
葡萄牙	90 天	80 天
英国	100 天	120 天

按照亚当·斯密的理论，在以上情况下，英、葡两国之间不会发生贸易，因为英国两种产品劳动成本都绝对高于葡萄牙，英国没有什么东西可以卖给对方。但是经过大卫·李嘉图的分析，即使在这种情况下，两国仍能进行对双方都有利的贸易。比较成本的结果，葡、英间棉布和葡萄酒的成本比率分别是：

$$棉布：\frac{90}{100}=0.9 \qquad 葡萄酒：\frac{80}{120}=0.67$$

可见，葡萄牙两种产品成本都比英国低，但两相比较，酒的成本更低，优势更大，应该分工生产酒，以酒交换英国的棉布更有利可图；相反，英国生产这两种产品的成本高，分别为 1.1 和 1.5（上述比例的倒数），即都处于劣势，但两相比较，棉布成本高得少些，所以应该分工生产棉布，以棉布交换葡萄牙的酒有利。上述即为“两优取其重，两劣择其轻”的分工和贸易原则。

大卫·李嘉图进一步解释说，对葡萄牙来说，与其用 90 天生产 1 单位的棉布，不如用 80 天生产 1 单位的酒去交换英国的 1 单位的棉布，因为他能节约 10 天劳动时间，如果把这 10 天也用来生产酒，一定能得到更多的酒；而对英国来说，与其用 120 天时间生产 1 单位酒，还不如用 100 天劳动时间生产 1 单位棉布去交换葡萄牙的 1 单位的酒，这样可以节省劳动时间 20 天，如果把这 20 天用于生产棉布，一定能得到更多的棉布。这样，英国分工生产棉布，即把生产酒的时间也用来生产棉布，共生产 2.2 单位；葡萄牙分工生产酒，共生产 2.125 单位。可见，产品总量比分工前增加了，棉布增加了 0.2 单位（2.2－2），酒增加了 0.125 单位（2.125－2）。

假定单位棉布与单位酒两国间进行交换，英国得到 1.1 单位棉布和 1.1 单位酒，葡萄牙得到 1.1 单位棉布和 1.025 单位酒，两国两种产品的消费量都比分工前的消费量增加了。可见，按照“两优取其重，两劣取其轻”的原则分工和交换，对两国都是有利的。这种生产上的重新组合将增大整个世界经济的规模。如果一个国家在本国生产一种产品的机会成本（用其他产品来衡量）低于在其他国家生产该产品的机会成本的话，则这个国家在生产该种产品上就拥有比较优势。

上述例子较清楚地阐述了比较优势和国际贸易的基本原理，即如果每个国家都出口本国具有比较优势的商品，则两国间的贸易能使两国都受益。比较优势理论不仅在理论上更广泛地论证了国际贸易的基础，在实践上也部分解释了为什么先进国家往往出口工业品，而落后国家出口原料产品进行贸易。

但在某些情况下，双方不会发生贸易，见表 7-2。

表 7-2　甲、乙两国相同的成本比率

国别	产品 X	产品 Y
甲国	100 天	200 天
乙国	200 天	400 天

由于产品 X、Y 的成本比率在两国都是一样的，因此没有一个国家具有比较优势，因而两国之间不会发生贸易。当然，这是在不考虑运输成本的前提下。

三、赫克歇尔-俄林理论

20世纪初，瑞典经济学家赫克歇尔（Heckscher）和俄林（Ohlin）又进一步从生产要素比例的差别来阐述国际贸易的基础。赫克歇尔、俄林克服了亚当·斯密和大卫·李嘉图贸易理论中的某些局限性，认为生产商品需要不同的生产要素而不仅仅是劳动，资本、土地以及其他生产要素也都在生产中起了重要作用并影响到生产率和生产成本。

赫克歇尔、俄林注意到了不同的商品生产需要不同的生产要素配置。有些产品的生产技术性较高，需要大量的机器设备和资本投入，这种产品称为资本密集型产品；有些产品的生产则主要是手工操作，需要大量的劳动力，这种产品称为劳动密集型产品。另外，各国生产要素的储备比例也是不同的，有的国家资本相对雄厚，有的国家劳动力相对充足。因此，产品生产的相对成本，不仅可以由技术差别决定，也可以由要素比例和稀缺程度的不同决定，一般来说，劳动力相对充裕的国家，劳动力价格会偏低，因此劳动密集型产品的生产成本相对低一些；而在资本相对充足的国家，资本的价格会相对低，生产资本密集型产品可能会有利。

因此，根据赫克歇尔-俄林理论，各国应该集中生产并出口那些能够充分利用本国充裕要素的产品，以换取那些需要密集使用其稀缺要素的产品。国际贸易的基础是生产资源配置或要素储备比例上的差别。

20世纪60年代以来，国际贸易出现了许多新倾向，主要有两方面：第一，发达工业国家之间的贸易量大大增加。第二，同类产品之间的贸易量大大增加。许多国家不仅出口工业产品，也大量进口相似的工业产品，工业国家传统的“进口初级产品—出口工业产品”的模式逐渐改变，出现了许多同一行业既出口又进口的双向贸易或行业内贸易。这些新倾向的出现很快引起了对传统贸易理论，尤其是对赫克歇尔-俄林理论的挑战：这些新的贸易倾向显然是不能用资源配置的论点来解释的，因为发达国家之间的资源比例是相似的，都属于资本相对充裕的国家，而同类工业产品的生产技术更具有相似的要素密集性。

四、规模经济理论

为了解释新的贸易倾向以及新出现的各种情况，西方学者提出了许多不同的国际贸易理论。这里以规模经济理论作为例子。

美国经济学家克鲁格曼提出了规模经济的贸易学说，用以解释相似资源储备国家之间和同类工业产品之间的双向贸易。

传统贸易理论（从亚当·斯密到赫克歇尔-俄林）都假定产品的规模报酬不变，而规模经济贸易学说认为这一假设是不完全的。在现代社会化大生产中，许多产品的生产具有规模报酬递增的特点，即扩大生产规模，每单位生产要素的投入会有更多的产出。尤其是现代化的工业，大规模的生产反而会降低单位产品成本。另外，传统贸易理论假设各国生产的产品都是同质的，国际市场是完全竞争的。克鲁格曼则认为，工业产品虽然类似但不是同质的，因此大多数工业产品的市场是不完全竞争市场，更多情况下表现为垄断竞争市场。现用一个简单的例子来说明规模经济在国际贸易中的重要性。

表7-3列出了某一假想行业的投入产出关系，且该产品的生产只需要劳动这一种投入。

表7-3 某一假定行业的投入产出关系

产出	劳动投入
5	10

续表

产出	劳动投入
10	15
15	20
20	25
25	30
30	35

由表 7-3 可知，规模报酬表现在劳动投入增加 1 倍（15→30），产出却增加了 1.5 倍。

假定世界上只有 A 和 B 两个国家，二者具有生产这种产品的相同技术，最初都生产 10 单位产品。根据表 7-3，该产量在每个国家均需 15 个小时的劳动投入，即全世界用 30 个小时来生产 20 单位产品。现在假定该产品的生产集中到一个国家，譬如说 A 国，且 A 国在这一行业也投入了 30 个小时的劳动。然而，在一个国家内投入 30 个小时的劳动，能生产出 25 单位产品。显然，生产集中到 A 国使世界能以同样的劳动投入多产出 25% 的产品。

但 A 国从哪儿获取生产这种产品所需的额外劳动呢？B 国那些原先从事该产品生产的工人又去干什么呢？为了得到某些产品扩张生产所需的劳动，A 国必须缩减或放弃其他产品的生产。这些放弃的产品将在 B 国生产，B 国则雇用那些原先在 B 国生产而现在在 A 国扩张行业的工人来从事这些产品的生产。

不妨假定有许多产品具有规模经济，分别给其编号：1，2，3，…，为了利用规模经济，每个国家必须集中生产有限类别的产品，如 A 国生产 1、3、5 等类产品，而 B 国生产 2、4、6 等类产品。如果每个国家都只生产几类产品，那么每种产品的生产规模均能比各国什么都生产更大，世界也生产出更加丰富多样的产品。另外，消费者希望能消费品种繁多的商品。假定工业 1 在 A 国生产，工业 2 在 B 国生产。那么 A 国产品 2 的需求者必须买从 B 国进口的产品 2；同样，B 国产品 1 的需求者也只能购买从 A 国进口的产品 1。国际贸易在这一过程中起了重要作用：它使各国既能利用规模经济来生产有限类别的产品，同时又不牺牲消费的多样性。

上述事例说明，作为规模经济的结果，互利的贸易是如何开始的。各国用比以往更有效的规模来专业化生产有限类别的产品，同时它们之间的相互贸易又使消费所有产品成为可能。

五、有关倾销的基本知识

在当今国际贸易的各种纠纷中，倾销和反倾销的案例比较常见，这两个名词经常出现在新闻媒体的报道中。下面简要介绍一下有关倾销的基本知识。

1. 倾销的含义

从本书微观经济学部分可知，在不完全竞争市场中，厂商有时会对同样的产品针对不同的消费者群体制定不同的价格。通常，人们把这种针对不同消费者制定不同价格的行为称为价格歧视。在国际贸易中，价格歧视最普遍的形式就是倾销。倾销是指厂商对其出口的产品制定一个比其在国内市场要低的价格的行为。

从经济学的角度看，倾销的成立需满足两个条件：其一，必须是不完全竞争的行业。只有这样，厂商方可制定价格而不是接受既定的市场价格；其二，市场必须被分割，即国内居民不能轻易回购出口产品。有了这两个条件，不完全竞争厂商就会发现从事倾销有利可图。

厂商对其产品进行倾销的原因在于国内外市场对其产品的需求价格弹性不同。根据微观经济学关于价格歧视的分析，当厂商认为其产品的国外市场需求价格弹性高于国内市场需求价格弹性时，为了使其利润最大化，厂商通常对具有较高需求弹性的国外市场制定较低的价格，而对具有较低需求弹性的国内市场制定较高的价格，倾销行为由此出现。因此，从某种意义上说，倾销实际上是厂商利润最大化战略的体现。

2. 倾销的特征

倾销通常具有以下特征：其一，倾销是一种人为的低价销售行为。它是由出口商根据不同的市场，以低于有关商品在出口国的市场价格对同一商品进行差价销售。其二，倾销的目的和动机具有多样性。有的是为了销售过剩产品，有的是为了维持既定规模的生产，有的是为了争夺国外市场，扩大出口。不论倾销的目的和动机如何，只要倾销对进口国某一产业的建立和发展造成实质性损害或实质性威胁或实质性阻碍，就有可能招致进口国反倾销措施的惩罚。其三，倾销是一种不公平贸易行为。在政府奖励出口的政策下，生产者为获得政府出口补贴，往往以低廉价格销售产品。另外，出口商将产品以倾销的价格在国外市场销售，从而获得在另一国市场的竞争优势并进而消灭竞争对手，再提高价格以获取高额垄断利润。因此，倾销不仅会影响进口国的经济发展，而且扰乱了国际正常竞争秩序。

3. 反倾销措施

在美国及许多其他国家，倾销被认为是一种不公平的竞争行为。那些自认为被外商倾销所损害的本国厂商可以通过一定的程序向本国政府有关部门提出申诉，寻求救助。如果申诉成功，本国政府就会对外国厂商课以“反倾销税”，其数额相当于进口商品的实际价格与“公平”价格之间的差额。从一定意义上说，为了制止倾销而采取反倾销措施是合理的，但如果滥用反倾销的手段，或者反倾销措施的实施超过了其合理范围或合理程度，反倾销措施也会成为一种贸易保护主义措施，从而对国际贸易的发展造成负面影响。例如，武断地认定原本不存在倾销的商品为倾销商品或无根据地夸大倾销幅度，从而无理地实施反倾销措施或不恰当地提高反倾销税额，这些都会阻碍正常的国际贸易的进行。

4. 倾销的确定

倾销的确定是反倾销措施必备的要件之一，也是裁定倾销贸易纠纷的关键。根据关税与贸易总协定的规定，如果一项产品从一国出口到另一国，其出口价格低于该出口国正常贸易中用于消费的相同产品的可比价格，该出口产品即被视为倾销产品。这里所指的“可比价格”就是有关产品在出口国销售的“正常价格”。出口价格低于正常价格的差额即为倾销幅度。因此，确定是否存在倾销，必须明确正常价格的确定标准。

正常价格一般是指相同产品在出口国贸易中用于消费时的国内销售价格。使用出口国国内市场价格作为正常价格，必须符合以下几项条件：一是国内销售价格须具有代表性，即有关产品在国内市场中的销售占该产品出口的5%以上，这一条件旨在防止出口商通过较小的国内销售量人为地抬高正常价格，降低倾销幅度或使倾销不存在；二是所采用的国内销售价格应是在正常交易过程中形成的价格，即在独立交易者之间达成的价格；三是不得将低于成本价销售的价格视作正常价格。

上述正常价格的确定方法仅适用于对市场经济国家产品的正常价格或公平价值的确认。对非市场经济国家出口产品的正常价格如何确认，关税与贸易总协定并没有明文规定，因此，旨在保护本国经济的国家往往利用这一点来索取不正当利益。

第二节 国际贸易组织简介

包括区域贸易集团在内的国际贸易组织很多，限于篇幅，本节只能有选择地介绍其中的三个，目的在于为读者提供涉及西方贸易方面的实际背景。

一、北美自由贸易区

北美自由贸易的产生和发展可以分成两个阶段。第一阶段主要是美国与加拿大之间自由贸易的发展。第二阶段，美、加之间的自由贸易进一步扩大到包括墨西哥在内的整个北美地区。从1965年美国、加拿大的“汽车自由贸易协定”，到1992年12月17日加、美、墨三国签署的“北美自由贸易协定”，这一自由贸易区的产生历经了将近30年的时间。

第一阶段：美、加自由贸易。美国和加拿大都是发达国家，语言相通、边界接壤，自由贸易很有基础。但是，长期以来两国间一直没有能够像西欧那样朝着自由贸易方向努力，全面的自由贸易直到1988年才正式达成协议。

1965年，为了降低汽车生产成本，提高两国汽车在国际市场上的竞争力，加拿大与美国签订了在汽车及其零部件方面实行自由贸易的协议，其结果是，加拿大的汽车生产获得规模经济的好处，效益大大提高。通过两国的专业化分工和同类产品的双向贸易，加拿大汽车工人的工资提高了将近30%，而汽车价格则从原来高于美国汽车10%左右的水平降低到与美国汽车价格接近的程度。

但是这一局部的自由贸易在20世纪70年代并没有进一步扩大与发展。直到20世纪80年代后期，美、加双方才开始全面自由贸易的谈判。一方面，加拿大朝野寻求经济文化独立的意识有所改变；另一方面，激烈的国际竞争，美、加在国际上经济地位的相对减弱使得双方都认识到进一步发展双边贸易的必要。美国1984年通过的《贸易关税法案》授权总统进行双边自由贸易谈判的权力。

从1986年5月开始进行的美、加自由贸易谈判进行得并不顺利，双方一边谈，一边还互相提高关税进行贸易战。直到限期前两周，两国还谈崩了一次。但最后，共同的利益使美国和加拿大终于在1988年签订了两国间自由贸易的协定。

在1989年1月1日生效的美、加“自由贸易协定”提出了10年内（即到1999年）彻底消除双方贸易壁垒的目标。同时，美、加两国还建立一套解决相互间贸易纠纷的制度和机构。在服务业和投资方面，协议也提出了逐步降低与取消限制的规定。

第二阶段：北美自由贸易区。在美、加自由贸易生效一年之后，美国决定将这一自由贸易区扩大到南部的墨西哥。在1990年6月美、墨最高会晤时，美国总统布什提出了这一建议。从经济上说，美国看到了墨西哥的潜在市场。当时的墨西哥已是美国第三大出口国，购买了美国7%的出口商品，而且墨西哥是一个理想的投资地区，劳动力便宜，生产成本低，又是美国邻国，商品的自由贸易能够使美国在墨西哥的投资更加有利可图。从政治上说，当时在美国执政的是共和党政府，在经济政策中，共和党比较信奉“自由放任”“市场调节”和“自由贸易”的原则，这对于推动北美自由贸易区的建立有促进作用。

美、墨的正式谈判始于1991年，一年后的1992年12月17日，美国、墨西哥和加拿大三国政府首脑签署了“北美自由贸易协定”，从1994年1月1日起，这个“自由贸易区”开始运转。北美自由贸易区的建立扩大了成员国之间的贸易，使三国的资源配置更加有效，从而对经济发展更加有利。

二、欧洲联盟

概括地说，欧洲联盟（简称欧盟）是建立在欧洲三个共同体之上的。1952 年成立的欧洲煤钢共同体，是为了集中管理法国、联邦德国、荷兰、意大利、比利时和卢森堡六国的煤和钢铁资源。通过促进成员国间煤钢自由贸易和对非成员国实行贸易保护，这个共同体使这六国受战争打击的工业恢复了活力。1957 年，上述六国又签订条约，成立了欧洲原子能共同体，以促进核工业的发展和原子能的和平利用。1958 年 1 月 1 日，在签订《罗马条约》之后，欧洲经济共同体成立了，该组织试图通过消除成员国之间对商品、资本和人员自由流动的所有限制，建立一个“共同市场”。通过拆除成员国间工业品贸易的关税壁垒和对非成员国实行共同的关税税率，欧洲经济共同体变成了一个有保护的自由贸易区或者“关税同盟”。随着英国、爱尔兰、丹麦、希腊、西班牙和葡萄牙的陆续加入，到 1986 年，成员国数目增加到 12 个。

随着“统一欧洲法案”于 1993 年 1 月变为法律，欧洲共同体发展为欧洲联盟。1995 年 1 月，随着奥地利、芬兰和瑞士加入，原来的 12 个成员国增至 15 个。

1992 年，欧洲联盟和欧洲自由贸易联盟的七个国家达成协议，并于 1993 年 1 月 1 日建立“欧洲经济区”。欧洲经济区由 19 个国家组成，它们构成一个强大、富裕的贸易集团。

通过上述协议，欧盟把它在商品、服务、人员和资本方面的自由流动，扩展到欧洲自由贸易联盟。在此之前，19 个国家已经通过其他协议，把它们间的工业品关税税率降至 0。1992 年协议提出进一步削减农产品关税。

1992 年 2 月 7 日，欧盟当时的 12 个成员国于荷兰的马斯特里赫特签署了《欧洲联盟条约》（又称《马斯特里赫特条约》），这一条约的签订，代表着欧盟自成立以来发生的最具根本性的变化之一。虽然从法律角度看，它仅仅是《罗马条约》的一个扩充和修正，但对成员国来说，是很重要的飞跃。《马斯特里赫特条约》使欧盟不再仅仅是经济组织，而是向政治、经济和社会的全面联盟方向发展。其中的一些主要目标为：①通过建设“没有内部边境的区域”和经济货币联盟，促进经济和社会进步；②制定“可能形成共同防卫”的共同外交安全和防御政策；③创设“联盟公民”。

有三个主要的机构控制着欧洲联盟。第一个机构是所谓的部长理事会。实际上管理欧盟的是许多不同形式的“理事会”。政府首脑理事会讨论方针和政策，其他各种“理事会”讨论和决定自己特定领域的问题。第二个机构是欧洲议会。在以前，欧洲议会还只是一个拥有很少实权的附设机构，然而《马斯特里赫特条约》提高了这一机构的地位。其中包括建议谁为欧盟委员会主席和强化了欧洲议会在预算与立法方面的权力。第三个机构是欧洲委员会。它由成员国政府任命，行使日常“管理”职能。

作为一个区域性的组织，欧盟涉及的政策领域很广，包括竞争政策、农业政策、结构政策、贸易和国际收支政策、货币政策、工商业政策等。

三、世界贸易组织

负责国际贸易多边谈判，推动世界贸易发展的最大国际条约和组织机构是世界贸易组织，其前身为关税与贸易总协定（简称关贸总协定）。关贸总协定于 1947 年签署，最初签约国有 23 个。到 1992 年，关贸总协定的成员国增至 105 个。关贸总协定的总部设在瑞士日内瓦，最高权力机构是缔约国大会，一般每年召开一次全会，讨论和决定重大事项。

关贸总协定本身是一项协调各国贸易政策和经济关系的国际条约，但也是国际贸易谈判的机构。根据各国签署的这项协议，关贸总协定的宗旨是，通过降低贸易壁垒，取消歧视性的贸易行为来提高各缔约国的生活水平。体现其宗旨的原则有以下三条。

1. 非歧视性原则

这是指对各缔约国贸易政策一视同仁、对本国产品与外国产品一律平等。非歧视性原则是通过最惠国条款和国民待遇条款来实现的。所谓最惠国待遇是指一国对所有缔约国的贸易待遇都必须是同样的，如果一国给任何一国降低、豁免关税或提供优惠政策，该国也必须给其他的缔约国同样的待遇。最惠国待遇可以是无条件的，也可以是有条件的。在关贸总协定中的最惠国待遇条款是无条件的。所谓国民待遇是指一国给予所有缔约国的人民和企业与本国公民和企业在经济上同样的待遇，这种待遇主要包括税收、知识产权的保护、市场的开放等，以保证缔约国产品与本国产品以同样的条件竞争。

2. 降低和最终取消贸易壁垒的原则

关贸总协定的基本精神是要消除贸易壁垒，促进贸易发展。但面对各国的现实只能采取逐步和局部降低贸易壁垒的办法。对于关税，总的原则是只能降不能升，缔约国之间通过谈判达成的关税减让不能单方面任意取消或通过别的方式来取代减让的关税。对进口数量的限制，总协定原则上规定要取消。

3. 磋商调解原则

关贸总协定强调缔约国之间通过磋商调解，而非报复制裁的方式解决贸易争端的原则，并规定了具体的程序和办法。

由关贸总协定组织的国际贸易谈判都是多边的。自 1947 年创立以来，关贸总协定已经主持了 8 轮贸易谈判。由于谈判本身是各国讨价还价的过程，因此 8 轮谈判也被形象地称为 8 个“回合”。

现在，关贸总协定本身，新达成的服务和知识产权协议，以及有关政府采购和反倾销的规则，都置于一个新的机构，即世界贸易组织（简称 WTO）之下。世贸组织成立于 1995 年 1 月 1 日，是独立于联合国的永久性国际组织，它是全球唯一一个国际性贸易组织，负责处理国家之间贸易往来和协定。该组织的任务是：通过实施市场开放、非歧视和公平贸易等原则，达到推动实现世界贸易自由化的目标。与关贸总协定相比，世界贸易组织涵盖货物贸易、服务贸易以及知识产权贸易，而关贸总协定只适用于商品货物贸易。中国于 2001 年 12 月 11 日正式加入世界贸易组织，成为其第 143 个成员。截至 2013 年 3 月，世界贸易组织共有成员 159 个。

第三节　物品与资本的国际流动

一个开放经济以两种方式和其他经济相互交易：它在世界产品市场上购买并出售物品与劳务；它在世界金融市场上购买并出售股票和债券这类资本资产。下面讨论这两种活动以及它们之间的密切关系。

一、物品的流动：出口、进口以及净出口

出口是在国内生产而在国外销售的物品与劳务；进口是在国外生产而在国内销售的物品与劳务。当美国飞机制造商波音公司制造了一架飞机并把它卖给法国航空公司时，这种销售对美国而言是出口，对法国而言是进口。当德国汽车制造商奔驰公司生产了一辆汽车并把它卖给一个中国居民时，这种销售对中国而言是进口，对德国而言是出口。

任何一国的净出口是其出口值与其进口值的差额：

净出口 = 一国的出口值 - 一国的进口值

波音公司的销售增加了美国的净出口，而奔驰公司的销售减少了中国的净出口。由于净出口说明一国在总量上是世界物品与劳务市场中的卖者还是买者，所以净出口又称为贸易余额。如果净出口是正的，即出口大于进口，则表明一国向国外出售的物品与劳务多于它向其他国家购买的。在这种情况下，可以说该国有贸易盈余。如果净出口是负的，即出口小于进口，则表明一国向国外出售的物品与劳务少于它向其他国家购买的。在这种情况下，可以说该国有贸易赤字。如果净出口为零，即它的出口与进口完全相等，可以说该国贸易平衡。

影响一国出口、进口和净出口的主要因素包括：

(1) 消费者对国内与国外物品的嗜好；

(2) 国内与国外物品的价格；

(3) 人们可以用国内通货购买国外通货的汇率；

(4) 国内与国外消费者的收入；

(5) 从一国向另一国运送物品的成本；

(6) 政府对国际贸易的政策。

随着这些变量的变动，国际贸易量也在变动。

二、金融资源的流动：资本净流出

一个开放经济的居民除了参与世界物品与劳务市场，还参与世界金融市场。一个有 20 万元人民币的中国居民可以用这些钱买一辆丰田汽车，但他也可以用这些钱买丰田公司的股票。第一种交易代表物品流动，第二种交易则代表资本流动。

资本净流出指本国居民购买的外国资产与外国人购买的国内资产之间的差额：

资本净流出 = 本国居民购买的外国资产 - 外国人购买的国内资产

当一个中国居民购买了一家墨西哥电话公司的股票时，这种购买增加了等式右边的第一项，因此，增加了中国的资本净流出。当一个美国居民购买了中国政府发行的债券时，这种购买增加了等式右边的第二项，因此，减少了中国的资本净流出。

资本流出到国外有两种形式。一种形式，如果海尔集团在加拿大建了一家工厂，这是国外直接投资的例子。另一种形式，如果一个中国人买了一家加拿大公司的股票，这是国外有价证券投资的例子。在第一种情况下，中国所有者主动管理投资；而在第二种情况下，中国所有者起了较为消极的作用。在这两种情况下，中国居民都购买了位于另一个国家的资产，因此这两种购买都增加了中国的资本净流出。

资本净流出（有时称为国外净投资）既可以是正的，也可以是负的。当它是正的时，国内居民购买的外国资产多于外国人购买的国内资产，此时可以说是资本流出一国。当资本流出是负的时，国内居民购买的外国资产少于外国人购买的国内资产，此时可以说是资本流入一国。也就是说，当一国的资本净流出是负的时，该国有资本流入。

影响资本净流出的较重要的因素包括：

(1) 国外资产得到的真实利率；

(2) 国内资产得到的真实利率；

(3) 持有国外资产可以觉察到的经济与政治风险；

(4) 影响国外拥有国内资产的政府政策。

例如，中国投资者考虑购买加拿大政府债券还是中国政府债券（债券实际上是发行者的借据)。为了做出这种决策，中国投资者要比较这两种债券的真实利率。债券的真实利率越高，也就越有吸引力。但是在进行这种比较时，中国投资者还应该考虑到这些政府中的某一个会欠其债务（即不按时支付利息或本金）的风险，以及加拿大政府对在加拿大的外国投资者所实行的任何一种限制，或在未来可能实行的任何一种限制。

三、净出口与资本净流出相等

一个开放经济以两种方式与世界其他经济相互交易——在世界物品与劳务市场上和世界金融市场上。净出口和资本净流出分别衡量了在这两个市场上的不平衡类型。净出口衡量一国出口与其进口之间的不平衡；资本净流出衡量本国居民购买的外国资产量与外国人购买的国内资产量之间的不平衡。

一个重要但又微妙的核算事实表明，对整个经济而言，这两种不平衡必然相互抵消。这就是说，资本净流出（NCO）总等于净出口（NX）：

$$NCO = NX$$

这个等式之所以成立，是因为影响这个等式一方的每一次交易也必然完全等量地影响另一方。这个等式一个恒等式——根据等式中各变量定义与衡量的方法，这个等式必然成立。

为了说明为什么这个会计恒等式是正确的，来看一个例子。设想你是一个居住在中国的电脑程序员。有一天，你编了一个软件并以 1 000 欧元把它卖给一个德国消费者。软件销售是中国的出口，因此它增加了中国的净出口。为了使恒等式成立会出现什么情况？答案取决于你用这 1 000 欧元做什么。

假设你简单地把欧元放在你的床垫下（这时可以说你是为欧元而拥有欧元）。在这种情况下，你将一些收入投资于德国经济。这就是说，国内居民（你）得到了外国资产（德国通货）。中国净出口增加与中国资本净流出的增加相当。

然而，更现实一些，如果你想投资于德国经济，你不会持有现金。更可能的是，你用 1 000 欧元去购买一家德国公司的股票，或者你购买德国政府的债券。但是情况几乎是一样的，国内居民最终都获得了一种外国资产。中国资本净流出（购买德国股票或债券）增加完全等于中国净出口（出售软件）增加。

现在改变这个例子。假设你不是用 1 000 欧元去购买德国资产，而是用它去购买德国生产的一种物品，例如锅具。由于购买这种锅具，中国的进口增加了。软件出口和锅具进口代表贸易平衡。由于出口和进口等量增加，净出口没变。在这种情况下，没有一个中国人最终获得外国资产，也没有一个外国人最终获得中国资产，因此，对中国资本净流出没有影响。

还有一种可能是你到当地一家银行把你的 1 000 欧元兑换为人民币。但这并没有使情况发生改变，因为现在银行可以用这 1 000 欧元做些事。它可以购买德国资产（中国的资本净流出），也可以购买德国的物品（中国的进口），还可以把欧元卖给另一个想进行这种交易的中国人。结果，中国的净出口必定等于中国的资本净流出。

从这个例子中，可以对整个经济进行总结：

（1）当一国有贸易盈余时（$NX \geqslant 0$），它出售给外国人的物品与劳务多于外国人购买的。用它从国外的物品与劳务的净销售中得到的外国通货做什么呢？它必定用来购买外国资产。因此，资本从一国流出（$NCO \geqslant 0$）。

（2）当一国有贸易赤字时（$NX \leqslant 0$），它向外国人购买的物品与劳务多于向外国人出售的。在世界市场上它如何为这些物品与劳务的净购买筹资呢？它必定在国外出售资产。因此，资本流入国内（$NCO \leqslant 0$）。

国际物品与劳务的流动和国际资本流折动是同一个问题的两个方面。

四、储蓄、投资及其与国际流动的关系

一国的储蓄和投资是其长期经济增长的关键。正如本书前面所说明的，在一个封闭经济中，储蓄与投资是相等的。但在开放经济中，事情并不是这么简单。现在考虑储蓄和投资如何与用净出口和资本净流出衡量的物品与资本的国际流动相关。

"净出口"这个词是在本书讨论国内生产总值构成时出现的。一个经济的国内生产总值（Y）分为四个组成部分：消费（C）、投资（I）、政府购买（G）和净出口（NX）。可以把它写为：

$$Y = C + I + G + NX \tag{7-1}$$

对经济中物品与劳务产出的总支出是用于消费、投资、政府购买和净出口的支出之和。因为支出的每一分钱都可以归入这四个组成部分之一，所以这个等式是一个会计恒等式，它必然正确是因为这些变量定义和衡量的方法。

国民储蓄是在支付了现期消费和政府购买之后剩下的国民收入。国民储蓄（S）等于 $Y - C - G$。如果重新整理式（7-1）来说明这个事实，就得出：

$$Y - C - G = I + NX$$

$$S = I + NX \tag{7-2}$$

因为净出口（NX）等于资本净流出（NCO），所以也可以把这个式子写为

$$S = I + NCO \tag{7-3}$$

储蓄 = 国内投资 + 资本净流出

式（7-3）表明，一国的储蓄必定等于其国内投资加资本净流出。换句话说，当中国公民为未来储蓄了其收入中的一元人民币时，这一元既可以用于为国内资本积累筹资，也可以用于为购买国外资本筹资。

在一个封闭经济中，因为资本净流出是零（$NCO = 0$），所以储蓄等于投资（$S = I$）。相比之下，在一个开放经济中，储蓄有两种用法：国内投资与资本净流出。

储蓄、投资和国际资本流动错综复杂地相互关联。当一国的储蓄大于其国内投资时，它的资本净流出就是正的，这表明该国用它的一些储蓄购买外国资产。当一国的国内投资大于其储蓄时，它的资本净流出就是负的，这表明外国人正通过购买国内资产为一部分国内投资筹资。

五、总结

表 7-4 总结了一个开放经济的三种可能：有贸易赤字的国家、贸易平衡的国家以及有贸易盈余的国家。

表 7-4　物品与资本的国际流动

贸易赤字	贸易平衡	贸易盈余
出口 < 进口 净出口 < 0 $Y < C + I + G$ 储蓄 < 投资 资本净流出 < 0	出口 = 进口 净出口 = 0 $Y = C + I + G$ 储蓄 = 投资 资本净流出 = 0	出口 > 进口 净出口 > 0 $Y > C + I + G$ 储蓄 > 投资 资本净流出 > 0

先考虑有贸易盈余的国家。根据定义，贸易盈余意味着出口值大于进口值。因为净出口是出口减进口，所以净出口（NX）大于零。结果，收入（$Y=C+I+G+NX$）必定大于国内支出（$C+I+G$）。但是如果收入（Y）大于国内支出（$C+I+G$），那么储蓄（$S=Y-C-G$）必定大于投资（I）。该国储蓄大于投资，它必定把一些储蓄输出到国外。这就是说，资本净流出必定大于零。

相反的逻辑适用于有贸易赤字的国家（比如近年来的美国）。根据定义，贸易赤字意味着出口值小于进口值。因为净出口是出口减进口，所以净出口（NX）是负的。因此，收入（$Y=C+I+G+NX$）必定小于国内支出（$C+I+G$）。但是如果收入（Y）小于国内支出（$C+I+G$），那么储蓄（$S=Y-C-G$）必定小于投资（I）。由于该国投资大于储蓄，所以它必定通过在国外出售一些资产来为一些国内投资筹资。这就是说，资本净流出必定是负的。

贸易平衡的国家介于这两种情况之间。出口等于进口，因此净出口为零。收入等于国内支出，并且储蓄等于投资。资本净流出等于零。

第四节 国际交易的价格

除了对各国间物品与劳务流动以及资本流动的衡量这些数量变量之外，宏观经济学家还研究了衡量这些国际交易的价格的变量。正如任何一个市场上的价格在协调该市场上买者与卖者中所起的重要作用一样，国际价格也有助于协调消费者与生产者在国际市场上进行交易时的决策。下面讨论两种最重要的国际价格——名义汇率和实际汇率。

一、名义汇率

名义汇率是一个人可以用一国通货交换另一国通货的比率。例如，如果你到银行看到标出的汇率是0.161 3 美元兑1 元人民币。如果你给银行1 元人民币，银行就给你0.161 3 美元；如果你给银行0.161 3 美元，银行就给你1 元人民币（实际上，银行标出的买卖美元的价格之间会有一点差额。这种差额是银行提供这种服务应得的一些利润。就本例的目的而言，可以忽略这种差额。）

一种汇率总可以用两种方法来表示。如果汇率是1 元人民币兑0.160 1 美元，那么它也就是1 美元兑6.245 2 元人民币。在本书中，用1 元人民币兑外国货币的单位来表示名义汇率，比如，1 元人民币兑0.160 1 美元。

如果汇率的变动使1 元人民币可以买到更多的外国通货，那么这种变动称为人民币升值。如果汇率的变动使1 元人民币可以买到的外国通货减少，那么这种变动称为人民币贬值。

你也许经常听到媒体报道人民币“坚挺”或“疲软”。这些描述通常指名义汇率的近期变动。当一种通货升值时，就可以说它是“坚挺”的，因为它可以购买更多的外国通货。同样，当一种通货贬值时，就可以说它是“疲软”的。

二、真实汇率

真实汇率是一个人可以用一国的物品与劳务交换另一国的物品与劳务的比率。例如，假设你到商店购物，发现一磅瑞士奶酪的价格是一磅美国奶酪的2 倍。这时就可以说，真实汇率是一磅美国奶酪对1/2 磅瑞士奶酪。要注意的是，和名义汇率一样，真实汇率也可以用一单位国内商品的外国商品单位量来表示。但在这种情况下，商品是物品而不是通货。

真实汇率与名义汇率是紧密相关的。真实汇率取决于名义汇率和用本国通货衡量的两国物品的价格。

真实汇率至关重要，因为真实汇率是一国出口与进口多少的关键决定因素。例如，当中国某公司决定是购买美国大米还是泰国大米来存入库中时，它将要问哪一种大米更便宜。真实汇率给出了这一问题的答案。再举一个例子，假设你要决定是在中国三亚的亚龙湾海滩度假还是去美国夏威夷海滩度假，你会查询三亚酒店的价格（用人民币衡量）、夏威夷酒店的价格（用美元衡量）以及美元与人民币之间的汇率。如果你通过比较成本来决定在哪里度假，那么你就要基于真实汇率做出决策。

当研究整个经济时，宏观经济学家关注的是物价总水平，而不是个别东西的价格。这就是说，为了衡量真实汇率，他们使用物价指数，例如，衡量一篮子物品与劳务价格的消费者物价指数，通过使用美国一篮子物品与劳务的消费物价指数（P）、国外一篮子物品与劳务的消费物价指数（P^*）以及美元和外国通货之间的名义汇率（e），可以用下式计算美国和其他国家之间的总体真实汇率：

$$真实汇率 = (e \times P)/P^*$$

这个真实汇率衡量国内得到的一篮子物品与劳务相对于国外得到的一篮子物品与劳务的价格。

一国的真实汇率是其物品与劳务净出口的关键决定因素。美国真实汇率下降意味着相对于外国物品与劳务而言，美国物品变得便宜了。这种变化鼓励国内与国外消费者更多地购买美国物品，而更少地购买外国物品。结果美国出口增加而进口减少，这两种变化都增加了美国的净出口。相反，美国真实汇率上升意味着与外国物品相比，美国物品变得昂贵了，因此美国的净出口减少了。

★拓展阅读 7-3

欧元

在20世纪90年代，许多欧洲国家决定放弃各国的通货，使用一种称为欧元的共同通货。2002年1月1日，欧元开始流通。欧元区的货币政策现在由欧洲中央银行（ECB）制定，该银行由来自所有参与国的代表组成。ECB负责发行欧元，控制流通中的货币量，就像联邦储备控制美国经济中的美元量一样。

为什么这些国家采用了共同的通货？共同通货的一个好处是使贸易更容易。设想美国50个中每个州都有不同的通货，你每跨过一个州界，就需要兑换你的货币，并进行本书中所讨论的那种汇率计算。这很不方便，并可能阻止你在你所在的州之外购买物品与劳务。欧洲国家决定，随着它们的经济变得更为一体化，避免这种不方便会更好一些。

在某种程度上，欧洲采用一种共同通货是基于超出标准经济学范围考虑的一种政治决策。有些欧元的支持者想削弱民族主义感情并使欧洲人更充分地意识到他们的共同历史与命运。他们认为欧洲大陆大多数国家使用同一货币将有助于达到这个目的。

但是，采用一种共同通货也有代价。如果欧洲国家只有一种货币，它们就只能有一种货币政策。如果它们对于什么是最好的货币政策有分歧，它们就必须达成某种一致，而不是各行其是。由于采用单一货币既有好处又有代价，所以经济学家对欧洲采用欧元是不是一个好的决策仍有争论。

第五节　购买力平价理论

汇率的变动一直很大。什么因素可以解释汇率发生的一些幅度大且反方向的变动呢？经济学家建立了许多模型来解释汇率是如何决定的，每一种模型都强调了一些因素的作用。这里提出一种最简单的汇率理论，即所谓的购买力平价。这种理论认为，任何一单位通货应该能在所有国家买到等量的物品。许多经济学家认为，购买力平价描述了长期中决定汇率的因素。下面讨论考虑这种长期汇率理论所依据的逻辑以及这种理论的含义与局限性。

一、购买力平价理论的基本逻辑

购买力平价理论根据一价定律的原理得出。这个定律认为，一种物品在所有地方都应该按同样的价格出售，否则就有未被利用的可以获取利润的机会。

例如，假定某种品牌的电视机在上海的价格是 3 000 元，而在广州的价格是 2 500 元，一个人就可以在广州买入这种电视机，然后将之运到上海出售，以赚取这种地区间的差价。利用不同市场上价格差的过程称为套利。这一利润将会吸引越来越多的交易者进行套利活动，这导致广州对电视机的需求增加了，广州的电视机价格开始上升；同时，上海电视机的供应也增加了，上海的电视机价格开始下降。这样，电视机在上海与广州之间的差价开始缩小，但只要这一差价还高于交易成本，交易者仍有利润，套利活动还会持续下去，直至这一差价等于交易成本时为止。如果假定这一交易成本为零，则同一电视机在各个地区的价格将完全一致。

现在考虑一价定律如何应用于国际市场。当研究的对象是开放经济时，某一可贸易商品在不同国家的价格之间的联系与上述分析存在区别。首先，不同的国家使用不同的货币，因此商品价格的比较必须折算成统一的货币再进行。例如，某商品在中国价值 100 元人民币，在美国价值 10 美元，这时进行价格比较时必须采用统一的单位（都用人民币或都用美元），所以汇率因素在此时必须考虑。如果此时 1 美元可兑 6 元人民币，则该商品在中国的价格高于在美国的价格，这一价格差异意味着存在套利的可能性。其次，在进行套利活动时，除商品的买卖外，还必须进行不同货币间的买卖活动。以本例来说，美国交易者在将该商品运至中国卖出后，得到的收入为人民币，他必须在外汇市场上将之兑换成美元。可见，这一套利活动产生了外汇市场上相应的交易活动。在分析中，假定外汇市场上只存在这种经常账户的交易，不考虑资本流动问题。最后，跨国间的套利活动还存在着许多特殊的障碍。例如，一国可能对商品的进出口征收关税或采取各种非关税壁垒加以限制。与一国内部情况相比，各国间的套利活动更加困难，套利的交易成本也更为高昂。但是，一价定律说明，当不存在运输费用和人为的贸易壁垒时，同种商品在不同国家用相同货币表示的售价相等。

由这种逻辑可得出购买力平价理论。根据这个理论，一种通货必然在所有国家都具有相同的购买力。这就是说，1 美元在美国和中国能购买的物品量必然相等，并且 1 元人民币在中国和美国能购买的物品量也必然相等。实际上，这种理论的名称就恰当地描述了它的内容。平价意味着平等，而购买力是指用它能够买到的物品量衡量的货币价值。购买力平价说明，所有通货的一单位在每个国家都应该有相同的实际价值。

二、购买力平价理论的含义

购买力平价理论对汇率的含义是什么呢？它说明两国通货之间的名义汇率取决于这两个国家的物价水平。如果 1 美元在美国（用美元衡量价格）和在中国（用人民币衡量价格）能买到等量物品，那么每1美元兑人民币的数量必然反映了该物品在美国和中国的价格。例如，如果1磅咖啡在中国值70元人民币而在美国值10美元，那么名义汇率必然是1美元兑7元人民币。否则，1美元的购买力在这两个国家就不相同。

为了更充分地说明这是如何起作用的，用一些数学方法是有帮助的。假设P是中国一篮子物品的价格（用人民币衡量），P□是美国一篮子物品的价格（用美元衡量），而e是名义汇率（1元人民币可以购买的美元数量）。现在考虑1元人民币可以在国内与国外购买的物品数量。在国内，物价水平是P，因此1元人民币的购买力为$1/P$。这就是说，1元人民币可以购买$1/P$物品量。在国外，1元人民币可以交换e单位外国通货，外国通货的购买力相应地就为e/P□。由于两个国家1元人民币的购买力相同，所以应该有：

$$1/P = e/P^{*} \tag{7-4}$$

整理式（7-4），该式可变为：

$$1 = eP/P^{*} \tag{7-5}$$

要注意的是，式（7-5）的左边是一个常量，右边是真实汇率。因此，如果1元人民币的购买力在国内和国外总是相同的，那么真实汇率——国内物品和国外物品的相对价格——就不会变。

为了说明这种分析对名义汇率的含义，可以整理式（7-5）以解出名义汇率：

$$e = P^{*}/P \tag{7-6}$$

这就是说，名义汇率等于外国物价水平（用外国通货单位衡量）与国内物价水平（用国内通货单位衡量）的比率。根据购买力平价理论，两国通货之间的名义汇率必然反映这两个国家的物价水平。

这种理论的关键含义是，当物价水平变动时，名义汇率也变动。任何一个国家物价水平的调整都使货币供给量与货币需求量达到平衡。由于名义汇率取决于物价水平，它也就取决于每个国家的货币供给与货币需求。当任何一个国家的中央银行增加货币供给并引起物价水平上升时，它就会引起该国通货相对于世界其他通货的贬值。换句话说，当中央银行印发了大量货币时，无论是根据它能买到的物品与劳务，还是根据它能买到的其他通货，这种货币的价值都减少了。

三、购买力平价理论的局限性

购买力平价理论提供了一个有关汇率如何决定的简单模型。对于理解许多经济现象，这种理论是很有用的。特别是，它可以解释许多长期趋势。例如，人民币对欧元贬值以及人民币对美元升值。它也可以解释超速的通货膨胀期间汇率的重大变动。

然而购买力平价理论并不是完全正确的。这就是说，汇率的变动并不总能保证美元在所有国家始终具有同样的实际价值。购买力平价理论在实际上并不总能成立有如下两个原因：

第一个原因是，许多物品是不容易进行贸易的。假如，设想在巴黎理发比在纽约贵。国际旅游者可以避免在巴黎理发，一些理发师也可以从纽约移居到巴黎。但这种套利是如此有限，以至于其无法消除价格差。因此，与购买力平价的背离会存在下去，而美元（或欧元）在巴黎的理发服务的价值会继续少于在纽约。

第二个原因是，即使是可贸易物品，当它们在不同国家生产时，也并不总能完全替代。例如，一些消费者偏爱德国汽车，而另一些则偏爱美国汽车。而且随着时间的推移，消费者对汽车的嗜好也在变动。如果德国汽车突然变得更受欢迎，需求的增加会使德国汽车的价格相对于美国汽车的价格上升。但是，尽管两个市场上有这种价格差，可是并不存在有利可图的套利机会，因为消费者并不认为这两种汽车是相同的。

因此，由于一些物品不是可贸易物品，并且由于一些可贸易物品并不能完全替代国外的相应物品，所以购买力平价不是一种完善的汇率决定理论。由于这些原因，真实汇率事实上一直在波动。然而购买力平价理论提供了理解汇率方面有用的第一步，其基本逻辑是可信的：当真实汇率背离了购买力平价理论所预期的水平时，人们就会有在各国之间买卖物品的激励。即使购买力平价的力量不能完全修正真实汇率，也有理由预期，真实汇率的变动通常是小而暂时的。因此，大幅度且持久的名义汇率的变动正常地反映了国内外物价水平的变动。

★拓展阅读7-4

汉堡包经济学

许多年来，英国《经济学家》杂志都将不同国家的某一消费项目拿来做年度比较，这一消费项目全世界都能找到——一个麦当劳巨无霸汉堡包。该杂志先收集到一个巨无霸汉堡包的当地货币价格，然后计算出两个数字：一是按现行汇率计算巨无霸汉堡包折算成美元的价格；二是使一个巨无霸汉堡包价格与美国价格相同时的汇率。如果巨无霸汉堡包的购买力平价相同，那么每一个地方一个巨无霸汉堡包的美元价格都将会是相同的。如果从长远考虑，购买力平价是一个不错的理论，那么一个与美国价格相等的巨无霸汉堡包汇率将引导汇率水平最终回到那里。

2008年7月版的巨无霸汉堡包指数中有许多不同的巨无霸汉堡包美元价格。在美国，其价格为3.57美元。在中国，根据官方汇率，一个巨无霸汉堡包仅花费1.83美元。而在瑞士，其价格是6.36美元。

巨无霸汉堡包指数显示欧元兑换美元的汇率最终会下跌：一个巨无霸汉堡包平均价格为3.37欧元，购买力平价汇率是1.06美元兑换1欧元，而实际市场汇率为1.59美元兑换1欧元。

对购买力平价进行严肃的经济研究要求有许多产品和服务的价格数据，但这里，通过估计巨无霸汉堡包价格指数得到的购买力平价与更详尽的方法所得到的没有什么不同。对于进行及时研究来说，快餐似乎更好。

第六节　国际金融体系的演变

一、金本位制

第一次世界大战以前，世界经济是在金本位制下运转的，在金本位制下，大多数国家的通货可以直接兑换成黄金。例如，美国的1美元钞票可以提交美国财政部兑换成大约1/20盎司的黄金。同样，英国财政部可将1英镑兑换成1/4盎司的黄金。因为美国人可以把20美元换成1盎司黄金，1盎司黄金又可以用来兑换4英镑，因此英镑同美元之间的汇率有效地固定在大约5美元兑换1英镑的比价上。把各国通货用黄金联系在一起，就形成了各国通货之间固定汇率这样一种国际金融体系。只要各国遵守金本位制下的规则，保持各自的通货用黄金来担保并可兑换黄金，汇率就可以保持固定。

金本位制的优点是：首先，由于汇率固定，从而消除了汇率波动所产生的不确定性，有助于促进世界贸易。其次，由于金本位制内在的对称性，该体系中没有一个国家拥有特权地位。最后，由于世界各国的中央银行必须固定其货币的黄金价格，所以它们不会允许其货币供给比实际货币需求增长得更快，因为过快的货币增长最终会抬高包括黄金在内的所有产品和劳务的货币价格。因此，金本位制天然地能够对中央银行通过扩张性货币政策引起国内价格水平上涨的做法予以限制。这种限制使一国货币的实际价值更加稳定和更具可预测性。

金本位制的不足之处在于：第一，它大大限制了使用货币政策对付失业等问题的能力。第二，只有当黄金与其他产品和服务的相对价格是稳定的，将货币与黄金挂钩的做法才能确保总体价格水平的稳定。第三，当各国经济增长时，除非能不断地发现新的黄金，否则中央银行无法增加其持有的国际储备。第四，金本位制赋予了主要的黄金产出国通过出售黄金来影响世界宏观经济状况的巨大能力。

二、布雷顿森林体系和国际货币基金组织

随着第一次世界大战的到来，世界贸易受到极大挫伤，各国不能再维持货币和黄金的自由兑换，金本位制崩溃了。在两次世界大战期间，尽管人们曾试图使它复活，但始于 1929 年的世界性经济萧条使这一企图归于失败。

1944 年 7 月，44 国的代表在美国新罕布什尔州的布雷顿森林召开会议，起草并签署了《国际货币基金组织协定》。在布雷顿森林协议下所建立的国际货币体系要求各国货币对美元保持固定汇率，并且把美元与黄金的比价固定为每盎司黄金 35 美元。成员国官方的国际储备以黄金或美元资产的形式持有，并有权向美国的中央银行，即联邦储备银行以官方价格兑换黄金。

布雷顿森林协定创立了国际货币基金组织（简称 IMF，它在 1945 年有 30 个创始成员国，而目前成员国已经超过 170 个）。IMF 被赋予的职责是：制定保持固定汇率的规则并向国际收支发生困难的国家贷款，以促进世界贸易的增长。作为监督成员国遵守规则的任务之一，国际货币基金组织也承担着收集和统一国际经济数据资料的工作。

布雷顿森林协定也建立了世界银行（全称是国际复兴开发银行），它提供长期贷款以支持发展中国家修建水坝、道路和对其经济发展有作用的其他实物资本。世界银行这些贷款的资金主要是通过发行世界银行债券筹集的，这些债券在发达国家的资本市场上出售。世界银行和国际货币基金组织有时也被称为布雷顿森林组织。

三、欧洲货币体系的演进

1979 年 3 月，欧洲经济共同体的八个成员国（联邦德国、法国、意大利、荷兰、比利时、卢森堡、丹麦和爱尔兰）建立了欧洲货币体系（EMS），这些国家同意固定任意两国之间的汇率，并对美元联合浮动。随后，西班牙于 1989 年，英国于 1990 年，葡萄牙于 1992 年先后加入了欧洲货币体系。一般认为，欧洲货币体系是以联邦德国和法国为首的西欧国家按照布雷顿森林体系的原则创立的。

作为一种固定汇率体系，欧洲货币体系的参加国必须放弃对本国利率的控制权。欧洲货币体系内的国家对货币政策控制权的丧失在正常情况下不会出现严重的问题，但当面临经济波动时，实际的货币政策可能就会与理想的货币政策相去甚远。

导致欧洲货币体系出现危机的一个关键因素是 1990 年的两德统一。联邦德国因补贴民主德国工业而导致其财政政策急剧扩张，进而造成了通货膨胀率的升高。德国中央银行为此不得不提高利率，从而货币政策被用于干预和管理国内的宏观经济。面对上升的德国利率，欧洲货币体系中的其他国家也不得不跟随着提高利率，以阻止其货币对德国马克的贬值，并防止汇率波幅超出所规定的范围。利率的上升，加上世界性的经济衰退，还有原计划经济国家在转轨过程中产出急剧下降等问题，共同将德国以外的欧洲推进了一场愈演愈烈的经济衰退之中。上述这些情

况，再加上20世纪90年代早期欧洲国家的汇率受到国际汇率投机者的攻击，几乎摧毁了整个欧洲货币体系，从而促成了货币联盟的产生。

现实使许多欧洲人相信，市场的完全整合势必要求建立使用统一货币的联盟。欧洲各国普遍认识到，由于固定汇率制存在基本目标冲突，随着欧洲资本市场的不断整合，货币市场和金融市场将会难以稳定。1992年签署的《马斯特里赫特条约》勾画了一幅货币联盟的蓝图，该条约不仅规定分阶段过渡到共同货币——欧元的时间表，还提出了建立欧洲中央银行（ECB）的设想。对于欧洲货币联盟这一重要的经济创新，有人表示乐观，有人表示担忧。不管怎样，它的前景都会引起全世界的关注。

第七节　政府调节国际经济往来的措施

一、国际贸易政策概述

国际贸易理论所体现的一种基本思想是，各国都能从国际贸易中获益。从理论上讲，由于进行贸易的各个国家之间存在着千差万别，国家就像个人一样，当它们各自从事自己擅长的事情时，就能取长补短，从市场交易中获益。然而在现实中，自由贸易却受到许多国家各种政策的干预。其中最主要、最普遍的是限制进口和鼓励出口。

限制进口的贸易政策是指一国（或地区）对产品进口水平所设定的一系列措施。限制进口的最主要政策工具有两个：进口关税和进口配额。进口关税是指产品运抵一国时所须缴纳的税款。进口配额则是一国对特定产品进口数量和金额的限制。两者的区别在于控制的内容，进口关税着重于控制进口产品的价格；进口配额则侧重于控制进口数量。进口关税的形式很多，但大体上可分为从量税和从价税。前者根据数量征收税款，而后者按照进口商品价值征收税款。进口配额的方式也很多，有在全球范围内的配额，也有分国别的配额，有进口国单方面设置的，也有双方协议的。

除了关税和配额外，一国可能还有其他非关税壁垒，从不同程度上直接或间接地起着限制进口的作用。这些非关税壁垒包括苛刻的技术标准、烦琐的海关手续、歧视性的政府购买、进出口的垄断经营、外汇管制等。

鼓励出口的贸易政策是指一国（或地区）对产品出口水平所设定的一系列措施。政府为了刺激出口最常见的做法是对出口进行补贴。补贴的方法既可以是直接的现金支付，也可以是间接通过降低出口商品的成本来实现。美国和西欧对某些农产品就采取直接补贴的方法，政府保证支付这些农产品国际市场与国内市场的差价。间接补贴的办法包括低利贷款和外销退税等。政府通过银行系统给予用于出口商品生产和销售的贷款以优惠利率，在商品出口以后，政府允许企业申请退回进口原材料时支付的关税，对于出口商品，免征国内同类商品所需缴纳的各种国内税。这些措施的共同结果是降低出口商品的成本，提高出口商品的实际收益。

政府促进出口的另一项贸易政策是低价外销。也就是本章第一节论述的倾销，或类似的手段，兹不赘述。

就宏观经济分析而言，国际贸易政策的意义在于调节一国的国际收支，其目的往往是保持收支的平衡。

二、外汇市场干预

世界上大多数国家都有自己的货币。国与国之间的贸易涉及了不同货币之间的兑换。例如，当一家美国公司购买德国的商品、劳务或金融资产时，美元（通常是以美元计值的银行存款）必须兑换成欧元（以欧元计值的银行存款）。汇率又称汇价，是一个国家的货币折算成另一个国家的货币的比率。汇率表示的是两个国家货币之间的互换关系。

汇率在国际经济交往中是很重要的，不仅影响着国内商品与国外商品之间的相对价格，而且还影响着一国的国际收支。国际货币的交易场所被称为外汇市场。外汇市场的主要交易者包括商业银行、从事国际贸易的公司、非银行金融机构和中央银行。出于某些情况考虑，一国政府有时会对外汇市场进行干预。一国政府对外汇市场进行干预主要是通过该国的中央银行或授权的单位来实施。

要理解外汇市场中的中央银行干预对汇率的影响，先看一下它在外汇市场上出售所持有的以外币计值的资产（称为国际储备）对基础货币的影响。假定美国中央银行出售100亿美元外汇资产，以取得100亿美元通货。美国中央银行购买美元会产生两种影响：其一，使中央银行持有的国际储备减少了100亿美元；其二，由于它的购买使通货从公众手中回笼，流通中货币减少了100亿美元。这意味着基础货币减少了100亿美元。一般地，一国中央银行在外汇市场上购入本国货币相应出售国外资产，将使国际储备和基础货币等值减少。中央银行允许本国货币的买卖对基础货币产生影响的这种干预，被称为未抵消影响的外汇干预。

如果中央银行不希望本国外汇市场的买卖影响基础货币，它所需要做的就是对政府债券市场采取相反的公开市场操作，来抵消外汇干预的影响。例如，美国中央银行出售100亿美元外汇资产获得100亿美元，这将减少100亿美元的基础货币，中央银行可以在公开市场购买100亿美元的政府债券，这将增加100亿美元基础货币。这种有了相反的公开市场操作而不影响基础货币的外汇市场干预，被称为已抵消影响的外汇干预。

根据以上论述，可得出如下结论：出售本国货币以购买国外资产，这种未抵消影响的干预会导致国际储备增加，货币供给增加以及本国货币贬值。出售国外资产以购买本国货币的同类干预则产生相反的结果。而已抵消影响的外汇干预一般对汇率没有影响。

上述结论为政府有意识地干预外汇市场提供了一定的思路。从宏观经济分析的角度看，政府对外汇市场进行干预旨在影响汇率，改善一国的国际收支状况。

本章小结

本章提供了关于国际经济的一些最基本的知识。首先介绍了一些比较有影响的国际贸易理论，主要包括绝对优势理论、比较优势理论、赫克歇尔-俄林理论和规模经济理论。接着对一些比较有影响的国际贸易组织进行了简要的阐述，如北美自由贸易区、欧洲联盟和世界贸易组织。除此以外，本章还提出了一些宏观经济学家用来研究开放经济的基本概念。

通过本章的学习，不仅应该了解一国的贸易余额如何与资本的国际流动相关，以及开放经济中一国的储蓄如何可以不等于国内投资，还应该了解，当一国有贸易盈余时，它必须把资本输出到国外，而当一国有贸易赤字时，它必定有资本流入。同时，也应该了解名义汇率与真实汇率的含义以及作为汇率决定理论的购买力平价理论的含义和局限性。

复习思考题

一、简答题

1. 简述绝对优势理论与比较优势理论。
2. 说明规模经济的贸易理论。

3. 简述欧洲联盟的形成过程。

4. 简述体现世界贸易组织宗旨的主要原则。

5. 简述金本位制的优缺点。

6. 用微观经济学中的不完全竞争理论解释倾销现象。

二、计算题

1. 在充分就业情况下，A 国人均每工作日能生产 10 台电视机或者 20 台照相机，B 国能生产 6 台电视机或者 30 台照相机。试回答：

（1）A 国和 B 国生产什么产品有比较优势？

（2）贸易前两产品在 A、B 国的交换比率各为多少？

（3）假定两国专门生产各自比较优势的产品，并以 1 台电视机与 2 台照相机的比率进行交易，若 A 国向 B 国出口 4 台电视机，求各自的可消费量。

2. 一罐软饮料在美国价格为 0.75 美元，在墨西哥为 12 比索。如果购买力平价理论成立，那么比索与美元之间的汇率是多少？如果货币扩张引起墨西哥的物价翻了一番，以致软饮料价格上升到 24 比索，那么比索与美元之间的汇率会发生什么变动？

3. 假设美国大米每蒲式耳卖 100 美元，日本大米每蒲式耳卖 16 000 日元，并且名义汇率是 1 美元兑 80 日元。

（1）解释如何从这种情况中赚到利润。每蒲式耳大米能赚到多少利润？如果其他人利用同样的机会，日本和美国的大米价格会发生什么变动？

（2）假设大米是世界上唯一的商品，美国和日本之间的真实汇率会发生什么变动？

第八章

经济增长和经济周期理论

在西方经济学中，虽然长期和短期的划分标准并不精确，但是大体来说，本章之前所论述的内容属于短期国民收入决定的范围，而本章的内容则涉及长期国民收入的决定。

长期国民收入的决定包括两个主要问题，即国民收入长期增长的趋势问题和实际国民收入围绕长期趋势而做出周期性波动的问题。本章所论述的经济增长和经济周期理论依次对这两个问题加以研究。

★拓展阅读 8-1

经济增长导论

2000 年，美国的人均实际国内生产总值或实际 GDP，为 34 800 美元（以 2000 年的美元计算）。如此高的人均产出意味着一般的美国居民享受着很高的生活水准，这里指的是所消费的商品和服务的数量和质量水平。大多数家庭拥有自己的住房，至少一辆汽车，使得人均预期寿命接近 80 岁。大多数欧洲国家，包括英国、德国、法国和意大利，以及其他少数地区，如加拿大、澳大利亚、新西兰、日本、新加坡和中国香港，也享受着几乎同样高的生活水准。

其他大多数国家居民的生活在 2000 年几乎没有什么改善。例如，墨西哥的人均实际 GDP 是 9 100 美元，印度是 2 600 美元，非洲人口最多的国家尼日利亚是 740 美元。较低的人均 GDP 意味着较低的生活水准。墨西哥一般的居民买得起食品、拥有住房和基本的医疗保障，但其可获得的消费品的范围和质量达不到大多数美国人享有的水平。尤其严重的是，普通的尼日利亚人还得为吃饭和住房问题操心，人口的预期寿命不到 50 岁。

人均实际 GDP 较低的国家如何才能赶上去，过上与美国和其他富裕国家所享受的高水平生活呢？唯一的答案是在一段较长的时期内，如 20 年或 40 年，实现高经济增长率，即人均实际 GDP 增长的速度较快。为了说明这一点，表 8-1 显示了根据中国 2000—2020 年的人均实际 GDP 的增长率，到 2020 年时中国将取得的人均实际 GDP 水平。

表 8-1　经济增长和中国在 2020 年时的人均实际 GDP

2000—2020 年的人均实际 GDP 增长率	2020 年的人均实际 GDP（2000 年美元）
每年 2%	5 820

续表

2000—2020 年的人均实际 GDP 增长率	2020 年的人均实际 GDP（2000 年美元）
每年 5%	10 600
每年 10%	28 800

注：中国 2000 年时的人均实际 GDP 为 3 900 美元，以此开始计算 2020 年的人均实际 GDP 水平。先算出 2000 年的人均实际 GDP 的自然对数：lg（3 900）=8.269。然后将年数 20 乘以增长率——例如 0.02，如果年增长率是 2%：20 ×2% =0.40。将此结果加上 8.269 得到 8.669。然后取 8.669 的指数就得到答案 5 820。

中国的年增长率为 10%——这是 20 年来取得的空前成就——到 2020 年时它的人均实际 GDP 将接近 30 000 美元，几乎是美国 2000 年的水平。况且，由于美国的人均实际 GDP 仍有可能继续增长，即使中国按 10% 的速度增长，到 2020 年，中国的人均实际 GDP 仍然远远落后于美国的水平。更糟的是，如果中国的人均实际 GDP 只按每年 2% 增长，到 2020 年，其人均实际 GDP 水平可能只有 5 820 美元，只及美国 2000 年水平的 17%。因此，经济增长上的差距，如果持续 20 年或更长的话，按人均实际 GDP 水平衡量，就会在生活水准方面产生巨大差距。

持续经济增长的好处适用于所有国家，而不仅仅是中国。因此，一个普遍性的问题是：为了提高经济增长率，我们或我们的政府能做些什么？这个问题强调了政府要制定促进经济增长的政策。

第一节　经济增长理论概述

一、经济增长与经济发展

考察国民经济长期发展问题常涉及两个既紧密相连又有区别的概念，即经济增长和经济发展。

在宏观经济学中，经济增长通常被定义为产量的增加，这里，产量既可以表示为经济的总产量，也可以表示为人均产量。经济增长的程度可以用增长率来描述。

若用 Y_t 表示 t 期的总产量，Y_{t-1} 表示（$t-1$）期的总产量，则总产量意义下的增长率可表示为：

$$G_t = \frac{Y_t - Y_{t-1}}{Y_{t-1}}$$

式中，G_t 为总产量意义下的增长率。

若用 y_t 表示 t 期的人均产量，y_{t-1} 表示（$t-1$）期的人均产量，则人均产量意义下的增长率可表示为：

$$g_t = \frac{y_t - y_{t-1}}{y_{t-1}}$$

式中，g_t 为人均产量意义下的增长率。

如果说经济增长是一个“量”的概念，那么经济发展就是一个比较复杂的“质”的概念。从广泛的意义上说，经济发展不仅包括经济增长，还包括国民的生活质量，以及整个社会经济结构和制度结构的总体进步。总之，经济发展是反映一个经济社会总体发展水平的综合性概念。而宏观经济学所着重研究的却是经济增长。虽然高数值的增长率是经济发展的目标之一，但是由于经济发展问题的复杂性，单纯的高增长率并不能代表经济发展的最优状态。近年来，随着遍及世界的资源枯竭和环境污染，旨在避免这类不良后果的可持续发展的理论和实践日益受到重视。

经济增长率过低，对一国的经济发展是不利的；增长率过高而不稳定，对一国的经济发展也是不利的。这就需要研究一国经济怎样才能实现稳定高速增长。对经济增长的研究有以下几种类型：①经济增长的阶段；②经济增长中的结构变化；③均衡增长的条件；④经济增长的源泉。本书主要介绍后两类研究。第三种类型的研究就是要建立经济增长模型，进行完全抽象的纯理论分析，推导出一国经济实现稳定均衡增长所必须具备的一般条件。

二、经济增长的典型事实

据研究，西方主要资本主义国家在经济增长过程中呈现出一些共性，即经济增长的典型事实：

（1）在相当长的时期内，人均实际产出以大致不变的比率增长，即劳动投入稳定增长，产出以更大的比例稳定增长。

（2）不同国家的人均产出增长率有较大的差异。

（3）实际资本存量以大致稳定的比率增长，且超过劳动投入的增长比率，所以人均资本占有量以大致不变的比率增长。

（4）实际产出增长率和资本存量增长率大体一致，所以资本产出比率相当稳定。

（5）由于资本产出比率相当稳定，而且资本收益率也较固定，总产出中资本收入与工资收入的分配比例高度稳定。在理论上，对这一点的理解如下：

资本收益率可以表现为资本的价格 P_K。在竞争充分的情况下，资本价格等于其边际产值或价格水平乘以边际产出，即

$$P_K = VMP_K = P \cdot MP_K$$

由资本产出比率 $a = \frac{K}{Y}$，可得资本存量等于资本产出比率乘以产出，即 $K = aY$。资本收入等于资本价格乘以资本数量，即

$$Y_K = P_K \cdot K = P \cdot MP_K \cdot aY = a \cdot MP_K \cdot PY$$

由此可见，由于 a、MP_K 相当稳定，则资本收入占总收入的比例（Y_K/PY）也相当稳定。以此类推，工资收入占总收入的比例也相当稳定。

（6）资本收入占总收入的比例越高，则投资占产出的比例越高。

从一个较短时期（如 10 年）看，西方主要资本主义国家的经济呈现上下起伏的波动，即从危机到繁荣再到危机的商业循环；但从一个较长时期（如 100 年）看，这些国家的经济呈现出稳态增长的趋势（本章图 8-11 中向右上方倾斜的直线 Y_1 就是对西方主要资本主义国家在较长时期内经济稳定增长的形象描画）。经济周期理论是对总产出周期波动现象的理论解释，经济增长模型是对总产出在较长时期内稳态增长的理论解释，这种理论解释实际上揭示了经济稳态增长必备的一般条件，从而为经济实现稳态增长提供了一种基础性知识。

三、研究经济增长问题的方法

对于经济增长，摆在经济学家面前的难题是，为什么收入和经济增长率在世界各国间存在着巨大差异呢？对这一难题的解释，涉及经济增长的三个中心问题，它们是：

（1）为什么一些国家如此富裕，而另一些国家那么贫穷？

（2）什么是经济增长的源泉？

（3）怎样理解像日本和中国香港这样的国家和地区的增长奇迹？

在宏观经济学中，对上述问题的解答有两种互为补充的分析方法：一种是增长核算，它试图把产量增长的不同决定因素的贡献程度数量化；另一种是增长理论，它把增长过程中生产要素供给、技术进步、储蓄和投资的互动关系模型化。大致来说，这两种方法构成了分析增长问题的框架。

本章主要介绍哈罗德-多马增长模型、新古典增长模型，这些增长模型都在各自设立的假设条件下进行逻辑推导，最后得出结论。各个增长模型的假设条件有些相同，有些不相同。其中不相同的假设条件具有决定性的重要意义。正是因为假设条件不同，才导致不同的结论，从而才导致不同的增长模型。相反，那些相同的假设条件并不具有特别重要的意义，其建立主要是为了简化讨论。

第二节　增长核算

对于经济增长的源泉，可以通过增长核算的方法来认识。增长核算方法把产出的增长分为两个不同的来源：生产要素的增加和技术进步。当生产要素只包括资本和劳动时，则增长核算方法把产出的增长分解为资本增加、劳动增加和技术进步三个来源。

一、增长核算方程

生产函数给出了投入与产出间的数量关系，设经济的生产函数为

$$Y = AF(N,\ K) \tag{8-1}$$

式中，Y、N 和 K 依次为总产出、投入的劳动量和投入的资本量，A 代表经济的技术状况，在一些文献中，A 又被称为全要素生产率（Total Factor Productivity，TFP）。

对方程（8-1），若劳动变动 ΔN，资本变动 ΔK，技术变动 ΔA，则由微分学的知识以及微观经济学中边际产量的概念可知，产出的变动为：

$$\Delta Y = MP_N \cdot \Delta N + MP_K \cdot \Delta K + F(N,\ K) \cdot \Delta A \tag{8-2}$$

式中，MP_N 和 MP_K 分别为劳动和资本的边际产品。

将式（8-2）两边同除以 $Y = AF(N,\ K)$，化简后得：

$$\frac{\Delta Y}{Y} = \frac{MP_N}{Y}\Delta N + \frac{MP_K}{Y}\Delta K + \frac{\Delta A}{A} \tag{8-3}$$

式（8-3）进一步变形为：

$$\frac{\Delta Y}{Y} = \left(\frac{MP_N \cdot N}{Y}\right)\frac{\Delta N}{N} + \left(\frac{MP_K \cdot K}{Y}\right)\frac{\Delta K}{K} + \frac{\Delta A}{A} \tag{8-4}$$

根据微观部分的内容，在竞争性的市场上，厂商使用生产要素的原则是，将要素需求量固定在使要素的边际产量等于要素实际价格的水平上，因此表达式 $MP_N \cdot N$ 和 $MP_K \cdot K$ 分别为劳动和资本的收益，从而表达式$\frac{MP_N \cdot N}{Y}$就是劳动收益在产出中所占的份额，简称劳动份额，并记其为 α。同理，表达式$\frac{MP_K \cdot K}{Y}$就是资本收益在产出中所占的份额，简称资本份额，并记其为 β。这

样，式（8-3）可写为：

$$\frac{\Delta Y}{Y}=\alpha\cdot\frac{\Delta N}{N}+\beta\cdot\frac{\Delta K}{K}+\frac{\Delta A}{A} \tag{8-5}$$

即

产出增长 =（劳动份额 × 劳动增长）+（资本份额 × 资本增长）+ 技术进步

这就是增长核算的关键公式，它告诉人们，产出的增长可以由三种力量（或因素）来解释，即劳动量变动、资本量变动和技术进步。换句话说，经济增长的源泉可被归结为生产要素的增长和技术进步。

增长核算方程不仅被用来说明经济增长的源泉，还被用来衡量经济的技术进步。一般地，由于技术进步无法直接观察到，所以需要间接地衡量。由式（8-5）可得：

$$\frac{\Delta A}{A}=\frac{\Delta Y}{Y}-\alpha\frac{\Delta N}{N}-\beta\frac{\Delta K}{K} \tag{8-6}$$

式（8-6）告诉人们，当知道了劳动和资本在产出中份额的数据，并且有产出、劳动和资本增长的数据，则经济中的技术进步可以作为一个余量被计算出来。由于这一原因，表达式$\frac{\Delta A}{A}$有时被称为索洛余量。

二、增长的经验估算

在了解了经济增长的源泉之后，现在来看有关增长的数据。从1950年到1999年，美国实际GDP增长平均为每年3.6%。其中的1.2%是由于资本存量的增加，1.3%是由于劳动投入的增加，而1.1%是由于全要素生产率的提高。

20世纪70年代，美国全要素增长率的增长明显放慢了。如果把劳动力生产率定义为按劳动力人数平均的GDP，即劳动力人均GDP，则有关的数据显示，在同一时期，不仅美国，而且世界上其他发达国家，都出现了这种生产率的下降。许多西方学者试图解释这一不利的变动。例如，有人从数据衡量方面提出解释，认为实际上生产率并没有放慢，只是因为数据有缺陷而表现在数据上。还有一些人认为，1973年和1979年两次石油价格的大幅上升是导致生产率下降的主要原因。然而，有关生产率下降原因的种种分析都还没对此提出一个系统全面的解释。

★拓展阅读8-2

沃尔玛效应

在经历了20年停滞之后，美国生产率的增速在20世纪90年代末期开始大幅度提升。这种提速是由什么因素引起的呢？是由互联网的兴起推动的吗？

著名的商业咨询企业麦肯锡公司的分析师认为，原因并不在于互联网。他们发现，1995年之后，生产率提高的主要源泉在于零售业人均产量的大幅度提高——商店里的人均产品销售量增长很快。为什么美国零售业的生产率会大幅度提高？“其中的原因只要用一个双音节单词就可以解释：沃尔玛。”麦肯锡的分析报告写道。

沃尔玛是采用现代技术提高生产率的先锋。例如，它是最早使用计算机管理库存、最早采用条形码扫描仪、最早与供应商建立直接电子网络的企业之一。在整个20世纪90年代，沃尔玛一直处于技术领先地位。其他企业很快就开始模仿它的一些做法。

麦肯锡认为，从“沃尔玛效应”可以得到两点启示。第一点是，如何应用一项技术可能使效果截然不同：零售业中几乎每个人都对计算机有所了解，但是沃尔玛更知道应该如何利用它们。第二点是，经济增长在很大程度上源于日常生活中的一些技术革新，而不是一些光彩四溢的新技术革命。

三、经济增长因素分析

经济增长是一个复杂的经济和社会现象。增长核算方程虽然说明了经济增长的源泉，但在如何认识影响经济增长的因素这个问题上，人们还需要数据做进一步的分析，也需要把有关的因素进一步细化。从现实角度看，影响经济增长的因素很多，正确地认识和估计这些因素对经济增长的贡献和影响，对于理解和认识现实的经济增长和制定促进经济增长的政策都是至关重要的。因此，很多西方学者都投身到这一研究中来。其中美国经济学家丹尼森（E. F. Denison）的工作影响较大，下面介绍一下丹尼森对经济增长因素的分析。

在经济增长因素分析中首先遇到的问题是经济增长因素的分类。丹尼森把经济增长因素分为两大类：生产要素投入量和生产要素生产率。关于生产要素投入量，丹尼森把经济增长看成是劳动、资本和土地投入的结果，其中土地可以看成是不变的，其他两个则是可变的。关于要素生产率，丹尼森把它看成是产量与投入量之比，即单位投入量的产出量。要素生产率主要取决于资源配置状况、规模经济和知识进展。具体而言，丹尼森把影响经济增长的因素归结为六个，即：①劳动；②资本存量的规模；③资源配置状况；④规模经济；⑤知识进展；⑥其他影响单位投入产量的因素。

丹尼森进行经济增长因素分析的目的，就是通过量的测定，把产量增长率按照各个增长因素所做的贡献，分配到各个增长因素上去，分配的结果用来比较长期经济增长中各个因素的相对重要性。

在1985年出版的《1929—1982年美国经济增长趋势》一书中，丹尼森根据美国国民收入的历史统计数字，对上述各个增长因素进行了考察和分析，其结果被总结在表8-2中。

表8-2　总国民收入增长的源泉（1929—1982年）

增长因素	增长率/%
总要素投入 劳动：1.34 资本：0.56	1.90
单位投入的产量 知识：0.66 资源配置：0.23 规模经济：0.26 其他：-0.03	1.02
国民收入	2.92

运用1929—1982年间的数据，丹尼森计算出2.92%的年实际产量增长率中的1.9%应归功于要素投入的增加。

从表8-2中可以看出，劳动力增加对经济增长的贡献相当大。其原因可以部分地从经济增长的分解式中得到解释，即劳动的产出弹性相对较大，所以劳动的增长率就有相对大的权重。

下面来看要素生产率增加或每单位要素投入产量的源泉。令人震惊的事实是，知识的进展解释了技术进步对经济增长的约2/3的贡献。此外，资源配置这一因素对要素生产率增加的贡献也不可忽视。例如人们从薪水少的工作跳槽到更好的工作，从而导致产量的增加或收入的增长。另一个重要情形是劳动力从农村到城市的就业而引起的生产要素的再配置。

另一个因素是规模经济。从表 8-2 中可以看到，规模经济对单位投入的产量增长率的贡献仅次于知识。当经济运作的规模扩大时，每单位产量所需的投入更少，这主要是因为在小规模水平上使用技术经济的效率可能不高，而在更大的生产规模上则产生节约，带来规模经济效应。

据此，丹尼森的结论是，知识进展是发达资本主义国家最重要的增长因素。丹尼森所说的知识进展包括的范围很广，它包括技术知识、管理知识的进步和由于采用新的知识而产生的结构和设备的更有效的设计，还包括从国内的和国外的有组织的研究及个别研究人员和发明家，从简单的观察中得来的知识和经验。丹尼森所谓的技术知识是关于物品的具体性质和如何具体地制造、组合以及使用它们的知识。他认为，技术进步对经济增长的贡献是明显的，但是只把生产率的增长看成大部分是采用新的技术知识的结果则是错误的，他强调管理知识的重要性。管理知识就是广义的管理技术和企业组织方面的知识。在丹尼森看来，管理和组织知识方面的进步更可能降低生产成本，增加国民收入，因此它对国民收入的贡献比对改善产品物理特性的影响更大。总之，丹尼森认为，技术知识和管理知识进步的重要性是相同的，不能只重视前者而忽视后者。

第三节 哈罗德-多马增长模型

一、固定系数的生产函数

英国人哈罗德和美国人多马分别独立地建立了理论构思和基本论点几乎完全相同的经济增长模型，一般将其称为哈罗德-多马经济增长模型（以下简称哈罗德模型）。哈罗德模型利用凯恩斯宏观经济学的研究成果，抓住少数几个重要的经济变量，高度抽象地描述了稳态均衡增长的条件，成为现代经济增长模型研究的出发点，具有十分重要的理论意义。其基本思想是：一个时期的经济均衡增长要求该时期国民收入增长率提高到使它所引致的投资等于同期全部储蓄。哈罗德模型的重要假定是固定系数的生产函数。固定系数的生产函数是指单位产出所需的资本投入量和劳动投入量是固定不变的。该模型的假设条件如下：

（1）存在总量生产函数：

$$Y_t = F(K_t,\ L_t)$$

式中，Y_t 为 t 期总产出，K_t 为 t 期投入的总资本量，L_t 为 t 期投入的总劳动量。这实际上是假定一国只生产一种产品。这显然不符合事实，但使用这一假定可以避开众多产品的加总问题，从而便于进行讨论。总量生产函数的基本性质是：一阶齐次、二阶可导。

（2）劳动力的增长由外部条件给定。假设劳动力增长率为 n，某一基年的劳动力数量为 N_0，则 t 年劳动力数量可表达为

$$L_t = L_0\, e^{nt}$$

式中，e 为自然对数。

（3）储蓄率 $s = \dfrac{S}{Y}$ 由外部条件给定且不变。

（4）各年意愿投资等于储蓄。换言之，各增长模型均以各年供求均衡为基础进行讨论。这

一情况可以表达为

$$I_t = S_t = sY_t$$

这样，哈罗德模型的生产函数数学表达形式可以表示如下：

$$Y = \min\left(\frac{K}{a},\ \frac{L}{b}\right)$$

式中，$a = \frac{K}{Y}$，$b = \frac{L}{Y}$，且 a、b 给定。实际上 a 表示生产单位产出所需资本的投入数量，b 表示生产单位产出同时所需劳动的投入数量。min 意为产出取决于$\frac{K}{a}$、$\frac{L}{b}$中的小者。假设 $K = a$，$L = b$，则$\frac{K}{a} = \frac{L}{b} = 1$。因此，$Y = 1$。假设 $K = a$，而 $L = 2b$，则$\frac{K}{a} = 1$，$\frac{L}{b} = 2$。在这种情况下，尽管劳动投入增加了，产出仍为 1，即 $Y = 1$。若资本的投入量不变，而劳动投入量增至 $3b$，则产出仍为 1。其实，由 $a = \frac{K}{Y}$，$b = \frac{L}{Y}$可以导出：

$$\frac{K}{Y}\Big/\frac{L}{Y} = \frac{a}{b} \qquad \frac{K}{L} = \frac{a}{b} \tag{8-7}$$

式（8-7）表明，无论产出的数量如何，资本投入量和劳动投入量之比总是一个确定的数值，即$\frac{a}{b}$。这就是固定（投入）系数的意思。如果资源的投入满足这一由生产技术特性规定的固定投入比例，那么资源的配置效率达到最大；否则，就出现资源闲置或浪费的情况。

就行业而言，可以看到，固定系数的生产函数的假设具有一定的现实性。例如，为一个司机配备一辆汽车是合适的，配置两辆汽车未免多余。显然，这一假设并不完全符合事实。哈罗德模型最初使用这一假设，或许仅仅是出于简化的考虑。随后就可以看到，这一假设具有非常重要的理论意义，它几乎决定了哈罗德模型的整个面貌。

关于 $a = \frac{K}{Y}$，由前面学过的知识可知，a 就是资本产出比率。固定系数的生产函数规定了 $a = \frac{K}{Y}$为一常数。因此，固定系数的生产函数假设实际上就是固定资本产出比率假设。

固定系数的生产函数可以表现为直角形的等产量曲线，如图 8-1 所示。

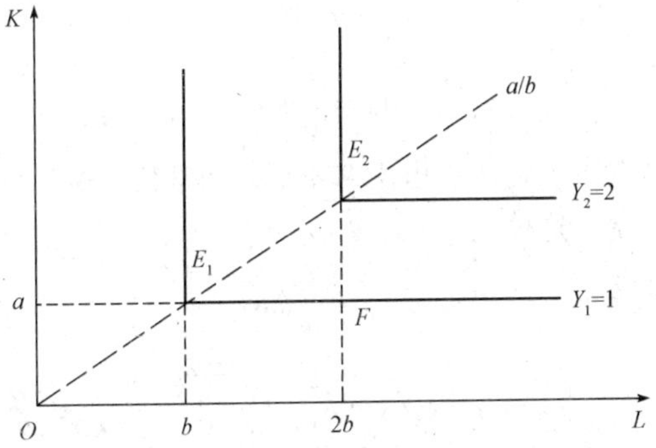

图 8-1　固定系数的生产函数的等产量线

图 8-1 的纵轴为资本的投入量 K，横轴为劳动的投入量 L。直角形曲线 Y_1 表示产出为 1 的等产量曲线，Y_2 表示产出为 2 的等产量曲线。当产出为 1 时，虽然存在无数资本、劳动的投入组合

点，但唯有通过斜率为$\frac{a}{b}$的虚直线的 E_1 组合点才是有效率的。E_1 组合点表示资本投入量为 a，劳动投入量为 b，因此产出为1。F 组合点表示资本投入量仍为 a，劳动投入量增至 $2b$，而产出仍为1，这种情况表示固定投入系数的技术特性使部分劳动投入量成为闲置。类似地，当产出为2时，唯有 E_2 组合点（$K=2d$，$L=2b$）才是有效率的。

二、有保证的增长率

有保证的增长率也称合意增长率，是指使各年生产能力充分利用的增长率。换言之，它是研究总产出按怎样的比率增长才能保证各年生产能力充分利用。

在不考虑技术进步的情况下，经济增长之所以发生，必定是由于各年生产要素的投入，包括劳动的投入和资本的投入，要多于一年前。或者说，增长来源于劳动力增长和资本存量增长。根据假定，劳动力增长由外部条件给定。在这种情况下，经济增长取决于资本存量的增长，而资本存量的增长来源于投资。在这个意义上，经济增长的源泉在于投资。没有积累，没有投资，就不会有经济增长。那么投资是怎样影响经济增长的呢？这就需要考虑投资对经济增长的二重影响，即投资的二重效应问题。

投资是总需求的一部分。投资的增加意味着总需求的增加。不仅如此，投资的增加还会带动一系列消费的增加，从而引起总需求进一步增加。总需求增加引起总产出增加。投资的这种通过增加需求来增加总产出的效应可以用乘数原理加以表现。以 ΔY_r 表示实际增加的产出，ΔI 表示增加的投资，s 表示不变的储蓄率（即 $s=\frac{S}{Y}=\frac{\Delta S}{\Delta Y}$），则：

$$\Delta Y_r=\frac{1}{s}\Delta I$$

假设 $s=\frac{1}{5}$，则乘数为5倍。在这种情况下，投资增加1单位，其需求效应可以使实际总产出增加5单位。

另外，投资的结果是资本存量的增加，即生产能力的增加，这就是投资的另外一重效应：生产能力效应或供给效应。对此可以用加速原理加以表现。以 Y_P 表示生产能力产出，并以之代替资本产出比率公式中的 Y，则：

$$a=\frac{K}{Y_P}$$

$$Y_P=\frac{1}{a}K$$

在不考虑技术进步的情况下，资本产出比率 a 是一个常数。这就是说，在资本存量增加过程中，资本产出比率 a 保持不变。这样，

$$\Delta Y_P=\frac{1}{a}\Delta K$$

就是

$$\Delta Y_P=\frac{1}{a}I \tag{8-8}$$

式（8-8）表现了投资的生产能力效应。假设资本产出比率 $a=4$，则4单位的投资可以使生产能力产量增加1单位。

投资需要经过一段时间（比如一年）才能转化为新增资本存量或新增生产能力。因此，在进行短期（比如一年之内）分析时，投资的生产能力效应可以不予考虑。然而在进行长期（一

年之上）分析时，投资的这种生产能力效应绝对不应忽视。在进行经济增长研究时，必须同时考虑投资的这种二重效应。合意增长率必须保证各年的总需求等于总供给，也就是必须保证投资的二重效应彼此完全适应，即要求下式得到满足：

$$\Delta Y_r = \Delta Y_p$$

就是

$$\frac{1}{s}\Delta I = \frac{1}{a}I$$

整理得

$$\frac{\Delta I}{I} = \frac{s}{a} \tag{8-9}$$

式（8-9）的左边是投资增长率，右边是储蓄率除以资本产出比率。上式的经济含义是合意增长率要求每年的投资按一固定的比率增长，这一固定的比率恰等于储蓄率除以资本产出比率。

假设储蓄率 $s = \frac{1}{5}$，资本产出比率 $a = 4$，则投资增长率 $\frac{\Delta I}{I} = \frac{\frac{1}{5}}{4} = \frac{1}{20} = 5\%$。这表明若储蓄率 $s = \frac{1}{5}$，资本产出比率 $a = 4$，投资每年按5%的比率增长可以保证投资的二重效应完全适应，从而保证各年实现生产能力充分利用。

现在证明：合意增长率恰等于投资增长率。

根据假定，各年储蓄率给定且不变，即 $s = \frac{S}{Y} = \frac{\Delta S}{\Delta Y}$；各年供求均衡，即 $I = S$，$\Delta I = \Delta S$。所以

$$s = \frac{S}{Y} = \frac{\Delta S}{\Delta Y} = \frac{I}{Y} = \frac{\Delta I}{\Delta Y}$$

就是

$$\frac{\Delta Y}{Y} = \frac{\Delta I}{I}$$

以 G_w 表示合意增长率，则

$$G_w = \frac{\Delta Y}{Y} = \frac{\Delta I}{I} = \frac{s}{a}$$

就是

$$G_w = \frac{s}{a} \tag{8-10}$$

式（8-10）表明在储蓄率、资本产出比率等给定的情况下，各年总产出按一固定的比率增长可以保证各年均实现生产能力充分利用，这一固定的增长比率恰等于储蓄率除以资本产出比率所得的商。

仍按以上假设：$s = 1/5$，$a = 4$，则 $G_w = \frac{1}{5}/4 = 5\%$。

由式（8-10）可见，合意增长率的取值与储蓄率成正比，与资本产出比率成反比。或者说，较高的储蓄率、较低的资本产出比率可以支持较高的经济增长率。若资本产出比率给定，则合意增长率的高低完全取决于储蓄率的高低。式（8-10）确实表现了提高储蓄率对提高合意增长率所具有的特别重要的意义。然而对这一点不应持一种绝对的看法。

在我国20世纪70年代以前的建设实践中，“积累-消费”的比例始终是一个非常重大的经济

问题。积累率（$\frac{I}{Y}$）就是这里所说的储蓄率（$\frac{S}{Y}$）。在这里，结合合意增长率的表达式和我国经济建设的实践，对“以高积累支持高增长”的观点提出两点限制性意见。第一，从合意经济增长率的表达式的确可以看到，高储蓄率或高积累率可以支持高经济增长率。必须注意，上述因果关系成立的前提条件是各年的供求均衡。如果高储蓄或高积累以及其他一些因素导致供求不均衡，例如求大于供，那么较高的合意增长率根本就谈不上。第二，资本产出比率的取值取决于技术状况。这是广义的技术，即包括技术和管理。储蓄率和资本产出比率之间可能存在一种连带的关系。过高的储蓄率或积累率导致消费率（$\frac{C}{Y}$）过低，从而可能抑制劳动者的生产积极性，进而导致管理成本提高以及资本产出比率提高。从这个方面看，高储蓄率或高积累率带来的增长正效应被高资本产出比率带来的增长负效应抵消，从而并未真正实现高增长。

如果改变对资本产出比率 a 的表达，那么合意增长率可以得到另外一个表达形式。令 σ 为资本产出比率 a 的倒数，即

$$\sigma = \frac{1}{a} = \frac{Y}{K}$$

σ 被称为资本生产率或资本效率系数。在上例中，若 $K=4$，$Y=1$，则 $\sigma=0.25$。这表示在某一技术状况下，1 元资本可以生产 0.25 元产出。

利用资本生产率 σ 的概念，合意增长率可以表达为：

$$a = \frac{K}{Y} = 4$$

$$G_w = \frac{\Delta Y}{Y} = s\sigma \tag{8-11}$$

式（8-11）表明：合意增长率等于储蓄率与资本生产率的乘积。显然，合意增长率的两个表达形式并没有本质的区别。

下面利用假设的数字具体说明均衡增长过程。假设储蓄率 $s=\frac{S}{Y}=\frac{1}{5}$，资本产出率 $a=\frac{K}{Y}=4$。具体均衡增长过程见表 8-3。

表 8-3　均衡增长过程（$a=4$，$s=\frac{1}{5}$）

时期 t	资本存量 K	生产能力 Y_P	消费 C	投资 I	实际产出 Y_r	均衡增长率 G_s/%
1	400	100	80	20	100	-
2	420	105	84	21	105	5
3	441	110.25	88.2	22.05	110.25	5
4	463.05	115.76	92.61	23.15	115.76	5

假设第 1 年的资本存量为 400。由于资本产出比率为 4，因此当年的生产能力为 100。假设第 1 年的供求是均衡的，因此第 1 年实际产出等于生产能力为 100。可以推知，第 1 年的总收入为 100。按照储蓄率 $s=\frac{1}{5}$ 的假定，第 1 年消费支出为 $\left(1-\frac{1}{5}\right)\times 100=80$，储蓄为 20。按照增长理论关于各年投资均等于储蓄的假定，第 1 年的意愿投资恰好等于 20。于是第 1 年的总支出等于消费支出加投资支出等于 100。

假设第 1 年的投资在第 2 年转化为新增的资本存量。因此第 2 年的资本存量等于 400 + 20 = 420。由于资本产出比率为 4，因此第 2 年的生产能力增至 105。在这种情况下，只有增加自发性投资，才能一方面通过增加总支出使之与增加的生产能力协调一致；另一方面通过使生产能力进一步增加以保证经济持续均衡增长。假设第 2 年投资增至 21，投资的增加量为 21 - 20 = 1。由于储蓄率为$\frac{1}{5}$，因此乘数为 5 倍。自发性投资增加导致的产出增加为

$$\Delta Y_r = \frac{1}{s}\Delta I = 5\times 1 = 5$$

可见第 2 年产出比第 1 年增加 5，为 105。总产出的增加来源于总支出的增加。第 2 年总支出比第 1 年增加 5，其中自发性投资增加 1，由自发性投资增加导致的消费支出增加 4（第 2 年的消费支出为 80 + 4 = 84）。这样，第 2 年的总支出增至 105，恰与第 2 年生产能力的增加协调一致。因此，第 2 年一方面继续实现了供求均衡；另一方面实现了经济增长。实际经济增长率为

$$G_2 = \frac{Y_2 - Y_1}{Y_1} = \frac{105 - 100}{100} = 5\%$$

经济的增长来源于投资的增长。投资增长率为

$$\bar{I}_2 = \frac{I_2 - I_1}{I_1} = \frac{21 - 20}{20} = 5\%$$

第 2 年的投资使第 3 年的生产能力增为 420 + 21 = 441。如果第 3 年的投资继续按照 5% 的比率增长，那么由表 8-3 可见，第 3 年仍将实现供求均衡，同时总产出继续按 5% 的比率增长。

以后的情况可以以此类推。

总之，由表 8-3 可见，在储蓄率为$\frac{1}{5}$，资本产出比率为 4 的情况下，只要投资按每年 5% 的固定比率增长，国民经济就能以每年 5% 的固定比率实现均衡增长。这个神秘的 5% 是怎么得来的？它恰恰是储蓄率除以资本产出比率所得到的商（$\frac{1}{5} \div 4 = 5\%$），这样就验证了前面理论推导所得到的结论。

以上抽象地给出了合意增长率必须符合怎样的要求。显然，实际经济增长率不一定总能符合合意增长率。当投资增长率$\frac{\Delta I}{I} \neq \frac{s}{a}$时，实际经济增长率就偏离了合意增长率。下面举例说明。仍然假设储蓄率 $s = \frac{1}{5}$，资本产出比率 $a = 4$。投资增长率$\frac{\Delta I}{I} = 3\%$的情况见表 8-4。

表 8-4　投资增长率小于合意增长率时的增长过程

t	K	Y_P	C	I	Y_r	$Y_P - Y_r$
1	400	100	80	20	100	0
2	420	105	82.4	20.6	103	2
3	440.6	110.15	84.87	21.22	106.09	4.06
4	461.82	115.45	87.42	21.86	109.28	6.17

假设第 1 年是均衡的，生产能力与实际产出完全一致。

第 1 年的投资使第 2 年的资本存量增至 420，从而生产能力增至 105。而第 2 年的投资按照

3%的增长率增长。因此第2年的投资 $I_2 = 103\% \times I_1 = 20.6$。自发性投资增加（$I_2 - I_1 = 0.6$）通过乘数效应（乘数 $=1/s=5$ 倍）使总支出增加了（其中消费支出增加2.4），从而使产出增至103。实际产出（103）小于生产能力（105），这说明在第2年出现了生产能力的过剩。

根据上面的说明可知，如果第2年的投资按5%的比率增长，那么第2年生产能力过剩的局面完全可以避免。但是，由于种种可能存在的原因（可由投资理论加以说明），第2年的投资仅按3%的比率增长，于是造成生产能力的过剩。一个经济体的生产能力是投资的结果。生产能力过剩，说明以往的投资相对于当前的需求来说太多了（而不是太少），这将导致投资收益率下降。在这种情况下，以后各年投资显然不可能大幅度增加。于是可以假设以后各年的投资仍按3%的比率增长。由表8-4可见，其结果是不仅继续造成生产能力的过剩，而且使生产能力过剩的缺口越来越大（第3年为4.06，第4年为6.17）。

总之，投资的增长率小于$\frac{s}{a}$导致投资的供给效应大于投资的需求效应，从而导致生产能力过剩与需求不足的矛盾年复一年地深化。

下面讨论投资增长率为8%对经济增长有何影响。

投资增长率$\frac{\Delta I}{I}=8\%$时，各项的具体增长过程见表8-5。

表8-5　投资增长率大于合意增长率时的增长过程

t	K	Y_P	C	I	Y_r	$Y_P - Y_r$
1	400	100	80	20	100	0
2	420	105	86.4	21.6	108	−3
3	441.6	110.4	93.32	23.33	116.65	−6.25
4	464.93	116.23	100.8	25.2	126	−9.77

仍然假设第1年的生产能力与实际产出完全一致。

第1年的投资使第2年的资本存量增至420，从而生产能力增至105。第2年的投资按8%的比率增长，于是第2年的投资 $I_2 = 108\% \times I_1 = 21.6$。自发性投资增加1.6，通过乘数效应，使总支出增加8（投资增加1.6，消费增加6.4），从而使总支出增至108，而生产能力只是105。总支出（表8-5中的 Y_r 应理解为总支出）大于生产能力的部分不可能实现，只会造成通货膨胀。

如果第2年的投资不是按照8%的比例高速增长，而仅按5%的比率增长，则求大于供的通货膨胀局面不会出现。但是，种种可能出现的原因（这里对此不深究）导致第2年的投资按8%的比率高速增长，从而导致通货膨胀局面的出现。这种局面的出现说明相对于当前过于旺盛的需求而言，生产能力不足。生产能力的增加只能是投资的结果。生产能力不足说明以往的投资不足。在这种情况下，投资具有较高的收益率。于是可以设想，以后各年的投资仍然按照8%的比率增长。由表8-5可见，其结果不仅继续造成生产能力的不足，而且使生产能力不足的缺口越来越大，换言之，造成逐年深化的通货膨胀。

总之，投资的增长率大于$\frac{s}{a}$导致投资的需求效应大于投资的供给效应，从而导致经济过热与供给不足的矛盾年复一年地深化。

通过以上对三种经济增长过程的描述可以看出，在哈罗德模型中，只有在实际增长率偶然地符合“合意”的要求时，经济才能实现稳态增长；而在所有其他情况下，经济不是走向日益深刻的萧条，就是走向日益深刻的过热。该模型没有提供矫正的机制，一国经济就好像在“合意”的刀锋上艰难地稳态增长，稍有不慎就会跌落萧条或过热的深渊，且永无回头之日。

三、自然增长率与一致性条件

前面的讨论仅涉及投资以及资本存量的增长对经济增长的影响，现在需要考虑劳动投入的增长对经济增长的影响。在这里，劳动投入的增长是指有效劳动投入的增长。有效劳动投入的增长取决于劳动人数的增长以及劳动生产率增长两个因素。若没有发生技术进步，则有效劳动增长率等于劳动人数增长率；若技术进步使劳动生产率提高，则有效劳动增长率约等于劳动人数增长率与劳动生产率增长率之和。设劳动人数增长率为1%、劳动生产率增长率为2%，则有效劳动增长率约为3%。根据前面的假定，有效劳动增长率由外部条件给定。设有效劳动增长率为 n。

现在定义与有效劳动增长率一致的经济增长率为自然增长率。以 G_N 表示自然增长率，则

$$G_N = n$$

根据固定系数的生产函数的假定，即

$$a = \frac{K}{Y},\ b = \frac{L}{Y}$$

$$\frac{K}{L} = \frac{a}{b}$$

可知，只有当经济增长率等于资本增长率且等于劳动增长率时，即只有当下式

$$\frac{\Delta Y}{Y} = \frac{\Delta K}{K} = \frac{\Delta L}{L}$$

被满足时，经济增长才可能是有效率的；否则，势必造成资源的浪费。可见，在这里，劳动增长率对经济增长起着极为显著的制约作用。下面通过对自然增长率和合意增长率之间的关系的考察揭示这种制约作用，并分两种情况讨论。

第一种情况：合意增长率小于自然增长率。

假设：$s = \frac{1}{5}$，$a = 8$，$n = 3\%$

$$\therefore G_w = \frac{s}{a} = 2.5\%,\ G_N = n = 3\%$$

$$\therefore G_w < G_N$$

假设实际增长率等于合意增长率为2.5%，表明当投资增长率为2.5%时，可以保证各年的生产能力与实际产出完全一致，而经济增长率亦为2.5%。有效率地实现2.5%的经济增长率要求资本增长率为2.5%（这已由投资保证）以及劳动增长率为2.5%，而实际劳动增长率为3%，这样就有新增劳动的 $\frac{1}{6}$ 不能被有效率的经济增长所吸收，于是形成失业。

实际增长率是否有可能大于合意增长率而等于自然增长率为3%？只有当投资增长率为3%时，实际增长率才可能达到3%。然而，3%的投资增长率导致总支出大于生产能力，从而导致持续的经济过热或通货膨胀。

第二种情况：合意增长率大于自然增长率。

假设：$s = \frac{1}{5}$，$a = 4$，$n = 3\%$

$$\therefore G_w = \frac{s}{a} = 5\%,\ G_N = n = 3\%$$

$$\therefore G_w > G_N$$

假设实际增长率等于合意增长率为5%。只有当投资增长率为5%时，实际增长率才可能达到5%。5%的经济增长率要求资本增长率为5%，劳动增长率为5%。而实际劳动增长率仅为3%，于是由于劳动力的短缺，实际经济增长不可能维持5%的水平。

假设实际增长率小于合意增长率而等于自然增长率为3%。3%的投资增长率导致3%的资本增长率，而劳动增长率亦为3%，于是3%的实际增长率可以实现。但是由于实际增长率小于合意增长率，投资的需求效应小于供给效应，从而导致生产能力过剩，经济持续萧条。

由此可见，一个经济有效率的长期稳定增长的条件是实际增长率等于合意增长率且等于自然增长率，即

$$G = G_w = G_N = \frac{s}{a} = n$$

式中，$\frac{s}{a} = n$ 称为有效率长期稳态增长的“一致性条件”。若用资本生产率 σ 替代资本产出比率 a，则一致性条件为

$$s\sigma = n$$

根据前面的论述可知，长期有效率稳态增长包含三方面的内容：

（1）各年的供给等于需求（$I = S$）；

（2）各年生产能力充分利用（$\frac{\Delta I}{I} = \frac{s}{a}$）；

（3）各年劳动充分就业（$\frac{\Delta K}{K} = \frac{\Delta L}{L} = n$）。

一致性条件揭示了长期有效稳态增长必须具备的条件。显然，实际经济增长能否满足这一条件完全是另外一回事。由于模型并未包含矫正机制，一致性条件很难满足，从而长期有效稳态增长很难实现。既然模型内不存在实现长期有效稳态增长的机制，就只有寻求模型以外的力量，这就是政府的干预。哈罗德模型的重要政策结论是：通过政府的干预，实现经济长期有效稳态的增长。

综上，哈罗德模型从投资的二重效应入手，突出了储蓄率（即积累率）和资本生产率对经济增长的重要影响，以极其简练的形式高度概括了长期有效稳定增长必备的条件。这些都具有开拓性的意义，成为以后经济增长研究的基础。由于受到固定系数的生产函数假设的束缚，模型所设想的长期有效稳态增长很难实现，这与西方主要资本主义国家增长的典型事实相悖。新古典增长模型正是从这一点出发推进了经济增长的研究。

第四节　新古典增长模型

索洛、斯旺等建立的新古典增长模型的基本内容是充分考虑到市场经济价格机制的调节作用，从而得到资本增长率会自动地与劳动增长率趋于一致从而使长期有效稳态增长得以实现的结论。这样，新古典增长模型就克服了哈罗德模型的不足，对西方国家经济增长的典型事实给出了较好的理论解释。

一、基本假定和思路

新古典增长模型的基本假定包括：

（1）社会储蓄函数为 $S = sY$，式中，s 是作为参数的储蓄率；

（2）劳动力按一个不变的比率 n 增长；

（3）生产的规模报酬不变。

在暂不考虑技术进步的情况下，设经济的生产函数为

$$Y = F(N, K)$$

由假定（3），对上述生产函数有

$$\lambda Y = F(\lambda N, \lambda K)$$

对任何正数 λ 都成立，特别地，取 $\lambda = 1/N$，有

$$\frac{Y}{N} = F(1, K/N) \tag{8-12}$$

为说明简便起见，假定全部人口都参与生产，那么式（8-12）说明，人均产量 Y/N 只取决于人均资本 K/N。用 y 表示人均产量，即 $y = \frac{Y}{N}$，k 表示人均资本，即 $k = \frac{K}{N}$，则生产函数可表示为下述人均形式：

$$y = f(k)$$

式中，$f(k) = F(1, k)$。图 8-2 表示了该生产函数的图形。

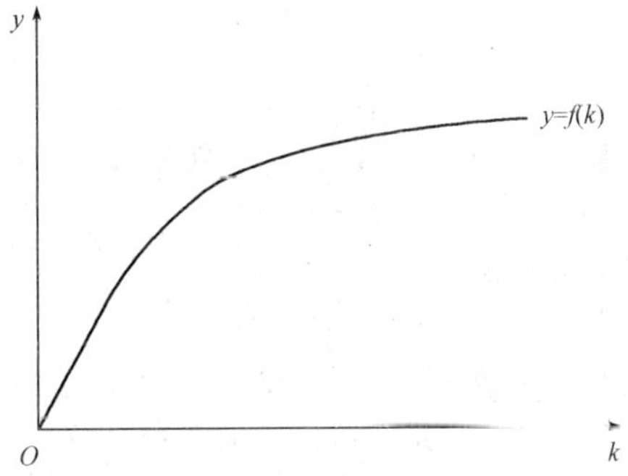

图 8-2　人均生产函数曲线

从图 8-2 中可以看出，随着每个工人拥有的资本量的上升，即 k 值的增加，每个工人的产量也增加，但由于报酬递减规律，人均产量增加的速度是递减的。

根据增长率分解式，在假定（2）和不考虑技术进步的条件下，产出增长率就唯一地由资本增长率来解释。下面较细致地考察资本与产量的关系。

一般地，资本增长由储蓄（或投资）决定，而储蓄又依赖于收入，收入或产量又要视资本而定。于是，资本、产量和储蓄（投资）之间建立了一个如图 8-3 所示的相互依赖的体系。

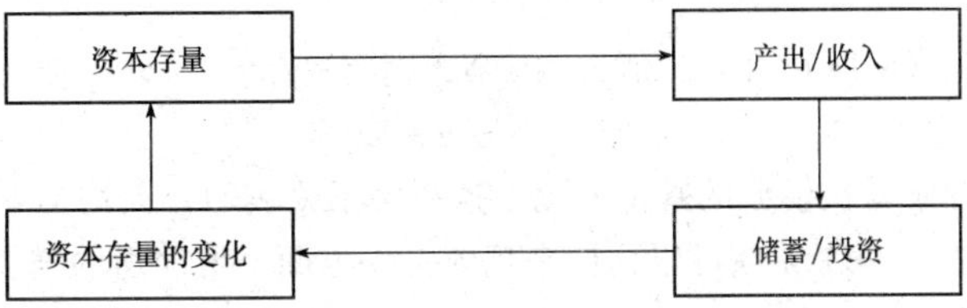

图 8-3　资本、产量和储蓄（投资）之间的相互依赖

在上述体系中，资本对产出的影响可由人均生产函数来描述。资本存量的变化对资本存量

的影响是明显和直观的，无须进一步说明。产出对储蓄的影响可以用储蓄函数来描述。因此，在上述体系中需着重说明的是储蓄对资本存量的变化的影响。

★拓展阅读 8-3

索洛增长模型的理论渊源

索洛增长模型是由美国麻省理工学院经济学家罗伯特·索洛（Robert Solow）在 20 世纪 50 年代建立的。这一研究使他在 1987 年因“对经济增长的理论所做出的贡献”而荣获诺贝尔经济学奖。索洛增长模型在 20 世纪 60 年代得到了扩展，特别是通过戴维·卡斯（David Cass，1965 年）和恰林·库普曼斯（Tjalling Koopmans，1965 年）的工作，并且以新古典增长模型而闻名。索洛增长模型及它在 20 世纪 60 年代的扩展模型实际上早在 20 世纪 20 年代已被数学家弗兰克·拉姆齐（Frank Ramsey）在理论上预见到。因此，这一增长模型通常被称为拉姆齐模型。不幸的是，拉姆齐的出色工作因他在 1930 年的去世而中断，去世时他年仅 26 岁。

二、新古典增长模型的基本方程

在一个只包括家庭部门和企业部门的简单经济中，经济的均衡为

$$I = S$$

即投资或资本存量的增加等于储蓄。资本存量的变化等于投资减去折旧。当资本存量为 K 时，假定折旧是资本存量 K 的一个固定比率 δ（$0<\delta<1$），则资本存量的变化 ΔK 为

$$\Delta K = I - \delta K \tag{8-13}$$

根据 $I = S = sY$，式（8-13）可写为

$$\Delta K = sY - \delta K \tag{8-14}$$

式（8-14）两边同时除以劳动数量 N，有：

$$\Delta K/N = sy - \delta k \tag{8-15}$$

另一方面，注意到 $k=\frac{K}{N}$，于是 k 的增长率可写为①：

$$\frac{\Delta k}{k} = \frac{\Delta K}{K} - \frac{\Delta N}{N} = \frac{\Delta K}{K} - n \tag{8-16}$$

式（8-16）用到了 $\frac{\Delta N}{N} = n$。于是有：

$$\Delta K = (\Delta k/k)K + nK \tag{8-17}$$

式（8-17）两端同除以 N，则有：

$$\frac{\Delta K}{N} = \Delta k + nk \tag{8-18}$$

将式（8-15）和式（8-18）合并，消去 $\Delta K/N$，则有：

$$\Delta k = sy - (n+\delta)k \tag{8-19}$$

式（8-19）是新古典增长模型的基本方程。这一关系式表明，人均资本的增加等于人均储蓄 sy 减去（$n+\delta$）k 项。（$n+\delta$）k 项可以这样来理解：一方面，劳动力的增长率为 n，一定量的人均储蓄必须用于装备新工人，每个工人占有的资本为 k，这一用途的储蓄为 nk；另一方面，一定

---

① 这一结果如果理解为动态增长率，可以用对 $k=K/N$ 取自然对数，然后再关于时间变量求导数的方法来证明。

量的储蓄必须用于替换折旧资本，这一用途的储蓄为 δk。总计为（$n+\delta$）k 的人均储蓄被称为资本的广化。人均储蓄超过（$n+\delta$）k 的部分则导致了人均资本 k 的上升，即 $\Delta k>0$，这被称为资本的深化。因此，新古典增长模型的基本方程式（8-19）可以表述为：

资本的深化 = 人均储蓄 − 资本的广化

三、稳态分析

在新古典增长模型中，所谓稳态指的是一种长期均衡状态。在稳态时，人均产量资本达到均衡值并维持在均衡水平不变，在忽略技术变化的条件下，人均产量也达到稳定状态。因此，在稳态之下，k 和 y 达到一个持久性的水平。

根据上述定义，要实现稳态，即 $\Delta k=0$，则人均储蓄必须正好等于资本的广化。换句话说，新古典增长模型中的稳态的条件是：

$$sy=(n+\delta)k \tag{8-20}$$

需要注意，稳态虽然意味着 y 和 k 的值固定，但总产量和资本存量都在增长。实际上，在稳态中，总产量和总资本存量的增长率均与劳动力的增长率相等，即均为 n。理解这一点只须注意到劳动人口以速度 n 增长，因此，由于 $k=\dfrac{K}{N}$固定，所以总资本存量 K 必须与劳动力按同比率 n 增长。又由于 $y=\dfrac{Y}{N}$，且在稳态时 y 亦固定，因此总产量 Y 也必须按比率 n 增长。总之，在新古典增长模型的框架内，稳态意味着：

$$\frac{\Delta Y}{Y}=\frac{\Delta N}{N}=\frac{\Delta K}{K}=n$$

新古典增长模型的稳态可以用图形来分析，如图 8-4 所示。

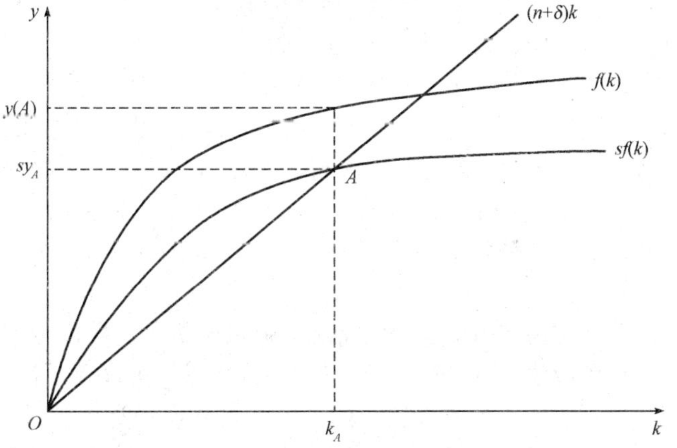

图 8-4 新古典增长模型的稳态

图 8-4 中 sf（k）线为人均储蓄曲线。由于储蓄率 s 介于 0 和 1 之间，故人均储蓄曲线与人均生产函数曲线具有同样的形状，但位于人均生产函数曲线的下方。在这一坐标系下，通过原点，且斜率为（$n+\delta$）的直线表示资本的广化，即（$n+\delta$）k 项。

根据以上分析，在稳态时，有 $sy=$（$n+\delta$）k，因此，在图 8-4 中，（$n+\delta$）k 线和 sf（k）曲线必定相交。交点 A 所对应的人均资本为 k_A，人均产量为 y_A，这时人均储蓄恰好等于资本的广化的需要，即 $sy_A=$（$n+\delta$）k_A，或者说，人均储蓄恰好能够为不断增长的人口提供资本（设备）和替换折旧资本而不会引起人均资本的变化。

在 A 点以左，$sf(k)$ 曲线比 $(n+\delta)k$ 线高，这表明储蓄高于资本的广化的需要。当经济运行在 A 点左侧时，就存在着资本的深化。资本的深化意味着每个工人占有的资本存量上升，即 $\Delta k>0$。因此，在 A 点以左，经济中的人均资本 k 有上升的趋势，随着时间的推移，k 向 k_A 逼近，最终用于资本的广化所需的资本数量增加到 k_A 点，在这一点上，所有的储蓄都仅用于保持人均资本 k 不变，经济达到稳定状态。在 A 点以右，情况正好相反，人均储蓄不能满足资本的广化的需要，这时有 $\Delta k<0$。所以，在 A 点以右，人均资本 k 有下降的趋势。

下面考虑经济在向稳态过渡的时期里经济增长的情况。当经济处于资本的深化阶段时，y 和 k 会逐步上升，就是说$\frac{Y}{N}$和$\frac{K}{N}$向其稳态值接近。如果 Y/N 上升，则 Y 就会增长得比 N 快，因而，$\Delta Y/Y>\Delta N/N=n$，这表明，在资本的深化阶段，总产量增长率高于其稳态值。随着资本存量的深化，即 k 接近于 k_A，增长率会慢下来。同样的道理，资本富裕国家的人均资本下降时（即 k 大于 k_A 且向 k_A 逼近时），那么产量的增长率就会降低到 n 以下。

以上论述表明，当经济偏离稳定状态时，无论人均资本过多还是过少，都存在着某种力量使其恢复到长期的均衡。这表明，新古典增长模型展示了一个稳定的动态增长过程。

另外，新古典增长模型中的稳态条件式（8-20）所确定的人均资本量以及由人均生产函数确定的人均产量在一定程度上能解释“为什么一些国家如此富裕，而另一些国家那么贫穷”这个问题。

为此，将人均生产函数设定成一种特定形式，即 $y=f(k)=k^{\alpha}$，其中参数 α 介于 0 和 1 之间，则由稳态条件式（8-20）可知，有：

$$sk^{\alpha}=(n+\delta)k$$

求得

$$k_A=[s/(n+\delta)]^{\frac{1}{1-\alpha}} \tag{8-21}$$

由人均生产函数，又可求得稳态下的人均产出量 y_A 为

$$y_A=[s/(n+\delta)]^{\frac{\alpha}{1-\alpha}} \tag{8-22}$$

式（8-22）表明，若其他条件相同，储蓄率或投资率较高的国家通常比较富裕。在这些国家中，劳动力人均资本量较高，因此人均产量也较高。相反，根据新古典增长模型，人口增长率较高的国家通常比较贫穷。在这些国家，面对人口增长，为保持资本-劳动比率不变，需要把更大比例的收入用于储蓄和投资。这种资本的广化的要求使得资本的深化变得更为困难，从而使得人均资本量减少。

新古典增长模型的结论与现实情况是否吻合呢？通过分析一些国家劳动力人均 GDP 与总投资占 GDP 比例的关系和劳动力人均 GDP 与人口增长率的关系，可以说，新古典增长模型的预言从总体上看是与事实数据一致的。投资率较高的国家平均要比投资率较低的国家富裕，人口增长率较高的国家平均要比人口增长率较低的国家贫穷。从这点上说，新古典增长模型得到了事实数据的证实。

在这里还要指出的是，当经济处于稳态时，k 和 y 都是固定不变的。由于人均收入固定不变，故其增长率为零，这时总收入以相同于人口增长率的增长率增长，即增长率为 n。可见，稳态增长率不受储蓄率的影响，这是新古典增长模型的一个关键结论。下面考虑一下比较静态分析的情况。

四、储蓄率的增加

图 8-5 显示了储蓄率的增加是如何影响产量增长的。

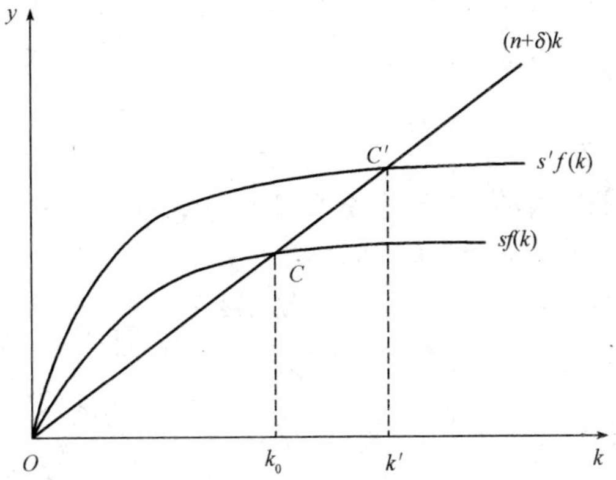

图 8-5 储蓄率增加的影响

图 8-5 中，经济最初位于 C 点的稳态均衡。现在假定人们想增加储蓄，这使储蓄曲线上移至 $s'f(k)$ 的位置。这时新的稳态为 C'，比较 C 点和 C'点，可知储蓄率的增加提高了稳态的人均资本和人均产量。

对于从 C 点到 C'点的转变，这里需要指出两点：第一，从短期看，更高的储蓄率导致了总产量和人均产量增长率的增加，这可以从人均资本从初始稳态的 k_0 上升到新的稳态的 k'这一事实中看出。因为增加人均资本的唯一途径是资本存量比劳动力更快地增长，进而又引起产量的更快增长。第二，由于 C 点和 C'点都是稳态，按照前面关于稳态的分析，稳态中的产量增长率是独立于储蓄率的，从长期看，随着资本积累，增长率逐渐降低，最终又回落到人口增长的水平。图 8-6 概括了以上分析。

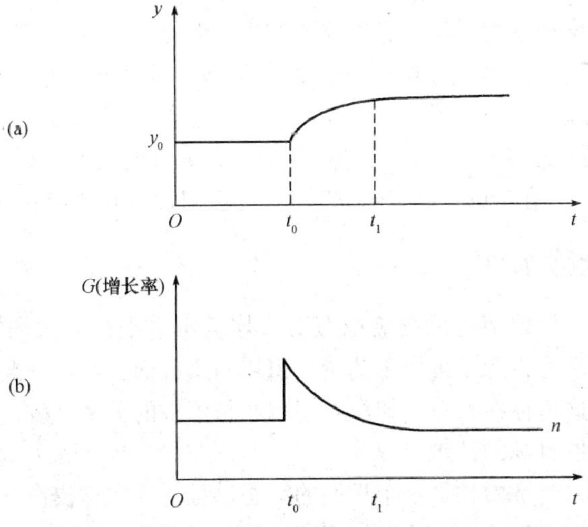

图 8-6 人均产出和总产量增长率随时间变化的轨迹

图 8-6（a）显示了人均收入的时间路径。储蓄率的上升导致人均资本上升，从而增加人均产量，直到达到新的稳态为止。图 8-6（b）则显示了总产量增长率的时间路径。储蓄率的增加导致资本积累，从而带动了产量的一个暂时性的较高增长。但随着资本积累，产量的增长最终会回落到人口增长率的水平上。

总之，新古典增长模型在这里得到的结论是，储蓄率的增加不能影响到稳态增长率，但确实能提高收入的稳态水平。用更专业的话说，就是储蓄率的增加只有水平效应，没有增长效应。

五、人口增长

新古典增长模型虽然假定劳动力按一个不变的比率 n 增长，但当把 n 作为参数时，就可以说明人口增长对产量增长的影响，如图 8-7 所示。

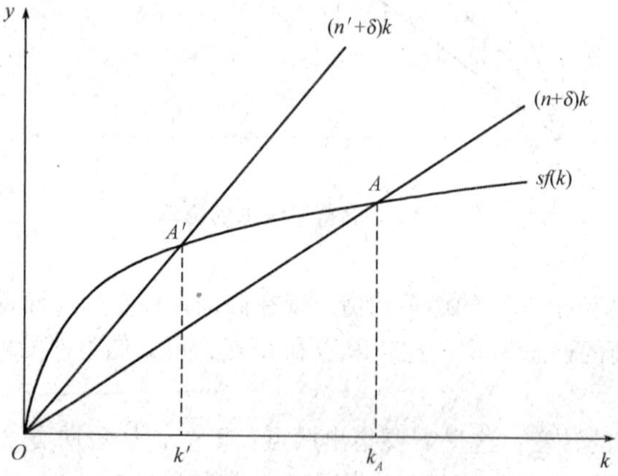

图 8-7　人口增长的影响

图 8-7 中，经济最初位于 A 点的稳态均衡。现在假定人口增长率从 n 增加到 n'，则图 8-7 中的（$n+\delta$）k 线便移动到（$n'+\delta$）k 线，这时新的稳态均衡为 A'点。比较 A'点与 A 点可知，人口增长率的增加降低了人均资本的稳态水平（从原来的 k_A 减少到 k'），进而降低了人均产量的稳态水平。这是从新古典增长模型得出的又一重要结论。西方学者进一步指出，作为人口增长率上升产生的人均产量下降正是许多发展中国家面临的问题。两个有着相同储蓄率的国家仅仅由于其中一个国家比另一个国家的人口增长率高，就可以有非常不同的人均收入水平。

对人口增长进行比较静态分析的另一个重要结论是，人口增长率的上升增加了总产量的稳态增长率。理解这一结论的要点在于懂得稳态的真正含义，并且注意到 A'点和 A 点都是稳态均衡点。

六、资本的黄金律水平

从上面的分析可知，储蓄率可以影响稳态的人均资本水平，而人均资本水平继而又决定人均产量。从全社会的角度看，产出可用于消费和积累两个方面。产出一定时，消费多了，积累就少了；反之亦然。因此这里存在着一个如何处理积累与消费的关系问题。显然，对这个问题的回答取决于人们对经济发展目标的认识。

很多西方学者认为，经济增长是一个长期的动态过程，因此，提高一个国家的人均消费水平是一个国家经济发展的根本目的。在这一认识下，经济学家费尔普斯于 1961 年找到了与人均消费最大化相联系的人均资本应满足的关系式，这一关系被称为资本积累的黄金律。

在图 8-8 中，横坐标表示稳态时的人均资本，纵坐标表示与稳态相对应的人均产量、人均储蓄和人均消费。由图 8-8 可知，在稳态时，人均消费在图形上可表示为曲线 f（k）与直线 nk 之间的距离。从图中可以看到，如果一个经济中选定一个较低的稳态人均资本水平，例如 k'，则这时人均消费等于较小的距离 TT'；如果一个经济中选择较高的稳态人均资本水平，例如 k^+，则这时人均消费仍然等于较小的距离 XX'，这时虽然人均产出较高，但人均储蓄（或投资）的需要量也很大，因而人均消费仍然不高；要是该经济选择很高的稳态人均资本水平，如 k''_1，这时根本就没有任何产出用于消费了。

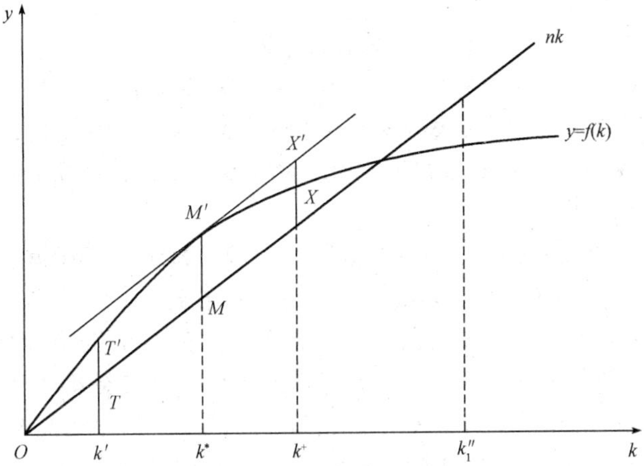

图 8-8　经济增长的黄金分割律

上面的分析暗含着这样一个有意义的问题：如果一个经济的发展目标是使稳态人均消费最大化，那么在技术和劳动增长率固定不变时，如何选择人均资本量？对此，费尔普斯给出了明确的回答。费尔普斯的结论被称为资本积累的黄金律，基本内容是：若使稳态人均消费达到最大，稳态人均资本量的选择应使资本的边际产品等于劳动的增长率，用方程来表示就是：

$$f'(k^*) = n \tag{8-23}$$

上述结论可以用图形的方式加以论证。借助于图 8-8，问题可化为在图中如何选择 k 使曲线 f（k）和直线之间的正向距离最大。从图 8-8 中可知，应选择 k^*，这时稳态的人均消费等于线段 MM' 的长度。从图 8-8 中可以看出，在 k^* 处，曲线 f（k）的切线的斜率与直线 nk 的斜率应相等，由于直线 nk 的斜率为 n，而曲线 f（k）在 k^* 处的斜率为 f'（k^*），故有式（8-23）成立。

从黄金律可知，在稳态时如果一个经济中人均资本多于其黄金律的水平，则可通过消费掉一部分资本使平均每个人的资本下降到黄金律的水平，就能够提高人均消费水平；如果一个经济拥有的人均资本少于黄金律的数量，则该经济能够提高人均消费的途径是在目前缩减消费，增加储蓄，直到人均资本达到黄金律的水平。

需要指出，一个经济并不会自动地趋向于黄金律所对应的稳态资本量。如果人们想要得到黄金律所对应的稳态资本存量，就需要一种特定的储蓄率来支持它，如图 8-9 所示。

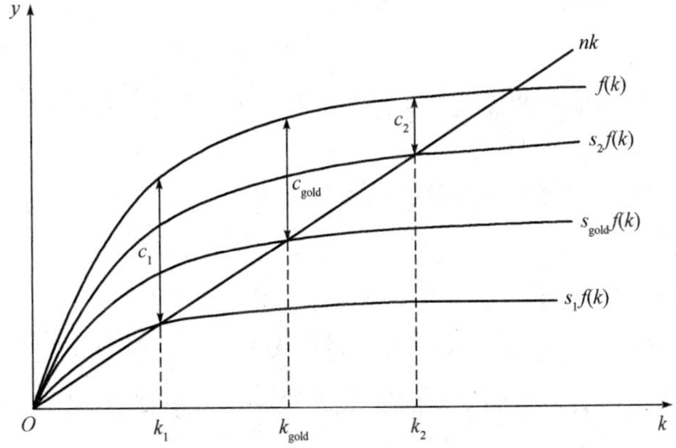

图 8-9　消费水平与储蓄率的关系

★拓展阅读8-4

高收入好吗

这看起来像是个奇怪的问题，别忘了，我们一直对高收入怀有好感，因为它能带来高消费。一个社会所选择的储蓄率越高，其稳态资本与稳态收入就越高。但k越高，所必需的维持现有资本-劳动比率的投资也就越多，用作当期消费的也就越少。因此，过高的储蓄率会导致高收入，但也会带来低消费。

稳态消费（c^*）等于稳态收入［$y^*=f(k^*)$］减稳态投资［$(n+d)k^*$］：

$$c^*=f(k^*)-(n+d)k^*$$

稳态消费在这样一个点上达到最大化：在这个点上，资本的边际增加产生的额外产出恰好足以补偿增加的必需投资，$MPK(k^{**})=(n+d)$。资本k^{**}即黄金律的资本存量，与最高的永久性可持续消费水平相适应，在这个水平上，我们可以“像我们希望前人对待我们那样对待我们的后辈”。在黄金律水平之上，我们可以缩减储蓄，在现在和将来都能更多地消费；在这个水平以下，我们只有决定今天少消费才能增加未来的消费。经验证据说明我们的储蓄低于黄金律水平。

七、考虑到技术进步的新古典增长模型

前面关于新古典增长模型的论述是在没有考虑技术进步的情况下进行的，现在把技术进步这一因素引入进来。经济中的生产函数可写为

$$Y=F(AN,\ K) \tag{8-24}$$

在上述生产函数中，当作为技术状态的变量A随时间的推移增大时，说明存在着技术进步，这时经济中劳动效率提高了。20世纪最有影响的劳动效率提高的例子是亨利·福特通过流水线进行大规模生产的创新，根据当时的观察计算，这一技术进步把一些工人组装一辆汽车主要部件的时间从12.5小时缩短到1.5小时。

在生产函数式（8-24）中，表达式AN被称为有效劳动，在这种情况下，新古典增长模型对生产函数的假定就变为，产出Y是资本K和有效劳动AN的一次齐次函数。可以证明，如果记$\tilde{y}=Y/AN$，称为按有效劳动平均的产量，$\tilde{k}=K/AN$，称其为有效劳动平均的资本，则式（8-24）可写为

$$\tilde{y}=f(\tilde{k}) \tag{8-25}$$

式中，$f(\tilde{k})=F(1,\ \tilde{k})$。

新古典增长模型一个重要的假设是技术进步是外生给定的，即假定A以一个固定的比率g来增长。

考虑到上述情况后，新古典增长模型的基本方程为：

$$\Delta\tilde{k}=s\tilde{y}-(n+g+\delta)\tilde{k} \tag{8-26}$$

图8-10给出了引入技术进步的新古典增长模型的稳态分析图。

从图8-10中可以看到，就稳态分析而言，引入技术进步并没有使稳态分析的结论产生大的变动。假定经济初始状态按有效劳动平均的资本为$\tilde{k}_0$。它低于其稳态值，则随着时间的推移，$\tilde{k}$值是逐渐提高的。因为在$\tilde{k}_0$处经济的投资量超过了为维持$\tilde{k}$不变所必需的数量，导致了$\tilde{k}$增加，

直到 $\tilde{k}_0^*$ 处，即达到 $s\tilde{y} = (n+g+\delta)\tilde{k}$ 为止，这时经济处于稳定状态，这种稳定状态代表经济的长期均衡。

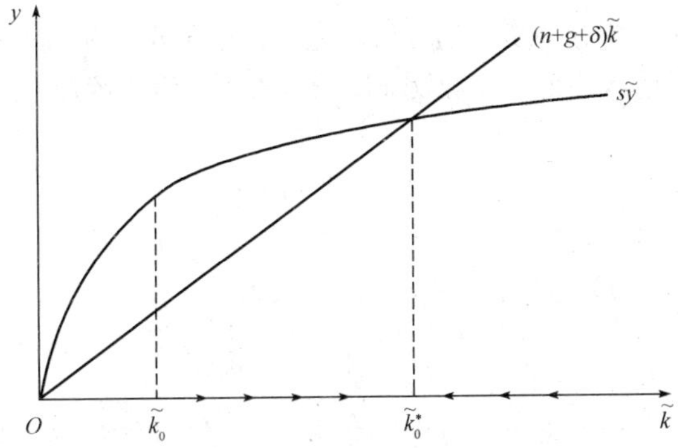

图 8-10　考虑到技术进步的新古典增长模型

表 8-6 说明了考虑到技术进步的情况下，新古典增长模型在稳态时的四个重要变量的增长率。

表 8-6　在有技术进步的新古典增长模型中的稳态增长率

变量	稳态增长率
按有效劳动平均的资本	0
按有效劳动平均的产量	0
人均产出	g
总产出	$n+g$

由表 8-6 可知，在考虑到技术进步后，新古典增长模型可以解释一些国家生活水平的持续提高。根据表 8-6，技术进步会引起人均产出的持续增长，一旦经济处于稳定状态，人均产出的增长率只取决于技术进步的比率。换句话说，根据新古典增长模型，只有技术进步才能解释生活水平（即人均产出）的长期上升。

第五节　内生增长理论

经济增长理论的一个目的是解释人们在世界上大多地方所观察到的生活水平的长期提高。本章第四节的新古典增长模型说明了这种长期增长必定来自技术进步。但技术进步来自哪里呢？在新古典增长模型中，这只是个假设！

为了充分理解增长的过程，人们需要超越新古典增长模型，并建立解释技术进步的模型。这种使增长率内生化的理论探索被称为内生增长理论。

一、基本模型

为了说明内生增长理论的思想，先从一个很简单的生产函数开始：

$$Y = AK$$

式中，Y 是产出，K 是资本存量，而 A 是一个常量，它衡量一单位资本所生产的产出量。要注意的是，这个生产函数并没有反映出资本边际收益递减的性质。无论资本量为多少，额外一单位资本生产 A 单位的额外产出，不存在资本边际收益递减是这个模型和新古典增长模型的关键区别。

与前面一样，仍假设收入中的一个比例 s 用于储蓄和投资，因此，经济中的资本积累可由下式描述：

$$\Delta K = sY - \delta K \tag{8-27}$$

式（8-27）表明，资本存量的变动（ΔK）等于投资（sY）减去折扣（δK）。将这一关系式与生产函数 $Y = AK$ 结合在一起，进行一些运算之后可得：

$$\frac{\Delta Y}{Y} = \frac{\Delta K}{K} = sA - \delta \tag{8-28}$$

式（8-28）表明，决定产出增长率 $\Delta Y/Y$ 的是什么。要注意的是，只要 $sA > \delta$，即使没有外生技术进步的假设，经济的收入也一直增长。

因此，生产函数的简单变动就可以从根本上改变对经济增长的说明。在新古典增长模型中，储蓄引致了经济的暂时增长，但资本边际收益递减最终使经济达到增长只取决于外生技术进步的稳定状态。与此相比，在这种内生增长模型中，储蓄和投资会引起长期增长。

现在的问题是，放弃资本边际收益递减的假设合理吗？回答取决于人们如何解释生产函数 $Y = AK$ 中的变量 K。如果 K 只包括通常意义下的经济中的厂房与设备存量，那么，假设资本边际收益递减就是自然而然的。但是内生增长理论的支持者认为，如果对 K 做出更广义的解释，资本边际收益不变（而不是边际收益递减）的假设就更合理。一些西方学者认为，知识是经济生产中的一种重要投入——无论是用它来生产物品与劳务还是用它来提供新知识。如果把知识看作一种资本，与通常意义下的资本相比，假设知识表现出收益递减的性质就不太合理了。实际上，过去几百年来科学与技术创新增长的速度使一些西方学者认为存在着知识收益递增。如果接受知识是一种资本的观点，那么假设资本边际收益不变的内生增长理论就更合理地描述了长期经济增长。

上述被称为 AK 模型的内生增长模型提供了一条内生化稳态增长率的途径，即如果可以被累积的生产要素有固定报酬，那么稳态增长率将被这些要素的积累率所影响。从式（8-28）可知，储蓄率 s 越高，产出增长率也将越高。进一步地，这一模型暗示，那些能永久提高投资率的政府政策会使经济增长率不断地提高。

二、两部门模型

内生增长理论研究的一个思路是努力建立一个以上生产部门的模型，以便对支配技术进步的力量提供更好的描述。下面就来介绍一下沿着这种思路的一个简单例子。

假定经济有两个部门，分别称为制造业企业和研究性大学。企业生产物品与劳务，这些物品与劳务用于消费和物质资本投资。大学生产被称为“知识”的生产要素，然后这两个部门免费利用知识。企业的生产函数，大学的生产函数，以及资本积累方程描述了该经济：

$$Y = F[K,\ (1-u)EN] \qquad \text{企业的生产函数}$$

$$\Delta E = g(u)E \qquad \text{大学的生产函数}$$

$$\Delta K = sY - \delta K \qquad \text{资本积累方程}$$

式中，u 是在大学的劳动力比例，相应地，（$1-u$）是在企业的劳动力比例，E 是知识存量，函数 g（u）表明知识增长如何取决于在大学的劳动力比例的函数。一般地，假设企业的生产函数是规模收益不变的，即如果资本存量 K 和所谓有效工人的数量 $(1-u)EN$ 翻一番，那么物品与劳务产出 Y 也翻一番。

如果使物质资本 K 和知识 E 都翻一番，根据以上关系式和假定可知，这时经济中两个部门的产出也都翻一番。因此，与前面的 AK 模型一样，这个模型也可以在不假设生产函数中有外生变动的情况下引起长期增长。在这里，长期增长是内生地产生的，因为大学的知识创造不会停止。

有趣的是，这个模型也与新古典增长模型类似。如果在大学的劳动力比例 u 是不变的，那么知识存量 E 就按不变的比率 $g(u)$ 增长。这在本质上是与新古典增长模型中关于技术进步的说明是一样的。而且，这个模型的其余部分，包括企业的生产函数和资本积累方程也与新古典增长模型相同。因此，对任何一个既定的 u 值，这种内生增长模型和新古典增长模型一样发挥作用。

对内生增长理论进一步的介绍超出了本书的范围，但可以指出的是，这一增长理论的新发展深化了人们对于增长过程的认识，同时这一理论对技术创新过程提供了更为全面的认识。

保罗·罗默构建了第一个将研发的投资和知识产权同技术进步和经济增长的理论联系起来的模型。在他的模型里，假设发明者保留着对其发明的永久独占权。然而这一极端形式的知识产权并不一定是罗默的主要结果。他的基本思想是，某种形式的知识产权保证了成功的发明者能因他们的发现而获得报酬。

★拓展阅读 8-5

Napster 和 Viagra 的故事

Napster（曾经是拷贝音乐的著名的因特网网站）与限制处方药价格的建议有什么共同之处？这两者都试图降低商品的价格，这些商品现在的生产成本很低，但最初创建和研制的费用都非常昂贵。消减它们的价格在今天看来对用户大有好处，并且对整个社会也有好处，但这一点值得商榷。如果人们可以在因特网上基本上不花分文拷贝一张 CD 唱片，人们何不在网站上拷贝和倾听音乐，而要花 10 美元去当地的商店买 CD 呢？如果只要花少量金钱就可以生产和销售标准量的 Viagra，如果人们能够花 10 美元而不是 100 美元买到此药，为什么人们不去用这种药呢？

问题是这“高价”是对过去曾经付出的代价高昂的努力的回报。音乐公司和艺术家们付出了大量的时间和金钱创作出轰动一时的歌曲，大部分费用都因项目失败而打水漂了。为了补偿这些努力，并鼓励以后的创作，企业必须从其少数成本的项目上获取大量的利润。

盗版是唱片制作商和其他类似产品（如图书、计算机软件和影视作品）的生产商遇到的一个问题。建议限制知识产权的动机反映了版权所有人索取的价格与拷贝和销售的实际成本之间的巨大差距。因特网的发明和计算机技术大大降低了这些成本。一方面，这些进展是受人欢迎的，因为它们让这些知识产品广泛地传递到大众那里。另一方面，它的反面就是对知识产权的威胁。这些权利部分涉及公正的问题，从哲学的意义上讲，发明者应当能够控制对他们的发现的使用。但是更具体地讲，如果知识产权失去保护，并且又没有其他有效的手段对此实施补偿，那么在将来，音乐、图书、影视和软件方面的杰出作品将大大减少。

情况也许是，互联网使某些领域的知识产权无法实施有效的保护。如果是这样，在有关鼓励未来的创造性方面，有可能遇到一些麻烦。然而最佳的政策也许是设法维持某种程度的知识产权，并且 2001 年针对 Napster 的以因特网为基础的复制功能而起诉的法律案件或许对这一政策的实施有所帮助。

处方药在许多方面与此类似。考察有专利权的药的零售价超过目前的生产成本的一种方法，是比较美国的药价与其他有些国家通行的较低的药价。例如，加拿大出售的许多药品的价格大约只有美国的药价的一半。有人下结论说，美国应当采用加拿大的处方药定价政策，或者允许较便宜的药品输入美国。一个更合乎情理的观点是，美国通过高药价对新药的研究发明进行鼓励给加拿大、墨西哥和其他小市场提供了经济学家们所说的“搭便车”的机会。搭便车的概念是指让有些人（在这儿指加拿大、墨西哥和其他市场）享受到其他人辛勤劳动的成果而无须充分承担成本。具体地讲，这些小市场可以享受到处方药低药价的好处而无须担心对整个市场的影响，进而也无须担心对开发新药的公司的影响。

美国没有机会享受搭便车的好处，因为对处方药来说，它是如此大的一个市场。如果美国跟在加拿大后面，全世界可获得的新药就会减少。因此对美国来说，它的选择要么是用高价去获得许多有效的新药，要么是以低价去取得很少的新药。这一选择与整个社会密切相关，许多人幻想他们能够按低价得到许多新药，遗憾的是，事实恰恰不是这样。

第六节　促进经济增长的政策

由增长核算方程可知，政府可以影响决定经济增长的三个因素，即技术进步、资本形成和劳动投入。

一、鼓励技术进步

索洛增长模型表明，人均收入的持续增长来自技术进步。虽然索洛增长模型没有解释技术进步，在一定程度上无法理解技术进步的决定作用，但许多公共政策的目的仍在于鼓励技术进步。

例如，专利制度给新产品发明者以暂时的垄断权力。当一个人或一家企业发明了一种新产品，发明者可以申请专利。如果认定该产品的确是原创性的，政府就授予专利，专利给予发明者在规定年限内排他性地生产该产品的权利。通过允许发明者从其发明中获得利润，尽管只是暂时的，但专利制度提高了个人和企业从事研究的积极性。类似的例子还有税收法规为进行研究和开发的企业提供税收减免。

政府在改善技术增长方面的一个重要领域是教育。在美国，州和地方政府提供了对小学、中学和大学的支持中的大部分。一支高素质的研究与开发团队是技术进步的一个关键因素。

美国政府长期以来在创造和传播技术知识方面发挥着作用。美国政府很早就资助耕作方法研究，并建议农民如何最好地利用自己的土地。近年来，美国政府通过空军和国家航空航天局支持空间研究，同时像国家科学基金会这样的政府机构持续直接资助大学的基础研究。

★拓展阅读 8-6

R&D 的发明

托马斯·爱迪生作为白炽灯泡和留声机的发明者而闻名于世。但是他最大的一项发明可能会令你感到惊奇：他发明了研究与开发。

在爱迪生之前的时代当然也有很多发明家。他们中有一部分人也以团队的形式工作。但是在 1875 年，爱迪生发明了一个新事物：他建立了位于新泽西州的门罗公园实验室。该实验室雇用了25个人全职开发新产品和新的业务流程。换句话说，他不是为了实现某个特定的创意，然后以此来赚钱，他创建了一个机构，该机构的目标就是年复一年地进行创新。

爱迪生的门罗公园实验室如今已经变成一个博物馆。“说到门罗公园发明的产品，”该博物馆的网站上写道，“我们可以列出以下清单：炭精按钮电话送话器、留声机、白炽灯泡和电力传输系统、电车、矿石分离器、爱迪生效应灯泡、无线电的早期实验、电报机，以及对电报信号传输的改进。”

在爱迪生的实验室创立之前，技术进步可以说是一种偶然事件：人们碰巧会有某种创意，但是企业不会为持续的技术进步进行规划。而如今开展规模比爱迪生当初的团队更为庞大的研究与开发业务已经成为企业界通行的做法。

二、鼓励资本形成

根据增长核算方程，资本存量的上升会促进经济增长。从直观的角度看，由于资本是被生产出来的生产要素，因此一个社会可以改变它所拥有的资本量 n，如果今天经济生产了大量新资本品，那么明天它就将有大量资本存量，并能生产出更多的各种物品与劳务。另外，资本存量的增长是储蓄和投资推动的，因此鼓励资本形成便主要归结为鼓励储蓄和投资。这是政府可以促进经济增长的一种方法，而且在长期中，这也是提高一国公民生活水平的一种方法。

★拓展阅读8-7

巴西的粮食生产

巴西人有一句自嘲的玩笑话，称“巴西是一个未来的国度——它永远都是”。这个世界第五人口大国一直被认为是一个潜在的重要经济体，但是它从未实现过自己的允诺。

但最近几年来，巴西的经济表现比较出色，尤其是在农业方面。巴西的成功依赖于对一种自然资源的开发，即一种被称为塞拉多（cerrado）的热带稀树草原土壤。但是一直到多年前这种土壤仍被认为是不适合发展农业的。三个因素的结合改变了这种状况：由研究与开发推动的技术进步、经济政策的改进，以及物质资本的增加。

一个名为巴西农业和畜牧业研究中心的政府机构开发出了关键的技术。该机构发现，只要把石灰和磷加入塞拉多中，就能提高土壤的肥力。此外其还开发出了适应当地气候的牲畜和大豆的新品种。同时，直到20世纪80年代，巴西的国际贸易政策都不鼓励出口，其汇率估值过高也使得该国产品对外国人来说过于昂贵。在经济改革之后，投资巴西农业变得有利可图了，不少企业为了开发土地开始投入农业设备、建筑和其他形式的物质资本。

基础设施制约了巴西的经济增长，根据《纽约时报》的一篇报道，巴西农民“非常关注必要的高速公路、铁路和水运通道缺乏的问题，因为这会增加运营成本”。但是巴西政府现在正在加大基础设施投资，巴西农业也在继续扩张。巴西现在已经超过美国成为世界最大的牛肉出口国，其大豆出口量也在增长。

三、增加劳动供给

增长核算方程表明，增加劳动供给会引起经济增长。这很容易理解，所得税的提高减少了工人的工作所得从而降低工作积极性；与之相反，所得税减免是加强激励，促使人们努力工作的一个途径。

与劳动供给相关联的一个概念是人力资本，它是指劳动者通过教育和培训所获得的知识和技能。尽管基本的新古典增长模型只包括物质资本，而且也没有努力去解释劳动效率，但人力资本在许多方面与物质资本类似。与物质资本一样，人力资本也提高了一国生产物品和劳务的能力。20 世纪 90 年代的一项研究强调了在解释各国生活水平的差别中，人力资本至少与物质资本同样重要。因此，政府政策提高生活水平的一种方法是提供良好的教育、培训体系，并鼓励人们利用这样的体系。

第七节　经济周期的概念

经济发展的历史表明，经济的增长方式从来都不是按部就班、一成不变的。一个国家可以享受好多年令人兴奋的经济繁荣，而接下来的也许就是一场经济衰退，甚至是一场金融危机。于是，经济的总产出下降，利润和实际收入减少，大批工人失业。当经济衰退逐渐至谷底，便开始复苏，复苏的步伐可能快也可能慢，有可能恢复不到原先的经济状况，也有可能强劲得足以启动下一轮的经济扩张。简言之，经济在沿着经济发展的总体趋势的增长过程中，常常伴随着经济活动的上下波动，且呈现出周期性变动的特征。因此，在完成了对经济增长理论的论述之后，本节和接下来的几节将论述经济周期理论。

一、经济周期的含义

可以观察到，时间序列上，一国经济总量呈现扩张、收缩、再扩张、再收缩……的变化，这种经济现象被称为经济周期（亦称经济波动、商业循环）。经济周期的主要特征如下：

第一，经济波动不仅仅表现在个别部门上，而是表现在国民经济各个部门上，表现为经济总量（实际国民生产总值）的波动。这就是说，经济周期是一种宏观经济现象。

第二，一个经济周期可被看成由四个首尾衔接的阶段组成，即繁荣、衰退、危机、复苏。从时间序列上看，由于技术进步和要素投入的增加，一国经济总量呈现增长的趋势。另一方面，这种经济增长又是通过经济波动实现的。

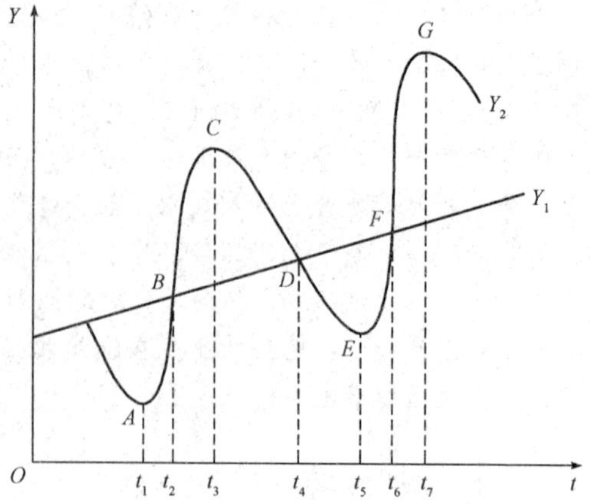

图 8-11　经济周期

图 8-11 的横轴 t 表示时间，纵轴 Y 表示实际国民生产总值。向右上方倾斜比较平滑的曲线 Y_1 表示一国经济增长的趋势，曲线 Y_2 表示一国经济实际扩张与收缩的过程。一国经济总量在有些时期高于增长的一般趋势即处于曲线 Y_1 之上，在有些时期低于增长的一般趋势即处于曲线 Y_1 之下，形成了波动。在时期 t_1 和 t_5，经济总量分别达到最低点，即谷底。在时期 t_3 和 t_7，经济总量分别达到最高点，即谷顶。从时期 t_1 到 t_3，经济总量由 A 增至 C，表现为经济扩张过程；从时期 t_3 到 t_5，经济总量由 C 减至 E，表现为经济收缩过程；从时期 t_5 到 t_7，经济总量又表现为扩张过程。经济扩张过程和经济收缩过程可以分别划分为两个阶段。由 A 到 B 即从谷底扩张至经济增长的正常水平称为复苏，由 B 到 C 即从经济增长的正常水平扩张至谷顶称为繁荣，由 C 到 D 即从谷顶收缩至经济增长的正常水平称为衰退，由 D 到 E 即从经济增长的正常水平收缩至谷底称为危机。从 A 点到 E

点（即 t_1 至 t_5）为一完整的经济周期，包含了经济扩张和收缩的全过程。之后，由 E 到 F 开始了下一个经济周期的复苏阶段，由 F 至 G 是这一经济周期的繁荣阶段。

第三，繁荣阶段的主要特征是：需求不断增加，产品畅销，批发商和零售商的存货减少，纷纷向生产厂家订货；厂家利润大大提高，从而刺激投资增加；就业率不断提高，资源得到充分利用；工资和价格水平不断上涨；整个社会充满乐观气氛。

衰退阶段的主要特征是：经济开始收缩，投资减少，生产下降，失业率上升，需求下降；销售量下降，产品积压，导致价格水平下跌；整个社会形成普遍的生产过剩，部分工厂倒闭；悲观情绪笼罩整个社会。

危机阶段的主要特征是：生产继续下降，并达到最低点；劳动者大量失业，大量工厂倒闭；价格水平很低；整个社会陷入“恐慌”之中。

复苏阶段的主要特征是：大量被磨损的机器设备开始更新；就业率、收入、消费支出开始上升；企业利润有所增加，经济升始回升；对前景的悲观情绪逐渐转变为乐观情绪。

第四，经济周期具有反复性，即一个经济周期结束了，也许意味着下一个经济周期又开始了。

二、经济周期的划分

以上介绍了经济周期的一般特征。然而，要对一国经济在时间序列上具体地划分经济周期却不具有数学意义上的确定性。各研究者占有的材料不同或者所依据的划分经济周期的理论不同，划分的经济周期就可能不同。这样就形成了划分经济周期的不同类型。下面介绍几个著名的划分经济周期的类型。

（1）朱格拉周期。法国经济学家朱格拉提出经济周期的平均长度为 8 ~ 10 年，这一时间跨度的经济周期被称为朱格拉周期。这是后来各种经济周期理论所着重研究的周期。表 8-7 是关于朱格拉周期的　些实际资料。

表 8-7　朱格拉周期的一些资料

世界危机	英国	美国	德国	法国
—	1825 年	—	—	—
—	1836 年	1837 年	—	—
—	1847 年	1848 年	1847 年	1847 年
1857 年	1857 年	1857 年	1857 年	1857 年
1866 年	1866 年	1865 年	1866 年	1867 年
1873 年	1873 年	1873 年	1873 年	1873 年
1882 年	1882 年	1882 年	1883 年	1882 年
1890 年	1890 年	1893 年	1890 年	1894 年
1900 年	1900 年	1903 年	1900 年	1900 年
1907 年	1907 年	1907 年	1907 年	1907 年
1902 年	1920 年	1920 年	—	—
1929 年	1929 年	1929 年	1929 年	1930 年
1937 年	1937 年	1937 年	—	1937 年

(2) 基钦周期。英国统计学家基钦认为经济周期包括主要周期和次要周期，两个或三个次要周期组成一个主要周期。一个次要周期的平均长度为3.5年（40个月），这就是基钦周期，或称短周期。

(3) 康德拉季耶夫周期。俄国经济学家康德拉季耶夫提出“长波理论”，认为在资本主义经济中存在平均长度为50年的长期波动，这就是康德拉季耶夫周期或长周期。康德拉季耶夫把资本主义经济从18世纪80年代到1920年划分为三个长波：

第一长波

扩张阶段：1788—1792年至1810—1817年

收缩阶段：1810—1817年至1844—1851年

第二长波

扩张阶段：1844—1851年至1870—1875年

收缩阶段：1870—1875年至1890—1896年

第三长波

扩张阶段：1890—1896年至1914—1920年

收缩阶段：1914—1920年至

(4) 熊彼特对以上三种经济周期划分的综合。奥地利经济学家熊彼特认为以上三种划分经济周期的方法尽管不同，但实际上并无矛盾，可以加以综合。熊彼特认为长周期的不同阶段（指扩张阶段和收缩阶段）仍然存在中周期的波动，而中周期的不同阶段仍然存在短周期的波动。每个长周期包括6个中周期，每个中周期包括3个短周期。而且，熊彼特以三次重大的创新为标志，划分出三个长周期：

第一个长周期：1780—1842年。这是以纺织机等创新为标志的产业革命时期。

第二个长周期：1842—1897年。这是以蒸汽机和钢铁生产创新为标志的“蒸汽和钢铁时期”。

第三个长周期①：1897年。这是以电力、化工、汽车创新为标志的“电气、化工和汽车时期”。

(5) 库兹涅茨周期。美国经济学家库兹涅茨认为存在15~20年的长期波动。这种周期在美国的许多行业，尤其在建筑业中特别明显，所以又被称为“建筑业周期”。

★拓展阅读8-8

衰退和扩张的定义

部分读者可能想知道衰退和扩张的确切定义。对此的回答是，没有确切的定义。

在许多国家，经济学家把至少连续两个季度（一个季度是三个月）的总产出下降定义为衰退。设置连续两个季度的条件是为了避免把非持续性的短期经济波动看作衰退。但是有时候，这个定义看起来过于苛刻。例如，如果一个经济经历三个月的产出急剧下降，三个月的小幅增长，然后又是三个月的产出大幅下跌，这显然应该认为是经历了九个月的衰退。

在美国，为了尽可能避免类似的误判，他们把确定衰退始末的工作委派给国民经济研究局（NBER）的一个独立专家组来承担。这个专家组通过观测以就业和生产为主的一系列经济指标，来最终确定是否发生衰退。

---

① 熊彼特认为，直至他研究的时候，第三个长周期尚未完成。

有的时候，专家组的判断也会引发争议。实际上，对2001年的衰退就一直存在争议。NBER认为这次衰退开始于2001年3月，在2001年11月结束，当时产出已开始增加。但是一些批评者认为，其实在几个月之前衰退就已经发生，因为那时工业产出已经开始下降。其他一些批评者认为，衰退在2001年并没有结束，因为在此后的一年半里，就业率仍在下降，劳动市场持续走弱。

三、研究经济周期的原因

许多研究表明，经济波动是一个经济体系的内生现象。换言之，一定范围内的经济波动是不可避免的。但是另一方面，较大范围的经济波动，俗称大起大落，会对经济造成较大的损害。无论是我国的经济还是国外的经验都证明了这一点。这就提出了一个任务：怎样尽可能地避免经济的剧烈波动。为了能够提出比较中肯的对策，首先必须对经济波动这一现象进行生理学般的剖析，即给出经济学的解释。本章下面介绍的经济周期理论都是对经济周期所做出的经济学解释。经济周期究竟是怎样发生的，目前尚不存在一致的认识。下面介绍的经济周期理论似乎分别抓住了经济周期某一方面的特征，都为认识经济周期这一经济现象做出了一定的贡献。

第八节　凯恩斯以前的经济周期理论

一、纯货币理论

纯货币理论的基本观点是把经济周期和危机看成是纯粹的货币现象，银行信用的扩张和收缩是造成资本主义经济周期性波动的唯一原因。

在发达的资本主义社会中，主要的流通工具是银行信用。银行扩张信用，降低利率，会刺激商人增加向银行的贷款，从而增加对生产者的订货，这样就导致企业生产的扩张。生产的扩张又促使收入增长以及对消费品需求的增加，于是市场繁荣、物价上涨。市场繁荣、物价上涨反过来刺激商人进一步增加银行贷款，生产者的生产进一步扩张，从而产生整个经济扩张的累积性效应。

但是，银行体系的信用扩张能力并不是没有限度的。银行体系的信用扩张能力，在金本位制情况下受到黄金准备金的限制，在不兑换纸币情况下会导致汇率波动以及国际收支逆差的过度扩大。

银行信用的扩张一旦致使黄金准备金的短缺或国际收支逆差的扩大达到令人难以忍受的程度，势必不得不进行信用的收缩，于是整个经济从繁荣转向萧条。和信用扩张的累积性效应类似，信用收缩也具有累积性效应，于是一步一步把经济拖向危机的深渊。

在危机阶段，社会上的资金逐渐流回到银行，由此银行的准备金逐渐增加，银行又可以开始下一轮的信用扩张了。于是经济开始复苏，整个经济又一次从收缩转向扩张。

以上就是纯货币理论对经济周期现象所做的解释。

二、投资过多论

投资过多论可以细分为货币投资过多论和非货币投资过多论两种理论。这两种理论对经济周期的解释既有一定的区别，又存在基本的共同点。下面仅就二者的基本共同点加以介绍，而对二者的区别不再进行细致的分析。

投资过多论是一种重要的经济周期理论。本书前面宏观经济分析部分未曾考虑的一个影响宏观经济运行的重要因素——经济结构或部门比例问题，是投资过多论关注的中心。一国经济由多个生产部门组成。在理论上，可以认为一国经济由投资品和消费品这两大基本生产部门组成，这两大基本生产部门之间存在着相互制约的关系。

马克思关于社会总资本再生产的理论清晰地揭示了这种关系。按照马克思的理论，只有当投资品部门总产值中的可变资本价值与剩余价值之和恰好等于消费品部门总产值中的不变资本价值时，这两大生产部门的比例才是协调的，社会总资本简单再生产才能顺利地进行下去。投资品部门产值中的不变资本价值部分由于其供给与需求都发生在本部门内，因此在一定限度内可以不受消费品生产的制约而获得孤立的发展。然而，投资品生产的发展总归需要追加消费品的投入这一基本事实决定了投资品生产的发展归根到底受到消费品生产发展程度的限制，这是一种生产的内在要求。当这种要求未被满足而达到尖锐化时，危机就会强制地使这种要求重新得到满足。马克思的总资本再生产理论对于理解这里的投资过多周期论非常有益。

投资过多论对经济周期的解释如下：

由于出现了引起经济高涨的动因（如银行扩张信用降低利率、“强迫储蓄”，带来实际资本增加、新技术的发现、新市场的开拓等），投资开始增加，随之投资品和耐用消费品开始增加。投资品和耐用消费品的供给与需求互相促进，逐渐使经济由复苏阶段过渡到繁荣阶段。经济的不断扩张终于导致资本不足（包括货币资本不足和实际资本不足）。资本不足导致对投资品和耐用消费品需求不足，这或者表现为繁荣阶段进行的投资（建造厂房、添置设备）半途而废，不能完成，或者表现为已经生产出来的产品由于需求不足而形成存货积压，这就是经济危机。经过危机阶段，资本不足的矛盾逐渐缓解。一旦出现了引起高涨的动因，经济就会逐渐摆脱危机阶段而进入复苏阶段。于是下一轮的经济扩张又开始了。

问题的关键在于：在经济扩张的一定阶段上为什么必定出现资本不足？产生资本不足的原因如下：

（1）由于纯货币理论所揭示的原因，在扩张的一定阶段银行不得不收缩信用，于是导致货币资本不足。

（2）企业投资所需货币资本一方面来自银行贷款；另一方面来自企业未分配利润。在经济高涨的后期，由于货币工资上涨和使用生产效率较低的要素，成本提高、利润下降。这是导致货币资本不足的又一原因。

（3）扩张时期投资的增长和投资品部门的增长导致收入增加从而消费增加，消费增加意味着储蓄下降。储蓄代表投资品即实际资本供给，储蓄下降意味着实际资本不足。就是说就投资增长和投资品部门生产增长的需要而言，储蓄不足即实际资本供给不足。

（2）和（3）实际上表明：资本供给不足发生于经济达到充分就业的时候。经济达到充分就业表示供给对生产的限制达到最大程度，这导致生产成本急剧上升，利润下降，从而货币资本不足。当经济达到充分就业的时候，储蓄减少就不能导致投资增加从而资本形成增加，相反意味着实际资本不足。

由此可见，投资过多论的基本观点是：投资增长从而投资品部门的增长要求劳动力以及为劳动力所必需的消费品的不断追加投入。投资以及投资品部门的不断扩张终究会使经济达到充分就业的境地。消费品部门相对不发展使投资品部门追加劳动力和消费品的要求不能得到满足，于是经济的扩张戛然而止。

对实际资本供给而言，已经发生的投资过多了，因此称为“投资过多”论。对已经发生的投资所需要的进一步的追加资本而言，实际资本供给不足，所以“投资过多”论又称为“资本不足”论。资本不足就是储蓄不足，因此“投资过多”论实际上就是“储蓄不足”论或“消费过多”论。

我国经济波动的经验在一定程度上验证了投资过多论对经济周期的解释。

三、消费不足论

消费不足论这样解释经济危机的发生：随着经济的高涨，投资活跃，投资品部门产出增加。投资品一般具有较长的生产周期，只有经过一段较长的时间，投资品的增加才会带动消费品的增加。当这一转化尚未完成时，市场上消费品的供给显得不足，于是消费品价格上涨。这一情况不仅刺激企业继续增加投资，而且刺激企业采用资本集约化的生产方式迂回地提供更多的消费品。于是，投资品部门孤立地向前发展。当投资品大量增加终于导致消费品大量增加的时候，过多的消费品供给由于消费（需求）不足而造成大量的商品积压。消费品供给过剩又导致投资品供给过剩，于是爆发普遍生产过剩的经济危机。

前面说过，“投资过多”论也就是“消费过多”论。那么现在就出了一个问题：危机的发生，到底是因为“消费过多”呢，还是因为“消费不足”？这个问题必须搞清楚，因为“消费过多”和“消费不足”似乎是针锋相对的。

如果危机是由于“消费不足”而发生的，那么，可以断定，这时经济尚未达到充分就业。因为在这种情况下，只要增加需求就可以增加就业和产出。前已说明，“投资过多”（即“消费过多”）论所解释的危机发生于经济已达充分就业时。以这种区别为基础，可以把“消费过多”论和“消费不足”论对危机的解释统一起来：

投资和投资品部门的过度扩张，总归会受到资本供给不足的限制，于是扩张不得不转变为收缩，危机发生了。危机是由于资本供给不足造成的，而资本供给不足就是储蓄不足或消费过多。因此，“消费过多”论可以解释经济由扩张到收缩的转变。投资品部门进一步的扩张虽然被迫停止，但是已经过度扩张的投资品部门带动了消费品部门过度的扩张以及消费品供给过度的扩大，而消费需求相对不足，于是进一步造成生产过剩。可见，“消费不足”论可以解释为什么经济仍然处于危机阶段。

四、创新论

熊彼特用创新论解释经济周期。创新是指企业家对生产要素的重新组合，包括以下五种情况：①引进一种新产品；②开辟一个新市场；③获得一种原料的新来源；④采用一种新生产技术；⑤实行一种新的企业组织形式。创新论对经济周期的解释简述如下：

企业家的创新活动获得超额利润即创新利润。这引起其他企业家的仿效，于是形成了“创新浪潮”，即对银行信用和投资品的需求增加。投资扩张导致经济逐渐走向繁荣。随着创新的普及，通过创新所获的超额利润逐渐消失。于是，企业对银行信用和投资品的需求逐渐下降，这就引起了经济收缩，直至另一次创新出现，整个经济才再一次逐步走向繁荣。

第九节　对经济周期的解释：投资和储蓄的动态关系

一、投资曲线和储蓄曲线

本节介绍卡尔多的经济周期理论。卡尔多利用凯恩斯宏观经济分析的基本框架，把其中的投资分析和储蓄分析动态化，由此对经济周期做出解释。和凯恩斯以前的经济周期理论相比，卡尔多对经济周期的解释理论性更强、更加形式化。下一节介绍的经济周期理论也具有这样的特点。

卡尔多的经济周期理论是从对储蓄曲线和投资曲线的讨论开始的。

在之前的章节中曾利用储蓄曲线和投资曲线研究产出水平的决定，如图 8-12 所示。

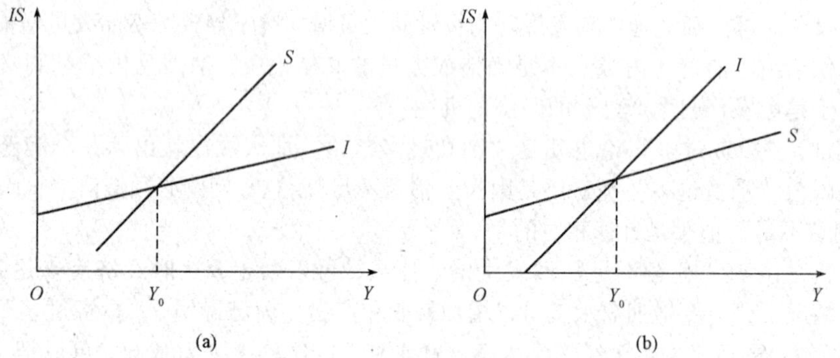

图 8-12　稳定均衡与不稳定均衡

在图 8-12（a）中，线性投资曲线 I 是产出的增函数，即 $I = I_0 + eY$，其中 I_0 为自发性投资，e 为边际投资倾向，表示当产出增加 1 单位时，引致的投资增加几单位，$e = \dfrac{\Delta I}{\Delta Y}$。线性储蓄曲线 S 也是产出（收入）的增函数，即 $S = S_0 + sY$，其中 S_0 是自发性储蓄，s 是边际储蓄倾向，$s = \dfrac{\Delta S}{\Delta Y}$。

微观部分已经说明，当可能的产出水平大于 Y_0 时，市场机制会促使产出水平下降；当可能的产出水平小于 Y_0 时，市场机制会促使产出水平提高；当可能的产出水平等于 Y_0 时，这一产出水平倾向于维持下去，因此 Y_0 为均衡产出。这就是说，如果其他条件不变，产出将稳定地处于由储蓄曲线和投资曲线的交点指示的 Y_0 水平。均衡产出的稳定性与这两条曲线的斜率有关。在图 8-12 中，储蓄曲线的斜率大于投资曲线的斜率，即边际储蓄倾向于大于边际投资倾向 $\left(\dfrac{\Delta S}{\Delta Y} > \dfrac{\Delta I}{\Delta Y}\right)$。

如果投资曲线的斜率大于储蓄曲线的斜率，即边际投资倾向大于边际储蓄倾向（$\dfrac{\Delta I}{\Delta Y} > \dfrac{\Delta S}{\Delta Y}$），那么会出现一番怎样的景象呢？这种情况正如图 8-12（b）所示。假设产出处于两曲线的交点指示的水平 Y_0。当产出等于 Y_0 时，$I = S$，所以 Y_0 为均衡产出。但是这是一个不稳定均衡。如果产出从 Y_0 提高一些，则由于投资大于储蓄，产出水平倾向于提高。但是产出的扩张非但未缓解求大于供的矛盾，反而使求大于供的矛盾更加尖锐。于是产出持续扩张，直至形成通货膨胀缺口。

现在考察相反的情况。如果产出从 Y_0 降低一些，则由于储蓄大于投资（即供大于求），产出水平倾向于下降。但是产出的收缩非但未缓解供大于求的矛盾，反而使供大于求的矛盾更加尖锐。于是产出持续收缩，直至（从理论上看）产出收缩至零。

从图 8-12（a）看，产出处于稳定的均衡状态；从图 8-12（b）看，产出越来越远离均衡状态。理论上描述的这两种情况都与资本主义经济的实际运行相去甚远。可以设想：理论之所以与实际相悖，可能是由于将投资和储蓄简单化地处理成线性曲线的缘故。下面考虑非线性的投资曲线和储蓄曲线。

图 8-13 示意了非线性投资曲线 I。投资曲线向右上方倾斜，表示投资是产出的增函数。同时，投资曲线有斜率的变化，其基本特征是：

（1）当产出水平较低时，由于存在大量闲置的生产能力，产出增加只会引致投资较少的增加，即$\frac{\Delta I}{\Delta Y}$较小，投资曲线较平缓；

（2）随着经济的扩张，产出水平逐渐增加，闲置的生产能力逐渐减少，这时产出增加会引致投资较多的增加，即$\frac{\Delta I}{\Delta Y}$较大，投资曲线较陡峭；

（3）当产出水平较高时，由于生产的成本提高，产出增加只会引致投资较少的增加，即$\frac{\Delta I}{\Delta Y}$较小，投资曲线又趋平缓。

非线性储蓄曲线如图 8-14 所示。

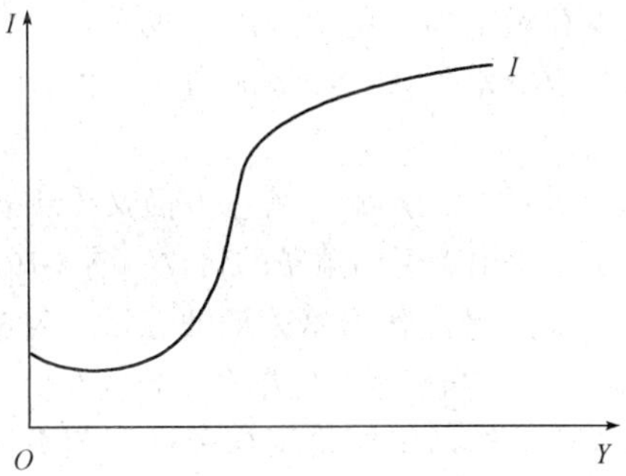

图 8-13　非线性投资曲线

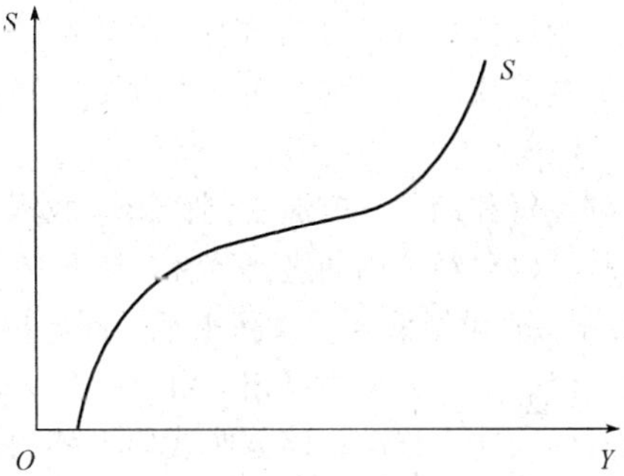

图 8-14　非线性储蓄曲线

在图 8-14 中，储蓄曲线 S 向右上方倾斜，表明储蓄是产出（收入）的增函数。储蓄曲线有斜率的变化。当产出（收入）水平较低时，随着产出（收入）的提高，由于谨慎动机占上风，储蓄大量增加，即边际储蓄倾向较高。当产出（收入）处于正常水平时，随着产出（收入）的提高，由于乐观心态逐渐处于主导地位，储蓄小幅增加，即边际储蓄倾向较低。而当产出水平较高时，由于价格上涨高于工资上涨，利润收入有了更大的提高，从而使储蓄率提高。总之，当产出（收入）水平较低时，边际储蓄倾向较高，即储蓄曲线较陡峭；当产出（收入）水平提高到较正常水平时，边际储蓄倾向较低，即储蓄曲线较平缓；当产出（收入）水平继续提高时，边际储蓄倾向较高，即储蓄曲线较陡峭。

二、均衡产出的决定

把非线性的投资曲线和非线性的储蓄曲线放在一起，可以考察均衡产出的决定。在图 8-15 中，虚线为储蓄曲线，实线为投资曲线。

若产出小于 Y_1，则因为 $I>S$（即求大于供），产出会扩张至 Y_1。若产出大于 Y_1 而小于 Y_2，

则因为 $S>I$（即供大于求），产出会收缩至 Y_1。可见，Y_1 是一个均衡产出水平。

若产出大于 Y_3，则因为 $S>I$（即供大于求），产出会收缩至 Y_3。若产出大于 Y_2 而小于 Y_3，则因为 $I>S$（即求大于供），产出会扩张至 Y_3。可见，Y_3 也是一个均衡产出水平。

若产出为 Y_2，则因为 $I=S$（即供求相等），产出将维持在 Y_2 水平，即 Y_2 为均衡产出水平。但是只要产出稍微有一点变化，产出就会偏离 Y_2。若产出在 Y_2 水平上增加一点，则因为 $I>S$，会导致产出持续扩张，越来越远离 Y_2；若产出在 Y_2 水平上减少一点，则因为 $S>I$，会导致产出持续收缩，也越来越远离 Y_2。所以，Y_2 是不稳定均衡产出。

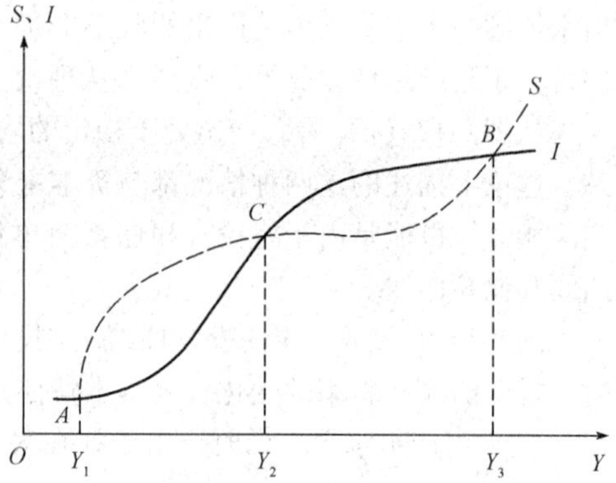

图 8-15　非线性影响下的稳定均衡与不稳定均衡

三、对经济周期的解释

前面已经说明，投资和储蓄受到产出（收入）水平非线性的影响；这里需要着重指出的是，投资和储蓄还受到资本存量的影响。资本存量作为已经转化为生产能力的投资对尚未进行的投资有负面影响，即资本存量增加使各个可能产出水平上的投资减少，投资曲线向下移动。同时，资本存量作为经济财富，对储蓄有正面影响，即资本存量增加使各个产出（收入）水平上的储蓄增加，储蓄曲线向上移动。而资本存量本身则随着投资水平从而经济活动（产出）水平的扩张而增加。

考虑到投资和储蓄一方面受到产出（收入）水平非线性的影响，另一方面又受到资本存量的影响，就可以对经济周期进行解释。图 8-16 表现了经济由繁荣向萧条的转化。图 8-16（a）与图 8-15 无异。假设经济处于较高水平，即产出处于 B 点，B 点代表繁荣期的谷顶，为短期稳定均衡产出。但是由上述说明可知，由于投资从而产出处于较高水平，资本存量较大。资本存量较大导致投资曲线向下移动，储蓄曲线向上移动。曲线移动的结果使稳定均衡点 B 与不稳定均衡点 C 靠近，这正如图 8-16（b）所示。两曲线进一步移动终于使投资曲线与储蓄曲线相切、稳定均衡点 B 与不稳定均衡点 C 重合（即 $C=B$）。在重合点附近，均有 $S>I$（即供大于求），于是引起经济收缩。持续的经济收缩使产出水平降至较低水平 A。A 为短期均衡产出，这正如图 8-16（c）所示，表示经济危机的谷底。

图 8-16 说明当经济达到繁荣时，由于产出（收入）对投资和储蓄的非线性影响和资本存量对投资和储蓄的双向影响，必然导致供过于求即普遍的生产过剩，从而必然导致经济的收缩过程。

而当经济处于危机阶段时，又会发生相反方向的变化。

图 8-17（a）表示当经济处于危机阶段时，由于资本存量下降，投资曲线上升，储蓄曲线下降，这样使原来重合的 B、C 点分开了。图 8-17（b）表示两曲线进一步移动，使不稳定均衡点 C 向稳定均衡点 A 靠近。图 8-17（c）表示两曲线进一步移动，终于使不稳定均衡点 C 和稳定均衡点 A 重合，投资曲线与储蓄曲线相切于 C、A 的重合点。这时，在重合点附近均有 $I>S$（即求大于供），于是导致经济扩张，在较高产出水平 B 点达到短期稳定均衡。B 点为经济繁荣的谷顶。

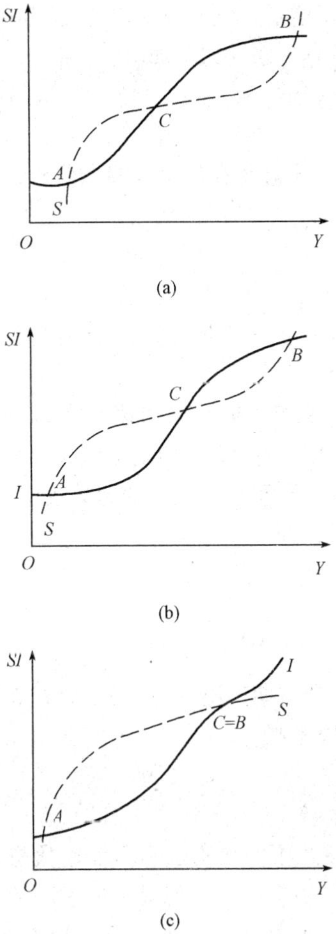

图 8-16 经济收缩过程

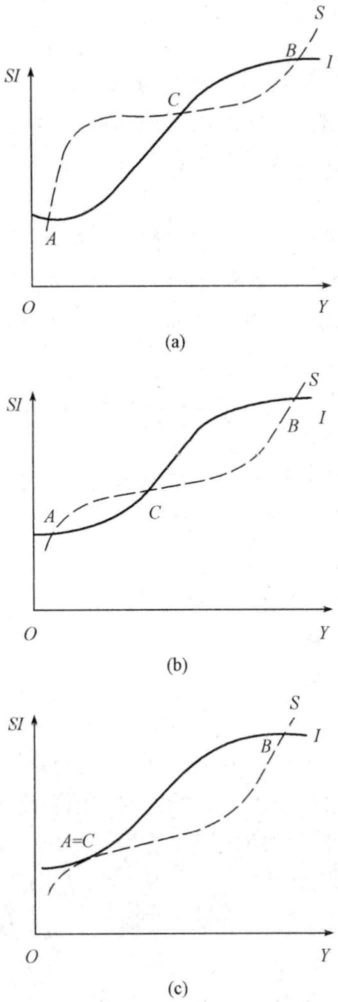

图 8-17 经济扩张过程

图 8-17 说明当经济处于危机阶段时，由于产出（收入）对投资和储蓄的非线性影响和资本存量对投资和储蓄的双向影响，必然导致求大于供，从而必然导致经济的扩张过程。

卡尔多的经济周期理论从经济体系的内部原因入手对经济周期进行了解释。卡尔多的经济周期理论的基本思想可以简述如下：由于产出（收入）和资本存量对投资和储蓄的综合影响，经济扩张至一定程度必然导致 $S>I$（即供大于求），于是引起经济收缩；经济收缩至一定程度必然导致 $I>S$（即求大于供），于是又引起经济扩张，因此经济产生周期性波动。

第十节 对经济周期的解释：乘数和加速数的交织作用

一、萨缪尔森的分析

在第二章曾给出乘数原理，其表达式为

$$\Delta Y = \frac{1}{1-C}\Delta I$$

乘数原理描述了投资增量对产出增量的影响。投资增量之所以对产出增量有倍数的影响，是因为投资增加会使产出（收入）增加，从而会使消费有一系列的增加。

消费是收入的增函数：

$$C = C_0 + cY$$

消费函数中的边际消费倾向 c 直接决定乘数的大小。不过，在那里是静态分析，即假定由投资增量引起的变化在很短时间内就完成了。

在本章第三节曾给出加速原理，其表达式为

$$I = a\Delta Y$$

该式表现了产出的增量反过来以一种加速的形式（式中 a 为加速数）影响投资。在那里也是一种静态分析。

本节正是利用投资增量以乘数形式影响产出增量以及产出增量以加速形式影响投资这两重效应的共同作用解释经济周期。和以前不同的是，本节采用了动态分析的方法，即考虑到一个经济变量对另一个经济变量的影响是在时间维度中发生的。下面建立乘数-加速数模型：

t 期的总产出倾向于处于与 t 期的总支出一致的水平，即

$$Y_t = C_t + I_t + G_t \tag{8-29}$$

其中消费函数为

$$C_t = C_0 + cY_{t-1}$$

式中，C_0 为 t 期的自发性消费，c 为边际消费倾向，Y_{t-1} 为前期产出（收入）。该式表明：当自发性消费以及边际消费倾向给定时，消费受前期收入水平的影响。

式（8-29）中的投资函数为

$$I_t = a（C_t - C_{t-1}） = a\Delta C_t$$

式中，a 为加速数，C_t 为本期消费，C_{t-1} 为前期消费。该式表明投资水平为加速数与消费增量之积。该式与第六章的表达式（$I_t = a（Y_t - Y_{t-1}） = a\Delta Y$）稍有区别，但只要考虑到消费与收入之间密切的联系，就可以知道，其实二者之间并没有什么本质的不同。投资函数也可以写成：

$$I_t = a（cY_{t-1} - cY_{t-2}） = ac（Y_{t-1} - Y_{t-2}）$$

式（8-29）的政府购买 G_t 可视为常数，于是式（8-29）可以展开为：

$$Y_t = C_0 + cY_{t-1} + a（C_t - C_{t-1}） + G_t \tag{8-30}$$

或者

$$Y_t = C_0 + cY_{t-1} + ac（Y_{t-1} - Y_{t-2}） + G_t \tag{8-31}$$

式（8-30）或式（8-31）就是所要推导的乘数-加速数模型。式（8-31）表明：一方面，产出增量加速影响投资，即 $ac（Y_{t-1} - Y_{t-2}）$；另一方面，投资不仅直接影响产出，而且通过影响消费间接地影响产出，即 cY_{t-1}。正是由于加速效应和乘数效应的共同作用，总产出呈上下波动。下面举例说明。

假设 $c = 0.5$、$a = 1$、$G = 1$、$C_0 = 0$ 且 $Y_0 = Y_{-1} = 0$，则

$Y_1 = 0.5 \times 0 + 1 \times 0.5 \times（0 - 0） + 1 = 1$

$Y_2 = 0.5 \times 1 + 1 \times 0.5 \times（1 - 0） + 1 = 2$

$Y_3 = 0.5 \times 2 + 1 \times 0.5 \times（2 - 1） + 1 = 2.5$

$Y_4 = 0.5 \times 2.5 + 1 \times 0.5 \times（2.5 - 2） + 1 = 2.5$

$Y_5 = 0.5 \times 2.5 + 1 \times 0.5 \times（2.5 - 2.5） + 1 = 2.25$

$Y_6=0.5\times2.25+1\times0.5\times(2.25-2.5)+1=2$

$Y_7=0.5\times2+1\times0.5\times(2-2.25)+1=1.875$

$Y_8=0.5\times1.875+1\times0.5\times(1.875-2)+1=1.875$

$Y_9=0.5\times1.875+1\times0.5\times(1.875-1.875)+1=1.9375$

$Y_{10}=0.5\times1.9375+1\times0.5\times(1.9375-1.875)+1=2$

$Y_{11}=0.5\times2+1\times0.5\times(2-1.9375)+1=2.03125$

$Y_{12}=0.5\times2.03125+1\times0.5\times(2.03125-2)+1=2.03125$

$Y_{13}=0.5\times2.03125+1\times0.5\times(2.03125-2.03125)+1=2.015625$

$Y_{14}=0.5\times2.015625+1\times0.5\times(2.015625-2.03125)+1=2$

根据计算结果制得表 8-8。

表 8-8　计算结果

t	C_t	I_t	G_t	Y_t	
1	0	0	1	1	扩张
2	0.5	0.5	1	2	
3	1	0.5	1	2.5	
4	1.25	0.25	1	2.5	
5	1.25	0	1	2.25	收缩
6	1.125	-0.125	1	2	
7	1	-0.125	1	1.875	
8	0.937 5	-0.062 5	1	1.875	
9	0.937 5	0	1	1.937 5	扩张
10	0.968 75	0.031 25	1	2	
11	1	0.031 25	1	2.031 25	
12	1.015 625	0.015 625	1	2.031 25	
13	1.015 625	0	1	2.015 625	收缩
14	1.007 812 5	-0.007 812 5	1	2	

解释如下：

第 1 年的产出为 1，使第 2 年的消费为 0.5。由于消费增量为 0.5，而加速数为 1，所以第 2 年的投资为 0.5。这样，第 2 年的产出为 2，处于经济的扩张阶段。

第 2 年经济增长导致第 3 年的消费增至 1。由于消费的增量与第 2 年相同，第 3 年的投资不变，仍为 0.5。这样，第 3 年的产出在第 2 年扩张的基础上继续扩张至 2.5。然而，投资的停滞使第 3 年的经济扩张受到了一定的限制，而且使经济扩张过程出现了收缩的因素。

第 3 年经济扩张导致第 4 年的消费增至 1.25。由于消费的增量下降了，第 4 年的投资下降至 0.25。消费的增加与投资的下降恰好抵消，第 4 年的产出维持第 3 年的水平，仍为 2.5。这就是说，由于乘数和加速数的作用，在经济的扩张中同时潜伏着收缩的因素，经济的扩张终于在第 3 年、第 4 年达到了它的谷顶。

第 4 年经济停滞使第 5 年的消费仍维持上年水平 1.25。消费停滞导致投资下降为零。于是第 5 年成为经济收缩的第一年，产出下降至 2.25。

第 5 年经济收缩使第 6 年的消费下降至 1.125。消费下降造成负投资 -0.125。于是第 6 年产出继续收缩至2。

第6年经济收缩使第7年的消费继续下降至1。由于消费量的下降与上年相同，所造成的负投资也同于上年（为-0.125）。因此第7年总产出继续下降至1.875。

第7年经济收缩使第8年的消费继续下降至0.937 5。由于第7年产出的下降（2-1.875=0.125）小于第6年产出的下降（2.25-2=0.25），第8年消费的下降（1-0.937 5=0.062 5）小于第7年消费的下降（1.125-1=0.125），从而第8年的负投资减少至-0.062 5。消费下降的减缓和负投资的减少终于遏制了经济收缩的势头，于是第8年总产出维持上年水平（1.875）不变。第7年、第8年经济收缩至谷底。

第8年的产出维持不变使第9年的消费维持不变。这又导致第9年负投资终于停止，第9年投资为零，于是第9年产出终于回升至1.937 5。又一轮的经济扩张开始了……

萨缪尔森模型就是这样用宏观经济学中两个重要的原理（乘数原理和加速原理）高度概括地对经济周期进行了解释。该模型着重指出：即使在边际消费倾向和加速数保持不变的情况下，一个经济也会自动地呈上下波动。

在萨缪尔森模型中，经济波动的类型取决于边际消费倾向和加速数的取值，见表8-9。

表8-9　边际消费倾向和加速数对经济波动的影响

t	$c=0.5$ $a=0$	$c=0.5$ $a=2$	$c=0.6$ $a=2$	$c=0.8$ $a=4$
1	1	1	1	1
2	1.5	2.5	2.8	5
3	1.75	3.75	4.84	17.8
4	1.875	4.125	6.325	56.2
5	1.937 5	3.437 5	6.625 6	169.84
6	1.968 8	2.031 3	5.303 7	500.52
7	1.984 4	0.914 1	2.595 9	1 459.592
8	1.992 2	-0.117 2	-0.691 8	4 227.704
9	1.996 1	0.214 8	-3.603	12 241.121 6

第一种类型（$c=0.5$，$a=0$）是产出按一个递减的比率上升，逐渐接近均衡水平。产出没有呈现上下波动。

第二种类型（$c=0.5$，$a=2$）产出上下波动，但振幅逐渐减弱。

第三种类型（$c=0.6$，$a=2$）产出上下波动，其振幅越来越大，呈现为一种爆发型波动。

第四种类型（$c=0.8$，$a=4$）是产出按递增的比率无限扩张，也不呈现出上下波动。

对经济周期类型的划分进一步说明了边际消费倾向和加速数在经济周期形成过程中所起的重要作用。

二、希克斯的分析

希克斯以萨缪尔森的分析中爆发型波动的模型为基础，并且考虑了经济波动的上限和下限，从而把乘数-加速数经济周期模型的研究推进了一步。希克斯的分析可以用图8-18简略地加以介绍。

图8-18横轴是时间，纵轴是产出及投资。投资分为自发投资和引致投资。自发投资是在时

间序列中以不变的增长率长期稳定增长的投资。图 8-18 中 *AA* 曲线即为自发投资曲线。而引致投资是指由短期产出变动或其他因素引发的投资。

自发投资通过乘数和加速数决定产出的增长。若假定乘数和加速数是稳定的，则由稳定增长的自发投资所决定的产出增长也是稳定的、均衡的。图 8-18 中 *EE* 即为均衡产出增长曲线。

图 8-18 中 *CC* 曲线为经济波动的上限，由经济的充分就业所决定。由图 8-18 可见，经济波动的上限即充分就业产出在时间序列中稳定增长。*FF* 曲线为经济波动的下限。

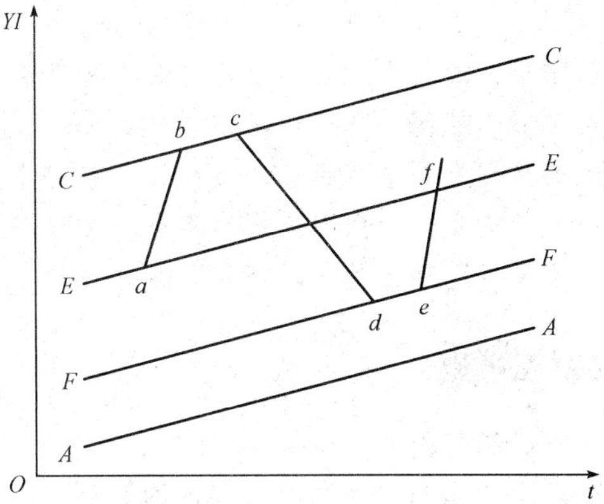

图 8-18　希克斯的经济波动模型

假设经济初始处于 *a* 点。假设某种创新或其他因素导致投资超常扩张。在乘数和加速数的共同作用下，超常扩张的投资导致产出的增长不是沿着 *EE* 均衡增长曲线，而是沿着更为陡峭的 *ab* 曲线超常地扩张。

由于受到充分就业的限制，经济扩张至 *b* 点时未能保持原有的增长率继续扩张，只能按照固有的较低的充分就业产出增长率继续扩张。于是经济由 *b* 点扩张至 *c* 点。

经济增长率下降，在乘数和加速数的作用下，必然导致经济的收缩，于是产出沿着 *cd* 曲线下降。

在产出持续下降的同时，投资也持续下降。可以想见，在投资持续下降过程中，投资水平经历了大于零、等于零、小于零的变化。假设当产出下降至 *d* 点时，由加速原理所决定的负投资为 500，而年资本损耗为 100，因此实际负投资只能为 100（其意为企业不为价值 100 的资本损耗进行更新投资）。这就是说，当产出降至 *d* 点时，加速原理不起作用了，起作用的只有乘数原理。前已假定，自发投资稳定增长。在仅有乘数效应的情况下，自发投资稳定增长导致产出按一种较低的增长率稳定增长。*FF* 曲线就是表示这样一种产出按较低的增长率稳定增长的曲线。于是，当产出下降至 *d* 点时，经济收缩的势头终于被遏制，产出沿着 *de* 曲线低速增长。

假设当产出低速扩张至 *e* 点时，出现了创新或其他有利的扩张因素。这将导致引致投资迅速扩张。在乘数和加速数的作用下，产出偏离 *FF* 低速增长路线，而沿着更为陡峭的 *ef* 曲线开始了又一轮的超常扩张。

希克斯模型就是这样在加速原理和乘数原理以及爆发型波动模型的基础上，考虑到充分就业所形成的波动上限和固定资本损耗所形成的波动下限两个因素，对经济周期波动现象给予了更进一步的解释。

本章小结

西方学者对经济发展的研究可以区分为两个类别。一个类别是发展经济学，它从事第三世界国家的长期经济发展的研究；另一个类别被称为经济增长论，它探索发达国家的经济发展的途径，即本章所论述的内容。

经济增长是指一个经济产量的增加，其中产量既可以表示为经济的总产量，也可以表示为人均产量。经济增长的程度可以用增长率来描述。在新古典增长模型的稳定状态下，人均收入增长率仅由外生的技术进步率决定。在新古典增长模型中，储蓄率的增加不能影响到稳态增长率，但确实能提高收入的稳态水平。在新古典增长模型中，人口增长率的上升增加了总产量的稳态增长率。

资本的黄金律水平是指使稳态人均消费量达到最大化的资本量。其条件是资本的边际产品等于劳动的增长率。内生增长理论试图解释在新古典增长模型中作为外生变量的技术进步变量。有关的模型试图解释通过研究与开发创造知识的决策。

经济周期是指实际总产出和就业相对于它们潜在水平的波动。西方经济周期理论众多，但可分为两大类，即内因论和外因论。内因论中较有影响的理论是乘数-加速数模型，外因论中目前较有影响的理论是实际经济周期理论。

复习思考题

一、简答题

1. 说明经济增长与经济发展的关系。
2. 经济增长的源泉是什么？
3. 什么是新古典增长模型的基本公式？它有什么含义？
4. 在新古典增长模型中，储蓄率的变动对经济有哪些影响？
5. 在新古典增长模型中，人口增长对经济有哪些影响？
6. 推导某一时期总产量、人均产量和人口这三者的增长率之间的关系。
7. 说明实际经济周期理论。

二、计算题

1. 在新古典增长模型中，人均生产函数为 $y=f(k)=2k-0.5k^2$，人均储蓄率为0.3，人口增长率为0.03，求：

(1) 使经济均衡增长的 k 值。

(2) 与黄金律相对应的人均资本量。

2. 设一个经济的人均生产函数为 $y=\sqrt{k}$。如果储蓄率为28%，人口增长率为1%，技术进步速度为2%，折旧率为4%，那么该经济的稳态产出为多少？如果储蓄率下降到10%，而人口增长率上升到4%，这时该经济的稳态产出为多少？

3. 已知资本增长率 $g_k=2\%$，劳动增长率 $g_l=0.8\%$，产出增长率 $g_y=3.1\%$，资本的国民收入份额 $a=0.25$，在这些条件下，技术进步对经济增长的贡献为多少？

4. 设一个经济中的总量生产函数为 $Y_t=A_tf(n_t, k_t)$，其中 Y_t、n_t 和 k_t 分别为 t 时期的总产量、劳动投入量和资本投入量，A_t 为 t 时期的技术状况。试推导经济增长的分解式，并加以解释。

5. 在新古典增长模型中，总量生产函数为 $Y=F(K, L)=K^{\frac{1}{3}}L^{\frac{2}{3}}$。

(1) 求稳态时的人均资本量和人均产量；

(2) 用这一模型解释“为什么我们如此富裕，而他们那么贫穷”；

(3) 求出与黄金律相对应的储蓄率。

6. 设在新古典增长模型的框架下，生产函数为 $Y=F(K, L)=\sqrt{KL}$。

(1) 求人均生产函数 $y=f(k)$；

(2) 若不存在技术进步，求稳态下人均资本量，人均产量和人均消费量。

7. 在新古典增长模型中，已知生产函数为 $y=2k-0.5k^2$，y 为人均产出，k 为人均资本，储蓄率 $s=0.1$，人口增长率 $n=0.05$，资本折旧率 $\delta=0.05$。试求：

(1) 稳态时人均资本和人均产量；

(2) 稳态时人均储蓄和人均消费。

第九章

20 世纪经济学学科的发展

20 世纪以来，西方经济学发展迅速，其分支学科不断取得进展，形成了一个庞大的学科体系。本章介绍与理论经济学发展较为密切的八个经济学学科，使读者在对西方理论经济学认知的基础上，进一步了解现代经济学的发展状况。

第一节　20 世纪经济学学科的发展概述

在 17 世纪以前，人们对社会生产、消费、交换和分配还大多处于初始的、表面现象的认识阶段，只存在以个别观点、政策建设等形式表现出的零散的、简单的经济思想。17 世纪中叶以后，随着资本主义生产方式的产生和发展，具有特定研究对象、研究方法和概念范畴的经济理论体系逐渐产生并发展起来。到 19 世纪末 20 世纪初，社会经济的迅速发展和社会分工的不断扩大，使分门别类地研究社会经济关系成为必要，农业经济学、管理经济学、人口经济学等经济学分支开始从原有的经济学理论体系中分离出来。进入 20 世纪以后，特别是在第二次世界大战以后，各种经济学分支迅速发展，并逐渐形成了一个庞大的经济学学科体系。

现代经济学学科体系大致可以分为四大门类。

（1）理论经济学。其中包括：政治经济学或经济学（其按阶级属性又可分为资产阶级经济学和马克思主义经济学，按研究范围又可分为微观经济学、宏观经济学、中观经济学等）；生产力经济学；经济学说史；世界经济学；国际经济学等。

（2）部门经济学。其中包括：物质生产部门的工业经济学、农业经济学、基本建设经济学、交通运输经济学等；非物质生产部门的劳务经济学、旅游经济学、文化经济学、体育经济学、教育经济学等；流通部门的商业经济学、贸易经济学、物流经济学、货币银行学等。

（3）应用经济学。其中包括：会计学、统计学、管理经济学、财政学、金融学、技术经济学、劳动经济学、国土经济学、房地产经济学、经济政策学、特区经济学等。

（4）交叉或边缘学科。其中包括：经济史、经济地理学、经济心理学、生物经济学、生态经济学、环境经济学、经济控制论等。

在现代经济学学科体系中，理论经济学是其他学科的核心或基础，它提供对社会经济关系的基本认识和经济分析的基本方法或工具。或者说，将理论经济学运用于社会经济各部门或各个方面，形成了部门经济学、应用经济学，将理论经济学与其他自然科学和社会科学理论共同运用于社会经济研究，形成了交叉或边缘学科。随着研究的深入，各部门经济学、应用科学还不断演化出更多的子分支，比如，农业经济学中分离出林业经济学、畜牧业经济学、水产经济学、农业经营学等，工业经济学中分离出工业技术经济学、工业经济结构学、工业经济效果学、工业心理学、工业美学等，运输经济学中分离出铁路运输经济学、公路运输经济学、水路运输经济学、航空运输经济学等，地区经济学中分离出山区经济学、边疆经济学、特区经济学等。

在现代经济学学科体系中，许多学科实际上兼有两种或更多的分科属性。比如，教育经济学、卫生经济学，既可以看作部门经济学，又可以看作交叉或边缘学科。这反映了经济学科研究内容存在着互相的渗透和交叉。

以下分别简要介绍与理论经济学发展较为密切的八个经济学学科。

第二节　经济管理学和经济计量学

一、经济管理学

管理科学在西方又称为管理中的数量派，可看作运筹学（或译为作业研究）的同义词。它的渊源可以追溯到20世纪初或更早，但正式成为一个管理学派，是在第二次世界大战以后。一般来说，管理科学就是指通过制定和运用数学模型来进行管理，用数学符号和公式来表示计划、组织、控制、决策等合乎逻辑的程序，然后求出最优的解，以达到企业的目标。

从广义的角度来解释管理科学，可以把它看作有关管理的科学。凡有关管理的科学都可以叫作管理科学，古典管理理论、行为科学理论以及当代的各种管理理论都可以看作管理科学的范畴。这里主要介绍管理科学的一个分支——经济管理科学，即在经济管理中应用科学的原理、方法和工具。

1. 科学管理理论

科学管理理论是管理学中的一个重要分支，其发展经历了一个非常漫长的过程，在这个漫长的过程中，科学管理理论不断发展与完善，并且日益与社会科学技术的进步相结合。科学管理理论的发展过程可以划分为三个主要阶段：早期研究阶段；民用化阶段；繁盛阶段。

管理科学的正式形成虽然是在第二次世界大战以后，但其渊源可追溯到泰罗的科学管理或更早的巴贝奇等人的管理。管理科学与科学管理在许多基本原理上具有共同点。科学管理要求找出一种“最好的方法”，管理科学则要求“最优化”。科学管理用甘特图作为管理的一种工具，管理科学则用从甘特图发展而来的计划评审网络图等作为管理的工具。

管理科学有关理论的雏形最早出现在第一次世界大战期间，使用复杂的数学模型应用于用传统办法难以实现对大量数据的处理，且大多数数学定量分析方法都与军事应用有关。这些早期的研究，为管理科学以及运筹学的最终形成打下了基础。

管理科学在第二次世界大战中的成功应用为它的繁荣奠定了基础。但这段时间的研究更多地集中于运筹学的研究，因此这一阶段又可看作运筹学的繁盛时期。首先出现的是研究从军事转向民用的高潮。第二次世界大战后，在英国，运筹学小组把在战时研究“以有限资源去获得最大效果”的经验和方法移植到治愈英国的战争创伤和恢复经济上。后来在英国实行工业国有化和重建大部分国家工业机构的过程中，由于许多新的管理问题需要解决，因而也要求采用新的方法。这就使得运筹学在英国民用工业部门的推广应用加快。特别是进入20世纪50年代后半期以后，出现了一个快速增长的局面。

20世纪60年代，随着民用化浪潮的掀起，对管理科学的理论研究也处于不断进步阶段，在数学模型的建立和求解方法等方面都取得了许多新的进展，但在实际应用方面的发展则较为缓慢。在这一时期，管理科学逐渐形成自己的体系：管理科学的根基是解决问题的科学方法；管理科学的主干由使变量和关系数量化的特殊技巧构成；而顶端则是出于预测和控制目的而代表变量及其关系的模型，它囊括了诸如统计学、线性规划、排队论、博弈理论、决策树、运输方法、蒙特·卡罗法以及模拟装置等技巧。统计及概率理论有助于质量控制中的抽样和其他事务；线性规划及其特殊技巧有利于在给定的限制条件下选择合宜的行动路径；排队论使成本与机器和其他设备的服务取得了平衡；通过博弈理论能很好地理解竞争战略；通过计算机并应用概率论可以模拟资本兼并；通过建立数量模型，可以检测一个或多个变量乃至整个模型在变动时产生的影响。

到了20世纪70年代，管理科学的发展重点又转向实际应用。随着大批从大专院校毕业的专门人才进入工商业界，管理科学的应用更加广泛，成效更加显著。由于在理论上继续进行研究和探讨，在实践中注意应用和总结这方面的经验，所以这方面的书刊也日益增多。在西方，这方面的定期刊物数以百计，书籍也层出不穷。目前，不仅在美国和欧洲，而且在澳大利亚、日本、印度和以色列等国，许多工商企业、政府、军事部门等都拥有相当规模、组织完善的管理科学（运筹学）机构，作为高级决策部门的参谋机构，并对管理科学进行广泛的研究和传播。但是也有些管理学家认为管理科学过于偏重数量分析，未能同管理中的实际问题更紧密地结合起来，因而未能充分发挥其应有的巨大潜力。

当前，计算机技术和网络技术在不断地发展和进步，并逐渐渗透到社会经济生活的方方面面，因此，在管理科学的一些方法中也开始采用这些先进的技术，并在应用方面取得了比较大的成就。与计算机技术和网络技术的进一步结合是管理科学发展的必然趋势。

2. 经济管理学中的主要方法

（1）决策理论。这一理论的核心是根据未来事件出现的可能性，得出近似的结论，帮助管理人员做出决策。决策理论的内容很多，其中最具影响力的是决策树。决策树实质上是将概率逻辑地应用在决策选择中的一种图解方法。之所以叫作决策树，是因为这种图解看起来像一棵躺倒的树。树根是起始决策点，它的分支从第一个随机事件开始，每个随机事件产生两个或更多的结果。其中某些结果又导致了别的随机事件和后续决策点。

（2）网络计划方法。网络计划方法是指通过网络图的形式，反映和表达计划的安排，并据此选择最优方案，组织、协调和控制工作的进度和费用，以便达到预定的目标，是提高管理水平和经济效益的有效方法。它的应用范围很广，特别适用于一次性的项目，如新产品研制、油田开发、管道施工、大型工程建设、设备维修等。其运用的主要方法有计划评审法和关键路径法。

（3）线性规划。线性规划主要用来研究对现有资源（物力、财力、人力等）如何进行统一分配，全面安排、合理调度或最优设计等问题。这些问题一般都可归纳为在满足既定的要求下，按某一衡量指标来寻找最优方案的问题。由于线性规划的理论和方法比较成熟，加上电子计算机的高速发展，使得它在实践中的应用范围越来越广，而且取得了较好的效果。

（4）运输方法。运输方法主要用来研究从一些货源地到另一些目的地的最优运输方法问题。经过适当修改后，它还可用来解决一些与运输毫无关系的问题，如向机器分派任务的问题等。

(5) 动态规划。动态规划是对线性规划的一个补充，它在线性规划中引入了时间因素，从而打破了线性规划中的静态性。动态规划用于解决包含与时间相关联的变量的问题。

(6) 马尔可夫分析。马尔可夫分析它是通过分析几种变量现时运动的情况来预计这些变量未来运动情况的一种方法。它源于马尔可夫（A. A. Markov）对连成链的试验序列的研究，也源于企图用数学描述物理现象的布朗运动。

(7) 排队论。排队论又称为随机服务系统理论，主要研究排队现象的统计规律性，并用以指导随机服务系统应如何合理地设计与控制，以达到既能满足顾客需要，又能使费用最省的目标。排队论的研究起源于20世纪初，第二次世界大战期间及战后，排队论趋于完善，并被广泛地应用于交通运输、港口泊位的设计、机器维修、库存控制和服务系统等许多方面。

(8) 模拟。模拟又称为仿真，就是建立一个表示客观事物的抽象模型，并对模型进行试验，以观察客观事物的运动变化情况。模拟主要包括运筹对策法、蒙特·卡罗法、系统模拟法等。其应用极为广泛，除了用来解决企业的库存控制、生产调度、设备维修与更新等问题外，还用来模拟整个企业的活动过程，以便培训管理人员。

(9) 对策论。对策论又称为博弈理论或竞赛理论，是指运用数学方法来描述和研究带有对抗性质的对策模型，并在已知竞争或对抗的各方全部可采取的策略，而不知他方如何决策的情况下，给竞争或对抗各方提供最优决策，以便战胜对方。

(10) 目标规划。目标规划是线性规划的一种特殊应用，能够处理单个主目标与多个次目标并存，以及多个主目标与多个次目标并存的问题。企业管理中经常碰到多目标决策的问题，企业拟订生产计划时，不仅要考虑总产值，而且要考虑利润、产品质量和设备利用率等。有些目标之间往往相互矛盾，例如，企业利润可能同环境保护的目标相矛盾。如何统筹兼顾多种目标，选择合理的方案，是一个十分复杂的问题。应用目标规划能较好地解决这类问题。目标规划的应用范围很广，包括生产计划、投资计划、市场战略、人事管理、环境保护、土地利用等。

二、经济计量学

经济计量学是一门运用数理统计和经济统计方法，从数量方面研究物质资料的生产、分配、交换、消费等经济活动及其运动规律的应用学科。

经济计量学运用统计方法及其他数学方法，对各种具体的实际的经济数据和经济现象进行分析、估计、检验、预测，得出相应的数量规律，做出定量描述。经济计量学本身并不能证明经济变量之间存在某种特定的、普遍适用的、内在的、本质的、必然的联系。

利用数学方法研究经济问题可以上溯到17世纪。从英国经济学家威廉·配第的《政治算术》开始，数学就是经济理论研究中不可缺少的重要工具。但是直到20世纪初，经济学中使用的数学方法还是基本局限于数学分析、差分方程、线性代数等精密数学方法，尤其以数学分析为主。由于经济统计资料都是按照一定时期或按不同部门不同类别采集或发表的，也就是说，经济统计数据是非连续变量，不满足数学分析中要求变量应具备连续可导的基本条件，因此从本质上讲，数学分析方法不太适用于经济数量分析，而统计学等模糊数学方法才比较适用于经济数量分析。这就是经济计量学与数量经济学的重大区别。

经济计量学在发展过程中经历了三个发展阶段。

1. 经济计量学的初期发展阶段

从19世纪末到20世纪初，随着生产规模的不断扩大，资产阶级亟须了解市场供给与需求状况，以获得高额垄断利润。为适应这种需要，新古典经济学派的代表人物马歇尔提出了局部均衡理论。这种理论认为，每种商品的供给与需求关系是独立的，一种商品的价格只受自身供给关系的影响，而不受其他种类商品的供求和价格的影响，这种供求关系决定了这种商品的均衡价格。这个时期的经济学家希望找到一种研究供求曲线形式的数学方法，尤其是分析需求曲线。为了对世界市场需求中的大量经济数据进行有效分析，客观上需要利用一种数学方法分析经济问题。经济计量学顺应这种社会需要迅速发展起来。

在这个时期，虽然统计学方法已经得到利用，但是还没有经济计量学这个学科名称。1926 年，弗里希第一次提出经济计量学这个学科名称，他认为："用数学方法探讨经济学可以从很多方面入手，但是任何一方面都不能与经济计量学等同起来。不能把经济计量学看作经济统计学，也不能把经济计量学等同于一般经济理论，尽管经济理论中通常要有数量分析，经济计量学也不应该视为数学应用于经济学。经验表明，统计学、经济理论和数学这三方面对于理解经济生活中的数量关系都是必要条件，但不是充分条件。三方面结合起来才构成经济计量学。"

弗里希的这段话，在经济计量学界有相当大的影响，代表了西方国家很多经济学家对经济计量学学科性质的看法，其实质是把经济计量学看作西方经济学的一个分支学科。

2. 系统研究阶段

从 20 世纪 40 年代至 70 年代，经济计量学的研究对象逐步扩展到宏观经济学领域。综合研究需求与供给问题，必然涉及全社会的总供给与总需求的平衡。在这方面的基础理论是洛桑学派代表人物瓦尔拉斯提出的一般均衡理论。这种理论认为，一种商品的价格变化，不仅受这种商品本身的供求关系的影响，而且也受其他商品的供求关系的影响，一种商品的价格与供求关系不能单独确定，只有所有商品的价格与供求都达到均衡状态时，才能确定每一种商品的价格与供求的均衡状况。这种理论的实质，是把社会经济作为一个完整的系统来研究。

另一种系统研究方法是投入产出分析方法。早期经济计量学的研究范围与现在经济计量学的研究范围不同。现在的投入产出分析方法和运筹学是与经济计量学并列的研究方法，并不从属于经济计量学。而早期的经济计量学则等同于经济数学方法，既包括可以用于经济研究的各种数学方法，又包括投入产出方法和运筹学，可以看作广义的经济计量学。早期的经济计量学教科书中大多包括投入产出分析的内容。

苏联经济学家里昂惕夫在 1925 年第一次公开阐述了投入产出法的基本思想。由于投入产出法是第一个实用的经济系统分析方法，所以在经济学界引起了很大反响。第二次世界大战后，很多国家的政府部门和经济学家投入大量人力、物力，用投入产出法研究经济问题。由于这个原因，里昂惕夫不仅获得了诺贝尔经济学奖，而且被不少经济学家称为"投入产出之父"。经济学家康托洛维奇出版的《生产组织和计划中的数学方法》一书和数学家冯·诺依曼的论文《对策论与经济行为》，将运筹学方法用于研究经济中的优化、决策和对策等问题。运筹学是一种系统的数学研究方法，早期的经济计量学就包括了运筹学。

1929—1933 年的经济危机使主要资本主义国家生产力下降了 40%，1933 年美国失业人数达到 1 400 万人。马歇尔的经济理论认为，物价下跌与需求上升同时存在，利率下降必然刺激投资上升，但是无情的现实与马歇尔的预言恰恰相反。失业使需求减少、物价下跌，物价下跌又使企业亏损。虽然这时可以从银行获得低息贷款，但是谁也不愿投资生产。因为大量的积压产品无法卖出，再投资只能导致产品生产更加过剩，带来更大的亏损。由于投资需求和消费需求严重不足，资本主义经济的"自动调节"机制失灵了，马歇尔理论陷入困境。

凯恩斯用有效需求不足的理论否定了新古典经济学的理论，积极主张政府干预经济。此后凯恩斯理论成为占主导地位的资产阶级经济学理论。主要资本主义国家的政府逐步采纳了凯恩斯理论。政府要干预经济活动，就必须分析实际经济变量之间的联系，由此推动了经济计量学的研究和发展。经济学家把凯恩斯的宏观经济理论数量化，用宏观经济计量模型进行政策评价、经济模拟和经济预测。20 世纪 40 年代初，弗里希、丁伯根和丁特纳等人开创了现代经济计量学的新领域，用联立方程研究对需求与供给两方面的问题进行综合考虑。

3. 纯数学方法研究阶段

传统的经济计量学理论要求所观察的变量满足经典假设条件，即要求观察值是相互独立的，具有同方差性，不存在序列相关，要求大样本，要求渐近正态分布、一致性等一系列严格的假设条件，使得分析的准确性大大降低，适用范围变小，甚至无法用于经济分析。如何在不满足这些条件的情况下进行统计分析，成为经济计量学发展的新课题。

20 世纪 40 年代，经济计量学进入以数学方法研究为主的时期，到 20 世纪 50 年代，经济计量学的学科体系基本建立起来，并且不断系统化、完善化，经过众多数学家的努力，20 世纪 60 年代以后，非线性模型理论及贝叶斯方法日趋完善，成为经济计量学的重要组成部分。

到 20 世纪 70 年代，经济学家又发展了时间序列分析的基本理论。近几十年来，时间序列分析已经逐步成为经济计量学中的一种重要分析方法，同时也表明经济计量学不再是经济学的分支学科。这一时期经济计量学取得了巨大的进步，这种进步不是经济理论的发展，而是数学的发展。随着经济计量学的发展，越来越反映出这门学科的本质：它不依赖于任何经济学理论，只是一门应用数学。

经过 100 多年的发展，经济计量学已经成为在经济学中得到广泛应用的不可缺少的数学工具。目前，非线性模型、贝叶斯方法、时间序列方法、定性反应模型、离散选择模型、受限因变量模型、面板数据模型、自选择模型、持续模型、小样本理论等数学模型和方法成为经济计量学中的重要内容和十分活跃的前沿领域。虽然经济计量学不再是经济学的分支学科，但是它对经济学的发展和应用起着越来越重要的作用。

第三节　发展经济学和比较经济学

一、发展经济学

发展经济学是第二次世界大战后形成的一门新兴的综合性、应用性很强的经济学科。它以发展中国家的经济问题为研究对象，研究发展中国家如何摆脱贫穷落后的局面，走向现代化。第二次世界大战之后，世界政治和经济格局发生了重大变化，其中最深刻的变化之一是殖民体系瓦解，一大批新兴民族独立国家在原来的殖民地、半殖民地上建立起来。虽然这些国家选择了不同的政治制度，其国土面积、资源禀赋、人口多少甚至历史文化传统、宗教习俗等方面都有所不同，但是这些国家具有的共同特征是经济不发达，人均收入水平低下，独立后面临的首要任务是发展经济，因此发展经济学应运而生。

1. 发展经济学理论的演变

（1）第一阶段是 20 世纪 40 ~ 60 年代占统治地位的“线性阶段模式”。这个时期的发展经济学主要是由西方经济学家或是在西方接受教育的经济学家建立的。事实上，经济学界对于发展中国家的出现并没有理论和思想上的准备，对发展中国家的历史和现状也知之甚少，所具有的是战后“马歇尔计划”帮助欧洲重建及发达国家自身工业化的经验。因此，经济学家利用西方经济学的一般原理，结合发达国家工业化的经验，提出了解决不发达国家问题的理论。该阶段的理论特征是强调资本形成的重要性，重视经济增长指标，认为有了经济增长就有了一切。由于把不发达问题简单地归结为因果联系的链条，认为经济发展就是由一个阶段向另一个阶段转变的线性过程，故称为“线性阶段模式”。

这个阶段的主要代表人物是雷格纳·纳克斯（Ragnar Nurkse）和沃尔特·惠特曼·罗斯托（Walt Whitman Rostow）。纳克斯认为，发展中国家贫困的根源在于人均收入水平低下，由于人均收入水平过低，在供给和需求两方面使发展中国家陷入了难以突破的恶性循环。首先，从供给方面来看，人均收入低意味着居民将绝大部分收入用于消费，因此储蓄水平低，从而导致资本稀缺，资本形成不足，生产规模难以扩大，生产率难以提高。低生产率又引起低增长率，进而引起又一轮的低收入；其次，从需求方面来看，人均收入水平低使得居民购买力较低，引致投资不足，使资本难以形成，生产率无法提高，产出低下，收入无法提高。更严重的是，这两个怪圈结合在一起，相互作用，更难打破。例如，即使有了投资引诱，也可能缺乏储蓄用于投资，或者有了储蓄，却缺乏投资引诱来消化储蓄，从而发展中国家长期处于经济停滞和贫穷的困境中。纳克斯认为打破恶性循环的唯一途径就是从外部大规模注入资本，即大规模促进资本的形成。

罗斯托根据英、美等发达国家的发展历史，提出他的经济发展阶段理论。他认为，“起飞”是最重要的阶段，一个国家一旦实现起飞，经济就会持续增长。经济上的起飞是指工业化初期的较短时间内实现基本的经济活动和生产方法的剧烈转变，就是突破不发达经济的停滞状态，摆脱纳克斯所说的“贫困恶性循环”的困境。罗斯托认为起飞应具备至少两个基本条件：第一个条件是资本积累率要达到10%以上。至于为什么是10%，罗斯托是根据哈罗德-多马模型进行估算而得出的。第二个条件是要建立起飞的主导产业部门。所谓主导产业部门是指本身发展较快，能够带动其他部门的发展，同时又能赚取外汇的部门，这样可以引进技术，购买外国设备和还本付息。

罗斯托提出了既不同于宏观经济学的总量分析法又不同于微观经济学的个量分析法的部门分析方法。罗斯托认为经济的发展就是先从一个部门开始，这个部门率先采用新技术，使成本降低，利润增加，市场扩大，投资进一步增加，进而部门扩大，对其他部门的需求增加，从而带动经济中其他部门乃至整个国民经济的发展。一旦该主导部门的技术扩散效应实现，它的历史使命也就完成了，将被新的主导部门替代。罗斯托还认为主导部门不是孤立地发展起来的，一个主导部门同与它有联系的若干部门一起构成一个主导部门综合体系。

罗斯托还专门论述了发展中国家的起飞问题。他认为发展中国家在起飞中存在着不同于发达国家的具体困难，一个是人口增长率过高，一个是资金和人才外流十分严重，但也存在着有现成技术可以利用的有利条件。他概括了发展中国家在起飞过程中应该注意的问题：防止出现“早熟消费”；注重基础结构的投资；降低人口出生率；发展创汇部门；解决“隐性”失业；发挥国家干预经济的作用；防止资金和人才外流；动员国内闲散资金，必要时实行强制储蓄；吸引外资，并应有制度保证；加快新技术的推广。

恶性贫困循环论与起飞和经济成长阶段论都在一定程度上描述了发展中国家的事实，并提出了解决贫困和起飞的途径。这对发展经济学理论和发展中国家的实践产生了一定影响，战后相当长的时间内，大多数发展中国家都选择了大规模工业化和计划化就是证明。但是它过分强调资本形成的重要性，简单地认为有了资本就有了一切，经济发展只是线性地从一个阶段向另一个阶段转变的过程。线性阶段理论忽视了发展中国家的实际情况，忽视了经济发展过程中结构、制度，甚至文化观念的变革，并不符合发展中国家的实际。在对线性阶段模式进行评价和反思的基础上，发展经济学理论演变到了第二阶段，即结构变动模式。

（2）第二阶段是20世纪60年代末开始占统治地位的“结构变动模式”。结构变动模型又被称为结构转换模型，是发展经济学理论演变过程中又一个影响比较大的理论。所谓结构变动模型是指由国民生产总值的增长而引起的经济和制度结构的一系列变化，包括物质资本和人力资本的积累，以及需求、生产、贸易就业结构的变化。其中最具代表性的模型是阿瑟·刘易斯的“二元结构论”和霍利斯·伯利·钱纳里（Hollis Burley Chenery）的经验分析模式。

二元结构论假设：不发达经济分为两个部门，即城市以制造业为中心的现代化部门和农村以农业、手工业为主的传统部门；劳动供给无限；工资水平不变。刘易斯认为，在不发达经济的两个部门中，现代化的城市工业部门是增长的主导部门，农村中的传统农业部门只是被动起作用的。在利润不断进行再投资，使资本逐步积累的作用下，工业部门开始扩张，创造出更多的就业机会，并不断吸收农村剩余劳动力，这一过程会一直持续下去，直到农村剩余劳动被全部吸收，二元结构消失，完成不发达经济的发展。因此，二元结构消失的过程，既是工业扩张的过程，同时也是农村剩余人口向城市流动，被城市工业不断吸收的过程。

刘易斯的二元结构论揭示了发展中国家的最根本特征，即经济、社会、文化等结构的二元性，他也因此获得了 1979 年度诺贝尔经济学奖。但是其理论遵循发达国家的发展经验和发展道路，其论述和结论与发展中国家的实际有许多不相符之处。例如，刘易斯的论述中暗含着一个重要的假设，即城市已经实现了充分就业，只有这样，城市工业创造出的就业机会才能用来吸收农村剩余劳动力。而发展中国家不仅农村存在大量的剩余人口，城市失业也相当严重。另外，他假定利润全部用于投资，会导致工业的扩张和就业的增加，但如果投资主要集中于资本密集型设备的话，利润的再投资也不可能吸收更多的剩余劳动力。在整个论述中，刘易斯都把农业看作被动起作用的部门，认为它只是向城市输送廉价劳动力的部门。但实际上，农村剩余劳动力的出现，取决于农村的发展。

钱纳里等人所提出的发展模式分析注重于发展中国家经济结构的变化，通过研究从 1950 年到 1970 年的 20 年间 100 多个国家的经济发展和经济结构变化的关系，考察一系列经济发展指标随着人均国民生产总值的逐步增加所发生的变化，得出了经济发展的正常变化表。其主要内容是：①生产结构的变化。当人均收入上升时，发生由农业向工业生产的转变。与工业份额上升相联系的是物质资本和人力资本积累的增加。他们发现，人力资本的积累大多发生在发展的早期阶段，这为发展中国家在发展初期重视教育和人力资本积累提供了经验上的论证。②需求结构发生的最统一的变化是食物消费从国内总需求的 40% 以上降至 17%，而非食物项目需求增加。③贸易格局变化差异很大。各国总进口和总出口均有所上升，工业品在总进口中的比重下降，在总出口中的比重上升。④就业结构的变化。劳动力从农业部门转向工业和服务业，但是就业结构的转变滞后于生产结构的变化，这和许多发展中国家的情形吻合。⑤社会经济过程的转变。在经济发展过程中，随着工业化的进程，人们加速了从农村向城市的迁移，出现了程度不等的城市化增长的现象，但同时也造成了收入分配的恶化。教育机会的扩大、人口增长率的下降及经济二元结构的减轻既是收入分配比较平均的结果，反过来也会使收入分配恶化的状况得到缓解。

（3）第三阶段是 20 世纪 70 年代的国际依附理论。早期的发展理论或多或少具有一定的片面性，在指导发展中国家的实践上并没有取得成功。过分强调资本形成，忽视农业的片面工业化主张，不仅没有使发展中国家发展起来，反而使发展中国家与发达国家之间的差距进一步拉大，贫困人口增加，穷国不仅工业落后，农业也十分落后。20 世纪 70 年代的石油危机，国际经济形式的变化，使发展中国家在国际经济交往中处于更加不利的境地。源于发展中国家的国际依附理论应运而生，并受到发展中国家政府和知识界的赞同。

国际依附理论认为，发展中国家的不发达主要是由于各种经济、政治和制度上的僵化和不灵活造成的。产生这种现象的原因不是来自国内，而是来自国外，即不发达国家长期依附于富裕国家。国际依附理论强调国际政治和经济发展的不平衡，呼吁改变现存的不合理的国际经济秩序。

国际依附理论有两种代表性理论：一种是新殖民主义依附模型；一种是错误示范模型。新殖民主义依附模型认为，不发达的主要原因在于发达资本主义国家推行的政策和国际经济秩序不合理，以及不发达国家内部存在少数既得利益集团。该理论认为在国际生产和交换中发展中国家作为“外围”，依附于作为“中心”的发达国家。这种不平等的状况是由于发达国家长期推行不合理的国际分工体系造成的。发达国家控制着国际商品和劳务贸易、资本和技术流动的主动权，并利用其控制世界银行、国际货币基金组织等国际组织的权力，维护其利益，使一些穷国的不发达永久化，一些国家则被完全边缘化，而这种不合理的国际经济关系又由于发展中国家内部既得利益集团的存在而得到加强。这些既得利益集团主要是政府高官、地主、资本家等，他们利用特权获取好处，而大多数的人民则与发展无缘。错误示范模型则认为，发展中国家的不发达是由于国际机构和发达国家的专家的错误指导造成的。这些专家不了解发展中国家的实际情况，使用一些脱离实际的理论、复杂高深的计量经济学模型，对发展中国家的经济发展指手画脚，致使政策失误。

国际依附理论的出现有其特殊的历史背景。一方面是早期发展理论的失败；另一方面是国际经济环境的变化。发达资本主义经过“黄金增长”时期之后，与发展中国家的差距进一步拉大。国际依附理论具有一定的客观性和合理性，但是其理论的政策主张过于偏激。例如，提出摆脱依附的途径就是割裂与发达国家之间的联系。但是事实证明，闭关自守只能使发展中国家更加落后，发展中国家只有进行调整、改革、制度创新、积极开放，才能在全球化的激烈竞争中求得生存和发展。

（4）第四阶段是 20 世纪 80 年代以后新古典主义的复苏。20 世纪 80 年代初期，英、美等发达国家趋于保守的政党纷纷上台执政，从而出现了新古典主义经济理论的复苏。新古典主义复苏理论信奉供给学派理论，在发达国家主张减税、大规模推行私有化运动，在发展中国家则主张减少或放弃国家对经济的干预，强调发挥市场的作用。该理论认为发展中国家的不发达是由于政府的过多干预造成的，加之政府贪污、腐败盛行，严重阻碍了经济增长，发展中国家要想发展，就必须开放市场，使国有企业私有化，引进外资，消除市场中普遍存在的价格扭曲。

新古典主义复苏理论是建立在以下两种理论基础之上的：第一，传统的自由市场经济理论。这种理论认为只有市场才是调节经济、有效配置资源的手段，任何政府干预都会导致价格扭曲、信息失灵，从而影响资源的合理配置。第二，公共选择理论。这种理论把政府行为看作具有与私人经济行为类似特征的一种选择。由于政府也会像私人部门一样不能掌握完全的信息，因而出现“政府失灵”。掌握资源的政府官员利用手中的权力向企业和居民索取好处，即所谓的“寻租行为”，结果导致资源的错误配置，经济发展受到严重影响。

新古典主义复苏理论对发展中国家的经济实践产生了一定的影响。一些发展中国家和地区开始由国家调节的计划经济体制向市场经济体制转变，把价格机制确立为资源配置和经济增长的基本机制。一些国家和地区由于较早地开放市场而获得快速发展。如“亚洲四小龙”，采取市场调节与充分利用自身资源相结合的措施，纠正价格扭曲，合理配置资源，取得了惊人的发展业绩。因此，新古典主义复苏无论是对发展经济学的理论还是实践都产生了一定的积极影响。新古典主义主张发展中国家推行经济体制改革，实行自由开放的市场经济。这一主张虽然推动了发展经济学理论的发展，但是它过分强调市场的作用，把市场调节看作万能的，因而具有片面性。事实上，它忽视了发达国家和发展中国家的差异，照搬发达国家的模式。发展中国家的市场是不健全的，甚至根本不存在，在市场机制没有发育成熟的条件下，过分推崇市场，是不现实的。1997 年爆发的亚洲金融危机就是最好的证明。东南亚的一些国家在其金融体制存在一定缺陷的情况下，过早地开放金融市场，使这些国家饱尝金融自由化的恶果，经济增长倒退了10年。

2. *发展经济学理论的新发展*

发展经济学理论曾经历了一个相当繁荣的时期，但是其对于发展中国家的经济发展到底发挥了多大的作用，人们的评说不一。特别是发展中国家经过多年的发展努力之后，和发达国家之间仍存在巨大的差距，收入分配不公、贫困等问题仍困扰着大多数发展中国家，致使人们对发展经济学产生怀疑，甚至有些人认为发展经济学已经消亡。而事实上，发展经济学的发展出现了一些新的变化。

早期的发展经济学理论将发展与增长混为一谈，认为发展就是增长，但在发展中国家推行工业化过程中，人们发现，一些国家获得了高速的工业增长，但是农村更加落后，城市贫民增多，大多数人并没有从发展中得到好处。将发展和增长区别开来是发展经济学理论的第一次飞跃。20世纪80年代以来，发展经济学出现的两大变化是：强调以人为本的发展观；与主流学派的融合趋势加强。

世界银行1980年、1990年及2000年的世界发展报告均以消除贫困为主题，体现了强调以人为本的发展观。20世纪80年代被称为是发展中国家“被遗弃的年代”，这是因为虽然80年代后期，工业国在经济增长、贸易和投资等方面取得了可喜的成就，南亚以及东亚地区的人均实际收入上升，但是有些拉丁美洲国家和撒哈拉以南非洲的大多数国家，人均实际收入、生活水平和投资却是下降的，对于这些国家的穷人来讲，20世纪80年代是被遗弃的年代。因此，在经过几十年的发展努力后，人们发现，贫富差距不仅没有缩小，反而被拉大了，贫困问题又摆在人们的面前。自《1980年世界发展报告》考察了贫困的原因和程度之后，《1990年世界发展报告》就以“向贫困进军”为当年的主题，重提贫困问题。这一期发展报告指出：“要迅速改善穷人的生活质量，并使其能在政治上保持不断提高，最有效的途径是实行从两方面减轻贫困的战略。第一方面是寻求一种能保证穷人最丰富的资产——劳动力用于生产建设的发展模式。第二方面是广泛地向穷人提供基本的服务，特别是初等教育、初级卫生保健和计划生育。第一方面是提供机会，第二方面是提高穷人利用这些机会的能力。”这一思想影响了包括中国在内的许多发展中国家的扶贫政策，越来越多的国家意识到上述两方面的相互作用在减轻贫困中的意义，由此促使许多国家在政策制定上朝着这个方向努力，并在局部地区取得了一定的成效。

《2000/2001年世界发展报告》则在新世纪的第一年又以“与贫困作斗争”为主题，从而连续在三个“十年”的开始论述贫困问题。该报告指出，21世纪之初，贫困仍然是一个全球性的重大问题。在世界60亿人口中，有28亿人每天仅靠不足2美元来维持生计，还有12亿人每天靠不足1美元来生活。每100个婴儿中有6个看不到他们的1岁生日，有8个活不到5岁。在那些学龄儿童中，9%的男孩和14%的女孩无法上学。因此报告提出，解决贫困要从三个方面采取行动：①扩大机会：通过刺激全面增长，以市场和非市场行为结合的方式来强化贫困人口自身的资本（诸如土地和受教育程度），进而提高这些资本的回报，增加穷人的经济机会。②促进人权：使各国的机构和制度更为负责、更及时迅速地回应穷人的意见和建议，推动穷人参与政治程序和地方决策，消除由性别、民族、种族、地区和社会地位造成的社会障碍。③加强社会保障：减少穷人在遭遇疾病、经济打击、歉收、政策性混乱、自然灾害和暴力等情况时的脆弱性；同时在发生上述情况时帮助他们应对所出现的负面冲击。这三个方面是互为补充的。

发展经济学另一个新的发展特点是日益与主流学派融合。宏观经济学家或微观经济学家同时又是发展经济学家，主流学派的大师们在研究发展经济学理论的同时，也关注着发展中国家的经济发展，如前世界银行首席经济学家斯蒂格利茨曾经就发展中国家的问题做过精辟的论述。在主流学派的经济学家中，出现了研究发展中国家财政金融、体制改革等问题的专家。20世纪

80年代末90年代初，西方出现的“新增长理论”，在发展主流学派增长理论的同时，也论述了发展中国家的经济增长与发展。

实际上，发展中国家的发展是新世纪全人类的共同主题，如果这个大的前提不发生变化，那么断言发展经济学已经消亡的结论还为时过早。

二、比较经济学

比较经济学是20世纪发展起来的一个经济学分支，它以世界各国经济体制的比较研究为对象，最初主要是笼统地比较社会主义和资本主义的经济体制，继而发展到对相同或不同经济制度下不同经济体制模式的探讨。

1. 比较经济学的产生和发展

运用比较的方法研究经济问题，是几乎所有经济学流派和所有经济学者都会采用的方法，而比较经济学则是专门对经济体制进行比较探究的一个经济学派或一种经济学理论。

比较经济学的发展历史往往会被追溯到20世纪以前人们对经济体制进行的一些分析研究，但真正意义上对经济体制进行初步的比较则萌芽于20世纪初。最早对不同经济体制进行比较的学者，主要是从社会主义与资本主义经济体制不同点的比较开始的。20世纪30年代的大危机，出现了国家干预经济的罗斯福新政和为国家干预做理论基础的凯恩斯主义经济学，同时，对不同经济体制的比较研究也进一步发展。但总的来说，经济体制比较仍没有真正成为一门独立的经济学科。

20世纪五六十年代以后，对经济体制的比较研究越来越多，逐渐形成了一门独立的经济学学科。比较经济体制的研究从以前的主要是对资本主义和社会主义经济制度进行较为笼统的比较，进入到对同一社会制度下不同经济体制的比较研究，以及一种经济体制内部不同组成部分的详细的、专题的比较。经济学家认为，要把经济体制的比较研究与对根本经济制度的研讨区分开来，不同经济体制模式之间可以相互借鉴。

20世纪80年代末90年代初，苏联和东欧各国发生了政治巨变，苏联和东欧各国在政治剧变后，相继走上了向以私有制为基础的市场经济体制转轨之路，中国等坚持社会主义经济制度的国家也逐渐选择了社会主义市场经济体制。在这种情况下，比较经济学也面临转变，原来习惯于进行“主义”比较的学者，认为“东欧剧变”已经证明资本主义“不战而胜”，社会主义计划经济也已经不复存在，没有什么可比较的了。而另一些原来较为关注社会主义改革的比较经济学者，则把研究的重点放在对转轨经济学或过渡经济学的研究方面。

但在20世纪70年代和80年代研究的基础上，比较经济学家普遍认识到，经济体制有各种不同模式，不同模式之间可以相互借鉴，取长补短，对不同经济体制的比较不但必要，而且有许多新的领域有待开拓。在20世纪八九十年代的一些比较经济学研究中，运用系统论、信息论等新的研究方法，利用不断丰富、更加翔实、更加全面的新资料，对各种经济体制的某些方面、某些专题进行深入的、实证的比较研究取得了很多有用的成果。

2. 比较经济学的对象和方法

很多人把比较经济学的研究对象定义为对经济体制的比较研究，有些研究者则把研究对象定义得更宽泛，认为比较经济学应包括比较经济理论、比较经济体制、比较经济发展、比较经济政策等几个方面。

最初，比较经济学家们主要是进行一种“主义”的比较，即他们的研究视野仅仅或主要局限于社会主义与资本主义两种经济体制或经济制度，他们的研究也仅限于对两种根本不同的经济制度的一般描述和简单比较。后来人们才逐渐认识到，经济体制是丰富多彩的，对经济体制的比较研究可以从多个侧面进行。直到20世纪80年代初期，比较经济学还是用“Comparative Economic Systems”来定义和概括，但随着经济体制越来越丰富多彩以及新制度经济学的发展和流行，近十余年来，西方的比较经济学家多用“Comparative Institutional Analysis”（比较制度分析）来重新定义和概括比较经济学。

无论是比较经济体制，还是比较制度分析，其研究对象都是经济体制。应该说明的是，在西方理论家的语言里，经济制度和经济体制的用法与中国政治经济文献中的通常用法是有一定区别的。中国理论界的一般理解是把经济制度作为生产关系的范畴，作为一个社会区别于另一个社会的社会性质的问题，或者叫作根本经济制度、基本经济制度，它是区分不同社会性质的一个标志；而经济体制则是经济制度的具体表现形式，同一基本经济制度可有不同的具体表现形式，也即不同的经济体制，经济体制可以在根本制度不变的条件下进行改革和完善，可以借鉴不同经济制度国家的经济体制中能够为我所用的东西。在西方经济学中，经济制度和经济体制则有另外的含义。就比较经济学所研究的对象——经济体制或经济制度分析来说，西方经济学家们认为，这主要是一种经济运行的规则、结构和方式，它是一个体系，又是一种制度，是经济组织的结构和运行的综合，是一系列社会经济关系、经济活动的组织形态和运行方式及规则的有机结合体，既可以从相对静态的角度研究一个经济体系的组织结构和构成要素，也可以从相对动态的角度去把握一个经济体系的运转方式及其规则，包括微观主体的运行与宏观总体的运行。

比较经济学的任务首先是对这些不同的经济体制进行分门别类的研究，既包括现实的经济体制也包括历史上存在的经济体制，甚至还可以研究纯粹理论上对经济体制的设计、归纳和概括，即经济体制的理论模式，在此基础上进行比较，找到一个好的、有绩效的体制。

比较经济体制的研究一般都是从对经济体制的分类归纳开始的。开始，人们主要是从基本经济制度上来对经济体制做粗略的分类，也即主义分类法。当然，不同的基本经济制度所导致的经济体制肯定是不同的，将其作为研究对象也是比较经济体制研究不可缺少的。但仅从“主义”角度进行笼统分类，显然无法概括所有现实存在以及历史上曾存在过的多种多样的经济体制，也无法详细研究不同经济体制的结构、规则和运行方式。于是就有了所谓结构分析的方法，即以经济结构的不同来划分不同经济体制。这种结构上的划分，又可以有多种分类方法，如按行业结构、产业结构、企业规模结构、地区部门结构等分类，研究不同的结构组合及其发展变化的规律，比较不同经济体制的不同经济结构。

通过对现实和历史上各种经济体制的深入研究，人们发现不同的经济决策方式、信息传导方式和动力刺激机制是区别不同经济体制的重要因素，因此经济体制分类中就出现了从不同决策、信息、动力机制的角度来划分经济体制的新的研究视角和分类方法。例如，从经济决策的角度，可以将不同的经济体制分为完全分散决策、完全集中决策、有管理的分散决策和受操纵的分散决策等几个大类。也有人从经济生活中的经济协调方式的不同来划分经济体制，他们主要是从市场更多还是计划更多的角度进行划分，即各种社会经济活动的协调是主要通过市场的方式，还是主要通过计划的方式，计划的方式多一些还是市场的方式多一些等。

比较经济学的研究方法一般是从对各种经济体制进行实证研究开始，整理、归纳、描述各种理论上的或实践中的经济体制，然后进行一定的比较，最后得出体制选择方面的结论或评价。这种分析方法的缺陷也很明显，那就是作为一种理论经济学，比较经济体制学缺乏一种理论规范，或者说对于经济体制的优劣、经济绩效的高低，尤其是体制的公平与否等涉及不同社会群体利益关系方面的评价，并没有一个规范、统一、客观的标准，不同的学者、不同的立场会有不同的结论，这就使得比较经济学的研究缺乏一个客观的评价标准。

对各种经济体制进行研究，必然涉及体制绩效的比较，而进行这方面的比较又必然涉及数量关系，例如经济增长率、国民收入水平、居民收入与分配状况、经济结构等，所以经济数据比较也是比较经济学不可缺少的方法。但是，数据本身并不能说明经济体制的深层次问题，许多情况下，同样的经济数据却出自截然不同的经济体制，而同样的经济体制却可能有大相径庭的经济效果和数量关系。所以，数量比较方法只能是比较经济学的研究方法之一，或者说只能作为一个不可缺少、必须加以分析的研究工具。

多数比较经济体制研究都运用了模式比较的方法，即把各种现实的、理论的或历史的经济体制进行一定的抽象，分类归纳为一些体制模式，然后再进行分析、比较和研究。例如，把市场经济体制分为完全竞争型的、有计划指导型的、宏观调控型的、收入再分配型的等，这样既便于研究把握，又可用来指导现实的体制创新、转轨或体制选择。

近年来，随着比较经济学的发展变化，其研究方法也向多样化转变，主要是各种专题性、实用性研究日渐增多，使得比较研究的成果能对现实经济社会生活产生更直接、更积极的影响。

第四节 人口经济学和信息经济学

一、人口经济学

1. 第二次世界大战以前人口经济思想的发展

1820 年以前，古典经济学家的人口经济思想是资产阶级人口经济思想的主流。但在马尔萨斯的人口论问世之后，马尔萨斯主义成为 19 世纪占统治地位的人口经济思想。其后，在 19 世纪末 20 世纪初产生了适度人口论和人口演变论；20 世纪 30 年代则产生了凯恩斯主义的人口思想。

18 世纪中叶以后，资本主义社会日益突出的人口过剩现象引起了人们越来越多的关注。与古典经济学家同时代的早期经济学家，把人口与经济之间的复杂经济关系归结为简单的人口与生活资料之间的关系，或多或少地提出了人口增长快于生活资料增长的观点。马尔萨斯于 1798 年发表了著名的《人口原理》。他认为一切社会改革都无助于解决人口问题，主张用抑制手段去实现人口与生活资料的平衡。在马尔萨斯人口原理的影响下，出现了新马尔萨斯主义，新马尔萨斯主义认为，工人贫困是由于要求就业的工人太多，工资太低造成的，因此贫穷是人口不断增加的结果。他们认为只要减少工人的人数，就能提高工资，自动消除贫困。他们把自愿家庭限制作为解决人口过剩和工人贫困问题的唯一手段，强调通过自觉自愿的家庭限制，即通过避孕等节制生育的手段来限制人口的增加。他们一般不主张晚婚，更不赞成禁欲，认为人们结婚后只要采取避孕、流产等措施，就能限制家庭的人数，减轻家庭负担，克服生活困难。

19 世纪末 20 世纪初，西方有些学者提出了“适度人口论”。在西方人口经济理论中，有关适度人口的思想早已存在。但是作为一种独立的人口理论，适度人口论或经济适度人口学说则产生于 19 世纪八九十年代。

1870 年以后，西方各主要资本主义国家先后开始向垄断资本主义过渡。西欧、北美一些主要资本主义国家先后从农业国变成工业国。一方面，资本对劳动力特别是熟练劳动力的需求迅速增长，人口不足引起了劳动力的严重不足；另一方面，各国垄断资本之间为了资本输出、争夺殖民地、扩大势力范围，纷纷发展军事工业，大规模扩军备战，对士兵的需求也大大增加。而同时，西方各国的人口增长却出现了减慢的趋势。1840 年以后，先是法国，随后是爱尔兰、瑞士、比利时，接着是英国、德国、瑞典和丹麦都出现了人口出生率的下降。人口增长减慢的趋势与劳动力需求增加的矛盾，使西方学者认识到人口不足和人口过剩同样不利于资本主义经济的发展，应该寻求适度人口或经济适度人口。

适度人口学说产生的直接原因是19世纪末西欧经济学界关于人口增长使土地报酬递减的规律是否也适用于工业的大争论。当时，英国剑桥学派创始人马歇尔用均衡的观点分析人口经济关系，认为工资作为劳动的均衡价格，将随着资本积累、劳动生产率的提高和社会财富的增加而提高；同时断言，随着工业生产技术水平的提高，长期来看，存在着收益递增的可能性，因此，人口增加有可能导致长期的经济发展。但瑞典学派的著名经济学家维克塞尔反对马歇尔的观点，认为人口增加使收益递减的规律不仅适用于农业，而且适用于工业，进而接受并发展了适度人口的思想。他认为，一个国家应当有适度的人口规模和合理的人口密度，而不应使人口规模超过这个国家的农业资源及其提供食物的能力，主张为了实现适度人口，必须降低出生率，使出生率与死亡率保持平衡，同时使人口密度趋于合理。

英国剑桥学派的埃·坎南最先系统地阐述了适度人口论。坎南认为，所谓"适度人口"就是一个国家最有利或最适宜的人口数量。他指出，"正如每一个产业部门都有一个最大收益点一样，全部产业也一定有一个最大的收益点。假如人口还没有大到足以使全部产业达到这个最大收益点，收益便少于它们所应达到的量，这时解救的办法就是增加人口；相反，假如人口已经大到超过了最大收益点，收益又少于它们所应达到的量，这时解救的办法就是减少人口"。这也就是说，适度人口应该是使工农业生产达到最大收益时的人口。这种观点舍弃了技术进步等条件，属于"静态适度人口论"。

继坎南之后，英国人口学者卡尔·桑德斯（Carr Saunders）更明白地将人口的适度数量规定为，考虑到自然环境、已经采用的技术水平、民众的风俗习惯和所有其他有关的因素，这个人口数量能提供按人平均的最大收益；而所谓人口的适度密度则是使居民能获得高生活水平的密度。

法国人口学家兰德里（A. Landry，1874—1956）也是适度人口论的拥护者。他把适度人口理解为能保证人类最大幸福的人口，主张在人口和资源之间确定最恰当的比例。他利用欧洲一些国家人口经济的历史资料，考察出生率、死亡率、人口增长率与经济发展和人民生活水平的关系，从历史的角度把人口的发展划分为三个阶段，提出了人口演变论。他认为第一个阶段是原始阶段，由于生产力发展水平最低，人口增长的最大限度由生活资料的数量决定，这时生育率并不受经济限制，经济因素主要通过影响死亡率来调节人口增长；第二个阶段是中期阶段，经济因素主要通过影响婚姻来影响人口增殖，人们为维持既得利益和生活水平而晚婚甚至不结婚，这时人口规模小于最大限度；第三个阶段是现代阶段，生活水平的提高和生活方式的变化，改变了人们的生育意愿，人们自觉地限制家庭规模，出生率普遍下降，因而人口增长率也普遍下降。自兰德里以后，人口演变阶段问题也成了人口研究的一个重要领域。

19世纪中叶以后，西方资本主义国家先后爆发的人口革命，使人口增长日趋缓慢甚至出现负增长，同期，经济发展的停滞促使思想家们不得不考虑是否有必要鼓励人口增长以促进经济的发展，凯恩斯的宏观人口经济学就是其中最著名的代表。1935年以后，凯恩斯开始在有效需求理论的基础上研究人口问题。他把人口问题和有效需求与资本给劳动提供的就业量联系起来，让工人在失业和通货膨胀之间进行选择。他认为由有效需求不足产生的失业是比人口过剩更厉害的魔鬼，认为人口减少不利于投资和消费的增长，强调人口增长对资本需求和有效需求的增长起决定作用。凯恩斯理论和政策的立脚点是国家全面干预经济生活，以解决现实的经济问题和人口问题。凯恩斯理论对欧美乃至整个西方世界政治经济的发展都起到巨大的作用。有些学者认为，从20世纪30年代凯恩斯学派的人口经济理论开始，就形成了当代西方人口经济学。

2. 20世纪40年代到60年代初的人口经济学说

第二次世界大战以后，凯恩斯主义风靡欧美。在西方国家人口增长率不断下降甚至趋于停滞的条件下，许多资产阶级人口学家把人口增长看成是促进经济增长的重要因素。由于凯恩斯学派只重视人口增长率降低对经济发展的不利影响，尚未注意到经济发展对人口的影响，在方法上也只是进行短期的静态分析，这就给后来的人口研究留下了广阔的空间和大量的课题。在凯恩斯人口理论的基础上，20世纪50~60年代，逐渐产生了宏观人口经济学和微观人口经济学；在对人口进行长期、动态分析的基础上，70~80年代又形成了长波理论以及乐观主义和悲观主义的思潮。经济适度人口理论也有了新的发展。

与此同时，战后民族独立、民族解放运动风起云涌；第三世界国家人口急剧增长；一些资产阶级人口学家又极力鼓吹马尔萨斯主义。这就使当代资产阶级人口经济学无论是所涉及的领域，还是研究的深度，都有了进一步的发展。

从20世纪40年代末到50年代中后期，西方大多数研究人口经济问题的学者都是从宏观角度考察人口经济关系的。人们通常把从宏观角度考察人口经济关系的理论称为宏观人口经济学或宏观经济人口论，意思是"宏观人口经济学"把一个国家或一个地区乃至世界的人口整体与其相应范围内的经济运动之间的关系作为考察对象，着重研究人口经济关系的总量及其变化。

20世纪50年代后期和60年代初期，西方对人口经济学的研究开始向微观方面突破，提出了分析人口经济关系的微观人口经济学模型，并逐渐形成了微观人口经济学或微观经济人口论，即以单个人活动单位或单个经济活动单位的人口与经济之间的关系作为考察对象，以家庭或居民户为单位，着重研究单个家庭或居民户的人口经济关系的形成及其变化，或者说，研究家庭或居民户的人口经济效应。因此，它也可称为"家庭经济学"。

微观人口经济学最突出的代表是美国哈佛大学教授H·莱宾斯坦（Harvey Leiben-stein）和美国芝加哥大学教授G·贝克尔（Gary Becker）。西方学术界认为莱宾斯坦是第一个考察人口-经济结构的学者。他在1954年出版的《经济-人口发展理论》和1957年发表的《经济落后与经济增长》中，首次运用微观人口经济学，考察分析家庭生育经济决策问题。G·贝克尔在1960年出版的《发达国家的人口和经济的变化》一书中，运用消费者行为理论分析家庭的生育决策，揭示了家庭规模与收入之间的负相关关系。他把孩子看作耐用消费品，从孩子的数量与质量两个方面研究了家庭收入、父母行为等对生育子女数目的影响。

1973年，在T·W·舒尔茨编辑和撰写的《家庭经济学》中，舒尔茨及其他作者运用人力资本和时间配置的概念对家庭的生育行为进行了广泛的研究，研究涉及家庭时间的价值、孩子的价值、孩子的数量和质量以及人口的均衡等，认为家庭这个决策实体单位为了实现当前消费和对孩子投资之间的均衡，在进行生产时要配置好稀缺资源，并提出了家庭生产函数。这种微观人口经济模型被视为西方人口经济学发展史上的重要突破。

3. 20世纪60年代和70年代前期的人口经济学说

1961年，美国人口经济学家理查德·A·伊斯特林（R. A. Easterlin）在库兹涅茨的经济增长长波理论的基础上，从宏观人口经济学角度考察影响生育率变动的因素。他通过分析人口增长、劳动力增长的长波与经济增长长波之间的关系，试图说明经济条件的变化是引起生育率升降的原因。他从宏观角度分析人口总量和经济总量变动的长期趋势，形成了人口经济增长的长波理论。他通过分析非农业人口变动与住宅建筑业总值、国民生产总值等变动的相互关系，揭示了人口增长长波与经济增长长波的相互关系；通过对家庭的相对收入地位与两代人生育率差别的关系的分析，揭示了家庭收入对生育率的影响，推导出生育率长期波动的经济根源。

另一方面，20世纪五六十年代发展中国家人口的迅速增长，使世界人口增长率偏高，形成了人口增长高峰，现代马尔萨斯主义开始流行。过去时代的马尔萨斯主义者主要分析人口与生活资料的相互关系，认为人口增长总是超过食物的增长。现代马尔萨斯主义者则强调人口与自然资源的关系，认为人口过度增长将导致自然资源枯竭，世界末日就要降临。

20 世纪 70 年代西方出现滞胀局面，经济低速增长与高失业率、高通胀率、高负债率并存，再加上 20 世纪 70 年代初爆发的能源危机，不可再生资源迅速消耗、资源短缺、动力不足以及长期形成的生态破坏、环境污染，使对世界的前景持悲观主义的思潮更为流行。1972 年，受罗马俱乐部委托，梅多斯（D. H. Meadows）等人出版了《增长的极限》一书。他们运用电子计算机技术，计算世界人口增长对经济所造成的影响，认为当前对世界经济影响最大的是人口增长、粮食供应短缺、资本投资、环境污染和资源枯竭五大因素；而且这五大因素都是指数增长，即按一定百分比成复利增长，表现为增长速度越快，倍增时间越短；任其发展，必然导致世界末日。他们进而提出了“零值增长理论”或称“经济增长极限论”，被称为“带电子计算机的马尔萨斯主义”。

4. 20 世纪 70 年代后期和 80 年代初期的人口经济学说

与梅多斯等人的悲观主义思潮相反，在 20 世纪 70 年代后期和 80 年代初期，西方出现了宏观人口经济学研究的乐观主义思潮。

美国著名人口经济学家朱利安.L·西蒙等人对人口经济问题进行了从微观到宏观，从短期到长期，从静态到动态，从定性到定量的分析，重点对各种人口经济问题进行了宏观的、长期的、动态的定量分析。例如，分析人口与工农业生产发展的关系，人口与国民收入及其分配的关系，人口与规模经济的关系，以及人口与自然资源、与投资、与储蓄、与交通运输、与环境污染的关系等。他们提出了分析人口经济问题的模式、公式和数据，并对发展中国家节制生育计划的成本—收益决策提出了看法。

西蒙认为，作为一门科学，人口学是一门地地道道的经济学学科。他提出了发明拉力假说和人口推力假说，前者强调发明一次又一次出现，会一次又一次地带动生产能力的提高，从而为更多的人口提供生活资料；后者认为人口增长对知识进步和技术发展有推动作用，即人口增长使知识存量增加，推动采用新知识和新技术。因此，为了促使生产技术发生变化，人口增长是必不可少的。

在研究发展中国家人口增长与经济发展的关系时，西蒙着重分析了人口增长导致发展中国家农业生产行为变化的状况。他认为发展中国家人口增长成为改变农业生产实践行为的一种必要条件，同时人口增长也是发展中国家技术转变的一种充分条件。

西蒙并不一般性地否认某些自然资源短缺的可能性，但认为科学技术的不断发展，会使人类不断地发现、创造新的资源，一味地为资源耗尽而无可奈何地忧虑是没有科学依据的。西蒙进而指出，人口增长与技术进步、生产率提高、资本形成等呈正相关关系。在 120 ~ 180 年这样的长时期内，人口适度增长是推动经济增长和经济发展的动力，并最终会使人口与经济之间协调发展。而降低死亡率、提高预期寿命和发展经济，是通向整个人类社会理想人口状况的最佳途径。

二、信息经济学

1. 信息经济学的由来与发展

经济学家奈特 1921 年在其著作《风险、不确定性和利润》中指出，在人类的生活中不确定性无处不在，因此信息应该是经济组织供应的最基本的商品。奈特对不确定性的认识不仅使得“风险”成为经济学的研究对象，而且指出信息由于具有经济价值，因此也应该是经济财富或商品。1945 年，哈耶克在《美国经济评论》上发表了著名的《社会中知识的利用》一文。在这篇文章中，哈耶克提出了一个重要的观点：价格制度与其说是配置稀缺的生产性资源的方式，不如说是一种社会利用经济知识的方式。对于中央计划经济和分散的自由经济制度，哪一种制度更好呢？哈耶克认为，这取决于哪一种制度能更好地利用社会中的知识。私人信息的存在，以及价格制度在私人信息的利用中对个体智慧的超越等理由成为哈耶克自由主义政策主张的理论基础。奈特对不确定性和信息经济意义的认识，以及哈耶克对经济制度利用知识的功能的认识奠定了信息经济学的思想基础，奈特和哈耶克也被公认是信息经济学最重要的先驱者。

奈特和哈耶克虽然奠定了信息经济学的一些基本思想，但是两人并没有建立起任何分析不确定性和信息以及经济制度处理信息方式的经济学方法。这些工作是由施蒂格勒和维克瑞（W. Vikrey）首先进行的。1961 年，施蒂格勒在《政治经济学》杂志上发表了《信息经济学》一文，对价格分散和寻找的关系进行了研究。同年，维克瑞在《金融杂志》上发表了《反投机、拍卖和竞争性密封投标》一文，对拍卖进行了研究。这两篇文章将信息正式地纳入了经济分析的框架之中，标志着信息经济学的诞生。施蒂格勒和维克瑞也成为信息经济学公认的创始人。

施蒂格勒分析了价格分散现象。传统上，经济学大多用运输成本和关税等原因解释价格的不一致。除此之外，均衡的市场价格应该是一致的。因为如果交易价格不一致，就意味着以较高价格交易的消费者没有充分利用市场中的交易机会，这不符合个体理性原则。但是施蒂格勒认为，交易机会信息的缺乏也是导致价格分散的原因之一。价格分散表明对市场的无知，而且可以此来测量这种无知的程度。为了获取市场的有关信息，交易者需要进行寻找活动。一个买主（或卖主），必须与各种各样的卖主（或买主）进行多次接触，详细探讨之后，才能确定对自己最有利的价格，这种现象称为寻找。

施蒂格勒明确地将寻找活动确定为交易者进行信息交流、寻找机会的活动方式，并通过对交易者合理的寻找次数进行分析，得出结论：当寻找成本等于其预期边际收益时，就会得到最佳寻找次数。当寻找具有费用时，对于消费者而言，存在着一个最优寻找次数，因此消费者的寻找范围是有限的。如果寻找范围有限，市场中本来存在的更低价格就可能落在寻找范围之外。当存在寻找费用时，消费者就会在自己的寻找范围（而不是在市场范围）之中选择最优价格进行交易，这样市场中交易的价格就可能会不同。由此，施蒂格勒实际上是用寻找费用的存在解释了价格分散的存在。

维克瑞首次以博弈理论的方式描述和分析了拍卖。社会对私人信息的利用是在交流中完成的，因此对于信息的交流面临着两个基本的问题。首先是信息的传递问题，信息的传递主要受信息传递成本的影响，寻找费用实际上就是信息传递成本。其次，信息的交流还面临着当事人是否愿意讲真话的问题。拍卖中的问题实际上是投标人的出价是否真实反映了投标人对拍卖品的估价问题。维克瑞提出了一个收益等价原理：假设私人价值相互独立，并且规定合谋、单方支付、通信和发信号都不允许，则对于相互独立的私人信息和同质的投标人，英国式拍卖和荷兰式拍卖（即降价式）的期望交易价格是相同的。

真实信息的交流问题通过另外两类问题，即逆向选择和道德风险而受到了经济学的重视。经济学对这两类问题的研究导致了信息经济学的迅速发展，这些工作在一定意义上使得信息经济学成为主流经济学的重要内容，以至于在许多经济学教科书的信息经济学专题中，信息经济学的内容就是逆向选择和道德风险。

1970 年，阿克罗夫发表了《次品市场：质量的不确定性和市场机制》的论文，指出，在次品市场上（产品质量不同的市场，其中产品质量是出售者的私人信息），出售者对产品质量信息的隐藏将会导致逆向选择：质量差的产品将质量好的产品驱逐出市场，并最终导致市场的消亡。

为什么会出现这种情况？可以考虑这样一种情况，市场中存在着不同质量的产品，购买者根据市场中存在的产品质量分布决定一个愿意的购买价格。但是，购买者的这个价格将使得市场中质量较好的出售者退出，因为这些出售者认为他们的商品的价值高于购买者的出价。由于这些出售者的退出，市场中产品的平均质量下降，购买者愿意支付的价格进一步降低，从而进一步导致市场中其他质量相对较好的产品退出……这样，市场的价格越来越低，产品质量越来越差。很显然，没有交易是唯一的均衡。好商品被坏商品赶跑被称为“逆向选择”。

通过这个极端的例子，阿克罗夫指出了传统经济学存在的一个问题：传统经济学实际上假设市场中的产品是同质的，并且关于产品质量的信息，交易双方是对称的，因此市场中不需要传递产品质量的信息。显然，传统经济学的这个假设与事实不符。在现实中，产品质量是任何一笔交易中都需要传递的重要信息。虽然市场价格在一定场合能够将质量信息综合在价格中，即所谓的“一分钱一分货”，但是市场并不能在任何情况下都将质量信息综合在价格之中。这样，质量信息的传递就变得重要了。当个体理性驱动人们进行欺诈，以便获得更高的利益时，市场中就有可能发生逆向选择的现象。显然，逆向选择将破坏交易的效率，导致效率损失。

道德风险的基本问题是温特在1964年首先加以明确描述的。他指出，企业管理者的目标也许并不同企业的利润最大化目标一致。企业利润下降的真实原因也许是这些管理者根本就没有把追求利润作为他们真正的努力目标。显然对于股东而言，这些管理者是玩忽职守的，没有尽职尽责。

委托-代理问题是分析道德风险最简单的模型：一个委托人（通常是风险中性）必须依靠一个风险规避的代理人（经理），根据他的利益完成一项工作。委托人不能直接观察代理人根据自己的利益所做出的努力，他只能观察到这些努力的结果——即使代理人做出了自己的最大努力，这些结果也是不确定的。

由于委托人只能观察到结果而不能观测到代理人的努力，并且结果由于其他原因而呈现不确定性，这样，代理人即使不努力也有推卸责任的借口。因此，如何防止代理人玩忽职守成为这类问题的关键。

现代观点认为，考虑到代理人的个体理性本质，防止代理人玩忽职守实际上是一个机制设计问题：如何对代理人进行适当的经济刺激，以便保证委托人得到希望的结果？从数学角度讲，机制设计问题就是博弈规则的设计。在给定财富禀赋、偏好、生产能力和信息等经济学条件的情况下，通过设计一个要经济代理人参与的博弈，使得另一个博弈参与人（委托人）希望的结果可以被得到。

信息经济学对逆向选择和道德风险的研究使得经济学认识到，由于非对称信息的存在，信用将是影响交易效率的重要因素，市场交易契约的不同安排对交易的效率产生重要影响。这不仅使得经济学把信用问题纳入了经济分析之中，而且还把信用和交易契约的安排联系了起来。

2. 信息经济学的理论特点

信息经济学目前还没有形成一个完整的体系。就其理论内容而言，可以概括为三个方面：①对信息、不确定性与风险关系的分析；②对信息、交易方式和交易效率的分析，如对寻找、拍卖、讨价还价、逆向选择、道德风险等问题的分析；③在以上基础上对市场制度性质的认识。这里主要说明信息经济学对市场制度的分析和新古典经济学有何区别。

第一，不确定性与风险。新古典经济学对经济行为的分析被认为是在确定性条件下的选择理论，而更为一般的经济决策应该是在不确定条件下的选择。在不确定条件下的决策分析使得经济学可以将信息和风险这两个重要概念引入行为分析之中，并扩展经济学对交易的理解。

首先，在不确定条件下的选择中，经济学通过引入风险态度说明面对具有相同不确定特征的风险性资产，风险态度不同的决策者对风险性资产的估价不同，由此决策者之间完全可以仅仅因为风险原因而进行交易，即交易者之间交易的对象是风险。其次，对于风险态度相同的两个决策者而言，如果他们对同一资产收益的预期不同，那么两个决策者之间也会进行交易，而预期将在很大程度上取决于决策者的信息。基于这两个原因，信息影响决策者之间的交易，并具有经济价值。因此，不确定条件下选择理论和风险理论已经成为现代经济分析的重要理论基础。

第二，交易方式与信息。在新古典经济学的完全竞争理论中，只是分析个体面对个人不可控制的市场价格的交易行为，而对具体的两个交易者之间的具体的交易方式是什么则不感兴趣，或者认为这种具体的交易方式对一个大的经济体系中的资源配置方式以及效率没有影响。

但是，信息经济学的核心内容表明新古典经济学的这种观点是错误的。个体的交易方式之所以重要，一个原因是信息费用或者非对称信息，而这一点却被新古典经济学忽视了。信息经济学的研究表明，从信息的角度出发，有关交易信息的交流是交易过程中的重要内容，不同的交易方式具有不同的信息交流效率，因此交易方式是重要的。信息经济学将大量的精力放在对具体信息条件下的具体交易方式的信息交流效率的研究上，由此增进了经济学对现实经济社会所存在的丰富的交易方式的理解和分析。

第三，信息与市场制度。新古典经济学以分析市场配置资源的机制为己任，认为竞争性的交易将导致稀缺性资源的最优配置。

信息经济学的研究表明，市场制度是通过有效地交流具有私人性质的经济信息来实现资源的有效配置的。因此，严格地讲，市场制度配置资源的机制应该是一种信息的交流机制，市场制度配置资源的有效性来自信息交流的有效性。但是，新古典经济学实际上是在假设市场制度对信息交流有效率的前提下来论证市场制度配置资源的有效性的，因此新古典经济学对市场效率的论证在逻辑上是有问题的。信息经济学则试图从信息成本和非对称信息的角度出发，分析不同的经济组织方式的信息交流的作用，试图对市场制度丰富的组织方式加以解释和分析。

3. 信息经济学的理论意义

信息经济学的理论意义在于它完善了新古典经济学的理论及其应用。新古典经济学在分析市场制度如何配置稀缺的生产性资源时，虽然也认识到了价格具有传递经济信息的功能，但却忽视了对市场制度经济信息交流过程具体细节的分析。信息经济学的研究表明，这种忽视的后果是很严重的，因为许多现实经济现象和这些细节有直接的联系，忽视这些细节将极大地影响经济学分析现实的能力。因此，信息经济学是西方经济学在其自身的发展中对新古典经济学十分重要的补充。

信息经济学为分析现实问题提供了更为有力的理论依据。信息经济学在产业组织理论、金融和财务理论、会计学、经济法学以及公共经济和政府管制中都有着重要应用。信息经济学在这些领域的应用极大地推动了这些领域的发展，从一定意义上讲，不了解信息经济学就不可能真正了解这些领域理论上的现代发展。

第五节　演化经济学和实验经济学

一、演化经济学

1. 演化经济学的由来与发展

演化的思想本身起源于经济学，在亚当·斯密和马尔萨斯的著作中，都蕴含着这样的思想：

人类社会是演化的。达尔文受到这种思想的启发，认为生命世界也是演化的。达尔文在其著名的《物种起源》中通过大量的生物物种的演化实例证明了这个观点，生物进化论也成为近代科学的标志性成果，演化的思想通过生物学作为一种科学思想被广泛传播。具有戏剧性的是，演化思想又通过达尔文的进化论影响了与他同时代以及后来的经济学家。

1898 年凡勃伦第一次明确提出了“演化经济学”的概念。他认为，就经济科学的目的而言，它所要解释的累计变化的过程是一系列做事情的方法（处理物质生活资料的方法）的变化。马歇尔认为，经济学家的目标应当在于经济生物学，而不是经济力学。马歇尔试图强调在经济生活中，不可逆转的演化变革是极端重要的，并且认为经济社会的演化是渐进的。熊彼特更是试图用演化的观点和方法来解释经济的变化和发展。他认为，当人们研究资本主义时，是在研究一个进化过程，资本主义在本质上是经济变动的一种形式或方式，它不仅从来不是，而且也永远不可能是静止的。

但是，凡勃伦和马歇尔对经济学性质的认识，以及熊彼特试图将演化的观点和方法引入经济分析的努力并没有使演化成为主流经济学的基本观点和方法，相反却被排斥在正统理论体系之外。一直到 1982 年，演化经济学才开始在主流经济学中占据一席之地。这一年，纳尔逊和温特出版了《经济变化的一个进化理论》，这本书的出版标志着演化经济学的创立。此后，演化经济学的文献迅速增长，演化经济学正在融入主流经济学的理论中。尽管演化经济学目前并没有形成系统的理论体系，但是演化经济学所显示的经济科学的发展方向是明确和重要的。

2. 演化经济学的理论特点

第一，有限理性。在新古典经济学中，当事人的决策被假设具有这样的特点：当事人在事前能够完全确定地预测任何选择的结果，并且从事后的角度也能够完全确定地肯定最优选择是什么。具有这种特点的决策可以称为具有完全理性特征的个体决策。在新古典经济学中，决策具有完全理性的特征实际上暗含着以下三个假设条件：

（1）任何影响决策者决策的因素都是确定的。

（2）对于所有这些影响决策的因素，决策者具有完全信息。

（3）决策者具有完备的处理信息的能力。

毫无疑问，对于决策而言，这是三个很强的假设条件。只有这三个条件同时满足，决策者才可能做出完全理性所规定的最优选择。西蒙指出，即使所有影响决策的因素都是确定的，并且决策者也有这些因素的完全信息，决策者也许仍没有能力处理所有信息，因此仍不能做出最优的选择。西蒙把这种有限的决策能力称为“有限理性”。西蒙认为，经济学分析的出发点不应该假设人具有完备的处理信息的能力，而是应该从实际出发，认识到人的信息处理能力是有限的。一般把西蒙的这个观点称为有限理性假设。

区别理性的不同性质具有重要的经济学意义。

如果经济分析的出发点是完全理性（三个假设同时成立），那么经济分析的任务就仅仅是如何进行最优化选择，正如传统经济学所分析的那样。如果经济分析的出发点是非有限理性，即假设（1）和假设（2）不成立，假设（3）仍然成立，那么经济分析就必须分析风险问题和信息的交流问题，正如信息经济学所做的那样。但是，如果假设（3）也不成立，处理信息的“能力”问题将纳入经济分析之中。

举个简单的例子就可以说明新古典经济学、信息经济学和演化经济学之间的区别。假设有一个会计，如果所有的资料和信息都很完备，并且他自认为是一个合格的会计（掌握所有的会计技能），那么他的问题就仅仅是如何计算，这是新古典经济学的问题；进一步，如果他的资料和信息不完全，他就面临着如何尽可能地收集信息，以及在信息不完全的情况下如何做出恰当的估算，这是信息经济学的问题；再有，不同的会计有不同的水平，可以利用的工具各式各样，例如可以用算盘和电脑，企业面临着选择什么水平的会计和使用什么样的工具，这实际上是对计算方式或者计算能力的选择，这是西蒙的问题。

因此，经济问题有三类：①新古典经济学的问题——如何做出最优选择？②信息经济学的问题——如何获取和利用有限的信息？③西蒙的问题——如何寻求恰当的决策方式？

什么是最重要的经济问题？即使决策方式的选择不是唯一的，那么至少不能说它是不重要的经济问题。这样，就需要对理性进行新的定义。西蒙认为，理性并不等于最优化，最优化只是理性的一种特殊情况。因此西蒙对理性给出了一个更为宽泛的定义：理性是人们在一定约束条件下实现指定目标的合适的行为方式（即决策方式）。显然，这种合适的行为方式未必是最优化的方式，西蒙用所谓的满意来描述合适的方式，认为一种方式只要能够让决策者在一定条件下满意即可，未必要追求最优化。

什么才是合适的决策方式或行为方式？这个问题与问题的性质以及环境有关系。由于问题的性质不同和环境的差异性，合适的决策方式可以不尽相同，而未必像传统经济学那样，每个个体的决策方法都是相同的。

第二，异质性与种群。在新古典经济学中，社会成员之间的差异性或异质性是外生变量，不是经济模型所要分析的问题。例如，社会成员拥有的财富数量不同，工作能力不同，这些不同被传统经济学称为初始禀赋不同，这只是经济分析的出发点，而不是经济分析的目的。进一步，每个社会成员的偏好也不同，有些人喜欢所谓的高雅艺术，有些人则只喜欢民间小调，这被称为个人的偏好不同。个体之间偏好的差异性也只是经济分析的出发点而不是经济分析的目的。再进一步，在经济分析模型中则假设所有社会成员的理性特征都是同质的——所有的人都是理性的，都具有相同的决策方式。

在传统经济学中，人口数量只具有对一些经济变量加总和平均的意义，例如社会成员数量的多少只会影响社会的总产量和人均产量，也就是说，人口数量仅仅具有“人多好干活”和“人少好吃饭”的意义。人口数量对社会结构的性质和社会生活的内容也不造成实质性的影响，社会不过是个人的一个算术加总，一个典型的例子就是把个人需求曲线加总就得到市场的需求曲线。总之，在传统经济学中，社会成员的异质性和社会成员数量不是描述经济社会基本特征的变量，也不是说明社会发展变化的内在因素。

但是，传统经济学的这种观点会让生物学家和人口学家瞠目结舌。因为他们恰恰是用异质性和个体数量描述并解释生命世界和人类社会的变化。人类社会作为一个种群并不是个体的一个简单算术加总，而是个体不同特征的一个概率分布。这种概率分布恰恰是描述种群的基本方法，种群的变化也表现在这种分布的变化上。

来看生物学家是如何解释物种的变化的。首先，任何同一期（一代）的生物个体之间都有相同和不同之处。相同之处是物种的基本特征，称为物种特征；不同之处是个体之间的差异性特征，称为个体特征。其次，个体的所有特征（物种特征和个体特征）都可以“遗传”给下一代。最后，如果某个个体特征更加适应于生存竞争，那么经过若干代之后，这种个体的特征就可能在物种中扩散，最终成为物种的基本特征，即个体特征转化为物种特征，此时物种发生了变化。

显然，个体的异质性和个体数量是分析物种变化的基本概念。如果把生存竞争的自然选择理论作为一种说明物种变化的理论，那么这个理论至少包括三个方面：变异机制、竞争机制和遗传机制。变异机制说明个体如何持续不断地产生新的特征，这种新的特征是保证物种变化的基本源泉；竞争机制说明这种新特征为什么有更强的生存和繁殖能力；遗传机制说明个体的特征如何遗传下去。实际上这三种机制之间的相互作用就是生物进化理论的基本内容。

演化经济学正是试图模拟生物学的这种观点来解释社会变化的。首先，西蒙的有限理性表明，个体的决策方式有相同之处也有不同之处，这些决策方式也许适合决策者的生存（但未必是最优的），也许不适合决策者的生存；其次，社会成员有寻求新知识（即新的决策方式）的动力，不同决策方式在社会中的竞争能力不同，适合社会发展的新决策方式将在竞争中占有优势；最后，人类文化的特点，如学习模仿等将把这种有优势的新方式加以扩散，从而导致社会经济活动方式发生变化。

可以看到，用生物学的模式同样可以解释社会的演变和发展，个别的个体在知识上的变异和创新可以转变成社会生存方式，从而导致社会生存方式的转变。显然，在演化经济学对生物学的模拟中，个体的异质性和种群的概念是十分重要的。

第三，时间的内生化。描述和分析经济社会的发展变化必然要使用时间的概念。人们所熟悉的最普通的时间概念是物理学的时间概念，时间以年、月、日、小时等计量，这样的时间概念称为物理时间，是一种最基本的时间概念。物理时间在不断地流逝，传统经济学描述在不同时间点上的经济状态，记录着社会发生的经济事件。例如，"2001年3月美国股市暴跌"就是一个经济事件。经济学家用物理学家的时间概念作为描述经济社会中不同事件的一个标记。随着时间的流逝，经济学家发现，经济社会的状态将随着（物理）时间的变化而变化。例如，国内生产总值将随着时间的变化而变化，经济增长率成为最重要的经济学概念之一。进一步，经济学家发现随着时间的流逝，经济增长率呈现出周期性的波动，经济周期也成为人们最愿意理解和最愿意控制的事物。

在经济学中，虽然物理时间是不可逆的，但是经济学用物理时间描述的运动是可逆的。例如，在微观理论中，市场的均衡状态可以发生不同方向的变化；在宏观理论中，经济增长率可以由低变高，也可以由高变低。当然，经济学在物理时间上描述的这些变化是经济社会中各种形态运动的一部分。但是，从中可以提出以下两个问题：

首先，物理时间描述的是物理世界变化运动的特征，经济学可以用这个时间作为参照系来描述经济变化，但是经济社会自己的时间是什么？对此经济学应该如何描述和分析？时间具有不可逆的特征，在不可逆的物理时间上描述的可逆的经济状态的变化还不是经济运动的本质，只有那些经济社会中不可逆转的变化才是经济社会自己的本质变化。例如，大海的潮汐是一种可逆的运动，但是对于大海而言，潮涨潮落的循环往复不是大海真正的本质，沧海桑田才是它自己的经历和时间。什么是经济社会真正的本质？它不是价格和交易数量的变动，而是人类经济活动方式的变化，更为具体地讲，是人类生产、消费、分配和交换方式的变化。人类的经济活动方式不断发生着不可逆转的变化，这些变化构成了经济社会的本质运动，这些运动形成了经济社会自己的发展历程和时间。

其次，决定经济社会不可逆转变化的规律是什么？演化经济学试图回答"社会的发展方向是什么"，也就是要回答"经济社会自己的时间之箭指向何处"这样的问题。这样，时间的步伐成为经济理论的内生变量，是经济学需要求解的变量。为此，演化经济学试图找出推动人类经济活动方式变化的内在原因和机制，这是新古典经济学没有涉及，但确实又十分重要的问题。

解释和分析社会发展变化的内在经济规律是经济学的基本任务。新古典经济学虽然在一定程度上有助于解释和分析既定市场制度下的资源配置机制，却无法很好地解释和分析市场制度发展变化和经济社会发展变化之间的相互关系。新制度经济学在新古典经济学的分析框架中试图通过引入"交易成本"的概念来分析制度的决定和变化问题，由此得出的一个主要观点是"交易成本"低的经济制度将替代"交易成本"高的经济制度。但是演化经济学的发展显示，新古典经济学分析经济社会的基本出发点或方法本身可能存在着问题，这是新古典经济学无法恰当描述和分析社会与制度发展变化的根本原因。演化经济学试图从分析方法上突破新古典经济学的局限性，并由此增强对社会和制度变化的分析能力，演化经济学的这种努力是值得注意的。

二、实验经济学

1. 实验经济学的由来与发展

尼古拉斯·贝努利（Nicholas Bernoulli）于1728 年提出的圣彼得堡悖论也许是实验经济学最早的先兆，预示着实验在经济研究中的作用。但是直到200 多年之后，经济学家才开始逐步认识到实验可以在经济学中发挥作用。

最早的经济学实验是瑟斯顿和丹尼尔·弗里德曼等人试图通过实验检验传统的效用曲线。之后，实验经济学的发展大致可以划分为三个不同的方向。

第一个方向是检验个人选择理论的实验。1944 年冯·诺依曼和摩根斯坦在《博弈论与经济行为》一书中提出期望效用理论后，许多经济学家就试图用实验来检验这个理论的正确性。这个方向的实验主要有两类：一类是以阿莱斯悖论为代表的实验；一类是以利希滕斯坦和斯洛维奇及林德曼提出的偏好逆转现象为代表的实验。

第二个方向是对博弈理论进行检验的实验。自博弈理论诞生以来，已逐步成为现代经济学的理论基础。不可避免，一些经济学家也试图用实验来检验博弈理论的预测是否正确。实验经济学主要涉及三个方面的博弈：囚徒困境博弈、协调博弈和讨价还价博弈。

第三个方向是对市场理论的检验。市场的供求作用导致均衡价格和市场出清状态的形成是经济学最经典的观点。张伯伦于1948 年提出了市场实验，20 世纪60 年代弗农·史密斯改进了张伯伦的市场实验。这些实验试图验证市场供求是否真的能够产生理论所预期的均衡价格和出清状况，并进而研究供求方的变动以及垄断等行为对市场机制的影响。

传统经济学认为，经济学是研究复杂的、自然存在的市场系统的学科，所以实验对经济学家来说几乎毫无用处。然而当今，经济学实验已经发展成为经济研究的一种相当成熟的工具，随着分割以上三个领域界限的逐渐消失，实验经济学已逐渐融入主流经济学的不同领域之中。

2. 经济学实验的操作步骤

进行经济学实验一般要有以下五个步骤：第一步是选择课题，选择实验要检验的理论或模型是什么。第二步是实验设计，根据所选择的课题设计实验内容。在实验设计中要注意减少次要变量的干扰，避免多变量混合作用。在实验中要对实验参与者给予货币的真实激励，并避免参与者之间的信息交流。第三步是根据所设计的实验确定实验的参与者，一般的经济学实验大多选择学生参加。第四步就是实验控制，实验控制应以实验设计为原则，在实验中要特别注意实验讲解，实验的讲解应该向参与者明确可行的选择及报酬，清晰地界定参与人可以利用和交流的信息等。第五步是实验结果报告及分析，根据实验结果分析课题所要验证的命题。

一般认为，经济学实验由三个基本要素组成：环境、制度和参与人行为，分别定义如下：

（1）环境：促使当事人行动或交易的初始禀赋、偏好及行动成本；环境的控制一般通过对参与人给予货币回报来进行。

（2）制度：对市场交流（买方出价、卖方出价）和接受等语言或信息进行的定义；明确信息交流控制规则和允许的行动规则；确立从信息或行动而导致某一结果的内部控制机制。

（3）参与人行为：在既定环境和制度条件下，实验参与人的决策或行动。这是参与人在实验中的表现。

3. 经济学实验的一些结果

经济学家通过实验得到的一些重要结论，主要存在于以下三个领域：

第一，个体选择理论。自从冯·诺依曼和摩根斯坦提出期望效用理论后，这个理论就被作为标准的不确定条件下的选择理论。这主要是基于以下原因：首先，不确定性是用数学中最经典的概率加以描述，这里不妨把这种概率称为经典概率，经典概率理论是数学理论中最为完善的关于可能性的理论；其次，在经典概率的基础上进一步建立了一个完备的偏好公理体系，因此从数学角度讲，这个理论具有坚实的数学基础；最后，这个理论可以对风险的一些性质进行较好的描述，例如，可以对贝努利的圣彼得堡悖论做出合理的解释，也可以对个体对待风险的不同态度加以区分——什么是喜欢冒险，什么是规避风险。通过这个理论，经济学家可以对保险以及投机活动和与此有关的交易进行分析。在此基础上建立的风险理论也成为现代博弈理论的基础。显然，期望效用理论不仅扩展了经济学分析的范围，而且还是现代经济学重要的理论基石。

但是从这个理论创立，人们就开始怀疑这个理论的合理性。问题的关键集中在概率的性质上。首先，人们是否能够在决策中说出各种可能收益的概率分布？如果不能，人们在面对不确定条件下的选择时是根据概率的大小进行决策的吗？其次，即使在一定条件下“概率”是影响当事人决策的因素，但是，当事人头脑中的概率的性质一定和数学家为概率规定的性质一样吗？最后，当事人的头脑中存在着正如期望理论所描述的明确的偏好关系吗？

以阿莱斯悖论为代表的实验和偏好逆转实验这两类实验的结果显示，人们的行为和经典理论的预期有很大的差异。因此，经济学必须认真考虑经典理论的合理性。

第二，博弈理论。博弈理论已经成为现代经济学重要的理论基础，经济学家用这个理论来研究个体之间的互动行为。博弈理论分为合作博弈和非合作博弈，现代经济学中大多是对非合作博弈的应用，这里所说的博弈理论主要是指非合作博弈理论。经典的博弈理论由两个方面构成。一个方面是对博弈的描述，对博弈的描述也就是对博弈规则的描述。一般认为，博弈规则是由参与人、策略空间、支付函数（效用函数）、信息结构四个要素构成。另一个方面是对均衡概念的定义，即参与人的合理的互动行为和支付结果是什么。经典博弈理论在纳什均衡的基础上构建了博弈理论的均衡概念。纳什均衡反映了博弈理论专家对个体理性在行为互动关系中基本性质的认识。

那么，博弈理论专家们对个体理性的认识正确吗？这个问题相对于博弈理论所预测的均衡结果真的合理吗？实验经济学可以把博弈规则转换成环境和制度，通过观测实验参与人的行为来检验博弈理论均衡预期的正确性，也可以通过设计不同的环境和制度来揭示参与人的行为规律。实验结果表明，对个体互动行为的研究，经典博弈理论的结论远不是最终结论，也许经典博弈理论仅仅意味着这类研究的一个开始。

以囚徒困境实验为例。经过相关的研究和实验观察之后，实验经济学家和博弈理论专家在这样的观点上达成一致：在有限次重复的囚徒困境博弈实验中难以确定合作程度；而在无限次重复的博弈实验中合作几乎是必然的结果。尽管参与博弈的人不知道博弈的次数，但参与人知道博弈总会结束的，并且会在意识中形成每次博弈是否是最终博弈的主观概率。这一概率越大，合作的可能性就越小。实验结果也证明，在对博弈继续进行的较高估计下，合作现象明显。

第三，市场实验。实验经济学研究的第三个领域（也是理论上最成型的领域）是市场实验。传统经济学认为，进行资源配置的市场，完全竞争市场最具有效率，而垄断将导致效率损失。但是，传统经济学关于市场效率的观点是否正确？决定市场效率的因素都是什么？这是实验经济学试图通过实验来回答的问题。

最早的市场实验是由张伯伦于1948年在《垄断竞争市场》中提出的。张伯伦的垄断竞争市场理论的市场产出与传统的竞争均衡产出的不同促使他进行实验，验证竞争均衡的存在性。在他的实验室市场中，首先赋予每个买者和卖者每一单位商品（虚拟）的保留价格（即买者买价低于这个价格则获收益，而卖者卖价高于此价则有利可图），令市场当事人（学生）在教室里自由走动进行交易。设买者的保留价格决定需求曲线，卖者的交易价格决定供给曲线，所以竞争均衡将可以确切地由实验获得。在张伯伦所模拟的 46 个“市场”中，交易量比竞争均衡数量大的市场有 42 个，相等的有 4 个；平均价格低于竞争均衡价格的有 39 个，其余的市场平均价格均高于竞争均衡价格。

张伯伦之后，其构造供给和需求曲线的思路被沿袭下来。史密斯在 1962 年构造了一个双向拍卖程序，其中支付以虚拟的形式进行。所有交易结束后，参与人以相同的保留价格重复多次这样的过程。这一实验与张伯伦市场实验的主要差别在于：①史密斯市场实验中交易者的每一次报价都公开在所有交易人面前；②张伯伦实验只进行一次市场交易，这使交易者不能有机会获得交易经验，凭此进行以后的交易。史密斯认为任何真正市场要达到均衡都必须经历一定的学习机制过程，所以史密斯市场实验要求交易重复进行若干次，使实验的供需条件保持多个成功交易阶段，以便令均衡机理能促成最终的市场均衡。

史密斯实验成功获得的市场竞争均衡产出在后来的实验中被史密斯将虚拟支付变为真实的货币支付，再现了这一均衡过程，从此货币支付被广泛运用。史密斯和他的同事多次重复这一结果，并进一步说明重复双向拍卖中产出具有趋向竞争均衡产出的收敛性。但当其他一些实验家关注到重复双向拍卖之后，他们设计了大量试验来探索导致竞争均衡产出出现或不能出现的条件，想要对这些经常被观测到的均衡收敛性进行解释。

霍尔特等在 1986 年和 1989 年先复制了史密斯的双向拍卖实验，然后他们改造实验，让另一批买者或卖者具有市场力量。在他们所进行的 7 个实验中，其中 3 个实验中的当事人是具有经验的交易者，结果是 4 个实验没能表现出对竞争均衡价格和交易量的收敛，而是向反映市场力量分配的价格收敛，其中包括那 3 个用有经验的交易者进行的实验。这一实验结果支持了霍尔特等人所怀疑的假设：市场参数完全可能影响双向拍卖市场竞争均衡产出的收敛性，尤其是当参与人是具有经验的交易者时。

4. 经济学为什么要进行实验

实验经济学研究方法自诞生至今，不断发展和完善，形成了其独特的对经济理论探索的思路和研究方式。实验方法在经济学研究中的作用可以归结为以下三个方面：

第一，理论的验证与评价。实验经济学的第一个用途是验证和评价已有的理论或模型。实验经济学要求用实验的观测结果与一个理论的预测比较来验证这一理论，观察结果符合“理论预测”的频率越高，则理论预期可信性越高。当然，即使观察到的行为多数与预期一致，也不能证明理论模型就是正确的，只是增加了对这一理论的信心。

当然，如果理论受到严格检验，都会出现不足或失败。这时首先要确定设计的实验是包含某关键变量的实验，并尽可能地控制除可能产生与预期不同的结果的某一因素之外的其他因素。这时如果观察到的实验结果与预期存在一些难以归因于随机或简单误差的较大偏差，那么就有理由怀疑这一理论模型的正确性。所以，表达非常清楚的理论通常定义好环境和交易规则，而实验家试图重现理论的这些条件。在检验过程中，当实验设计确实比较正确而理论仍旧失败，则应进行新的实验来探寻失败的原因。

第二，作为新理论的实践经验基础。实验还可以作为发现新理论的一种方法。在进行那些验证经济理论的实验中，实验经济学家可能会发现一些意外的、与任何已有模型不符的行为模式。当这类结果在设计不同的实验中进一步持续出现时，经济学家就要考虑建立新的理论来拓展现存模型。当然，为了发现新理论也可以进行纯粹的“无的放矢”式的实验，将经济学实验完全作为发现新理论或新模型的一种途径。

第三，制度比较及政策评估。“在国王耳边轻语”是经济学这一学科的典型用途，实验经济学同样与之脱不开干系。最早的构造政策的实验是1960年弗里德曼关于建议财政部拍卖抵押品的制度设计实验。弗里德曼设计了一价拍卖法规则，即最高的出价者被接受，并以此价格成交，这一拍卖规则后来引起了对拍卖规则的很多争论。此后，企业和政府又各自资助了许多研究，例如污染排放许可证的制度选择，航空运输资源的分配机制，以及机场分配的市场机制。

总之，实验经济学方法除其具有的优势之外，还存在很多值得怀疑之处，但作为一门学科来说，这丝毫不影响其先进性。

本章小结

本章主要通过对八个经济学学科的介绍，简要说明了20世纪以来西方经济学科的发展状况。经济学已经成为一个庞大的学科体系，包罗万象，几乎涉及社会生活的每个方面，各门类各层次的经济学科的发展共同推进了经济学学科体系的不断完善和发展。经济学是年轻的社会科学学科，也是发展迅速的社会学科，社会经济问题复杂多变，使得经济学不仅要加强基础理论和方法的研究，更要考察经济社会发展的方方面面，为解决各种实际经济问题提供方案。

复习思考题

简答题

1. 现代经济学学科体系的四大门类是如何划分的？
2. 试述人口经济学的发展。
3. 比较经济学是如何产生和发展的？
4. 试述信息经济学的理论特点及其意义。
5. 什么是演化经济学？
6. 什么是实验经济学，如何进行经济学实验？

参考文献

[1] 高鸿业. 西方经济学（宏观部分）[M] .5 版. 北京：中国人民大学出版社，2011.

[2] 梁东黎. 宏观经济学 [M] .5 版. 南京：南京大学出版社，2011.

[3] 侯高岚，马明. 宏观经济学 [M] . 北京：清华大学出版社，2012.

[4] 高鸿业. 宏观经济学原理 [M] . 北京：中国人民大学出版社，2012.

[5] 易纲，张帆. 宏观经济学 [M] . 北京：中国人民大学出版社，2010.

[6] [美] 保罗 · R · 克鲁格曼，罗宾 · 韦尔斯. 宏观经济学 [M] .2 版. 北京：中国人民大学出版社，2013.

[7] 苏剑. 宏观经济学（中国版）[M] . 北京：北京大学出版社，2010.

[8] 石丹林，高考. 宏观经济学 [M] . 北京：清华大学出版社，2012.

[9] [美] 保罗 · A · 萨缪尔森. 萨缪尔森辞典 [M] . 陈迅，白远良，译释. 北京：京华出版社，2001.

[10] 沈坤荣，耿强，付文林. 宏观经济学教程 [M] .2 版. 南京：南京大学出版社，2010.

[11] 姚开建. 经济学说史 [M] .2 版. 北京：中国人民大学出版社，2011.

[12] 翔高教育经济学教学研究中心. 西方经济学宏观部分习题册 [M] . 北京：中国人民大学出版社，2011.

[13] 赵英军. 西方经济学 [M] .2 版. 北京：清华大学出版社，2012.

[14] [美] 曼昆. 经济学原理（宏观经济学分册）[M] .7 版. 梁小民，梁砾，译. 北京：北京大学出版社，2015.

[15] [美] 罗伯特 · J · 巴罗. 宏观经济学：现代观点 [M] . 沈志彦，陈利贤，译. 上海：格致出版社，上海三联书店，上海人民出版社，2008.

[16] [美] 多恩布什，费希尔，斯塔兹. 宏观经济学 [M] .7 版. 范家骧，等，译. 北京：中国人民大学出版社，2000.

[17] [美] 罗伯特 · H · 弗兰克，本 · S · 伯南克. 宏观经济学原理 [M] .4 版. 李明志，等，译. 北京：清华大学出版社，2010.

[18] [美] 保罗 · 萨缪尔森，威廉 · 诺德豪斯. 宏观经济学 [M] .19 版. 萧琛，译. 北京：人民邮电出版社，2012.

[19] 蹇令香，李东兵. 宏观经济学 [M] .2 版. 北京：北京大学出版社，2013.

[20] 赵红. 西方失业理论及其就业对策 [J] . 云南财贸学院学报，2000（5）.

[21] 高华. 浅淡当代西方经济学失业理论的研究 [J] . 商场现代化，2011（3）.

[22] [英] 尼尔 · 基什特尼. 经济学通识课. 张缘，刘婧，译. 北京：民主与建设出版社，2017.

[23] [美] R · 格伦 · 哈伯德，安东尼 · P · 奥布赖恩. 经济学（宏观）[M] .5 版. 北京：机械工业出版社，2016.

[24] [美] 蒂莫西·泰勒. 斯坦福极简经济学 [M]. 林隆全，译. 长沙：湖南人民出版社，2015.
[25] [美] 戴维·罗默. 高级宏观经济学.4 版 [M]. 吴化斌，龚关，译. 上海：上海财经大学出版社，2014.
[26] 马涛. 西方经济学的范式结构及其演变 [J]. 中国社会科学，2014（10）.
[27] 钟春平，田敏. 预期、有偏性预期及其形成机制：宏观经济学的进展与争议 [J]. 经济研究，2015（5）.
[28] 陈爱民. 宏观经济学总供给理论与经济增长：观察与思考 [J]. 经济学动态，2013（9）.
[29] 陈彦斌，陈惟. 从宏观经济学百年简史看“宏观经济学的麻烦” [J]. 经济学动态，2017（1）.
[30] 陈云. 国际宏观经济学的新方法：NOEM-DSGE 模型 [J]. 经济学家，2010（2）.
[31] [法] 奥利维尔·布兰查德. 宏观经济学 [M].6 版. 王立勇，等，译. 北京：清华大学出版社，2014.